全国高校电子商务及法律系列规划教材

全国高校『电子商务及法律』专业联盟推荐教材

新编合同法实用教程

主　编　赵家琪
副主编　朱　玛　郝　晶
编　委　赵家琪　朱　玛　郝　晶　唐　犀　谷景志

Electronic Commerce Law

WUHAN UNIVERSITY PRESS
武汉大学出版社

图书在版编目(CIP)数据

新编合同法实用教程/赵家琪主编.—武汉：武汉大学出版社,2021.5
全国高校电子商务及法律系列规划教材
ISBN 978-7-307-21567-2

Ⅰ.新… Ⅱ.赵… Ⅲ.合同法—中国—高等学校—教材
Ⅳ.D923.6

中国版本图书馆 CIP 数据核字(2020)第 096759 号

责任编辑:王智梅　　责任校对:汪欣怡　　版式设计:韩闻锦

出版发行：**武汉大学出版社**　(430072　武昌　珞珈山)
(电子邮箱：cbs22@ whu.edu.cn　网址：www.wdp. com.cn)
印刷:武汉中科兴业印务有限公司
开本:720×1000　1/16　印张:23.5　字数:471 千字　插页:2
版次:2021 年 5 月第 1 版　2021 年 5 月第 1 次印刷
ISBN 978-7-307-21567-2　定价:58.00 元

作者简介

赵家琪

男，辽宁海城人，广州商学院法学院教授，院长，法学硕士。广州仲裁委员会仲裁员，资深律师。兼任全国电子商务及法律联盟副会长、广东省法学会金融法研究会常务理事、广州市法学会常务理事、广州市三农法学研究会会长、广州市法学人才库专家、广州市黄埔区法学会副会长。广东省高等教育教学成果奖二等奖获得者。在《法学杂志》《当代法学》等学术期刊上发表论文三十余篇；主持、参与国家级与省、厅级课题多项；主编、参编教材、工具书十部。负责编撰本教材编写方案，负责撰写第一、八、十、十六章，负责全书统稿、定稿。

朱玛

女，广东茂名人，广东金融学院法学院副教授，法学博士，兼任学校法律顾问，执业律师。主持广东省知识产权局课题两项，参与课题多项，主持校级课题多项，在《河北法学》《科技管理研究》等学术期刊上发表论文十多篇。在本书中负责撰写第二、九、十四、十七章，协助主编对典型合同与准合同部分统稿。

作者简介

郝晶

女，辽宁沈阳人，广东金融学院保险学院副教授，法学博士，南粤优秀教师，执业律师。参与国家级、省部级项目两项，主持市、厅级项目一项，在《求索》《兰州学刊》等学术期刊上发表论文十多篇，出版专著一部。在本书中负责撰写第三、五、十二、十八章，协助主编对合同通则部分统稿。

唐犀

男，四川内江人，广州商学院法学院副院长，副教授，法学博士。兼任澳门大数据法律研究协会副理事长，广州市法学会三农法治研究会秘书长，执业律师。参与教育部重点课题1项，主持过省、市级课题多项，在《中国政法大学学报》《江淮学刊》等学术期刊发表论文十多篇。在本书中负责撰写第四、六、十五章。

谷景志

男，河南睢县人，安阳师范学院法学院教师，法学硕士，安阳仲裁委员会仲裁员，执业律师。兼任全国电子商务及法律联盟副秘书长，河南省法学会民法研究会常务理事、商法研究会理事。主持完成地、厅级项目十项并获有关成果奖一等奖三项，公开发表论文二十余篇。在本书中负责撰写第七、十一、十三章。

目　　录

第一编　合同通则

第一编　合同通则

第一章 概 述

• **学习目标：**

1. 了解与掌握合同的概念和特征，明确合同的分类方法及意义，深入理解合同法律关系的要素特别是合同债务，明确合同的相对性原理；

2. 明确合同法的概念与特征，准确把握我国合同法的调整对象，了解我国合同法的作用与功能，理解并掌握合同法基本原则；

3. 了解我国合同立法概况，明确我国合同法渊源及法律适用规则。

• **案例导读：**

张某与李某为朋友，二人相约于国庆节假期一同外出旅游，张某搭乘李某的顺风车。临行前一天，李某电话告知张某，因家里有事不能出行。但张某已经购置了相关旅游用品，做好了旅游的准备，并放弃了去他地旅游的机会。张某认为二人先前的口头约定已形成合同关系，李某临时变卦是违约行为，应当赔偿本人的损失。而李某则认为二人出行同游是基于朋友情谊，不是合同关系，与法律无关。二人为此发生争议。

请问：

1. 张、李双方同游的口头约定是不是合同关系并受合同法调整？

2. 李某行为是否为违约行为？是否要赔偿张某的损失？

第一节 合同概述

一、合同的概念与特征

（一）合同的概念

什么是合同？这是学习合同法首先要解决的问题。1949 年以前乃至英美法系国家使用的“契约”，民间常用的“协议”，都为“合同”的同义词。中华人民共和国成立后，我国立法统一使用合同用语。

《中华人民共和国民法典》（以下简称《民法典》）第 464 条第 1 款规定：“合同是民事主体之间设立、变更、终止民事法律关系的协议。”该条文揭示了合同定义，也明确了合同法调整对象，即合同法只调整民事主体之间签订的设立、变更终止民事权利义务关系的协议，即民事合同，此处的民事合同应为广义，不限于债权，还包括其他民事权利，但无论怎样均不包括行政合同与劳动合同。

（二）合同的特征

（1）合同是一种双方或多方的法律行为。该特征首先强调当事人必须是两方以上，而不能是单方的；其次，当事人之间所实施的是法律行为，意思表示为核心要素；

（2）合同的成立须经各方当事人意思表示一致，达成合意。不管合同由哪方当事人拟定，都须经双方（或多方）同意，其具体表现形式就是在合同上签字、盖章；

（3）合同以设立、变更或终止民事权利义务关系为目标。签订合同的当事人或设立、或变更或终止某种民事权利义务关系，其中以设立法律关系为常态。合同当事人的权利义务是合同法律关系的内容。

二、合同的分类

合同的分类是一种学理上的分类法，通过掌握下列分类法，有助于在实践中正确使用合同，适用相应的法律规则，避免出现理解上的分歧。

（一）有名合同与无名合同

所谓有名与无名是指我国法律是否赋予合同的名称。按此分类法，《民法典》合同编第二分编典型合同规定的买卖合同、借款合同、租赁合同等 19 种合同都是有名合同。《民法典》物权编规定的农村土地承包经营合同、建设用地使用权出让合同、抵押合同，《保险法》规定的保险合同等也都属于有名合同。无名合同是指合同当事人自己拟定的尚未纳入法律调整的合同。实践中大多数合同为有名合同。

区分意义：由于民法采用的是债权约定主义，故允许合同当事人在尚无法律调整的空白领域，自行约定合同的名称以及合同条款。但由于没有相应的法律去规范，采用无名合同在实践中存在一定的风险，当事人需谨慎对待，在交易中最好选择签订有名合同。

（二）单务合同与双务合同

单务与双务的区分标准是合同当事人是仅有一方负有义务还是双方都负有义务。单务合同中，一方当事人负有合同义务，另一方当事人则享有合同权利，如赠与合同；双务合同中，双方当事人都负有合同义务，同时也都享有合同权利，通常一方当事人的义务对应的是另一方当事人的权利，反之亦然，如买卖合同、租赁合同等。实践中，绝大多数合同是双务合同。

区分意义：①是否可以适用履行抗辩权不同，法律规定的同时履行抗辩权、后履行抗辩权、不安抗辩权只有在双务合同中才可适用；②风险负担不同，只有双务合同才可适用，单务合同不存在风险负担问题；③债务不履行的法律后果不同，单务合同不存在此问题。①

（三）有偿合同与无偿合同

所谓有偿与无偿是指根据当事人取得利益是否需负担对价关系的给付。有偿合同是当事人双方之间互为对待给付的合同，如买卖合同，买受人若购得商品，则须向出卖人支付价款；房屋租赁合同中，承租人要取得房屋使用权，则须向出租人支付租金。无偿合同是只有当事人一方给付，对方不需要支付对价，如赠与合同、借用合同、无偿保管合同等。实践中，大多数合同是有偿合同。

区分意义：①法律对债务人注意程度的义务要求不同，对有偿合同要求高，对无偿合同要求低；②法律对债权人的保护程度不同，对有偿合同的债权人保护程度强，对无偿合同的债权人保护程度弱。

（四）诺成合同与实践合同

诺成合同与实践合同的区别在于是否把交付合同标的物作为合同成立的要件。诺成合同无此要求，只要当事人意思表示一致，合同即告成立。如买卖合同、租赁合同，当事人意思表示一致，在合同上签字盖章即可；实践合同则不但要求当事人意思表示一致，还要求一方当事人须将合同标的物交付给对方当事人，合同才能成立，故实践合同也称为要物合同，如定金合同、保管合同等。《民法典》所规定的典型合同中，大多数合同为诺成合同。

区分意义：合同成立要件不同，是两类合同区分的最主要的意义。

（五）要式合同与不要式合同

要式合同与不要式合同的区别在于合同的成立是否要求须具备一定的形式，“式”即“形式”。要式合同即法律对合同的成立要求必须具备一定的形式，所谓一定的形式通常是指书面形式。如我国 1981 年的《经济合同法》就曾明确规定“经济合同应当采用书面形式”。我国 1999 年的《合同法》乃至现在的《民法典》合同编对一般的合同形式则没有做特殊要求，由当事人选择，即为不要式合同，但金融机构借款合同、建设工程合同等典型合同应属于要式合同。实践中，大多数合同为不要式合同。

区分意义：二者的成立要件不同，即合同的成立是否要求具备一定的形式，是否有书面形式的法律要求。若为要式合同，则若不具备书面形式，通常认为合同不成立；若为不要式合同，则由当事人根据合同的复杂程度、履行期限、标的额大小等要素的综合考量，自由选择合同的形式，或采用书面形式或采用口头形式，都不影响合同的成立。

（六）一时性合同与继续性合同

一时性合同与继续性合同的主要区别在于履行时间上的不同。一时性合同通常

① 王利明：《合同法》，中国人民大学出版社 2015 年版，第 6 页。

是指合同义务履行时间短暂、即时清结的合同，以买卖合同最为典型。民间常讲的“一手钱一手货”和“一次性交易、两不相欠”，即指此种合同。此外，分期交货、分期付款的买卖合同也仍然属于一时性合同。继续性合同则是指合同义务的履行为持续的不间断的状态，如租赁合同、保管合同等。实践中，大多数合同是一时性合同。

区分意义：解除合同的法律后果不同。一时性合同的解除通常可溯及以往；继续性合同原则上不能溯及以往，解除效力只对未来产生影响。

（七）主合同与从合同

当两个合同结合使用的时候，要分清二者之间的关系，从属关系是常见的一种。主合同是指能够独立存在、不以其他合同的存在为前提的合同；从合同则相反，从合同不能独立存在，需以主合同的存在为其存在的前提。如借款合同与担保合同，借款合同为主合同，保证、抵押、质押等担保合同则为从合同。如果没有借款合同，则不会有担保合同。

区分意义：主合同与从合同的关系适用“从随主”原则，若主合同不成立，从合同也不成立；主合同无效，从合同一般也无效；主合同消灭，从合同一般也随之消灭。除非法律另有规定或当事人另有约定。

（八）确定合同与射幸合同

此种分类的主要区别是合同的法律效果在订约时是否确定。若法律效果确定，则是确定合同，若不确定则为射幸合同。典型的射幸合同是保险合同。以人身意外保险合同为例，签订保险合同后，保险事故可能发生也可能不发生，但即使不发生保险事故，已交付保险费也不会退还。实践中绝大多数合同是确定合同。

三、合同法律关系

（一）合同法律关系的主体

1. 概念

合同法律关系的主体，也称为合同当事人，是指在具体的合同法律关系中享有合同权利、负有合同义务的当事人。合同关系是一种最常见的民事法律关系，依据《民法典》第 2 条规定，合同当事人类型包括平等主体的自然人、法人和非法人组织三种类型。此规定始于 2017 年 10 月 1 日实施的《中华人民共和国民法总则》，1999 年的《合同法》使用的是其他组织。

2. 合同当事人的种类

种类是由法律规定的类型。

（1）自然人。自然人是因出生而取得生命从而具有民事主体资格的人类个体。包括本国公民与生活在该国境内的外国人与无国籍人。依据《民法典》的规定，合同当事人是自然人的，通常应当是完全行为能力人。八周岁以上的未成年人或不能完全辨认自己行为性质的限制行为能力人，只能签订与自己年龄、智力相适应的合同，其他合同的签订应由法定代理人代理、授权或追认；年满十六未满十八周岁但能以自己的劳动收入为主要生活来源的人，视为完全行为能力人，可独立签订合同。未满八周岁或不能辨认自己行为的无行为能力人，不能签订合同。

（2）法人。《民法典》第57条规定了法人概念："法人是具有民事权利能力和民事行为能力，依法独立享有民事权利和承担民事义务的组织。"依据《民法典》相关规定，法人包括营利法人、非营利法人和特别法人三种类型。营利法人包括有限责任公司、股份有限公司与其他企业法人；非营利法人包括事业单位法人、社会团体法人和捐助法人；特别法人包括机关法人、农村集体经济组织法人、城镇农村的合作经济组织法人、基层群众性自治组织法人。法人依法签订合同，依法享有民事权利、承担民事义务，独立承担合同责任。

（3）非法人组织。《民法典》第102条规定了非法人组织："非法人组织是指不具有法人资格，但是能够依法依自己的名义从事民事活动的组织。非法人组织包括个人独资企业、合伙企业、不具有法人资格的专业服务机构等。"非法人组织有权签订合同，依法享有合同权利，履行合同义务，但合同责任不能独立承担。非法人组织的投资人、开办人须对非法人组织的债务承担连带清偿责任。

（二）合同法律关系的内容

合同法律关系的内容包括合同当事人所享有的合同权利和所负有的合同义务，合同权利与合同义务通常也称为合同债权与合同债务。单务合同中，只有一方当事人负有合同债务，另一方当事人则只享有合同债权；双务合同中，当事人相互负有合同债务，也相互享有合同债权，通常是一方当事人负有的义务是另一方当事人享有的权利，对方的义务则是己方的权利，亦即对待债。

合同债权是指合同债权人请求债务人给付的权利。合同债权的特点：①合同债权的核心是请求权，即债权人有权请求债务人为特定行为，如买卖合同的买受人要求出卖人交货，但无权支配该笔货物；②合同债权是相对权，即权利的行使受合同限制，债权人只能要求债务人给付，而无权要求合同当事人以外的其他人给付；③合同债权具有平等性，通常不具有优先性和排他性，当一个债务人面对数个债权人且无力清偿全部债务时，数个债权人只能平等受偿。

合同债务是指债务人依合同负担的对权利人的义务，给付义务是核心义务。除给付义务外，合同法还规定了债务人可能承担的附随义务、先合同义务及后合同义务等。上述一系列合同义务，通常被学者统称为“合同上的义务群”①。给付义务是指债务人对债权人须实施的特定行为，如买卖合同的出卖人向买受人交付货物，买受人向出卖人支付货款。给付义务又分为主给付义务和从给付义务。主给付义务是合同关系所固有、必备并以此决定合同类型的基本义务，如前例。从给付义务具有辅助主给付义务的功能，如买卖合同的买受人支付货款后，出卖人应出具发票；租赁合同的出租人应承担维修租赁物的义务。从给付义务或基于法律的规定，或基于当事人的约定。

附随义务是指基于诚信原则的要求，债务人为了更好地完成给付义务而应承担的义务，如协助、通知、说明、告知、保管、保密、忠实等义务。附随义务是法定义务，与给付义务的主要区别是附随义务通常不是在合同签订时确立的，而是随着合同的履行不断发生的。附随义务不能决定合同类型，不具有对待给付的关系，当事人不履行附随义务，对方当事人不能行使抗辩权，也无权要求解除合同。

先合同义务是合同订立前双方当事人基于诚信原则产生的说明、告知、保密等义务，从形式上看与附随义务相似，但与其区别也是明显的：其一，附随义务是合同订立之后，而先合同义务是合同订立之前；其二，违反附随义务承担的是违约责任，违反先合同义务承担的是缔约过失责任。

后合同义务是指合同关系消灭后，当事人为了维护合同履行效果，而协助对方当事人处理善后事宜而实施的通知、协助、保密等义务。后合同义务多由法律直接规定，也可以由当事人约定。与违反先合同义务的法律后果不同，违反后合同义务仍应承担违约责任。

（三）合同法律关系的客体

合同法律关系的客体，也称为合同标的，是指合同当事人享有的合同债权所指向的对象即对方当事人须承担的合同债务，即债务人的给付行为。与物权法律关系不同，物权法律关系的客体是物。

（四）合同法律关系的相对性

合同之债作为最常见、最主要的债，自然要受到债的相对性制约，从而呈现为合同法律关系的相对性。具体来说，合同法律关系的相对性包含三方面内容：其一，主体的相对性，即合同关系只能发生在特定的主体之间即合同当事人之间，只有合同债权人才享有债权请求权，且不管是采用私力救济还是公力救济的途径，概莫能外；其二，内容的相对性，即合同债权只能由合同当事人享有，合同债务也只

---

① 崔建远：《合同法》，法律出版社 1998 年版，第 72 页。

能有合同当事人承担，局外人不享有合同债权，也不需要承担合同债务；其三，违约责任的相对性，即违约责任只能发生在合同关系的当事人之间，第三人不负违约责任，合同当事人也不对第三人负违约责任。合同法律关系的相对性是非常重要的原理，真正掌握了这个原理，就不至于在发生合同纠纷行使诉权时，选择错误的被告乃至提出不当的诉讼请求。

第二节　合同法概述

一、我国合同法的概念与特征

（一）合同法的概念

我国合同法有广义、狭义两种用法。狭义合同法是指国家立法机关颁布的专门规定合同制度的法律文件，即1999年3月15日由第九届全国人大第二次会议通过的并于同年10月1日施行的《中华人民共和国合同法》，也可称为形式意义上的合同法，该法于2021年1月1日《民法典》生效时废止；广义合同法是指国家所有关于合同问题规定的法律文件的总称，不但包括《民法典》中的合同编，也包括其他法律、行政法规、法律解释中关于调整合同问题的所有具有法律效力的文件，即实质意义上的合同法。① 本书采用广义合同法概念。

2020年5月28日，第十三届全国人民代表大会第三次会议通过了《中华人民共和国民法典》，《民法典》整合了现行主要的民事法律，合同法被收进《民法典》，成为《民法典》合同编。尽管如此，编者认为广义合同法概念仍有使用意义。

（二）合同法的特征

我国合同法主要具有以下几个特征：

（1）合同法是动态财产法。合同法属民法的重要组成部分，是债权法的主体，合同法调整流动中的财产法律关系，通常不调整人身法律关系。

（2）合同法是市场交易的基本法。其基本功能在于规范市场交易活动，保障财产流转畅通，维护交易秩序和交易安全。故也可以说合同法是交易法。

（3）合同法是最为典型的私法。合同法主要由任意性规范构成，契约自由、意思自治是合同法的灵魂，在法律适用上“约定优于法定”的精神处处可见，强制性规范虽然也有，但比例较小。

---

① 苏号朋：《合同法教程》，中国人民大学出版社2015年版，第31页。

二、合同法的地位与功能

合同法作为民法的组成部分，在民法体系中具有举足轻重的地位。民法的调整对象是平等主体之间的财产关系和人身关系，其中调整财产关系的两大基本法是物权法与债权法。而合同法是债权法的主干。

合同法主要调整动态的财产法律关系，在财产流转和提供服务的过程中，合同法的作用是其他法律不可替代的。不管是从现今社会民间的使用频率还是从未来发展趋势上看，合同法的地位都处于不可撼动且不断上升的阶段，对合同法的重要作用不管怎样强调都不为过。

三、我国合同法的渊源

我国合同法的渊源，即合同法的具体表现形式。鉴于本书采用的是广义合同法概念，故合同法渊源主要有以下几种：

（一）法律

法律是指全国人民代表大会和全国人民代表大会常务委员会根据宪法按照立法程序制定的规范性文件。在这个层级上，合同法渊源首先是 1999 年 10 月 1 日施行的《中华人民共和国合同法》，此外，还有 1987 年 1 月 1 日施行的《中华人民共和国民法通则》，2017 年 10 月 1 日施行的《中华人民共和国民法总则》等。随着 2020 年 5 月 28 日《中华人民共和国民法典》通过，2021 年 1 月 1 日施行，《民法总则》《合同法》等单行法废止，《民法典》将成为合同法律制度的基本渊源。当然其他法律如《房地产管理法》《农村土地承包经营法》《保险法》等涉及合同规定的，仍不失为合同法的法律渊源。

（二）行政法规

行政法规是指国家最高行政机关中央人民政府即国务院依据宪法和法律制定的在全国范围内生效的规范性文件。从层级上看，行政法规是法律的下位法，行政法规不能违背法律。行政法规涉及合同的规定，如《物业管理条例》《国有土地上房屋征收与补偿条例》《房屋租赁条例》等。

（三）法律解释

法律解释包括立法解释与司法解释。立法解释是全国人大常委会对法律本身的解释，司法解释包括最高人民法院、最高人民检察院为适用法律作出的解释。现阶段，我国的合同立法解释较少，该渊源主要是最高人民法院的司法解释。

最高人民法院为适用《合同法》，于 1999 年出台了《关于适用〈中华人民共和国合同法〉若干问题的解释（一）》，2009 年出台了《关于适用〈中华人民共和国合同法〉若干问题的解释（二）》。此外，对合同法分则中的买卖合同、借款合同、房屋租赁合同等具体合同出台了一系列司法解释。上述司法解释源于审判实践，是审判经验的总结，操作性强，对地方各级人民法院审理合同纠纷案件起到重要的指导作用。2019 年 12 月，最高人民法院召开第九次全国民商事审判工作会议，会后形成的纪要也对法律实务界产生重大影响。目前最高人民法院许多关于合同方面的司法解释已被收进《民法典》合同编。只要不与《民法典》抵触且目前没有被废止的司法解释，仍可作为合同法渊源。

（四）国际条约与国际惯例

国际条约是两个或两个以上国家就政治、经济、贸易等方面的问题确定其相互权利义务关系的协议。国际惯例又称为国际习惯，是指在国际法上被接受为法律的通常做法。在处理涉外合同法律关系时，国际条约与国际惯例是合同法的渊源。最主要的国际条约是《国际货物买卖合同公约》与《国际商事合同通则》。

四、中华人民共和国的合同立法

为有助于学生了解合同立法发展历史，故有必要做个介绍。

（一）三足鼎立的合同法

1979 年起，中国开始实行对外开放、对内搞活的经济体制改革。1981 年 12 月 13 日我国颁布了《中华人民共和国经济合同法》，这是中华人民共和国第一部合同法，该法在推进改革中发挥了重大历史作用。此后，国务院依据《经济合同法》发布了 12 个与之配套的条例和实施细则，国务院部委也制定了一些关于合同的规章。为配合对外开放的政策，1985 年 3 月 21 日，我国颁布了《中华人民共和国涉外经济合同法》，这是中华人民共和国第二部合同法。1987 年 6 月 23 日，我国又颁布了《中华人民共和国技术合同法》。至此，我国合同立法形成了三足鼎立的局面。

（二）民法通则

1986 年 4 月 12 日，我国颁布了《中华人民共和国民法通则》，这是当时我国民法的基本法律。尽管条文很少，只有 156 个条文，但仍然在该历史时期起着我国民事基本法的作用，肩负着统领我国民事立法的重大历史使命。该法在第五章民事权利中第二节规定了“债权”，10 个条文中有 7 个是合同问题；在第六章民事责任中第二节规定了“违反合同的民事责任”，有 6 个条文。

（三）合同法

由于 20 世纪 80 年代颁布的三部合同法基本上是由分管的国务院部委牵头制定的，起草法律时难免从本部门管理角度考虑问题，法律对应的是三种不同的关系，没有合同法的总则，存在着合同主体限制过窄、合同种类偏少乃至三部合同法中有些规定相互抵触等问题。1993 年 9 月 2 日，立法机关通过了《关于修改〈中华人民共和国经济合同法〉的决定》，修改了立法目的，拓展了合同当事人种类，废除了由工商行政管理机关确认合同无效的制度，但仍未能从根本上解决三部合同法存在的问题。

1993 年 10 月，全国人大法工委召开了专家研讨会，出台了合同法立法方案。1994 年 1 月，经过多方论证通过了该方案，从而制定统一合同法的问题被提上我国立法机关的日程。1995 年年初，中国社科院法学所、北京大学、中国人民大学等 12 个单位的学者完成了合同法（试拟稿）的起草工作，并将此方案提交全国人大法工委，经过 1995 年 7 月、1996 年 6 月两次修改。1997 年 5 月，全国人大法工委在全国公布了合同法草案，广泛征求各地各部门意见。1998 年 9 月，公布了合同法草案（第 5 稿），继续在全国范围内征求意见。1999 年 3 月 15 日，九届全国人大二次会议通过了《中华人民共和国合同法》。至此，统一合同法的历史任务宣告完成。

（四）民法总则

2017 年 3 月 15 日，第十二届全国人民代表大会第五次会议通过了《中华人民共和国民法总则》，规定了民事活动的基本原则和一般规定，该法现成为《民法典》的总则编，起着统领民法分编的作用。

《民法总则》总结了我国民事立法数十年的经验，对《民法通则》作了较大的修改，对《合同法》也产生一定影响。《民法总则》第六章“民事法律行为”中的第二节“意思表示”与第三节“民事法律行为的效力”都有新的规定。学习合同法律制度需要结合《民法总则》确立的民事法律行为制度。

（五）《民法典》合同编

2020 年 5 月 28 日，第十三届全国人民代表大会第三次会议通过了《中华人民共和国民法典》，这是中华人民共和国法治史上具有划时代与里程碑意义的民事立法。《民法典》的颁布体现了党中央与习近平总书记的高度重视，实现了老一辈民法学家的夙愿，是中国几代民法人共同努力的结果。

从体例上看，《民法典》合同编是对《合同法》与《民法通则》无因管理与不当得利之债的吸收与整合。《民法典》吸收了《合同法》与《民法通则》关于债权的相关规定，编撰成《民法典》的第三编合同。《民法典》合同编将原《合同法》总则改称为第一分编通则；将原《合同法》分则改称为第二分编典型合同，合同类型由 15 种增加到 19 种，增加了保证合同、保理合同、物业服务合同与合伙合同四种新合同，将居间合同改称为中介合同；《民法典》合同编吸收了《民法通则》第五章第二节债权中第 92 条不当得利、93 条无因管理规定，增设第三分编，称其为准合同。条文从原来的 428 条增加到现在的 526 条。从内容上看，《民法典》除了整合《合同法》与《民法通则》外，还吸收了最高人民法院关于适用《合同法》的诸多成熟的司法解释。

《民法典》第三编为合同编，共分为三个分编、二十九章、526 条（463 条~988 条）。

(一) 第一分编 通则

本分编为八章，包括：一般规定；合同的订立；合同的效力；合同的履行；合同的保全；合同的变更和转让；合同的权利义务终止；违约责任。共132条。

(二) 第二分编 典型合同

本分编为十九章，规定了十九种合同类型。包括：买卖合同；供用电、水、气、热力合同；赠与合同；借款合同；保证合同；租赁合同；融资租赁合同；保理合同；承揽合同；建设工程合同；运输合同；技术合同；保管合同；仓储合同；委托合同；物业服务合同；行纪合同；中介合同；合伙合同。其中增加了4种合同类型：保证合同、保理合同、物业服务合同与合伙合同，原居间合同改称为中介合同。共384条。

(三) 第三分编 准合同

本分编为两章，分别规定了合同债权之外的两种债权，即无因管理与不当得利。共10个条文。

第三节 合同通则的一般规定

一、调整对象

《民法典》合同编第463条规定："本编调整因合同产生的民事关系。"第464条规定："合同是民事主体之间设立变更终止民事法律关系的协议。婚姻、收养、监护等有关身份关系的协议，适用有关该身份关系的法律的规定，没有规定的，可以根据其性质参照适用本编规定。"

以上两个条文明确了合同法的调整对象，即合同法只调整民事主体之间签订的设立变更终止民事法律关系的协议，即民事合同，而不包括行政合同与劳动合同；在民事合同中以《民法典》合同编所规定的典型合同为主，但也包含物权编中的合同乃至商法中的合同。

注意：本条规定有一个重大变化，即由排除婚姻、收养、监护等有关身份关系的协议的适用，改为优先适用有关身份关系的法律规定，没有规定的可以参照合同通则规定。这表明立法机关已注意到了目前有关身份关系协议的立法较少，这样的规定有利于减少法律适用上的空白。

二、基本原则

合同法的基本原则，是合同立法的指导思想，是合同当事人所必须遵循的行为规则，是法院和仲裁机构处理合同纠纷的依据和准则，其基本精神贯穿于合同法整个体系中。合同法基本原则也是我们研究合同立法、法律解释、合同法实施的出发点，是民法基本原则在合同法中的具体化。《民法典》合同编没有单独规定合同法基本原则，《民法典》总则编规定的的基本原则大部分适用于合同。

（一）平等原则

《民法典》第 4 条规定：“民事主体在民事活动中的法律地位一律平等。”该条规定确立了平等原则。平等原则要求合同当事人在法律上获得同等待遇，签订合同的当事人不管是自然人、法人或其他组织，没有高低贵贱之分，大不可欺小，强不能凌弱。

（二）自愿原则

《民法典》第 5 条规定：“民事主体从事民事活动，应当遵循自愿原则，按照自己的意思设立、变更、终止民事法律关系。”该条规定确立了自愿原则。自愿原则是现代民法尤其是合同法最基本的一项原则。该规定反映了合同当事人意思自治的理念，故也称为“意思自治”或“意思自由”原则。自愿原则是指当事人从事民事活动完全基于内在的需求，在具体的市场交易中诸如要不要签订书面合同、和谁签订合同、签订什么内容的合同、在合同尚未完全履行时是否变更或解除等问题上，完全由合同当事人自己决定，而不受任何外来的干预。

（三）公平原则

《民法典》第 6 条规定：“民事主体从事民事活动，应当遵循公平原则，合理确定各方的权利和义务。”该条规定确立了公平原则。公平原则首先是指民事主体应当秉持社会公认的公平观念签订合同与履行合同，合理确定各方的权利和义务；也要求立法机关在制定合同法律时遵循公平的观念和要求；更要求裁判机关在审判、裁决合同纠纷时，遵循公平的观念和要求，力求做到当事人之间的利益均衡。

（四）诚信原则

《民法典》第 7 条规定：“民事主体从事民事活动，应当遵循诚信原则，秉持诚实，恪守承诺。”诚信原则要求合同当事人在订立合同和履行合同时，应当恪守诺言，讲究信用，不讲假话，不得损害对方当事人的利益，维持市场道德秩序。该原则以道德观念为基础，1999 年的《合同法》将其法律化，《民法总则》与《民法典》予以确认。

（五）遵守法律与公序良俗原则

《民法典》第 8 条规定：“民事主体从事民事活动，不得违反法律，不得违背公序良俗。”该规定确立了合法性原则。根据该原则的要求，合同当事人在订立、履行合同时，应首先了解该领域的法律制度与规则，不得违背法律的强行性规定，不得触犯禁止性规范。如果合同的内容违法，即使双方自愿签订，也会受到法律的否定性评价，被裁判机关认定无效，从而不会发生当事人预期的法律效果。公序良俗中的公序是指公共秩序，良俗是指善良风俗。该原则要求当事人在订立合同时应当尊重现行法律秩序、社会公德和善良风俗。1999 年《合同法》第 7 条规定提出了此原则，但使用的是社会公德、社会经济秩序和社会公共利益的概念，2017 年《民法总则》首次使用了公序良俗用语。

三、合同解释

合同解释是指当事人在合同履行时或履行完毕后，由于对合同条款理解不同而发生纠纷，解决此问题的正确方法是依据法律规定，按照合同条款文义，结合行为的性质、目的、习惯和诚信原则，对存在争议的合同条款作出解释。

《民法典》第 466 条第 1 款规定：当事人对合同条款的理解有争议的，应当依据本法第 142 条第 1 款的规定，确定争议条款的含义。《民法典》第 142 条的具体规定是有相对人的意思表示的解释，应当按照所使用的词句，结合相关条款、行为的性质和目的、习惯以及诚信原则，确定意思的含义。按照《民法典》上述规定，合同解释方法包括以下几种：

（一）文义解释

文义解释即按该合同条款词句通常的理解、本来含义去理解，采用客观的方法解释合同用语。

（二）整体解释

整体解释即对合同做文义解释时不应孤立的理解该条文，还应当将该合同条款放在整个合同中，这就需要结合其他条款对该条款作出解释，以保证对该条款理解的准确性。

（三）性质解释

性质解释是指该条款所涉及行为的性质，具体到该合同中通常是指履行合同义务的性质，例如该行为是作为义务，还是不作为义务等。

（四）目的解释

目的解释是指对合同做解释时，需要结合当事人订立合同的目的。合同订立的目的是当事人从事交易行为所希望达到的目的，合同本身也不过是当事人实现其目的的手段。①

（五）习惯解释

习惯解释是指按照签约当事人的交易习惯去解释。交易习惯包括一般习惯、地区习惯、行业习惯、双方当事人以往交易的习惯等。

（六）诚信解释

诚信解释是指按该合同条款解释时，还要按照《民法典》所确立的诚实信用原则去解释。裁判者在依据诚信原则解释合同时，需要平衡双方当事人的利益，公

---

① 王利明：《合同法》，中国人民大学出版社 2015 年版，第 253 页。

平合理的确定合同内容。①

从适用方法上看，文义解释是基础，若该条款还涉及其他条款，则需适用整体解释方法。若仍然不能解决问题，则需采用性质解释、目的解释、习惯解释、诚信解释等方法。

☞ 案例导读评析

本案不成立合同关系，当然也不受合同法调整，谈不上违约行为和赔偿损失。根据《民法典》第464条规定："合同是民事主体之间设立、变更、终止民事法律关系的协议。"合同在性质上属于法律行为，当事人签订合同应以一定的民事法律后果为目的。在本案中，双方相约旅游，虽有共同想法，但性质上属于友情关系而不属于法律行为，也没有预期的法律效果。故不成立合同关系。

☞ 本章思考题

1. 什么是合同？什么是合同的特征？
2. 什么是诺成合同？什么是实践合同？
3. 什么是合同的相对性？
4. 我国合同法调整对象？
5. 我国合同法的渊源？
6. 什么是合同解释？常见的合同解释方法包括哪些？

☞ 案例分析习题

王某年逾70岁，无子女，生活不便。邻居吴某看在眼里，经常帮助、照顾王某的生活。久而久之，王某过意不去，于是找居委会干部主持，于2017年10月与吴某签订了一份协议。协议约定：吴某对王某负责生养、死葬，王某去世后，其所有的一套60平方米商品房归吴某所有。2018年2月，王某欲将房屋借给孙某使用，吴某反对，王某坚持出借。于是吴某连续一个月不再扶养王某。王某起诉到法院，要求吴某履行协议。

请问：王某与吴某签订的协议是否受合同法调整？为什么？

① 王利明：《合同法》，中国人民大学出版社2015年版，第257页。

第二章 合同的订立

- **学习目标：**
  1. 掌握要约与承诺的一般规则；
  2. 掌握要约与要约邀请的区别；
  3. 了解法律对合同形式的要求；
  4. 掌握格式条款的适用规则；
  5. 掌握缔约过失责任的适用规则。
- **案例导读：**

甲公司给乙公司发出订单（要约）购买电器，乙公司在回信中表示完全接受订单，但又附了一张纸——这张纸记载了乙公司提出的免责条款，甲公司看后不予理睬。乙公司到期就发货，甲公司认为货还不错，就收了。

请问：

1. 甲、乙公司之间的书面合同是否成立？
2. 甲、乙公司之间的合同是否最终成立？
3. 如果合同成立，合同成立的时间、地点如何确定？

第一节 合同的订立

当事人订立合同的过程就是对内容协商的过程。当事人订立合同的具体方式各不相同，有的是通过口头和书面的往来协商谈判，有的是采取拍卖、招投标等方式，但不管采取什么具体方式，必然需要经过两个步骤，即要约与承诺，这是订立合同的基本规则。《民法典》第 471 条规定："当事人订立合同，可以采用要约、承诺方式或者其他方式。"该条增加了"其他方式"这一规定，面对飞速发展的社会，传统的要约、承诺方式已经难以涵盖日益复杂的缔约方式，增加"其他方式"体现了民法的开放性，亦是合同自由原则的体现。

一、要约

（一）要约的概念

《民法典》第 472 条规定："要约是希望与他人订立合同的意思表示。该意思表示应当符合下列规定：（一）内容具体确定；（二）表明经受要约人承诺，要约人即受该意思表示约束。”可见，要约是一方当事人以缔约合同为目的，向对方当事人所作的意思表示。在要约中，发出要约的人为要约人，接受要约的人为受要约人。在贸易实践中，要约又称为发盘、出盘、发价或报价等。

（二）要约的构成要件

一项意思表示是否构成要约，必须具备一定的要件。这些要件包括：

1. 要约必须是特定人所为的意思表示

要约的提出旨在与他人订立合同，并期望能得到相对人（受要约人）的肯定答复，因此要约人应该是特定人，是将来成立的合同的一方当事人。只有要约人是特定的人，相对人才能对之作出承诺的表示。至于该特定人是自然人、法人抑或其他组织，是本人还是其代理人，则在所不问。

2. 要约必须是向受要约人发出的意思表示

要约只有向要约人希望与之订立合同的受要约人发出才能够得到受要约人的承诺。一般而言，受要约人必须是特定的人。之所以要求受要约人也应该特定，原因是合同具有相对性。要约发出的目的是希望能缔结合同，只有在相对人特定的情况下，才能形成相对的主体、相对的内容，才能确保合同的成立。

要约原则上应向特定的相对人发出，并不是说法律要严格禁止要约向不特定人发出。一方面，法律在某些特定情况下允许向不特定人发出要约，如悬赏广告即为要约。另一方面，要约人愿意向不特定人发出要约，并自愿承担因此产生的后果，在法律上也是允许的。《民法典》第 473 条第 2 款规定：“商业广告和宣传的内容符合要约条件的，构成要约。”商业广告和宣传一般属于要约邀请，但如果商业广告和宣传的内容具体明确，表明经受要约人承诺，要约人即受该意思表示的约束，则构成要约。如在商业广告中注明“本广告构成要约”，或者注明“广告所列的各种商品将售予最先支付现金的人”，等等。

3. 要约必须是以订立合同为意思表示

要约人发出要约的目的在于和受要约人订立合同。因此，要约人应当在要约中充分表现出这种订立合同的意图。根据《民法典》第 472 条的规定，要约应当标明经受要约人承诺，要约人即受该意思表示的约束。至于如何判断表意人发出的意思表示具有缔约目的，应根据表意人实际使用的语言、文字等情况加以确定。表意人不仅仅是在“考虑”“打算”“准备”订立合同，而是“决定”或者“愿意”订立合同，即表明他具有订约意图。在有些情况下，表意人虽然没有以语言、文字明示缔约目的，但可以根据其行为，并综合交易习惯或特定的行业惯例，使相对人能够合理地相信表意人具有缔约目的，亦可构成要约。

4. 要约的内容必须具体、确定

根据《民法典》第 472 条的规定，要约的内容必须具体、明确。所谓“具体”，是指要约的内容必须具备足以使合同成立的主要条款。如果不包括合同的主要条款，受要约人将难以做出承诺，且因为这种合意不具备合同的主要条款而使合同难以成立。至于合同的主要条款，应当根据合同的类型加以判断，不同类型的合同在内容要求上会有所差异。所谓“确定”，是指要约的内容必须明确肯定，不能含糊不清、模棱两可，必须使受要约人能够充分了解要约人的真实意图，从而使受要约人能够决定是否向要约人承诺。但要约内容具体、明确不能绝对化，在个别情况下并非在要约中必须明确表示出来，如果根据法律规定或者交易习惯等能够确定要约的有关内容，该内容同样属于明确、确定。

（三）要约邀请

要约邀请又称要约引诱，《民法典》第 473 条规定：“要约邀请是希望他人向自己发出要约的表示。拍卖公告、招标公告、招股说明书、债券募集办法、基金招募说明书、商业广告和宣传、寄送的价目表等为要约邀请。”也就是说，要约邀请是指一方邀请对方向自己发出要约。要约邀请是当事人订立合同的预备行为，在发出要约邀请时，当事人处于订约的准备阶段，要约邀请在性质上属于事实行为，不具有法律意义。要约邀请只是引诱他人发出要约，它不能因相对人的承诺而成立合同。在发出要约邀请后，要约邀请人撤回其邀请，只要没有给善意相对人造成信赖利益的损失，要约邀请人一般不承担法律责任。

根据《民法典》第 473 条的规定，下列行为属于要约邀请。

1. 拍卖公告

拍卖是以公开竞价的形式，将特定物品或财产权利转让给最高竞买人的买卖方式。拍卖前一般要刊登或发出拍卖公告，向社会公众说明拍卖的相关情况，以吸引他人参与竞买，向自己发出要约。在拍卖公告中并不包括合同成立的主要条件，特别是未包括价格条款，而只是希望竞买人提出价格条款。因此，拍卖公告属于典型的要约邀请。通过拍卖方式缔结合同的，竞买人的报价为要约，拍卖人的拍定为承诺。

2. 招标公告

招标是指订立合同的一方当事人采取邀请或公告的形式，向数人或公众发出的、以吸引或邀请向对方报价，从而选择最满意的报价方订立合同的方式。发布招标公告的目的，就是邀请更多的投标人按照招标内容的要求投标，从而使招标人能够从更多的投标人中寻取条件最佳者与其订立合同。在招标中，标底是不公开的，招标公告不具备合同的主要内容，其结果也只是导致他人按照招标要求投标。因此，招标公告属于典型的要约邀请。通过招标投标方式订立合同的，投标人向招标人发出的投标为要约，招标人的定标为承诺。

3. 招股说明书

招股说明书是指拟公开发行股票的人经批准公开发行股票后，依法在法定的日期和证券主管机关指定的报刊上刊登的有关股票发行人信息的法律文件。招股说明书通过向投资者提供股票发行人各方面的信息，从而吸引投资者向发行人发出购买股票的要约，但其本身并不是发行人向广大投资者所发出的要约，而只是一种要约邀请。

4. 债券募集办法

公司发行公司债券，是向社会公众举借的长期债务。根据《公司法》第 155 条的规定，发行公司债券的申请经国务院授权的部门核准后，应当公告公司债券募集办法。债券募集办法既是债券发行及交易中信息披露的重要文件，也是公司发行债券应向监管机关提交的必备文件。公司债券募集办法通过向公众说明公司的基本情况以及将以何种条件发行公司债券，便于社会公众在了解公司背景、同意债券募集条件的前提下自愿认购。债券募集办法是《民法典》新增的一种要约邀请形式，原《合同法》第 15 条规定招股说明书为要约邀请，而债券和股票同属有价证券的，二者具有同质性，因此，债券募集办法亦应作为要约邀请。值得注意的是，《民法典》草案修改稿用的是"债券募集说明书"，但考虑到《公司法》《证券法》等法律采用的表述是"债券募集办法"，故在《民法典》在最终通过时使用了后者。

5. 基金招募说明书

基金招募说明书是基金发起人按照国家有关法律、法规制定的并向社会公众公开发售基金时，为基金投资者提供的、对基金情况进行说明的一种法律性文件。这也是本次《民法典》新增的一种要约邀请形式，与上述债券募集办法在性质上类似，是投资人了解基金的最基本、最重要的文件之一，是投资前的必读文件。由于债券、股票和基金同属有价证券，因此，基金招募说明书亦应作为要约邀请。

6. 商业广告和宣传

商业广告是指商品经营者或者服务提供者承担费用、通过一定的媒介和形式直接或间接地介绍自己所推销的商品或者所提供的服务的广告。《民法典》在商业广告后面加多了宣传二字，目的在于将实践中一些不具有明显商业广告形式，但客观上起到广告宣传效果的行为列入。商业广告和宣传一般属于要约邀请，不能产生要约的效力。这主要是因为，商业广告和宣传旨在宣传和推销某种商品或业务，而一般并没有提出出售该商品或提供该服务的主要条款。但是，《民法典》第 473 条第 2 款规定："商业广告和宣传的内容符合要约条件的，构成要约。"这就意味着，我国法律并不排除或禁止广告人利用广告和宣传进行要约的可能性，只要广告内容具体确定，且广告人表明一经受众承诺即愿受约束，此种广告和宣传应视为要约，例如款到发货的商业广告。

需要特别说明的是，悬赏广告不是商业广告。根据《〈合同法〉若干问题的解释（二）》第 3 条规定，悬赏人以公开方式声明对完成一定行为的人支付报酬，完成特定行为的人请求悬赏人支付报酬的，人民法院依法予以支持。但悬赏有法律规定的无效情形的除外。据此可知，悬赏广告被法律规定为要约。

7. 寄送的价目表

邮寄、派发的价目表，虽然包含了商品名称、服务的类型和价格、酬金，而且包含行为人希望建立交易关系的意图，但邮寄、派发价目表，不能确定行为人是否受其约束，即不包含一经相对人承诺即接受承诺后果的意图。寄送、派发的当事人还是把成立合同的最终权利留给了自己，而只是向相对人提供有关信息，希望相对人向自己提出要约。因此，该行为是要约邀请，而不能构成要约。当然，如果寄送的价目表明确表明了行为人愿意受承诺的约束，或者从价目表中可以确定该行为具有接受承诺后果至约束的意图，则应当认定为要约。

（四）要约的法律效力

要约的法律效力又称为要约的约束力。一个要约如果符合一定的构成要件，就要对要约人和受要约人产生一定的效力。关于要约的法律效力，主要涉及以下几个方面：

1. 要约生效的时间

要约的生效时间决定了要约何时产生法律效力。对此，学术界有两种不同的观点：一是发信主义，即要约人发出要约之后，只要要约已属于要约人控制范围之外，要约即产生约束力。二是到达主义，又称为受信主义，即要约必须到达受要约人之时才能产生法律效力。《民法典》第 474 条规定：“要约生效的时间适用本法第一百三十七条的规定。”而《民法典》第 137 条规定：“以对话方式作出的意思表示，相对人知道其内容时生效。”“以非对话方式作出的意思表示，到达相对人时生效。以非对话方式作出的采用数据电文形式的意思表示，相对人指定特定系统接收数据电文的，该数据电文进入该特定系统时生效；未指定特定系统的，相对人知道或者应当知道该数据电文进入其系统时生效。当事人对采用数据电文形式的意思表示的生效时间另有约定的，按照其约定。”可见，《民法典》根据要约发出的方式不同分别采用了不同的规则。如果要约是以对话方式作出的，则以受要约人知道内容为生效标准。如果要约是以非对话方式作出的，则采纳到达主义。所谓“到达相对人时生效”，并不苛求要约一定交付到受要约人或其代理人手中，只要送达到受要约人所能控制并应当能了解的地方（如受要约人的信箱等），即视为到达受要约人。至于采用数据电文形式发出邀约，则是电子合同的订立规则，将在下文详细论述。

2. 要约的效力内容

要约的法律效力的内容表现为对要约人和受要约人的约束力。首先，要约对要约人的约束力。此种约束力又称为要约的形式约束力，是指要约一经生效，要约即受到要约的约束，不得随意撤销要约或对要约随意加以限制、变更和扩张。这对于保护受要约人的利益，维护交易的安全和秩序是十分必要的。其次，要约对受要约人的约束力。此种约束力又称为要约的实质约束力，是指在要约生效之时，受要约人享有对要约进行承诺的权利。受要约人既可以作出承诺，也可以不作出承诺。一经受要约人承诺，合同即告成立。应当注意的是，在强制缔约的情况下，承诺是法定义务。①

3. 要约的存续期间

要约的存续期间，是指要约可在多长时间内发成法律效力。关于要约的期限问题，完全由要约人决定。如果要约没有明确规定该要约的存续期间，则应区分如下两种情况：（1）以口头方式发出的要约。如果要约没有明确规定该要约的存续期间，那么在受要约人立即做出承诺时，才能对要约人产生约束力。如果受要约人没有立即做出承诺，则要约就失去了效力。②（2）以书面形式发出的要约。如果要约人在要约中具体规定了存续期限，则该期限为要约的有效存续期限；如果要约中没有规定，则应当确定一段合理时间作为要约存续的期限。一般而言，确定合理期限要考虑的因素包括：要约到达受要约人的时间、做出承诺所必要的时间、承诺通知到达受要约人所必需的时间。当然，在实践中考虑要约的合理时间要根据每个要约的具体情况来定，如要考虑要约的传递方式、行业习惯等多种因素来确定合理时间。

（五）要约的撤回和撤销

要约的撤回是指要约人发出要约之后，未到达受要约人之前，取消要约。撤回要约的结果是使要约不发生效力。《民法典》第 475 条规定：“要约可以撤回。要约的撤回适用本法第一百四十一条的规定。”而《民法典》第 141 条规定：“行为人可以撤回意思表示。撤回意思表示的通知应当在意思表示到达相对人前或者与意思表示同时到达相对人。”据此可知，要约的撤回应在该要约发生法律效力之前。这是因为要约到达受要约人之前或者在到达受要约人之时即被撤回，受要约人尚不会对要约作出任何回应。被撤回的要约也不会影响受要约人正常的商业事务和交易活动。另外，要约撤回本身不得作为撤回的对象。③

要约的撤销是指要约人在要约到达受要约人并生效以后，取消要约。撤销要约的结果是使要约的效力归于消灭。撤销与撤回都旨在使要约作废，两者区别在于：撤回要约是在要约生效之前，即要约未到达受要约人。而撤销要约是在要约已到达受要约人，即要约生效之后，受要约人尚未作出承诺之前。《民法典》第 477 条规定：“撤销要约的意思表示以对话方式作出的，该意思表示的内容应当在受要约人

① 崔建远：《合同法（第四版）》，法律出版社 2007 年版，第 47~48 页。
② 王家福：《中国民法学·民法债权》，法律出版社 1991 年版，第 292 页。
③ 韩世远：《合同法总论》，法律出版社 2004 年版，第 99 页。

作出承诺之前为受要约人所知道；撤销要约的意思表示以非对话方式作出的，应当在受要约人作出承诺之前到达受要约人。”

《民法典》第 476 条规定：“要约可以撤销，但是有下列情形之一的除外：(一) 要约人以确定承诺期限或者其他形式明示要约不可撤销；(二) 受要约人有理由认为要约是不可撤销的，并已经为履行合同做了合理准备工作。”要约不得撤销并不等于要约人必须无条件地按照要约的内容履行，而是指要约人在上述情况下撤销要约违反了《民法典》的规定。由于此时合同还未成立，尚处于缔约阶段，要约人应承担缔约过失责任。

(六) 要约的失效

要约的失效是指要约不再对要约人和受要约人具有法律效力，要约人不再受要约的约束，受要约人丧失承诺的权利。要约失效以后，即使受要约人对要约人表示了承诺，也不能导致合同的产生。根据《民法典》第 478 条，有下列情形之一的，要约失效：

1. 要约被拒绝

要约被拒绝，是指受要约人没有接受要约所规定的条件。要约被拒绝，则要约失效。

2. 要约人依法撤销要约

依法撤销要约包括两个方面：一是符合《民法典》第 477 条规定的要件；二是指被撤销的要约不属于《民法典》第 476 条规定的情形。在依法被撤销后，要约失效。

3. 承诺期限届满，受要约人未作出承诺

如果要约确定了承诺期间，而受要约人未在此期间内作出承诺，则要约失效。如果要约没有确定承诺期间，则分为两种情形：一是要约以口头形式发出时，受要约人没有即时作出承诺，则要约失效；二是要约以书面形式发出时，则应当确定一段合理时间为要约存续的期限。受要约人没有在合理的期限内作出承诺，则要约失效。

4. 受要约人对要约的内容作出实质性变更

受要约人对要约的实质内容进行变更，表明受要约人已经拒绝了要约，同时也向要约人提出了反要约，或者说新要约。如果受要约人作出的承诺通知中没有变更要约的实质内容，只是对要约的非实质性内容予以变更，而要约人又没有及时表示反对，此种承诺不视为对要约的拒绝。但如果要约人事先声明对要约的任何内容都不得变更，则受要约人变更要约的非实质性内容，也会产生拒绝要约的效果。至于何为要约的“实质性内容”？依据《民法典》第 488 条规定：“承诺的内容应当与要约的内容一致。受要约人对要约的内容作出实质性变更的，为新要约。有关合同标的、数量、质量、价款或者报酬、履行期限、履行地点和方式、违约责任和解决争议方法等的变更，是对要约内容的实质性变更。”

二、承诺

（一）承诺的概念

《民法典》第479条规定：“承诺是受要约人同意要约的意思表示。”受要约人，即承诺人，承诺意味着受要约人同意接受要约的全部条件。承诺的法律效力在于一经受要约人承诺并送达要约人，合同即告成立。

（二）承诺的构成要件

由于承诺一旦生效，合同即告成立，因而承诺必须符合一定的条件。一项有效的承诺，必须具备以下构成要件：

1. 承诺必须是由受要约人向要约人作出

首先，承诺必须是由受要约人或其代理人作出。受要约人是由要约人选定的订立合同的对方当事人，要约生效后，只有受要约人才享有对要约人作出承诺的权利。未收到要约的第三人所作出的回应不是承诺，而应视为对要约人的要约。其次，承诺必须向要约人作出。既然承诺是对要约人发出的要约所作的答复，因此只有向要约人做出承诺，才能使合同成立。如果向要约人以外的其他人作出承诺，则只能视为对他人发出要约，只能产生要约的效力。

2. 承诺必须在要约的有效期间内到达要约人

要约的有效期限也就是承诺的期限，《民法典》第481条第1款规定：“承诺应当在要约确定的期限内到达要约人”。承诺的到达分为两种情况：①要约确定了承诺期限的，承诺应当在要约确定的该期限内到达要约人。《民法典》第486条规定：“受要约人超过承诺期限发出承诺，或者在承诺期限内发出承诺，按照通常情形不能及时到达要约人的，为新要约；但是，要约人及时通知受要约人该承诺有效的除外。”但是，第487条又规定：“受要约人在承诺期限内发出承诺，按照通常情形能够及时到达要约人，但因其他原因致使承诺到达要约人时超过承诺期限的，除要约人及时通知受要约人因承诺超过期限不接受该承诺的以外，该承诺有效。”②要约没有确定承诺期限的。根据《民法典》第481条第2款的规定，如果要约以对话方式作出的，应当即时作出承诺；如果要约以非对话方式作出的，承诺应当在合理期限内到达。这个合理期间包括三个部分：要约到达受要约人的时间、受要约人考虑承诺的必要时间、承诺通知到达要约人所需时间。

3. 承诺的内容必须与要约的内容一致

《民法典》第488条规定：“承诺的内容应当与要约的内容一致。受要约人对要约的内容作出实质性变更的，为新要约。有关合同标的、数量、质量、价款或者报酬、履行期限、履行地点和方式、违约责任和解决争议方法等的变更，是对要约内容的实质性变更。”这就是说，承诺是对要约的同意，其同意的内容须与要约的内容一致，才构成意义表示的一致即合意，从而使合同成立。我们说承诺的内容必须与要约的内容一致，并不是说承诺的内容对要约的内容不能做丝毫的变更，而应当理解为受要约人必须同意要约的实质内容，不得对要约的内容作出实质性变更。一般情况下，承诺对非实质性内容进行更改，不应影响合同的成立。但是，《民法典》第 489 条规定："承诺对要约的内容作出非实质性变更的，除要约人及时表示反对或者要约表明承诺不得对要约的内容作出任何变更的以外，该承诺有效，合同的内容以承诺的内容为准。"这就是说，即使是非实质性内容的变更在法条涉及的两种情况下，承诺也不能生效。

4. 承诺的方式应该符合法律的要求

根据《民法典》第 484 条的规定，承诺的方式可以是以通知的方式作出，如果承诺不需要通知的，可以根据交易习惯或者要约的要求作出承诺的行为。一般来说，如要约未指定承诺的形式，承诺应当以不要式为原则。① 具体而言，通知的方式是指受要约人以口头形式或者书面形式明确告诉要约人同意要约的内容。所谓交易习惯，根据《〈合同法〉若干问题的解释（二）》第 7 条的规定，是指在交易行为当地或者某一领域、某一行业通常采用并为交易对方订立合同时所知道或者应当知道的做法；或者当事人双方经常使用的习惯做法。所谓以行为方式作出的承诺，该行为应该是积极的行为，而不是消极的行为。

（三）承诺的生效

承诺的生效是指承诺对要约人和受要约人产生法律约束力，合同因此而成立。《民法典》第 483 条规定："承诺生效时合同成立，但是法律另有规定或者当事人另有约定的除外。"关于承诺生效的时间，《民法典》第 484 条规定："以通知方式作出的承诺，生效的时间适用本法第一百三十七条的规定。承诺不需要通知的，根据交易习惯或者要约的要求作出承诺的行为时生效。"值得注意的是，如果以非对话方式作出的通知，所谓承诺到达要约人，是指承诺的通知到达要约人支配的范围内，例如进入要约人的信箱、营业场所等，而不是指要约人实际阅读了承诺。

（四）承诺的迟延

承诺的迟延是指承诺在承诺期限届满后到达要约人。承诺的期限通常是由要约规定的，如果要约中未规定承诺期限，则受要约人应在合理期限作出承诺。超过承诺期限作出承诺，则该承诺不发生效力。

承诺的迟延包括两种情形：一是通常的迟延。此种迟延是指受要约人没有及时作出承诺，导致承诺在承诺期限届满后才到达要约人。《民法典》第 486 条规定："受要约人超过承诺期限发出承诺，或者在承诺期限内发出承诺，按照通常情形不

① 王利明：《合同法研究》（第 1 卷），中国人民大学出版社 2002 年版，第 237 页。

能及时到达要约人的，为新要约；但是，要约人及时通知受要约人该承诺有效的除外。”迟到的承诺对要约人而言已经不是承诺，而是一项新要约。但出于对当事人意思自治的尊重，也为了鼓励交易，要约人可以承认其有效，但要约人应及时通知受要约人。二是特殊的迟延。此种迟延是指受要约人没有迟发承诺的通知，但因为送达等原因而导致迟延。《民法典》第 487 条规定：“受要约人在承诺期限内发出承诺，按照通常情形能够及时到达要约人，但是因其他原因承诺到达要约人时超过承诺期限的，除要约人及时通知受要约人因承诺超过期限不接受该承诺外，该承诺有效。”法律之所以这样规定，是因为迟延的原因不是因为受要约人本身的过错造成的，而是因为送达人员的工作失误、自然灾害等原因，造成原本可以按时到达要约人的承诺被延误。从鼓励交易的角度出发，承认此种承诺构成有效的承诺，有利于使交易达成。而承认此种承诺的效力，也不损害要约人的利益，因为如果要约人拒绝接受此种承诺，可以及时通知受要约人。

（五）承诺的撤回

承诺的撤回是指受要约人在发出承诺通知以后，在承诺正式生效之前撤回其承诺。《民法典》第 485 条规定：“承诺可以撤回。承诺的撤回适用本法第一百四十一条的规定。”承诺的撤回目的在于阻止承诺发生法律效力，因为只有在承诺生效之前，受要约人才可以取消承诺，此即承诺的撤回。

关于承诺的撤回，要注意以下两个问题：①承诺的撤回只有在非对话方式订立合同的场合下才会发生；而以对话方式订立合同时，因要约人和受要约人之间信息传达没有时间和空间的距离，承诺是即时生效的，故不存在承诺撤回问题。②承诺不存在撤销问题。因为，承诺的生效意味着合同成立。如果允许撤销承诺，等于赋予承诺人任意撕毁合同的权利，要约人的利益就得不到保护，交易安全也就得不到保护。

三、电子合同的订立

（一）电子合同的含义

传统的合同形式主要有两种，口头形式和书面形式。随着通信技术的进步，电话、电报、传真的使用使合同形式日益电子化，但人们把电话达成的合同归类为口头合同，把电报、传真达成的合同归类为书面合同，在传统合同法体系仍可容纳。20 世纪末计算机技术和互联网的迅猛发展，越来越多的协议通过电信网络达成。这些协议本质上为数据电文，不存在原件与复印件的区分，也无法用传统的方式进行签名和盖章，法律不得不承认一个概念——电子合同。

从合同法体系来讲，电子合同可以视为一种新的合同形式，而不是对传统合同概念的颠覆。《民法典》第 469 条第 3 款规定：“以电子数据交换、电子邮件等方式能够有形地表现所载内容，并可以随时调取查用的数据电文，视为书面形式。"2005 年 4 月 1 日起施行的《电子签名法》从法律上确认了电子签名的效力，并且对"数据电文"进行了重新定义。电子合同在我国法律体系中已基本得到承认和规范。基于现行法律的规定，本书将"电子合同"定义为：电子合同是平等主体之间以数据电文的形式达成的，设立、变更、终止民事权利义务关系的协议。数据电文，是指以电子、光学、磁或者类似手段生成、发送、接收或者存储的信息。

（二）电子合同的要约

1. 电子要约的特点

一般来说，电子要约和一般的要约并无实质区别，只不过电子要约的手段较为特殊。电子要约的最大特点在于它们在大多数情况下都是向不特定的多数人发出的，此种要约首先应当遵循一般的要约构成要件，看其发布的信息是否具体且确定，是否包含合同的主要条款，是否包含一经承诺要约人即受此意思表示约束的意思。但是，由于这种要约的对象是不特定的，承诺人数及订货数量也是不特定的，要约人的货物必定是相对有限的，所以应当采取措施，既能保证承诺人的利益，又不限制要约发出的范围。例如，在第三方交易平台上展示商品进行销售的行为，由于交易平台建立了严谨的交易程序，卖方将货物进行明码标价的展示时，一般都应按交易平台的要求填写准确的商品数量，以防止售罄的问题。

2. 电子要约的生效

电子要约的生效，根据《民法典》第 137 条第 2 款的规定："以非对话方式作出的采用数据电文形式的意思表示，相对人指定特定系统接收数据电文的，该数据电文进入该特定系统时生效；未指定特定系统的，相对人知道或者应当知道该数据电文进入其系统时生效。当事人对采用数据电文形式的意思表示的生效时间另有约定的，按照其约定。"

3. 电子要约的撤回与撤销

对于一般要约来说，要约人可以在要约生效前随意撤回要约，但这一规则对电子要约难以适用。电子商务活动中，数据电文在信息系统之间的传递几乎没延迟，要约的撤回变得很难实现。但也有观点认为，电子要约的撤回虽然非常困难，但并非绝无可能。在网络拥挤或服务器故障的情况下，数据电文也有可能延迟到达。此时，从尊重契约自由原则和保护法律的一致性出发，法律应承认要约人撤回要约的权利。这种观点综合考虑了电子交易的特殊性和法律对对方当事人权益的平等保护，较为科学。

电子要约的撤销可以分为两种情形：①如果电子合同采用的是电子自动交易系统订立的，由于电子自动交易系统是计算机按照预先设定的程序，对传输来的信息立即做出接受或者拒绝回复，这汇总情况下要约和承诺都是自动迅速完成的，故不存在要约撤销的可能性。②对采用其他方式订立的电子合同，如电子邮件，因要约到达受要约人与受要约人做出承诺之间会存在一定的时间差，故要约人有撤销要约的可能。当然，《民法典》关于撤销要约的法律规则同样适用于电子要约的撤销。

（三）电子合同的承诺

1. 电子承诺的生效

电子承诺的生效与电子要约的生效类似，都适用于《民法典》第 137 条第 2 款的规定，即相对人指定特定系统接收数据电文的，该数据电文进入该特定系统时生效；未指定特定系统的，相对人知道或者应当知道该数据电文进入其系统时生效。当事人对采用数据电文形式的意思表示的生效时间另有约定的，按照其约定。

2. 电子承诺的撤回

电子承诺撤回的问题与电子要约撤回的问题相似，在理论上，电子合同关于要约撤回的规则当然适用于承诺的撤回。在电子商务活动中，数据电文的传输可能遇到网络故障、信箱拥挤、停电断电、信息系统感染病毒等情况，因此受要约人撤回以数据电文形式发出的承诺的情形也是有可能存在的。当然，由于电子传输的快速，一般来说，承诺人很难撤回承诺。

（四）电子合同的认证——电子签名

1. 电子签名的定义及方式

《电子签名法》于 2005 年 4 月 1 日起施行，并在 2015 年进行第一次修正、2019 年进行第二次修正，该法对电子合同的签名问题做了一系列规定。根据《电子签名法》第 2 条规定："电子签名，是指数据电文中以电子形式所含、所附用于识别签名人身份并表明签名人认可其中内容的数据。本法所称数据电文，是指以电子、光学、磁或者类似手段生成、发送、接收或者储存的信息。"

电子签名的技术手段目前有多种，如数字签名、个人证明码 PIN、生物识别技术等。但比较成熟、得到普遍应用的是基于 PKI 的数字签名技术。所谓数字签名，是指以非对称加密方法产生的数字签名，非对称密码系统能够生成安全配对的秘钥，私钥用于制作数字签名，公钥用于验证数字签名。数字签名是技术最成熟、可操作性最强的电子签名技术，也是使用最为广泛的电子签名方式。

2. 电子签名的适用范围

《电子签名法》第 3 条第 1 款规定："民事活动中的合同或者其他文件、单证等文书，当事人可以约定使用或者不使用电子签名、数据电文。"由此可见，电子签名的使用需要当事人事先约定。

《电子签名法》第 3 条第 3 款规定了电子签名不适用下列文书："（一）涉及婚姻、收养、继承等人身关系的；（二）涉及停止供水、供热、供气等公用事业服务的；（三）法律、行政法规规定的不适用电子文书的其他情形。"

3. 可靠电子签名的法律效力

《电子签名法》第 3 条第 2 款规定："当事人约定使用电子签名、数据电文的文书，不得仅因为其采用电子签名、数据电文的形式而否定其法律效力。”第 13 条规定：“电子签名同时符合下列条件的，视为可靠的电子签名：（一）电子签名制作数据用于电子签名时，属于电子签名人专有；（二）签署时电子签名制作数据仅由电子签名人控制；（三）签署后对电子签名的任何改动能够被发现；（四）签署后对数据电文内容和形式的任何改动能够被发现。当事人也可以选择使用符合其约定的可靠条件的电子签名。”第 14 条规定：“可靠的电子签名与手写签名或者盖章具有同等的法律效力。”

根据上述条文规定，如果签名人按照法律要求合法使用了电子签名，该电子签名将依法产生法律效力，具体来说，其法律效力如下：①对签名人的效力。对签名人而言，电子签名具有与传统签名相同的功能。一是表明文件的来源，即签名人承认其为文件的签署者，在签名人和文件之间建立联系；二是表明签名人对文件内容的确认；三是作为表明签名人对文件内容正确性和完整性负责的根据。②对数据电文内容的效力。电子签名和数据电文紧密联系，经过电子签名的数据电文即表明得到了签名人的认可，在符合证据客观性、关联性、合法性等要求的条件下，可以作为证据使用。③对法律行为的效力。当法律规定某种法律行为必须以书面签名形式作出时，以电子签名对数据电文的签署，就充分满足了这一要求。

第二节　合同的成立

一、合同的订立与成立的关系

合同的订立是缔约当事人作出意思表示并达成合意的全部过程。在这个概念中，缔约当事人是指参与缔约过程中洽商、并在未来成立的合同中享有权利、承担义务的当事人；意思表示是指将企图发生一定民法上效果的内心意思表示于外部的行为。合同的订立是动态的过程，主要由要约和承诺两个阶段组成。然而，要约和承诺只是对实际缔约过程的简化和总结。在实践中，一个合同的订立往往会比较复杂，只有一个要约、承诺的很少见，实践中可能存在要约邀请、要约、再要约、承诺等环节。

合同的成立是缔约当事人达成合意的状态，是合同订立的圆满结果。首先，当事人为了缔约而进行接触、洽商、谈判，但未必均能达到建立合同法律关系的目标。其次，即使当事人因谈判破裂而终止缔约过程，并不意味着他们此前的行为没有任何法律意义。如果当事人在谈判过程中存在过失，则可能承担缔约过失责任。因此，合同订立与合同成立是有区别的，前者强调的是缔约过程，后者强调的是合意结果。合同订立并不必然产生合同成立的结果，这一过程可能止于合同成立前的某一阶段。

二、合同成立的要件

合同成立的要件是指认定当事人达成合意应当具备的条件，包括一般成立要件和特别成立要件。一般成立要件是任何一个合同成立都应具备的条件，而特别成立要件是某些合同成立所应具备的特别要件。换言之，某些合同的成立除了必须具备普通合同成立的一般要件之外，根据法律的规定还须具备其他特别的要件。

（一）一般成立要件

1. 双方或多方当事人

合同必须在双方或多方的特定当事人之间产生，不存在只有一方当事人的合同，或者一方当事人特定、另一方当事人不特定的合同。至于当事人是否有相应的民事行为能力，不在本要件的考虑之列。这是因为，缔约能力是合同的生效要件而非成立要件。

2. 意思表示一致

当事人应对合同内容意思表示一致，即通过要约、承诺的缔约过程而达成合意。这包括两层意思。首先，合同成立并不需要当事人就所有内容达成一致，只要对主要条款达成一致即可。次要条款或非必要条款没有约定，一般不影响合同的成立。例如，买卖合同中的标的、数量和价款就是主要条款，缺少这些条款合同难以成立。其次，意思表示一致仅指从形式上形成合意，而不审查意思表示是否真实。意思表示是否真实与合同效力有关，并不影响合同成立。例如，当事人就合同内容产生重大误解，只要合同存在形式上的合意，就可以认为合同已经成立，当事人可以要求撤销合同，但不可以主张合同不成立。

3. 合同的标的

所谓合同的标的，是合同债务人所须实施的特定行为。它是合同的核心内容，是当事人订立合同的目的所在，即当事人通过意思表示所要达到的法律效果。因此，标的和意思表示紧密联系在一起，当事人合意的内容即为合同的标的，不仅包括物，还包括各种权利、利益以及作为和不作为。标的违法或标的不能均不影响合同的成立，但标的违法会导致合同无效。

在合同成立的三个一般要件中，意思表示一致是合同成立的核心要件。意思表示必然涉及行为主体，即合同的当事人，而能够成立合同的意思表示必然包含标的。

（二）特别成立要件

1. 实践性合同成立的特别要件

合同有诺成合同和实践合同之分。实践合同是以交付标的物为成立要件的合同，因而除了当事人意思表示一致之外，还需一方当事人交付标的物，合同才宣告成立。意思表示与交付行为，在时间上是可以分离的。实践合同适用的范围非常小，主要有借贷、借用、保管等几类合同。

2. 要式合同成立的特别要件

合同有要式合同与不要式合同之分。要式合同是以意思表示符合法律规定的方式为成立要件的合同。要式合同的特别形式要件主要在以下两种情形：第一，以书面形式为成立的特别要件的合同，例如抵押合同（《民法典》第400条）、质押合同（《民法典》第427条）等。第二，以特别书面形式为成立要件的合同。这种合同不但要求有书面形式，而且还必须符合特定的要求，例如票据（《票据法》第9条）、提单（《海商法》第71条和第73条）等。

第三节　合同成立的时间与地点

一、合同成立的时间

合同成立的时间是指合同对当事人产生法律约束力的时间。对绝大多数合同而言，合同成立即可生效。因此，确定合同成立的时间具有重大意义，它往往是区分当事人承担的责任是违约责任还是缔约过失责任的分界点。关于合同成立的时间，《民法典》确立了如下法律规则：

（一）合同自承诺生效时成立

《民法典》第483条规定："承诺生效时合同成立，但是法律另有规定或者当事人另有约定的除外。"这是我国法律确定合同成立时间的一般原则。在承诺需要通知时，则在承诺通知到达要约人时，合同成立。在承诺不需要通知时，则在受要约人作出可视为承诺的行为时，合同成立。

（二）合同自当事人在合同书上签字或盖章时成立

《民法典》第490条规定："当事人采用合同书形式订立合同的，自当事人均签名、盖章或者按指印时合同成立。"这是"合同自承诺生效时成立"原则的例外情形。依据该条立法本意，合同书特指全面记载合同条款的纸质文件，一般在最后一页为当事人留有签字或者盖章的地方，有的合同书则在每一页均为当事人留有签字或者盖章的地方。签字或者盖章不在同一时间的，以最后一方当事人签字或者盖章的时间为合同成立的时间。

（三）合同自当事人签订确认书时成立

《民法典》第491条规定："当事人采用信件、数据电文等形式订立合同要求签订确认书的，签订确认书时合同成立。"这也是对"合同自承诺生效时成立"原则的例外规定。所谓确认书，是指当事人为了确定合同订立过程中的哪些文件构成合同内容而签署的书面文件。在采用信件、数据电文等形式订立合同时，当事人之间往往会进行多次文件的传递，当事人最后就合同达成的合意散见于这些文件之中，因此当事人有必要对这些文件加以清理，通过签订确认书的方式，确定哪些文件可以认定为合同内容，哪些文件应该排除在合同之外。

（四）合同自一方接受对方履行时成立

《民法典》第 490 条第 1 款规定："在签名、盖章或者按指印之前，当事人一方已经履行主要义务，对方接受时，该合同成立。"该条第 2 款规定："法律、行政法规规定或者当事人约定合同应当采用书面形式订立，当事人未采用书面形式但是一方已经履行主要义务，对方接受时，该合同成立。"这两款允许当事人以履行和受领弥补合同形式上的缺陷，从而成立合同，同样是对"合同自承诺生效时成立"原则的例外规定。

当事人要适用《民法典》的上述规定成立合同，应当符合如下要求：

1. "履行和受领"弥补的是合同在书面形式上的缺陷

包括法律、行政法规规定采用书面形式订立合同的情形、当事人约定采用书面形式订立合同的情形、当事人未在合同书上签名或者盖章的情形。

2. 当事人一方履行的是主要义务

何为主要义务，《民法典》并未作出解释，应当理解为主给付义务，即合同关系所固有、必备，并用以决定合同类型的基本义务，如出卖人交付标的物的义务或买受人支付价款的义务。应当注意的是，只要当事人一方履行了主要义务即可，至于履行是否存在瑕疵，均在所不问。

3. 当事人一方的履行必须给对方接受

所谓接受，是指债权人受领了债务人的履行，如买受人接收了出卖人交来的货物。应当注意的是，只要当事人的履行被接受即可，至于相对人在接受履行后，因履行存在瑕疵而退货或变更履行标的的，均在所不问。

（5）电子合同的成立

《民法典》第 491 条第 2 款："当事人一方通过互联网等信息网络发布的商品或者服务信息符合要约条件的，对方选择该商品或者服务并提交订单成功时合同成立，但是当事人另有约定的除外。"该条源自《电子商务法》第 49 条，《民法典》将其规定收入合同编，专门对电子商务的迅猛发展做了回应。在尊重私法自治的基础上，仍贯穿要约——承诺为主要缔约方式的程式。

二、合同成立的地点

合同成立的地点即当事人达成合意的地点。确定合同的成立地点具有重要的法律意义，它直接决定了合同纠纷的诉讼管辖、交易习惯的适用、有关费用的承担及涉外合同的法律适用等。根据《民法典》的有关规定，应适用如下规定确定合同的成立地点：

（一）承诺生效地

《民法典》第 492 条第 1 款规定："承诺生效的地点为合同成立的地点。"这是确定合同成立的地点的基本依据。

（二）主营业地或经常居住地

《民法典》第 492 条第 2 款规定："采用数据电文形式订立合同的，收件人的主营业地为合同成立的地点；没有主营业地的，其经常居住地为合同成立的地点。当事人另有约定的，按照其约定。"采用数据电文，特别是通过电子网络的形式订立合同，其收发装置的地址具有虚拟化、不确定性的特征，如电子邮件随时随地可以通过网络发出，很难确定当事人的实际地址。因此，《民法典》作出了上述规定。

（三）合同书签字地或者盖章地

《民法典》第 493 条规定："当事人采用合同书形式订立合同的，最后签名、盖章或者按指印的地点为合同成立的地点，但是当事人另有约定的除外。"因为当事人采用合同书形式订立合同的，合同自签字或盖章时成立，故签字或盖章的地点也应为合同成立的地点。如果双方当事人签字或盖章地不一致，应以最后签字或盖章的地点为合同成立的地点。

第四节　合同的内容与形式

一、合同的内容

（一）合同内容的含义

合同的内容，是当事人的权利和义务。合同内容的表现形式是合同的条款。《民法典》第 470 条规定："合同的内容由当事人约定，一般包括以下条款：（一）当事人的名称或者姓名和住所；（二）标的；（三）数量；（四）质量；（五）价款或者报酬；（六）履行期限、地点和方式；（七）违约责任；（八）解决争议的方法。当事人可以参照各类合同的示范文本订立合同。"这一条贯彻了合同意思自治的原则，将合同内容的决定权交由当事人行使。合同包括哪些条款，当事人之间如何约定权利、义务，法律一般不直接进行干涉。该条所列的合同条款仅具有提示作用，不具有强制性。即使当事人订立的合同没有全部包括这些条款，但只要合同达到最低限度的确定性，合同也可以成立并生效。

（二）合同的基本条款

《民法典》第 470 条第 1 款所列合同条款是合同一般都会包含的条款，即合同的基本条款。它在确定合同的类型、当事人双方的权利义务等方面具有决定性作用。当然，该条规定的合同基本条款也并不是每个合同都必须具备的，至于何种合同应包括何种基本条款，还应视具体情况而定。现将合同的基本条款分别论述。

1. 当事人的名称或者姓名和住所

自然人的姓名是指经户籍登记机关核准登记的正式用名，自然人的住所是指自己长期生活和活动的主要处所。法人、非法人组织的名称是指经登记主管机关核准登记的名称，法人、非法人组织的住所是指他们的主要办事机构所在地。

在合同中载明当事人的名称或者住所是必要的。合同中记载的当事人的名称或者姓名是确定合同当事人的标志，而住所则在确定合同债务履行地、法院对案件的管辖等方面具有重要的法律意义。合同条款中只有当事人的姓名或者名称，没有当事人住所，合同是否不成立？对此问题，根据《〈合同法〉若干问题的解释（二）》第1条的规定："当事人对合同是否成立存在争议，人民法院能够确定当事人名称或者姓名、标的和数量的，一般应当认定合同成立。"由此可见，由当事人姓名或者名称，没有住所的，合同仍然可以成立。

2. 标的

所谓标的是合同权利义务指向的对象，是合同目的所在。合同中的标的条款应清楚写明标的名称，以便其特定化，能够确定权利义务的范围。

具体而言，不同的合同有不同的标的，主要表现为如下情形：①物。包括动产和不动产。②权利。包括一般性的财产权利和智力成果权，前者如股权转让合同就是以权利为合同标的，后者如专利转让合同中的专利权、商标使用权许可合同中的商标权等。③行为。是指不能以有形或无形财产形式表现出来的劳动或者服务，如保管合同中的保管行为、运输合同中的运输行为等。④工作成果。是指在合同履行过程中产生的、体现履约行为的有形物或无形物，如建设工程合同中承包人完成的建设项目、委托技术开发合同中研究开发人完成的技术成果。

3. 数量

数量是标的的计量，是合同标的的具体化。合同中的数量条款，要注意以下几点：①应当选择合同双方共同接受的计量单位，尽量使用国际单位制的基本单位和国家选定的非国际单位制单位。当事人有权选择非国家或国际标准计量单位，但应当明确具体含义。②要确定双方都认可的计量方法。如重要的计量方法有毛重和净重，这就要求当事人事先协商以哪种方法计算重量。③应当允许规定合理的磅差或尾差。这是因为货物在存储、运输过程中，由于自然因素、货物自身属性以及度量衡的误差等原因，不可避免地产生一定量的数量减少或计量误差。对此，可根据有关部门作出的规定或者由合同当事人商定货物自然减量的标准和合理磅差。

4. 质量

质量是合同标的内在素质和外观形态优劣的标志。不同的标的有不同的质量要求，衡量标准也不同，在订立质量条款时要特别注意质量标准。此外，合同中最好还要明确质量保证期限和条件。

5. 价款或者报酬

价款是指受领货物的一方当事人向交付货物的一方当事人所支付的代价，报酬是指对完成一定劳务和实现一定劳动成果的一方所支付的代价。在确定具体价款或报酬后，还要在合同中明确结算方式和支付方式，并写明开户银行、账户名称、账号、结算单位等，从而确保支付。

6. 履行期限、地点和方式

履行期限关系到合同当事人履行合同义务的时间。合同的种类不同，履行期限也不同，有的可以规定即时履行，有的可以规定定时履行，还有的可以规定在一定期限内履行。

履行地点是合同当事人完成合同义务的地点和场所。履行地点在在法律上有着重要的意义：第一，履行地点是判断是否违约的基准。合同义务人只能在合同约定的履行地点履行义务，否则构成违约。第二，履行地点关系到标的物所有权转移及标的物意外风险承担的问题。例如在买卖合同中，出卖人按照合同约定或者法律规定将标的物置于交付地点后，买受人违反约定没有收取的，标的物毁损、灭失的风险自违反约定之日起由买受人承担。第三，履行地点是确定诉讼管辖的依据之一。

履行方式是当事人履行合同与接受履行的方式，包括交货方式、实施行为方式、验收方式、付款方式、结算方式、运输方式等。

7. 违约责任

违约责任是当事人不履行合同义务或者履行合同义务不符合约定时应当承担的民事责任。它是督促当事人正确履行义务、保护守约方利益的法律救济手段，对当事人利益关系有重大影响，合同当事人应当作出明确约定。要注意的是，违约责任是法律责任，《民法典》设专章规定了违约责任。因此，即使合同中没有违约责任条款，一旦发生违约事实，只要该违约不在法定免责范围内，违约方仍应承担责任。

8. 解决争议的方法

解决争议的方法是指合同当事人解决合同纠纷的手段、地点。根据我国现行法律规定，当事人解决合同争议的方法主要包括和解、调解、仲裁和诉讼四种。

二、合同的形式

（一）合同形式概述

合同的形式是当事人所达成协议的表现形式，是合同内容的外部表现，是合同内容的载体。根据意思自治原则，当事人可以自由约定合同的表现形式。在不违反法律强制性规定的前提下，当事人可以根据自己的需要选择合同的形式。《民法典》第 469 条第 1 款规定：“当事人订立合同，有书面形式、口头形式或者其他形式。”

根据合同形式的具体表现，可以将合同形式分为明示形式、默示形式和沉默形式。

（二）明示形式

1. 口头形式

合同的口头形式是指当事人以口头语言的方式达成协议、订立合同的形式。口头形式包括当面对话、电话联系等形式。口头形式的优点是简便易行，故在日常交易中经常被采用，如商店里的零售买卖、集市上的现货交易。口头形式的不足之处在于发生合同纠纷时取证困难，不易分清责任。在发生争议时，往往需要当事人以其他证据证明合同的存在及合同内容。值得注意的是，采取口头形式订立合同并不意味着不能产生任何书面凭证。在实践中，人们到商店购物，有时也会要求开具发票或者其他购物凭证。不过，此类书面凭证只能证明合同的成立，而不能视为合同成立的要件。

2. 书面形式

合同的书面形式是当事人以书面文字有形地表现合同内容的方式。《民法典》第 469 条第 2 款规定："书面形式是合同书、信件、电报、电传、传真等可以有形地表现所载内容的形式。"第 3 款规定："以电子数据交换、电子邮件等方式能够有形地表现所载内容，并可以随时调取查用的数据电文，视为书面形式。"书面形式的优点是当事人之间的权利义务关系清楚明了，一旦发生纠纷，易于举证，便于分清责任。书面合同必须由文字凭据组成，但并非一切文字凭据都是书面合同的组成部分，如购物发票、车票等只是合同成立的证明。

法律、行政法规规定或者当事人约定采用书面形式的，则合同在采用书面形式时才成立，如果当事人没有采用书面形式，则合同不能成立。不过，将没有采用书面形式的合同一概认定为不成立可能对当事人真实意思造成损害，为了弥补这一缺陷，当事人采用合同书形式订立合同的，《民法典》第 490 条第 1 款规定："在签名、盖章或者按指印之前，当事人一方已经履行主要义务，对方接受时，该合同成立。"该条第 2 款规定："法律、行政法规规定或者当事人约定合同应当采用书面形式订立，当事人未采用书面形式但是一方已经履行主要义务，对方接受时，该合同成立。"

（三）默示形式

所谓默示形式，是指合同当事人并不直接用口头或者书面形式进行意思表示，而是通过实施某种行为进行意思表示。将汽车停放在收费停车场、在超市选定商品后携至结算处、乘坐公共汽车向自动投币处投入硬币等均属于合同的默示形式。默示形式实际上就是通过当事人实施的积极行为，推定出当事人完成了合同的订立，又称为合同的推定形式。我国《民法典》允许当事人以默示形式订立合同，如第 484 条第 2 款规定："承诺不需要通知的，根据交易习惯或者要约的要求作出承诺的行为时生效。”第 734 条规定：“租赁期间届满，承租人继续使用租赁物，出租人没有提出异议的，原租赁合同继续有效，但租赁期限为不定期。”

（四）沉默形式

沉默形式是单纯的不作为，当事人既未以明示方式订立合同，也未作出某种可以推定其订立合同的积极行为。因此，沉默原则上不能成为合同的形式。但在特殊情况下，如果当事人有此约定或者法律有此规定，则沉默可以成为合同的形式。例如，合同当事人双方可以约定，对于一方变更合同的表示，另一方未在特定期间内作出拒绝的意思表示，则视为合同变更。对于沉默的法律效果，《民法典》作出了规定。如第 638 条规定：“试用买卖的买受人在试用期内可以购买标的物，也可以拒绝购买。试用期间届满，买受人对是否购买标的物未作表示的，视为购买。”

第五节　格式条款

一、格式条款的概念

（一）格式条款的概念

《民法典》第 496 条第 1 款规定：“格式条款是当事人为了重复使用而预先拟定，并在订立合同时未与对方协商的条款。”采用格式条款订立的合同成为格式合同。典型的格式合同是全部由格式条款组成的合同，“非典型”的格式合同是由部分格式条款和部分非格式条款组成的合同。

采用格式条款缔约大大提高了交易效率，降低了企业的经营成本，具有经济上的必然性。但是，格式条款是由缔约中处于优势的一方提供的，他们经常利用其优越地位在格式条款中加入不平等的内容。弱势一方为了获得商品或者服务，不得不接受这些不公平的格式条款。① 因此，对格式条款的内容进行规制，就成为现代合同法的重要使命。我国就有多个法律对这一缔约方式加以调整，主要包括《民法典》《中华人民共和国消费者权益保护法》（下文简称《消费者权益保护法》）《中华人民共和国保险法》（下文简称《保险法》）《中华人民共和国海商法》（下文简称《海商法》）等。

（二）格式条款的特征

根据《民法典》关于格式条款的界定，格式条款具有如下特征：

（1）格式条款由合同当事人一方预先拟定。这里的拟定应做广义理解，即不仅限于一方当事人单方亲自制定，也包括采用第三人拟定好的格式条款。无论何人拟定，他们都是当事人一方提供的业已拟就的合同条款，不是当事人双方磋商的结

① 苏号朋：《格式合同条款研究》，中国人民大学出版社 2004 年版，第 33 页。

果。实际生活中，为了规范交易活动，行政主管部门或者行业协会组织指定合同示范文本，虽然其本身不具有强制力，仅供当事人在从事相关交易中选用，但是一旦为一方当事人采用，对于该当事人而言，可以构成格式条款，其效果等同于当事人的预先拟定。

（2）拟定格式条款的目的是重复使用。这种重复使用是指合同内容的稳定性、适用对象的广泛性和使用时间的持久性。格式条款不因相对人的不同而有所区别，此为合同内容的稳定性。当事人一方将其预先拟定的格式条款适用于与其交易的所有同类交易相对人，此为使用对象的广泛性。当事人一方将其预先拟定的格式条款反复多次使用，而不是为某次或者某几次特定的交易专门拟定的条款，此为使用时间的持久性。

（3）格式条款在订立合同时未与对方协商。这又称为格式条款的附从性特征，因为拟定格式条款的一方将格式条款订入合同时，并未与对方协商，相对人对于格式条款一般只能整体接受或拒绝，而没有要求进一步协商的权利。典型的有电信、供水、供电、供气、交通运输等公用企业以及银行、保险等依法具有独占地位的经营者给消费者或者其他交易对方所提供的格式条款，实际上由于这些合同中所包含的服务通常对于相对人不可或缺性，因而都是接受的多。当然，在有些合同关系中，并不要求对方完全整体接受格式条款，当事人就其中的某些条款仍可以进行协商，比如价款、交货时间等。

二、格式条款的适用规则

（一）格式条款提供者的提示和说明义务

《民法典》第 496 条第 2 款规定："采用格式条款订立合同的，提供格式条款的一方应当遵循公平原则确定当事人之间的权利和义务，并采取合理的方式提示对方注意免除或者减轻其责任等与对方有重大利害关系的条款，按照对方的要求，对该条款予以说明。提供格式条款的一方未履行提示或者说明义务，致使对方没有注意或者理解与其有重大利害关系的条款的，对方可以主张该条款不成为合同的内容。"所谓以合理方式提请对方注意，根据《〈合同法〉若干问题的解释（二）》第 6 条的规定，是指提供格式条款的一方对格式条款中免除或者限制其责任的内容，在合同订立时采用足以引起对方注意的文字、符号、字体等特别标识，并按照对方的要求对该格式条款予以说明。所谓按照对方的要求对有关条款进行说明，是指当相对方对免责条款涉及事项的内涵存在疑惑时，条款提供者应该明确解释该条款的含义，使对方明了情况。

格式条款提供者的提示和说明义务属于法定义务，有关当事人必须遵守。如果格式条款的提供者未对该条款予以明显标注，或者文字晦涩无法理解又不进行必要说明，便是违反了法律的规定。为严格责任，《民法典》在原《合同法》的基础上，扩大了对提供格式条款一方提示说明义务的范围，进一步加强了对接受格式条款一方的保护。具体表现为，对于提供条款一方未履行提示或者说明义务的，对方可以主张该条款不成为合同内容，而在《最高人民法院关于适用〈中华人民共和国合同法〉若干问题的解释（二）》（以下简称《合同法解释（二）》）中规定的是可以撤销该格式条款，《民法典》则直接表述为“不成为合同内容”，规定得更加彻底。通俗一点说就是没有履行提示义务的条款就自始不是合同内容，既然不是合同内容自然就不产生任何约束力。

（二）格式条款的无效

《民法典》第497条规定：“有下列情形之一的，该格式条款无效：（一）具有本法第一编第六章第三节和本法第五百零六条规定的无效情形；（二）提供格式条款一方不合理地免除或者减轻其责任、加重对方责任、限制对方主要权利；（三）提供格式条款一方排除对方主要权利。”根据该规定，格式条款无效的集中情形有：①《民法典》第一编第六章第三节关于民事法律行为效力的无效情形；②《民法典》第506条关于一般合同中免责条款无效的情形；③提供格式条款排除对方主要权利的条款无效。格式条款双方当事人的权利义务应遵循公平原则，即双方当事人的利益应该是均衡的，不应存在格式条款提供者利用优势地位将自己的意志强加于他人之上的状况。任何利用格式条款导致合同权利义务分配不均衡的约定均不受法律保护，一律无效。

格式条款在特定情形中的无效，还表现在如果特别法有规定，应该依照特别法的规定确认其无效。例如《消费者权益保护法》第26条第2、3款规定：“经营者不得以格式条款、通知、声明、店堂告示等方式，作出排除或者限制消费者权利、减轻或者免除经营者责任、加重消费者责任等对消费者不公平、不合理的规定，不得利用格式条款并借助技术手段强制交易。格式条款、通知、声明、店堂告示等含有前款所列内容的，其内容无效。”

（三）格式条款的特殊解释规则

《民法典》第498条规定：“对格式条款的理解发生争议的，应当按照通常理解予以解释。对格式条款有两种以上解释的，应当作出不利于提供格式条款一方的解释。格式条款和非格式条款不一致的，应当采用非格式条款。”根据该规定，格式条款的解释有三个规则：①按照通常理解解释。当格式条款发生争议时，尽可能地探究合同当事人的真实意愿，对格式条款的解释以一般人的正常理解为衡量标准。②作出不利于格式条款提供方的解释。这种解释规则目的是为了限制格式条款提供者利用其优势地位损害另一方当事人利益的情况发生，以保障相对人利益。③采用非格式条款的解释。因为格式条款没有经过双方当事人的协商讨论，属于一般的普通规定的条款；非格式条款是由合同主体经过协商确定的，是特别约定。在合同中，特别优于一般，特别商定的条款优于一般的普通条款。因此，格式条款与非格式条款不一致的，应采用非格式条款。

第六节　缔约过失责任

一、缔约过失责任的概念

（一）缔约过失责任的概念

传统的大陆法系民事责任理论体系将民事责任分为违约责任和侵权责任，两种责任各有其构成要件、保护的利益、法律效果、举证责任和诉讼时效等。一般而言，违约责任的构成要件较为宽松，而侵权责任的构成要件则较为严格。在这种二分法的民事责任体系下，责任人要么承担侵权责任，要么承担违约责任，且违约责任的承担须以合同生效为前提。因此，一方当事人在合同订立过程中因对方的故意或过失而遭受损害时，只能依法律有关侵权责任的规定，请求对方损害赔偿。但是，因侵权责任的构成要件较为严格，当事人的请求往往难以得到支持。为了解决这一难题，许多国家在违约责任和侵权责任之外，另行设立了缔约过失责任。我国《民法典》第500条亦对此作出明确规定，从而使其成为与违约责任、侵权责任并立的第三种民事责任。

所谓缔约过失责任，是指当事人在合同订立过程中，因过失而违反依照诚实信用原则所应尽的义务，致使另一方遭受信赖利益损失而应承担的赔偿责任。

（二）缔约过失责任与违约责任的区别

1. 发生的阶段不同

缔约过错是于合同缔结过程中发生的；违约责任是在合同缔结之后发生的，是对于已经有效成立的合同义务的违反。

2. 违反的义务不同

缔约过失责任违反的是先合同义务，属于法定义务；违约责任违反的是合同义务，属于约定义务。

3. 救济的利益不同

缔约过失责任主要救济的是信赖利益；违约责任救济的主要是履行利益，包括可得利益。

4. 责任形式不同

缔约过失责任是赔偿责任；违约责任多种多样，包括赔偿、支付违约金、实际履行等。

（三）缔约过失责任与侵权责任的区别

1. 前提条件不同

承担缔约过失责任的前提是双方基于缔结合同而进行磋商所产生的信赖关系，

而侵权责任不需要当事人之间有任何特殊的关系。

2. 违反的义务不同

缔约过失责任违反的是基于诚实信用原则而产生的先合同义务，而侵权责任违反的是不得损害他人身体或财产权利的一般义务。

3. 救济的利益不同

缔约过失责任主要救济的是当事人的信赖利益，而侵权责任救济的主要是物权、人格权等权利。

4. 责任形式不同

缔约过失责任的责任形式是损害赔偿，侵权责任的责任形式更加多样化，如赔礼道歉、恢复原状、赔偿损失等。

5. 对精神损害赔偿的态度不同

缔约过失责任重视对受害人财产和人身损害的赔偿，不支持精神损害的赔偿；而精神损害赔偿是侵权责任的重要组成部分。

（四）缔约过失责任的构成要件

根据《民法典》的规定，缔约过失责任的构成要件如下：

1. 缔约上的过失发生在合同订立过程中

缔约过失责任的适用前提是合同未成立或者合同被宣告无效、被撤销。缔约过失责任发生在合同订立的协商阶段，当事人之间必须有缔约上的联系，也就是实务中的商讨或者讨价还价阶段。在缔约阶段之前，仅发生侵权行为；在合同有效成立之后，若当事人实施了违反诚实信用原则的行为，则应适用违约责任的规定。

2. 缔约一方违反先合同义务

先合同义务是缔约当事人为签订合同而互相接触磋商所应承担的注意义务，不同于合同有效成立而产生的给付义务。在缔约阶段，交易主体为了订立合同有了实际上的接触与协商，使得原来没有什么关系的民事主体进入到了某种特殊关系中，并且因为对方的要约而产生了信赖。这就要求缔约当事人在合同订立过程中，应当负有一定的注意义务并且要履行义务，例如协助义务、保密义务、通知义务等，该义务是依法产生的，属于法定义务范畴。

3. 违反先合同义务的缔约一方有过错

缔约过失责任是一种过错责任，是指违反先合同义务的缔约方存在故意或过失，且因为该过错导致合同不能成立或无效、被撤销。如果缔约双方均没有过错，即便合同不成立或者无效、被撤销，也不会发生缔约过失责任，很可能是正常的商业风险。

4. 造成相对方信赖利益的损失

缔约过失责任是一种民事赔偿责任，缔约相对人必须有实际损失的存在。这种损失的性质是信赖利益的损失，非履行利益的损失。信赖利益是指善意当事人相信合同能够订立和履行，但由于另一方的过失导致合同不成立、未生效或被撤销，从而造成善意当事人信赖利益的损失。对信赖利益的赔偿结果是使受害人恢复到合同磋商之前的状态，而对履行利益赔偿的结果是使当事人达到合同完全履行时的状态。

5. 缔约过失行为与损失之间存在因果关系

即缔约一方信赖利益的损失是由另一方缔约主体的缔约过失行为所导致的，而不是因为其他行为，如果过失行为与信赖利益之间没有因果关系，便不会有缔约过失责任。

二、缔约过失责任的类型

根据《民法典》第 500 条、501 条的规定，缔约过失责任主要有以下几种类型：

（一）假借订立合同，恶意进行磋商

所谓假借订立合同，恶意进行磋商，是指当事人根本没有与对方订立合同的意思，而假借磋商、谈判等方式，故意损害订约对方当事人的利益的行为，如通过磋商套取他人的经营信息、故意与对方谈判使对方丧失与他人交易的机会等。该类行为必须包括两个方面的特点：一是行为人主观上并没有谈判意图；二是行为人主观上具有给对方造成损害的目的和动机。恶意是此种缔约过失行为构成的最核心的要件。

（二）故意隐瞒与订立合同有关的重要事实或者提供虚假情况

在订立合同的过程中，当事人应当遵循诚实信用原则，负有如实告知与签订合同有关情况的义务。如果一方故意隐瞒有关其自身的财产状况、履行能力等信息，故意隐瞒标的物的缺陷或者向对方提供不存在的虚假情况，均构成缔约过失。因此给对方造成损害的，依法应承担赔偿责任。

（三）泄露或不正当使用商业秘密

《民法典》第 501 条规定："当事人在订立合同过程中知悉的商业秘密或者其他应当保密的信息，无论合同是否成立，不得泄露或者不正当地使用；泄露、不正当地使用该商业秘密或者信息，造成对方损失的，应当承担赔偿责任。"这是因为，缔约主体在订立合同过程中，基于彼此之间的信任，为了促进合同的订立，很有可能会把自身的一些技术信息或者经营信息告诉另一缔约方；或者在磋商过程中其中一方无意中知晓了对方的一些技术信息或者经营信息。不论是哪种情况，只要是知悉了，就不得将对方的商业秘密向外公开或者擅自利用，否则便要承担缔约过失责任。值得注意的是，泄露或不正当使用订约中知悉的商业秘密，既违反了《民法典》的规定，也违反了《中华人民共和国反不正当竞争法》（以下简称《反不正当竞争法》），依法属于侵权行为，侵权人还将承担侵权责任。

（四）有其他违背诚实信用原则的行为

除上述情形外，缔约主体有其他违背诚实信用原则的行为并造成向对方损失的，也应承担缔约过失责任。例如，根据《合同法解释（二）》第 8 条规定，依照法律、行政法规的规定经批准或者登记才能生效的合同成立后，有义务办理申请批准或者申请登记等手续的一方当事人未按照法律规定或者合同约定办理申请批准或者未申请登记的，属于此类“其他违背诚实信用原则的行为”，对方当事人对由此产生的费用和给相对人造成的实际损失，应当承担损害赔偿责任。此外，《民法典》第 157 条规定：“民事法律行为无效、被撤销或者确定不发生效力后，行为人因该行为取得的财产，应当予以返还；不能返还或者没有必要返还的，应当折价补偿。有过错的一方应当赔偿对方由此所受到的损失；各方都有过错的，应当各自承担相应的责任。法律另有规定的，依照其规定。”该条也适用合同依法被撤销或者被确认无效的法律后果，就责任的性质而言，应属于缔约过失责任的范畴。

三、缔约过失责任的承担

（一）承担缔约过失责任的主体

承担缔约过失责任的主体仅为缔约当事人，即具有缔约意愿、作出要约或承诺的行为人。若合同有效成立，其应当成为合同当事人。如果缔约当事人通过代理实施缔约过失行为，代理人是否应承担缔约过失责任？本书认为，代理人是以被代理人的名义作出意义表示，且意义表示的法律后果直接归属于被代理人，因此即使代理人直接实施了缔约过失行为，亦应由作为被代理人的缔约当事人承担责任，代理人不应承担缔约过失责任。

（二）承担缔约过失责任的方式

承担缔约过失责任的方式与承担违约责任的方式有明显不同。违约责任的确立，是为了保护守约方的履行利益。采取的方式有支付违约金、赔偿金和继续履行等。确立了缔约过失责任是为了保护因合同未成立、成立未生效、无效或被撤销而承受不利后果的一方当事人的信赖利益，责任形式主要表现为赔偿损失。

（三）缔约过失责任的赔偿范围

在缔约过失责任中，损失是信赖利益的损失，故应以信赖利益作为赔偿的范围。利益的损失应限于直接损失，其范围包括：第一，缔约费用，包括邮电、文印费用、赴订约地域查看标的物所支付的合理费用；第二，履约准备费用，包括为运送标的物或受领对方给付所支付的合理费用，或因信赖合同成立而购租房屋、厂房、机器设备或雇工所支付的费用；第三，因支付上述费用而失去的利息。缔约过失责任以全部赔偿为原则，不应受履行利益的限制。

☞ 案例导读评析

1. 甲、乙公司之间的书面合同没有成立，因为乙公司的回信构成了实质性变更，是新要约。对该新要约，甲公司并未承诺。

2. 甲、乙公司之间的合同最终成立。因为乙公司的发货为要约，甲公司收货是承诺，双方以行为成立了合同。

3. 甲公司收货之时，为合同成立之时；收货地，为合同成立之地。

☞ 本章思考题

1. 合同成立的要件有哪些？
2. 要约与要约邀请的区别是什么？
3. 采用格式条款应当遵循哪些法律规则？
4. 电子合同的成立具有哪些特点？
5. 缔约过失责任的构成要件有哪些？其责任的承担方式是什么？

☞ 案例分析习题

甲公司向乙公司发出传真订货，该传真列明了货物的种类、数量、质量、供货时间、交货方式等，并要求乙公司在10日内报价。乙公司接受了甲公司在传真上列明的条件并按期报价，亦要求甲在10日内答复。甲公司按期电复同意其价格，并要求签订书面合同。乙在未签订书面合同的情况下按甲提出的条件发货，甲收货后未提出异议，亦未付货款。后因市场发生变化，该货物价格下降。甲公司遂向乙公司提出，由于双方未签订书面合同，买卖关系不能成立，望乙公司尽快取回货物。乙公司不同意甲公司的意见，要求其偿付货款。双方产生争议，遂向人民法院提起诉讼。

请问：

1. 试述甲法传真订货、乙报价、甲回复报价行为的法律性质。
2. 本案中买卖合同是否成立？并说明理由。

第三章　合同的效力

- **学习目标：**

　　1. 理解合同生效的概念，了解合同生效和合同成立的区别及其意义；
　　2. 掌握合同有效的要件；
　　3. 掌握无效合同的种类、可撤销合同的种类、效力待定合同的种类。

- **案例导读：**

　　某小学三年级学生小明今年9岁，因常见一些同学玩苹果平板电脑而非常羡慕，渴望自己也能拥有，于是他将想法告诉父母，但父母认为他年龄尚小并可能会影响他的学习就没同意。于是孩子瞒着父母在网上电器商城订购了一台苹果平板电脑，价值3000元，父母发现时，商家已经发货了。

　　请问：

　　小明的购买行为是否无效？父母能退货吗？

第一节　生效合同

一、生效合同概述

所谓生效合同，是指已经成立的合同具备法律要求的所有生效要件，能够在当事人之间产生其所欲实现的法律效果的合同。

合同成立与合同生效是密不可分的，一般情况下，依法成立的合同，自成立时生效，即合同的生效以合同成立为前提，《民法典》第502条第1款对此加以明确规定。但二者毕竟是两个不同的概念，它们的本质区别如下：①性质不同。如前所述，合同成立是指合同当事人就合同主要条款达成合意，是当事人的意思自治的体现，解决的是合同是否已经存在的问题；而合同的生效是对已经存在的合同进行法律评价后的肯定性结论①，是国家通过法律评价当事人的合意是否符合国家的意志和社会公共利益、是法律认可当事人意思的结果。换言之，即使合同成立，但与法

---

① 苏号朋：《合同法教程》，中国人民大学出版社2015年版，第107页。

律规定的生效要件相抵触，则不能产生法律效力，合同效力将归于无效、可撤销或效力未定。②要件不同。合同成立要件主要关注的是当事人之间的合意是否达成，着眼于意思表示的外部形态，至于合意本身是否有瑕疵在所不问，合同成立与否是一事实判断问题；合同的生效制度体现国家对合同内容的干预，生效要件包括民事行为能力规则、意思表示自愿真实规则、行为内容符合国家与公共利益的法律原则等，合同生效与否是一法律评价问题。③法律效果不同。合同成立仅对当事人产生不得任意单方片面废止合同的约束力，但当事人订立合同所意欲实现的法律效果必须要在合同生效后才有可能会实现。

二、合同生效的要件

合同的生效要件是法律评价当事人合意是否符合国家意志的标准，对于符合有效要件的合同，按照当事人的合意赋予法律效果。《民法典》合同编没有规定合同的生效要件，但合同作为典型的民事法律行为且依照《民法典》第 508 条的规定，《民法典》总则编中第 143 条对民事法律行为生效要件的规定可适用于合同，由此，合同的有效要件包括：①行为人具有相应的民事行为能力；②意思表示真实；③不违反法律、行政法规的强制性规定，不违背公序良俗。对于绝大多数合同而言，具备以上的一般要件就可以达到合同生效的法律效果，但有些合同除需一般要件外，还需要具备特别生效要件才能生效，主要有：①法律、行政法规规定应当办理批准、登记等手续生效的，依照其规定（《民法典》第 502 条第 2 款）。例如《探矿权采矿权转让管理办法》第 10 条规定："申请转让探矿权、采矿权的，审批管理机关应当自收到转让申请之日起 40 日内，作出准予转让或者不准转让的决定，并通知转让人和受让人，准予转让的，转让人和受让人应当自收到批准转让通知之日起 60 日内，到原发证机关办理变更登记手续；受让人按照国家规定缴纳有关费用后，领取勘查许可证或者采矿许可证，成为探矿权人或者采矿权人。批准转让的，转让合同自批准之日起生效，不准转让的，审批管理机关应当说明理由。"即探矿权、采矿权转让合同属于批准后才生效的合同。②当事人对合同的效力可以约定附条件，但是根据其性质不得附条件的除外。附生效条件的合同，自条件成就时生效。附解除条件的合同，自条件成就时失效（《民法典》第 158 条）。③当事人对合同的效力可以约定附期限，但是根据其性质不得附期限的除外。附生效期限的合同，自期限届至时生效。附终止期限的合同，自期限届满时失效（《民法典》第 160 条）。下文仅介绍合同的一般生效要件。

（一）行为人具有相应的民事行为能力

当事人缔结合同、实施民事法律行为会产生权利义务关系，并产生相应的法律后果，因此，有必要要求行为人具有预见其行为性质和后果的相应的民事行为能力。这对于保护当事人的合法权益、维护社会经济秩序是十分重要的。

就自然人而言，十八周岁以上的能够辨认自己行为的成年人为完全能力行为人，另外，以自己的劳动收入为主要生活来源的十六周岁以上的未成年人，视为完全民事行为能力人，他们可以独立实施民事法律行为（《民法典》第17条、第18条）。八周岁以上的未成年人或不能完全辨认自己行为的成年人为限制民事行为能力人，限制民事行为能力人实施的纯获利益的民事法律行为或者与其年龄、智力、精神健康状况相适应的民事法律行为有效，实施的其他民事法律行为经法定代理人同意或者追认后有效（《民法典》第19条、第22条）。不满八周岁的未成年人和不能辨认自己行为的成年人为无民事行为能力人，他们实施的民事法律行为无效，应由其法定代理人代理实施民事法律行为（《民法典》第20条、第21条）。

值得注意的是，当前我国商业交易已经进入了“互联网+”时代，经济生活中出现了一种新型的合同形式——电子合同。电子合同，又称为电子商务合同，是一种双方或多方当事人之间通过电子信息网络、以数据电文的形式达成的设立、变更、终止民事权利义务关系的协议。电子合同签订的双方当事人通常只通过网络数据电文的方式进行交易行为，双方无法充分了解交易相对方的年龄、精神健康状况等信息，也无法对这些信息进行实质性的审查。有鉴于此，有学者认为网络环境下不再区分合同主体的行为能力，在电子合同中当事人及其法定代理人不得以欠缺行为能力为由影响合同效力。从司法实践角度看，目前我国有关电子商务的专门性立法有《中华人民共和国电子商务法》（以下简称《电子商务法》）、《中华人民共和国电子签名法》（以下简称《电子签名法》）。《电子商务法》第48条第2款规定：“在电子商务中推定当事人具有相应的民事行为能力。但是，有相反证据足以推翻的除外。”电子合同中的当事人的缔约能力亦应符合《民法典》中的相关规定。

法人的民事权利能力和民事行为能力，从法人成立时产生，到法人终止时消灭。法人的民事行为能力是由法人注册登记的经营范围决定的，法人只应在其经营范围内从事经营活动。但是，为维护交易相对人的利益和维护市场交易秩序，《民法典》第505条规定：“当事人超越经营范围订立的合同的效力，应当依照本法第一编第六章第三节和本编的有关规定确定，不得仅以超越经营范围确认合同无效。”同时，《最高人民法院关于适用〈中华人民共和国合同法〉若干问题的解释》（以下简称《合同法解释（一）》）第10条规定：“当事人超越经营范围订立合同，人民法院不因此认定合同无效。但违反国家限制经营、特许经营以及法律、行政法规禁止经营规定的除外。”

法人之外的其他组织也可以成为合同的当事人，这种组织通常被称为非法人组织。目前《民法典》已经确定非法人组织的民事主体的法律地位，它是指不具有法人资格，但是能够依法以自己的名义从事民事活动的组织。非法人组织包括个人独资企业、合伙企业、不具有法人资格的专业服务机构等。

（二）意思表示真实

意思表示真实，是指行为人的表示行为应真实地反映其内心的效果意思，即要求其效果意思与表示行为相一致。意思表示真实作为合同的有效要件之一是意思自治原则在合同法上适用的应有之义。意思表示真实是行为人在自觉、自愿基础上作出的符合其意志的行为。意思表示真实包括两方面：其一，行为人的意思表示是自由的，任何组织和个人都不得欺诈或胁迫行为人实施或不实施民事法律行为；其二，行为人的意思表示是真实的，行为人的内心效果意思与外部表示意思相一致。

意思表示不真实是行为人表达于外部的意思与其内心真实的效果意思不相符，主要表现为内心效果意思与外部意思表示意思不自由和不一致的情形，此时合同不能产生缔约人订立合同所意欲产生的法律效果。

民事活动中的合同或者其他文件、单证等文书，当事人可以约定使用电子签名、数据电文。当事人约定使用电子签名、数据电文的文书，不得仅因为其采用电子签名、数据电文的形式而否定其法律效力。此时，根据《电子签名法》第 8 条的规定，审查数据电文作为证据的真实性，应当考虑以下因素：①生成、储存或者传递数据电文方法的可靠性；②保持内容完整性方法的可靠性；③用以鉴别发件人方法的可靠性；④其他相关因素。

（三）不违反法律、行政法规的强制性规定，不违背公序良俗

《民法典》第 153 条规定，“违反法律、行政法规的强制性规定的民事法律行为无效。但是，该强制性规定不导致该民事法律行为无效的除外。违背公序良俗的民事法律行为无效。”法律规范依其适用可分为强制规范和任意性规范。强制性规范是当事人必须遵守，不得通过协商予以变更的规范，法律条文中多以“应当”“必须”“不得”等字样表述；任意性规范仅为当事人提供一种行为标准，当事人可选择性地适用或通过约定改变或排除适用，法律条文中以“可以”字样表达规范意图。这里的合同不违反法律，是指合同的内容不得违反法律的强制性规范，即合同的各项条款都必须符合法律、法规的强制性规定。但若仅合同的部分条款违法且部分条款无效不影响其他部分的效力时，则仅该部分条款无效。这里需要特别注意的是：其一，《民法典》第 153 条所述“法律、行政法规”应采取限缩性解释方法。《合同法解释（一）》第 4 条规定：“合同法实施以后，人民法院确认合同无效，应当以全国人大及其常委会制定的法律和国务院制定的行政法规为依据，不得以地方性法规、行政规章为依据。”其中，“法律”是指全国人民代表大会及其常务委员会制定并颁布的法律；“行政法规”是指国务院制定并颁布的行政规范。只有违反了法律、行政法规的规定，才有可能导致合同的无效。另外，根据 2019 年《全国法院民商事审判工作会议纪要》第 31 条的规定，违反规章一般情况下不影响合同效力，但该规章的内容涉及金融安全、市场秩序、国家宏观政策等公序良俗的，应当认定合同无效。实务中在认定规章是否涉及公序良俗时，要在考察规范对

象基础上，兼顾监管强度、交易安全保护以及社会影响等方面进行慎重考量。其二，《民法典》第153条所述“强制性规定”可以结合《合同法解释（二）》第14条规定加以理解。该条规定：原《合同法》第五十二条第（五）项规定的“强制性规定”，是指效力性强制性规定。根据“强制性规定”对合同效力影响的不同，可以分为效力性规定和管理性规定（又称取缔性规定），只有违反效力性强制性规定的合同才无效。效力性的强制性规定是指法律及行政法规明确规定违反该类规定将导致合同无效的规范，或者虽未明确规定违反之后将导致合同无效，但若使合同继续有效将损害国家利益和社会公共利益的规范。此类规范不仅旨在处罚违反规定之行为，而且意在否定其在民商法上的效力。管理性规范是指法律及行政法规未明确规定违反此类规范将导致合同无效的规范，此类规范旨在管理和处罚违反规定的行为，但并不否认该行为在民商法上的效力。同时，根据《全国法院民商事审判工作会议纪要》第30条规定，判断“强制性规定”的性质，特别是要在考量强制性规定所保护的法益类型、违法行为的法律后果以及交易安全保护等因素的基础上认定其性质。下列强制性规定，应当认定为“效力性强制性规定”：强制性规定涉及金融安全、市场秩序、国家宏观政策等公序良俗的；交易标的禁止买卖的，如禁止人体器官、毒品、枪支等买卖；违反特许经营规定的，如场外配资合同；交易方式严重违法的，如违反招投标等竞争性缔约方式订立的合同；交易场所违法的，如在批准的交易场所之外进行期货交易。关于经营范围、交易时间、交易数量等行政管理性质的强制性规定，一般应当认定为“管理性强制性规定”。

公序良俗是指法律明文规定之外的公共秩序和善良风俗。公序良俗原则体现了国家对意思自治、合同自由的限制，体现了对私法自治的限制。法律没有明文规定的领域，要看公序良俗，要看对社会有没有危害性。如果有危害，就不能让其有效。

第二节 无效合同

一、无效合同的概述

无效合同是违反合同生效要件的一种合同类型，是相对于有效合同而言的。无效合同，是指合同虽然已经成立，但因欠缺合同的生效要件而自始、当然、确定不产生当事人预期的法律效果的合同。

无效合同的具体含义如下：①自始无效。无效合同从合同成立时起就没有法律约束力。这可与可撤销合同区分开，可撤销合同在被撤销之前是生效的合同。②当然无效。是指合同内容存在无效的因素，超出了意思自治的界限，不论合同当事人是否提出主张或者是否知道无效的情况，也不论是否经过人民法院或仲裁机构的确认，该合同都是无效的。人民法院或者仲裁机构在诉讼或者仲裁程序中的确认只是对一个已经存在的事实加以确认而已。①③确定无效。无效的合同，从合同成立时就没有效力，以后任何事实也不能使之生效。如甲乙买卖毒品，即使甲乙都是真实的意思表示并事后对交易行为加以确认，该买卖合同也不能生效。这与效力未定的合同需要区别开，效力未定的合同可以因权利人的事后追认行为而生效。

需要注意的是，依据《民法典》第 508 条的规定，《民法典》第 156 条关于民事法律行为部分无效的规定可以适用于合同部分无效的情形，即民事法律行为（包括合同行为）部分无效，不影响其他部分效力的，其他部分仍然有效。例如，《民法典》第 506 条规定，免除造成他人人身伤害或因故意、重大过失造成他人财产损失的法律责任的约定无效，虽然此免责条款无效，合同中的其他条款仍然有效。又如依据《民法典》第 497 条规定："有下列情形之一的，该格式条款无效：（一）具有本法第一编第六章第三节和本法第五百零六条规定的无效情形；（二）提供格式条款一方不合理地免除或者减轻其责任、加重对方责任、限制对方主要权利；（三）提供格式条款一方排除对方主要权利。"这里格式条款无效，不影响其他合同条款的效力。

二、无效合同的情形

（一）因合同当事人为无民事行为能力人订立的合同

《民法典》第 144 条规定："无民事行为能力人实施的民事法律行为无效。"同时根据《民法典》第 20 条、21 条的规定，不满八周岁的未成年人和不能辨认自己行为的成年人为无民事行为能力人，不具有独立实施民事法律行为的资格。合同作为典型的民事法律行为，无民事行为能力人不能成为适格的合同当事人，他们所签订的合同为无效合同。因而，无民事行为能力人应由其法定代理人代理实施民事法律行为。

在司法实践中，无民事行为能力人所进行的某些习惯所允许的，或者与日常生活密切相关的合同行为，如购买文具、零食等，一般不认为是无效合同行为。另外，无民事行为能力人为接受奖励、赠予等对本人有利且不损害他人合法权益的"纯获利益"而缔结的合同也不因当事人为无民事行为能力人而无效。

（二）因通谋虚伪表示订立的合同

《民法典》146 条是关于通谋虚伪表示和隐藏行为的规定，该条规定："行为人与相对人以虚假的意思表示实施的民事法律行为无效。以虚假的意思表示隐藏的民事法律行为的效力，依照有关法律规定处理。"通谋虚伪表示（简称虚伪表示），指表意人与相对人通谋而为虚伪的意思表示，双方当事人一致同意仅仅造成订立某

① 魏振瀛：《民法》，北京大学出版社 2010 年版，第 163 页。

项法律行为的表面假象，而实际上并不想使有关法律行为的法律效果产生。①通谋虚伪表示应具备的要件有三：①须有意思表示的存在。②须表意与真意不符。③须其非真意的表示与相对人通谋。通谋虚伪表示通常多在欺诈第三人，但不以此为必要。②

通谋虚伪表示在表意人和相对人之间因意思表示的虚伪而无效，该无效仅就通谋所作出的意思表示而言，至于是否发生其他法律效力，则应区分该通谋虚伪行为究属伪装行为抑或隐藏行为而有不同。前者指行为人表面实施了一种民事行为，事实上什么行为也没有。后者指行为人以一个民事行为掩盖另一个民事行为，被掩盖的民事行为可能违法也可能不违法，被掩盖的民事行为是依其真意欲发生法律效力的民事法律行为。③ 对于隐藏行为，一方面应适用关于该隐藏行为的法律规定，这就是说，此项行为并不会因为其没有被表达出来而无效。不过，在另一方面来说，此项行为也不应该径直有效，而是应当根据适用于该类行为的规定的标准来评判，若掩盖的民事行为如有规避法律的目的，应使之无效；若被掩盖的行为不具备违法内容，则应有效成立另一法律行为。例如甲欲赠某电脑与乙，为避免人情困扰，乃作成买卖契约。赠与系被隐藏的法律行为，对于隐藏行为，不因隐藏而无效，仍应适用关于赠与的规定。④再如，甲与乙于 2010 年 5 月签订一份经济适用房买卖合同，房屋面积 75 平方米，总价款 60 万元。该房屋系乙的宅基地在 2006 年 5 月被征收而取得的经济适用房，因法律规定经济适用房五年内不得转让，故甲乙双方在房屋买卖时不能立即过户，只能待该经济适用房满五年后过户。买方甲为防范过户时卖方乙不及时履行过户约定，且五年内转让的经济适用房买卖合同不受法律保护的法律风险，另与卖方签订一份乙向甲借款 60 万元的借款合同。2011 年 5 月过户期限将至，卖方乙要求提高房款否则不予过户，于是甲起诉乙，要求被告乙偿还借款本金加利息。这里的房屋买卖系隐藏行为，但因违反了法律的强制性规定，该房屋买卖合同无效。

（三）因恶意串通，损害他人合法权益订立的合同

《民法典》第 154 条规定："行为人与相对人恶意串通，损害他人合法权益的民事法律行为无效。"恶意串通是指民事法律行为的双方或者多方当事人，故意合谋，弄虚作假所实施的损害国家、集体或者第三人利益的法律行为。⑤ 可见，恶意

---

① ［德］卡尔·拉伦茨：《德国民法通论》（下），王晓晔等译，法律出版社 2003 年版，第 497 页。

② 王泽鉴：《民法总则》，中国政法大学出版社 2001 年版，第 360 页。

③ 王群、赟斌：《通谋虚伪行为探析》，载《福建警察学院学报》2010 年第 1 期，第 102 页。

④ 王泽鉴：《民法概要》，中国政法大学出版社 2003 年版，第 111 页。

⑤ 王利明、崔建远：《合同法新论·总则》，中国政法大学出版 1996 年版，第 154 页。

串通行为的构成要件主要由主观和客观两个因素构成。主观因素为串通的双方有损害第三人的故意，即明知或应知其串通的行为会损害国家、集体或第三人的利益，而故意为之。如果仅有合同的一方当事人存在恶意，相对人不知情，则不构成恶意串通。客观上因素为要有合同当事人之间串通行为，它可以是当事人双方共同协商达成损害他人利益的合同，也可以是一方当事人作出意思表示，对方当事人明知会损害他人利益而用默示的方式接受并订立合同。例如，甲和乙订立商品房买卖合同，约定将其A房出卖给乙，后在办理过户登记手续之前，房价大涨，甲与其弟丙签订购房合同并办理过户手续，并交付给丙由其实际居住。根据《最高人民法院关于审理商品房买卖合同纠纷案件适用法律若干问题的解释》第10条规定该合同无效，即"买受人以出卖人与第三人恶意串通，另行订立商品房买卖合同并将房屋交付使用，导致其无法取得房屋为由，请求确认出卖人与第三人订立的商品房买卖合同无效的，应予支持"。这里需要特别指出的是，当事人是否获得利益不是恶意串通行为的构成要件，一般情况下，当事人恶意串通订立合同多半是为了自己获得非法利益，同时损害第三人的利益，但是这并不是构成恶意串通的合同无效的要件，即使恶意串通合同的当事人没有为自己获利的目的，结果也不可能使自己获利，但是由于损害第三人的利益，仍然属于无效合同。①

恶意串通与通谋虚伪表示虽然在当事人相互间均须有通谋的意思联络并通常都有损害第三人利益的动机，但二者并不相同。它们的区别主要有：①恶意串通是指当事人通谋为真实的意思表示，通谋虚伪表示则是当事人通谋为虚假的表示；②恶意串通的目的是损害他人利益，通谋虚伪表示则不以此为必要；③恶意串通之所以无效，是因为当事人滥用权利，而通谋虚伪表示之所以无效，是因为当事人意思表示不真实。②

（四）因违反强制性规定与违背公序良俗订立的合同

根据《民法典》第153条第1款规定，因违反法律、行政法规的强制性规定订立的合同属于典型的无效合同。此部分已在本章第一节有所论述，在此不再赘述。

《民法典》第153条第2款规定，违背公序良俗的民事法律行为无效。进而，违背公序良俗的合同亦应无效。这类合同是指当事人缔结的合同的内容会对国家的公共秩序和社会的一般道德造成损害。例如，危害国家公共秩序的行为，如将从事犯罪或者帮助犯罪的行为作为内容的合同、规避课税的合同；危害家庭关系的行为，如约定断绝亲子关系的合同、婚姻关系中的违约金的约定等；违反性道德的行为，如对婚外同居人所作出的赠与和遗赠的合同等；非法射幸，如赌博合同；违反

① 王利明：《合同法要义案例析解·总则》，中国人民人学出版社2001年版，第140页。

② 苏号朋：《合同法教程》，中国人民出版社2015年版，第123页。

人格或者人格尊严的行为，如以债务人的人身为抵押的约定、规定企业有权对顾客或雇员搜身检查的标准合同条款等。对此，我国最高人民法院《关于当前形势下审理民商事合同纠纷案件若干问题的指导意见》第 16 条关于“如果强制性规范规制的是合同行为本身即只要该合同行为发生即绝对地损害国家利益或者社会公共利益的，人民法院应当认定合同无效”的规定再次强调了这一立法旨意。

还要特别注意区分未生效合同与无效合同，不能将未生效合同认定为无效合同。依据《民法典》第 502 条第 2 款的规定，批准是合同的法定生效条件，未经批准的合同因欠缺法律规定的特别生效条件而未生效。法律、行政法规规定某类合同应当办理批准手续生效的，如商业银行法、证券法、保险法等法律规定购买商业银行、证券公司、保险公司 5%以上股权须经相关主管部门批准，实践中的一个突出问题是，把未生效合同认定为无效合同，或者虽认定为未生效合同，却按无效合同处理。无效合同从本质上来说是欠缺合同的有效要件，或者具有合同无效的法定事由，自始不发生法律效力。而未生效合同已具备合同的有效要件，对双方具有一定的拘束力，任何一方不得擅自撤回、解除、变更，但因欠缺法律、行政法规规定或当事人约定的特别生效条件，在该生效条件成就前，不能产生请求对方履行合同主要权利义务的法律效力（《全国法院民商事审判工作会议纪要》第 37 条）。

第三节　可撤销合同

一、可撤销合同概述

可撤销合同是指已经成立生效，因为合同当事人意思表示存在瑕疵或其他法定原因，当事人有权诉请法院或仲裁机关予以撤销的合同。权利人向法院或仲裁机构请求撤销合同的权利称为撤销权，而享有该撤销权的权利人即为撤销权人。

可撤销合同具有如下特征：①可撤销合同是已经成立生效的合同。可撤销合同在被撤销前，其已经发生的效力对合同双方当事人均具有拘束力，在撤销权人行使撤销权之前，其法律效力继续保持，并且该法律效力可以对抗除撤销权人外的任何人。如果撤销权人行使撤销权，则合同效力溯及至合同成立之时消灭，即合同自始无效。如果撤销权人放弃行使撤销权，则合同始终有效。由此可见，可撤销合同与无效合同、完全有效合同是有区别的，可撤销合同在权利人行使撤销权之前，合同效力存在瑕疵，存在向无效合同转化的可能性。②可撤销合同主要是意思表示有瑕疵的合同。当事人的意思表示真实是合同有效的要件之一。如果当事人的意思表示不真实则为意思表示有瑕疵，那么应当赋予意思表示不真实的合同当事人享有自主选择是否撤销合同的权利。需要注意的是，可撤销合同范围并不仅仅是当事人意思表示存在瑕疵的情形，也包括当事人合同权利义务显失公平情形，以实现合同权利义务实质公平的法律目标。③撤销权人可自主选择是否行使其撤销权。除撤销权人外，其他任何人均不得提出撤销合同的主张，法院也不能直接依职权撤销合同。

另根据《〈合同法〉若干问题的解释（二）》第9条的规定，提供格式条款的一方当事人违反提示和说明义务，导致对方没有注意免除或者限制其责任的条款，对方当事人可申请撤销该格式条款。这表明如果合同的内容是可分的，撤销权人有权利只撤销合同的部分条款，未被撤销的条款继续有效。

二、可撤销合同的情形

（一）因欺诈与胁迫订立的合同

1. 欺诈

《民法典》第148条规定："一方以欺诈手段，使对方在违背真实意思的情况下实施的民事法律行为，受欺诈方有权请求人民法院或者仲裁机构予以撤销。"欺诈是指故意告知交易相对人虚假情况，或者故意隐瞒真实情况，使对方陷入错误为意思表示。

欺诈行为的构成要件如下：

（1）须有欺诈行为。欺诈行为，是指故意欺骗他人，使其陷入错误判断，并基于此错误判断而为意思表示行为。换言之，一方当事人故意告知对方虚假情况，或者故意隐瞒真实情况，诱使对方当事人作出错误意思表示的，可以认定为欺诈行为。欺诈的特点是诱使被欺骗人陷入错误判断而为意思表示，司法实践中合同欺诈的行为种类很多，一般为积极行为，如将现代的古董仿制品谎称为元代青花瓷进行贩卖，将K金饰品谎称为千足金饰品进行售卖等。消极的隐藏事实（不作为）一般不构成欺诈，但如果根据法律规定、合同约定或交易习惯，当事人对交易事项负有告知或说明的义务，如古董拍卖公司应对参加拍卖的人说明拍卖标的物的真伪，若不加以说明，则可以构成欺诈。另外，对相对人提出的问题，有无说明义务？对此，根据诚信原则，原则上应予以肯定。但对于法律上不容许的问题，如可口可乐公司销售商向可口可乐公司询问可口可乐的配方，事涉商业秘密，且与交易无关，可口可乐公司隐匿事实并无违法性，不构成欺诈。对于"主观意见陈述"能否认定欺诈，通常以行为人是否具备故意的主观心态为认定标准。

（2）须有欺诈的故意。故意，指行为人意识到其欺诈行为，希望对方当事人陷于错误认识，而为意思表示。如果欺诈人并不知道自己表述的事实是虚假事实，或虽明知其表述的事实是虚假的，但并没有使相对人陷入错误的意思，则不构成欺诈。

（3）须表意人因欺诈陷入错误。即表意人陷于错误，与欺诈人实施的欺诈行为之间具有因果联系。所谓表意人陷于错误，不仅包括表意人原无错误，受欺诈人的欺诈而陷于错误，还包括表意人已有错误，受欺诈人的欺诈而陷于更深的错误。

如果表意人虽遭欺诈，却不为所惑；或者虽陷于错误，却并非欺诈所致，都不属于受欺诈行为。如小贩以假苹果手机冒充真机沿街叫卖，顾客明知其假，却贪图便宜而购买之。此种情形，顾客购买假手机并非小贩实施欺诈行为的结果，因而不能构成合同法上的欺诈。再如消费者在网上交易平台购物时，误将价格 1000 元的商品看作 100 元而购买并选择货到付款，其购买该商品是因为对物品的价格认识错误，但该错误是由于消费者自身原因所致，并非售物者有意欺诈。

（4）表意人因错误而为意思表示。民事法律行为以意思表示为核心要素，民法贯彻意思自治原则，方能体现民法贯彻私法自治原则。在欺诈人实施欺诈行为的情况下，受欺诈人因被欺诈陷于错误，并基于该错误认识而为意思表示，该意思表示与其受欺诈形成的错误具有因果关系。如果受欺诈人所为的意思表示与其因受欺诈产生的错误无关，则不构成欺诈。如买受人与出卖人订立合同，购买二手汽车，出卖人隐瞒二手汽车瑕疵而为吹嘘该车的性能，以此欺骗买受人。买受人虽受欺骗，但其购买此车的目的本非驾驶，而是想拆卸该车并使用零件。由此，出卖人的欺诈行为虽使买受人陷于错误，但其购买汽车的意思表示却与该错误无关，因而不能构成欺诈。

2. 胁迫

《民法典》第 150 条规定：“一方或者第三人以胁迫手段，使对方在违背真实意思的情况下实施的民事法律行为，受胁迫方有权请求人民法院或者仲裁机构予以撤销。”胁迫是指合同一方向对相对人表示对其施加不法的侵害，使其产生恐惧进而基于此种恐惧而为一定意思表示。

胁迫行为的构成要件如下：

（1）须有胁迫的行为。例如以给公民及其亲友的生命健康、荣誉、名誉、财产等造成损害，或者以给法人的荣誉、名誉、财产等造成损害为要挟，迫使对方作出违背真实的意思表示的，可以认定为胁迫行为。这是对胁迫行为的准确定义。凡是对被胁迫者施加危害能够引起表意人恐惧且由此为意思表示的，都应认定为胁迫。此处被胁迫者不限于表意人，表意人的近亲属等也可以；胁迫者不应仅限于表意人之相对人，也存在着第三人胁迫的问题。第三人胁迫同样可致表意人陷入恐惧而为意思表示，其意思表示同样是不自由的，这种情况在实际生活中并不少见，如乙欲低价购买甲之房屋，甲不同意，乙的弟弟丙对甲说“你的儿子在我公司工作，若不将房屋售卖给乙，将解除与你儿子的劳动合同”，丙的胁迫是对当事人意思自治的干涉，亦构成胁迫。

（2）须有胁迫的故意。即行为人明知自己实施胁迫行为将使表意人产生恐惧并由此为意思表示。胁迫人一般无须有取得财产上利益之意思表示以及使相对人有财产上损害的意思。

（3）胁迫须为非法。非法胁迫主要包括三种情形：一是手段非法、目的合法。

如甲对乙说，不还债就放火烧你房子；二是手段合法、目的非法。如不在贷款协议上签字就告发其违法犯罪事实；三是手段、目的皆为非法。如杀全家以胁迫其销售毒品。对于手段目的皆无不当的行为，一般不构成威胁，如以起诉相要挟履行债务。但在例外情况下，如果手段与目的之间失衡，则是否构成胁迫，应考量胁迫人对其所欲达成和合同关系是否有正当利益，以及利用胁迫实现此项利益是否适当而进行判断。例如甲欲购买乙之祖传古董，乙不同意，甲说其掌握乙贪污受贿的证据，若乙不将古董售卖给甲，将向纪委举报甲的贪污行为，虽然甲要求乙出让其古董和举报犯罪本身都是合法行为，但以举报犯罪事实而胁迫他人订立买卖合同，二者显失平衡，具有非法性。

（4）须被胁迫人因被胁迫而产生恐惧心理并基于恐惧订立了合同。尽管行为人故意实施非法胁迫行为，但若被胁迫人不为所动，并未陷入恐惧，因而并未基于恐惧而为意思表示，则不构成胁迫。受胁迫人产生了恐惧心理，是胁迫行为的直接后果，也是胁迫者所追求的。同时被胁迫人意思表示与胁迫之间有因果关系，尽管表意人作出意思表示，但非因胁迫之恐惧引起，则不构成胁迫。

上述欺诈与胁迫构成要件必须相互结合，欠缺其中任何一个方面，都不能构成欺诈与胁迫。这里，我们还有必要重点探讨下《民法典》第 149 条有关第三人实施欺诈的规定。

《民法典》第 149 条规定：“第三人实施欺诈行为，使一方在违背真实意思的情况下实施的民事法律行为，对方知道或者应当知道该欺诈行为的，受欺诈方有权请求人民法院或者仲裁机构予以撤销。”第一，我们需要明确界定这里的“第三人”范围。合同相对人以外的第三人实施欺诈的，该“第三人”并非概括的指合同当事人之外的任何人，其范围应受到一定的限制。其一，第三人不包括合同相对方的法定代表人、负责人、代理人或作为其缔约辅助人参与合同行为的人。对由法定代表人、负责人、代理人以及辅助人实施的欺诈或胁迫行为，合同相对人必须将其归责于自己。①其二，第三人与相对人之间应不存在利益一体关系。在有些情况下，若第三人与合同相对方在利益方面具有密切联系，以至于从被欺诈一方当事人的角度来看，二者看上去在经济上系为一体，合同相对人也必须将该第三人实施的欺诈或胁迫行为归责于自己。②第二，第三人欺诈以相对人知情为限。如果在当事人一方受第三人的欺诈而订立的合同，合同相对人不知道或不应当知道当事人一方受欺诈的事实也允许受欺诈人撤销该合同的话，那么合同相对人的信赖利益与期待利益均无法实现。从保护善意相对人的信赖利益，维护交易的安全，合理的平衡当

① ［德］迪特尔·施瓦布：《民法导论》，郑冲译，法律出版 2006 年版，第 448 页。

② 冉克平：《论因第三人欺诈或胁迫而订立合同的效力》，载《法学论坛》2012 年第 4 期，第 110 页。

事人之间的利益出发，受欺诈人撤销该合同应以合同相对人知道或应当知道该方当事人受第三人欺诈的事实为前提条件。

（二）因重大误解订立的合同

《民法典》第 147 条将基于重大误解订立的合同规定为可撤销合同。《民法典》第 147 条规定："基于重大误解实施的民事法律行为，行为人有权请求人民法院或者仲裁机构予以撤销。"

重大误解是指误解人作出意思表示时，对涉及合同法律效果的重要事项存在着认识上的显著缺陷，其后果是使误解人受到较大损失，以至于根本违背缔约人订立合同的目的。例如行为人因对行为的性质、对方当事人、标的物的品种、质量、规格和数量等的错误认识，使行为的后果与自己的意思相悖，并造成较大损失的行为。

重大误解的构成要件如下：①表意人对合同的内容等发生了误解且不自知。②错误必须是重大的。重大误解制度的后果是可以撤销已生效的合同。为保护交易安全，由此以"重大"作为程度上的条件以对误解人撤销权的行使进行限制。一般认为，"重大"等于"交易上认为重要者为限"，指的是对于达成交易具有重要的意义。可以从两个方面来考察：第一，对什么产生误解。误解对象必须是意思表示的主要构成内容，例如对标的物性质、质量、规格、数量误解等。至于对于无关紧要的如包装等非主要合同构成内容的误解则难以认定为"重大"的。第二，"误解"应实质性地影响到当事人的权利义务，例如造成误解人经济利益上遭受巨大损失。如果当事人产生误解但是却未因此承担重大不利的法律后果，则不构成重大误解 。③错误是由表意人自己的原因造成的。这是重大误解与因他人的缘故所致意思表示不真实如欺诈和胁迫行为区别的关键点。④表意人因为误解作出了意思表示。

生活中，重大误解有以下几种情形：①对合同性质的误解。如将买卖合同误解为赠予合同。②对相对人的误解。如果甲将乙误认为自己失散多年的初恋情人，将自己的一处别墅赠予给乙。在信托、委托、保管等以信用为基础的合同中，在赠予、无偿借贷等以感情及特殊关系为基础的合同中，在演出、承揽等以特定人的技能为基础的合同，对当事人的误解为重大误解。在现物买卖等不具有人身性质的合同中，有时对当事人的误解不会给误解人造成较大损失，甚至不会造成损失，不构成重大误解。[①]③对标的物品种的误解。如将大马哈鱼当成三文鱼而进行购买。对标物品种的误解，将使误解人订立合同的目的落空，造成较大损失，属于重大误解。④对于标的物质量的误解。如将二级品级的翡翠当成一级品级的翡翠购买。⑤对标的物规格的误解。如采购的机器设备的规格的误解，在给误解人造成较大损失

---

① 崔建远：《合同法》，法律出版社 2016 年版，第 75 页。

时，构成重大误解。⑥对标的物的数量、包装、履行方式、履行期限等内容的误解，当给误解者造成较大损失时，也构成重大误解。

值得注意的是，动机上的误解是否构成重大误解？动机是订立合同的原因，是内心动因。动机不是合同的构成要素，一般当事人对合同动机的误解不视为合同内容上的重大误解，行为人不能撤销合同。例如，甲误以为女朋友暗示其求婚，遂向某珠宝店乙购买钻戒一枚用以求婚，结果被女朋友拒绝，则甲不得以动机重大误解为由撤销与珠宝店之间的买卖合同。但是如果动机在合同条款中得到了确认，则应把它的误解作为对合同内容的误解，给误解人造成重大损失时，构成重大误解。

（三）显失公平的合同

《民法典》第151条规定了显失公平的民事法律行为效力，“一方利用对方处于危困状态、缺乏判断能力等情形，致使民事法律行为成立时显失公平的，受损害方有权请求人民法院或者仲裁机构予以撤销”。

按照《民法典》的规定，显失公平行为的构成要件是：第一，根据合同订立时的一般情形衡量，给付与对待给付之间利益严重失衡，一方享有权利明显大于对方且负担的义务明显小于对方，此为客观要件；第二，一方利用对方处于危困状态、缺乏判断能力等不利情势，此为主观要件。

在时间上，判断合同是否显失公平应以合同成立之时为标准。合同成立生效之后因市场环境等因素的变化导致合同双方对待给付明显不公平的，不能适用“显失公平”规则进行处理，而应依《民法典》第533条规定关于情势变更原则的规定处理，该条规定：“合同成立后，合同的基础条件发生了当事人在订立合同时无法预见的、不属于商业风险的重大变化，继续履行合同对于当事人一方明显不公平的，受不利影响的当事人可以与对方重新协商；在合理期限内协商不成的，当事人可以请求人民法院或者仲裁机构变更或者解除合同。人民法院或者仲裁机构应当结合案件的实际情况，根据公平原则变更或者解除合同。”

三、撤销权及其行使

（一）撤销权及其权利人

撤销权，是指撤销权人依其单方意思表示使得合同等法律行为溯及既往消灭的权利。它在性质上属于形成权。撤销权人，在因欺诈、胁迫而成立的合同中为受欺诈人、受胁迫人，在因重大误解而成立的合同中为误解人，在显示公平场合为遭受重大不利之人。

（二）撤销权的行使

撤销权的行使，根据我国原《合同法》第54条的规定，针对可撤销合同，当事人一方有权请求人民法院或者仲裁机构变更或者撤销。这里“变更”效力，亦可解释为附着于撤销权的另一项形成权，即“变更权”。原《民法总则》制定时，总结裁判实践经验，注意到当事人主张变更，很难获得法院的支持，由此，绝大多数当事人均选择主张撤销，而不选择主张变更。有鉴于此，原《民法总则》第147条至第151条关于可撤销民事法律行为的条文，统一规定其法律效果为可撤销，而删除了“变更”效力。① 现《民法典》承继了原《民法总则》对撤销权的相关规定。目前，可以认定，当事人的“变更权”已无适用之余地。

撤销权需要在除斥期间内行使。《民法典》第152条规定，当事人自知道或者应当知道撤销事由之日起一年内、重大误解的当事人自知道或者应当知道撤销事由之日起九十日内行使撤销权；当事人受胁迫，自胁迫行为终止之日起一年内行使撤销权。另外，当事人知道撤销事由后明确表示或者以自己的行为表明放弃撤销权或当事人自合同行为发生之日起五年内没有行使撤销权的，撤销权消灭。

（三）撤销权行使的效力

撤销权行使的效力，是使合同自其成立时起无效，即自始没有法律拘束力（《民法典》第155条）。

第四节　效力待定合同

一、效力待定合同概述

效力待定合同又称为效力未定合同，是指合同已经成立但因欠缺有效要件，能否发生法律效力尚未确定的合同。

效力待定合同具有以下特征：①合同欠缺某种生效要件。这种主要表现为欠缺第三人的同意，如限制民事行为能力人在未经其法定代理人同意的情况下订立的合同，或无权代理人订立的合同。②效力待定合同的效力处于悬而未决的不确定状态，既非有效，亦非无效。③效力待定合同的效力确定，取决于享有形成权的第三人是否追认或者是否形成了其他法定条件，其终极效力状态是生效或无效。如果欠缺的生效要件在事后得到补充，则合同确定为有效的，其效力溯及于合同成立时；如果欠缺的生效要件在事后未得到补充，则合同确定为无效的，其效力溯及于合同成立时，即自始无效。

效力待定合同因欠缺某种生效要件而不发生符合合同当事人意思表示内容的法律效力，此点与无效合同相同，但效力待定合同又不同于无效合同。因无效合同，其不发生效力，自始已经确定，不因任何其他法律事实而再生效力，也不须任何其他法律事实再确定其不生效力。而效力待定合同是否发生效力尚未确定，须待其他

① 梁慧星：《〈民法总则〉重要条文的理解与适用》，载《四川大学学报（哲学社会科学版）》2017年第4期，第61页。

法律事实使之确定。

效力待定合同，既存在转变为无效合同的可能性，也存在转变为生效合同的可能性，因此类似于可撤销合同，即二者的最终效力均取决于将来一定法律事实的发生来确定。但前者因将来一定法律事实的发生结束效力不确定的状况，要么有效，要么无效；后者是在撤销权人行事撤销权之前，其效力是维持有效的。此外，在可撤销合同中，决定合同是否自始无效的人是意思表示有瑕疵的一方当事人，而在效力待定合同中，这种决定权通常来自合同外部的权利人。

二、效力待定合同的情形

（一）限制民事行为能力人依法不能独立订立的合同

根据《民法典》第 145 条第 1 款的规定，限制民事行为能力人实施的纯获利益的民事法律行为或者与其年龄、智力、精神健康状况相适应的民事法律行为有效；实施的其他民事法律行为经法定代理人同意或者追认后有效。根据《民法典》的相关规定，这里的限制民事行为能力人是指八周岁以上的未成年人或不能完全辨认自己行为的成年人。这里所谓同意，是指事先允许。法定代理人实施同意行为，必须向限制民事行为能力人和相对人明确作出意思表示。这种意思表示可以是口头形式、书面形式或其他的形式。

如果限制民事行为能力未经其法定代理人同意就订立非纯获利益的或者与其年龄、智力、精神健康状况不相适应的合同，则该合同为效力待定合同。如果法定代理人追认，则合同自订立时起生效。根据《〈合同法〉若干问题的解释（二）》第 11 条的规定，追认的意思表示自到达相对人时生效，合同自订立时起生效。追认的意思表示既可以口头方式作出，也可通过书面方式作出。法定代理人的追认权属于形成权，即只需追认权人的单方意思表示即可完成，无需相对人同意。

值得注意的是，为保障合同相对人的权益，平衡双方当事人利益，《民法典》第 145 条第 2 款赋予合同相对人催告权和撤销权。即相对人可以催告法定代理人在三十日内予以追认；法定代理人未作表示的，视为拒绝追认。合同被追认之前，善意相对人有撤销的权利。撤销应当以通知的方式作出。此撤销权，具形成权性质，所撤销的是相对人为成立该合同所作的意思表示，此时该合同视同自始未成立。

（二）无权代理人订立的合同

无权代理是指行为人没有代理权而以被代理人的名义所为的代理。无权代理有广义和狭义之分。广义无权代理可分为表见代理和狭义的无权代理，前者虽无代理权，但有令人相信其有代理权的事实或相关理由，后者则无此外表授权的特征。本节所指无权代理系指狭义的无权代理，因表见代理不属于效力未定的行为，而是效力确定的行为（《民法典》第 172 条）。

《民法典》第 171 条第 1 款规定，行为人没有代理权、超越代理权或者代理权终止后，仍然实施代理行为，未经被代理人追认，对被代理人不发生效力。无权代理经被代理人追认，变为有权代理，追认的意思表示自到达相对人时生效，合同自订立时起生效（《〈合同法〉若干问题的解释（二）》第 11 条）。追认应以明示方式向无权代理人或者相对人表示，但被代理人已经开始履行合同义务的，视为对合同的追认（《〈合同法〉若干问题的解释（二）》第 12 条）。《民法典》对此定进行了进一步确认，该法第 503 条规定，无权代理人以被代理人的名义订立合同，被代理人已经开始履行合同义务或者接受相对人履行的，视为对合同的追认。

同时，为保护无权代理之相对人的利益，法律赋予相对人催告权与撤销权。依《民法典》第 171 条第 2 款规定，相对人可以催告被代理人自收到通知之日起三十日内予以追认。被代理人未作表示的，视为拒绝追认。无权代理人订立的合同被追认前，善意相对人有撤销的权利。撤销应当以通知的方式作出。需要注意的是，只有善意相对人才有此撤销权，此"善意"是指相对人不知代理人无代理权且无过错。此外，此撤销权须在本人追认前行使，如果本人已经追认或已经拒绝同意，则该无权代理情况下签订的合同已经确定生效或无效，善意相对人的撤销权也当然归于消灭。另外，为进一步保障善意相对人的合法权益，《民法典》第 171 条第 3 款规定，行为人实施的行为未被追认的，善意相对人有权请求行为人履行债务或者就其受到的损害请求行为人赔偿。但是，赔偿的范围不得超过被代理人追认时相对人所能获得的利益。

在相对人不行使撤销权，被代理人亦未追认的情况下，该合同对被代理人不发生效力，由行为人承担责任。另外，若相对人知道或者应当知道行为人无权代理的，相对人和行为人按照各自的过错承担责任（《民法典》第 171 条第 4 款）。

（三）代表人超越代表权限订立的合同

根据《民法典》第 61 条规定，法人的法定代表是指依照法律或者法人章程的规定，能够代表法人从事民事活动的负责人。同时，根据《民法典》第 108 条规定，非法人组织可以参照适用法人组织的相关规定，由此，非法人组织代表可参考适用法人代表的相关规定。即非法人组织也可以确定一人或者数人代表该组织从事民事活动。代表和代理非常相似，它们的相同之处在于行为的效果均由法人或非法人组织承担。但二者亦有所不同：代表人与法人或非法人组织的关系属于法人的内部关系，在对外活动中，代表人没有独立人格，代表人的人格在行为时已被法人所吸收，代表人的行为直接视为法人的行为，法律后果直接由被代表的法人承受；而在代理关系中，代理人和被代理人分别为人格独立的主体，代理行为不是本人行为，只是行为后果由其被代理人承受而已。

代表人超越代表权限订立的合同是指法人的法定代表人或者非法人组织的负责人超越代表权限，以法人或非法人组织的名义订立的合同。《民法典》第 504 条规定，法人的法定代表人或者非法人组织的负责人超越权限订立的合同，除相对人知道或者应当知道其超越权限外，该代表行为有效，订立的合同对法人或者非法人组织发生效力。另外，《民法典》第 61 条第 3 款规定，法人章程或者法人权力机构对法定代表人代表权的限制，不得对抗善意相对人。即在相对人“善意”之时，代表人与相对人订立的合同有效，属于效力确定的合同。

但若相对人知道或应当知道代表人超越权限订立合同之时，在该合同不违反法律的强行性规定时，该合同为效力待定合同。如果法人或非法人组织予以追认，则合同对法人或非法人组织发生效力，由法人或非法人组织充当该合同当事人，履行合同或者承担违约责任；如果拒绝追认，则合同无效。①

第五节　合同无效、被撤销或不生效的法律后果

合同无效、被撤销或不被追认并非不产生任何法律效力，只是不发合同当事人所预期的法律效果。因为在合同被判定为无效、可撤销或者被追认以前，合同可能已经处于被履行完毕或者部分履行的状态，即原合同所涉及的财产有可能已经交付或者损毁。但合同无效、被撤销或者确定不发生效力后，为了使当事人之间的法律关系恢复到合同未曾订立时的状态，需要返还已经交付的标的物，不能返还的应折价补偿，还要对另一方受到的损失进行赔偿。对此，《民法典》第 157 条规定：“民事法律行为无效、被撤销或者确定不发生效力后，行为人因该行为取得的财产，应当予以返还；不能返还或者没有必要返还的，应当折价补偿。有过错的一方应当赔偿对方由此所受到的损失；各方都有过错的，应当各自承担相应的责任。法律另有规定的，依照其规定。”这里的“确定不发生效力的民事法律行为”，如效力待定合同在未被追认之时，将确定不发生效力，可适用这一条的规定；另外，该条文还设有一个开放性条款“法律另有规定的，依照其规定”。由此，在合同无效、被撤销或不生效情形下，其法律后果除返还财产与赔偿损失之外，还有可能产生法律规定之后果。

一、返还财产、折价补偿

合同无效、被撤销或不被追认，自始无效，当事人一方或双方基于合同所为之给付失去法律依据，因而另一方应予返还。该给付为财产交付时，且财产（原物）尚存的情况下，发生返还原物的效果。此处的原物包括动产，也包括不动产。在原物为动产的情况下，给付人有权请求受领人移转该物的占有，使其动产所有权恢复到圆满状态即可。在给付物为不动产时，在尚未办理过户登记手续的情况下，该不动产所有权仍归属于给付人享有，并且，因合同无效、被撤销或不被追认，给付人

① 苏号朋：《合同法教程》，中国人民大学出版社 2015 年版，第 140 页。

办理过户登记手续的义务便不存在，所以受领给付人非但不可能取得该不动产的所有权，反而负有把该不动产的占有移转于给付人的义务，即给付人行使返还财产请求权表现为请求受领人移转该不动产的占有。① 在给付物为不动产时且已办理过户登记手续的情况下，合同无效、被撤销或不被追认，此时情况不动产的返还相对较为复杂，此时应通过撤销现有不动产登记和将不动产交还给付人并重新进行权属登记。

应予注意的是，原物虽仍存在，但已经有偿转让给善意第三人时，为维护善意第三人权益和市场交易安全，第三人可以根据善意取得制度取得原物的所有权，当事人不能主张返还原物。因而，在原物不存在或者虽存在但客观不能返还之时，当事人可以获得折价补偿。

需要注意的是，在合同无效、被撤销或者确定不发生效力后，确定财产返还或者折价补偿范围时，要根据诚实信用原则的要求，在当事人之间合理分配，不能使不诚信的当事人因合同无效、被撤销或者确定不发生效力而获益。此类情况下，当事人所承担的缔约过失责任不应超过合同履行利益。在确定财产返还时，要充分考虑财产增值或者贬值的因素。双务合同合同无效、被撤销或者确定不发生效力后，双方因该合同取得财产的，应当相互返还。应予返还的股权、房屋等财产相对于合同约定价款出现增值或者贬值的，人民法院要综合考虑市场因素、受让人的经营或者添附等行为与财产增值或者贬值之间的关联性，在当事人之间合理分配或者分担，避免一方因合同不成立、无效或者被撤销而获益。在标的物已经灭失、转售他人或者其他无法返还的情况下，当事人主张返还原物的，人民法院不予支持，但其主张折价补偿的，人民法院依法予以支持。折价时，应当以当事人交易时约定的价款为基础，同时考虑当事人在标的物灭失或者转售时的获益情况综合确定补偿标准。标的物灭失时当事人获得的保险金或者其他赔偿金，转售时取得的对价，均属于当事人因标的物而获得的利益。对获益高于或者低于价款的部分，也应当在当事人之间合理分配或者分担（《全国法院民商事审判工作会议纪要》第32条、第33条）。

二、赔偿损失

赔偿损失是指合同被确定无效、被撤销或不被追认之后，仅返还财产或者折价补偿不足以弥补损失，一方还可以向有过错的另一方请求损害赔偿。在法律性质上，它属于缔约过失责任。在确定损害赔偿范围时，要根据当事人的过错程度合理确定责任，有过错的一方应赔偿对方所受到的损失，双方都有过错的，且因此造成对方的损失，则应当各自承担相应的责任。同时也要考虑在确定财产返还范围时已

① 崔建远：《合同法》，法律出版社2016年版，第83页。

经考虑过的财产增值或者贬值因素，避免双重获利或者双重受损的现象发生（《全国法院民商事审判工作会议纪要》第35条）。

三、其他法律责任

根据《民法典》第157条的开放性条款的规定，在合同无效、被撤销或不被追认以后，当事人除应承担民事责任以外，依照法律规定，还应承担相应的行政责任，如吊销营业执照、吊销生产许可证等；情节严重的，甚至要追究当事人的刑事责任。

☞ 案例导读评析

我国《民法典》第19条规定，八周岁以上的未成年人是限制民事行为能力人，可以进行与他的年龄、智力相适应的民事活动；其他民事活动由他的法定代理人代理，或者征得他的法定代理人的同意。同时，根据《民法典》145条规定，限制民事行为能力人订立的非纯获利益的合同或者与其年龄、智力、精神健康状况相适应而订立的合同为效力待定合同，不属于无效合同。店家虽已发货，但小明父母若对小明与店家订立的购买苹果平板电脑的合同不予追认的话，则该合同自始无效，小明父母可以将电脑发还给商家并要求商家退款。

☞ 本章思考题

1. 合同的成立和生效的关系是什么？区分二者有何意义？
2. 无效合同、可撤销合同、效力待定合同各自发生的原因有什么？
3. 合同被确认无效、被撤销或不被追认会产生哪些法律后果？

☞ 案例分析习题

1. 2018年1月，吴先生想购买黄金饰品，便去当地的商业街。他发现有一家金店的价格比大商场要便宜些，便决定在这里购买。金店的老板姓周，他向吴先生承诺，店里的黄金质量肯定没问题。周老板特地向吴先生出具了品质保证单，上面注明是“上海老凤祥黄金千足金手链”，而且手链上也有“老凤祥”字样的印鉴。此外，首饰上系着的标签注明成色为千足金，包装盒也有“老凤祥”字样。最关键的是，周老板店内有一个牌子，上面写着：本店所有黄金、铂金、钻石经国家检测合格，假一罚十。想到产品质量有保证，还是“老凤祥”这样的名牌，而且又比商场专卖店要便宜，吴先生便放心掏了钱，先购买了一条20多克重的女式金手链，价值7316元。几天后，吴先生又来到这家店，以2.26万元的价格购买了一条男式金手链。买回手链之后，吴先生总觉得心里有点不踏实。原因也简单，毕竟两条金手链的价格明显低于市场价。吴先生开始怀疑自己是不是买到了假货。随后，他通过当地工商部门，将手链送往上海老凤祥有限公司进行检验。经鉴定，吴先生购买的两条手链，都不是老凤祥的印鉴。得知鉴定结果后，吴先生很吃惊，他认为“老凤祥”是知名品牌，自己出于信任才购买，谁知道到头来买到的并不是正宗的“老凤祥”。这时候，吴先生想到了周老板“假一罚十”的承诺，于是找到金店索赔，双方协商再三，却一直没有结果。最终，吴先生一纸诉状，将周老板告上了法庭，要求对方按照“假一罚十”的约定进行赔偿。这样算下来，索赔金额近30万元。

问：吴先生的诉求能否得到法院支持？

2. 2014年6月，刘某与张某两人合伙经营了一家饭店，2014年12月，刘某与张某达成协议解除了合伙，协议约定刘某一次性给付张某10万元，饭店由刘某一个人独自经营。后来，刘某将饭店经营得非常红火，于是张某十分后悔，于是经常带人到刘某饭店闹事，让刘某无法正常经营。2016年2月，刘某不得已与张某签订一份合同，合同约定刘某一次性给付张某人民币5万元，张某不得再到刘某饭店闹事以干扰其正常营业。合同签订后，刘某反悔，拒绝给付张某5万元。两人就该合同效力发生争议，并将该争议提交至法院。

问：该合同是否有效？为什么？

第四章　合同的履行

- **学习目标：**
  1. 掌握合同履行的原则及其内容；
  2. 了解合同内容不明确或约定不明时的处理规则；
  3. 掌握双务合同履行中的抗辩规则。
- **案例导读：**

小李于4月20日向小张借用一部手机，小张于5月6日向小李借用了一台照相机。到期后，小李未向小张归还手机，小张也因此拒绝向小李归还照相机。

请问：

小李和小张的行为该如何界定？

第一节　合同履行的原则与规则

一、合同履行的原则

合同履行是指合同债务人全面地、适当地完成其合同义务，债权人的合同债权得到完全实现。① 合同的履行是债权人为了实现债权，让债务人履行合同义务的过程，也是给付行为与给付结果的统一。债权人如果全面履行合同义务，债权人的合同债权即因达到目的而得到满足。因此，合同履行行为是合同债权消灭的主要原因，与债的清偿有了相同的意义。

合同履行的原则是指当事人在履行合同过程中应该遵循的基本准则。学者对合同履行的原则提出了许多观点。但具体归纳起来，有的属于民法基本原则，也同样适用于合同履行阶段，如诚实信用原则；有的属于合同履行过程中的特有原则，如全面履行原则、协作履行原则、情势变更原则等。本书认为，诚实信用原则等适用于整个民法领域的原则，不宜作为合同履行的原则，该原则在合同履行领域已经细化为协作履行原则及经济合理原则。合同履行的原则选取标准应是专门适用于合同

---

① 崔建远：《合同法》（第五版），法律出版社2010年版，第125页。

履行的原则，并且对当事人履行各类合同义务都普遍适用。基于此，本书将合同履行的原则归纳为全面适当履行原则、协作履行原则、经济环保原则、情势变更原则。

（一）全面适当履行原则

全面适当履行原则又称正确履行原则。要求合同当事人按照合同约定的标的及法律规定履行合同义务。我国《民法典》第509条第1款规定："当事人应当按照约定全面履行自己的义务。"体现了这一原则。具体要求当事人按照合同规定的标的、质量、数量、履行期限、履行地点、履行方式完成相应义务。全面履行集中体现对于当事人履行合同义务的整体性法律约束，重在履行合同的量。适当履行侧重于债务履行的质，与实际履行的意义相似，要求当事人对合同履行的各个要素都应是正确、适当地履行，交付的标的物、提供的服务都符合法律的相应规定和合同目的。譬如在履行主体适当方面，履行债务的主体和接受债务履行的主体一般情况下不能由第三人代替；在履行标的适当方面，债务人应按约定的标的履行，而不能任意用其他标的代替。从此意义上讲，全面适当履行包括了实际履行的内容和要求，属于其上位概念。全面履行和适当履行是统一的整体，都要求当事人遵守合同约定进行履行。当事人是否全面适当履行合同，是决定当事人是否承担违约责任的界限。

（二）协作履行原则

协作履行原则是诚实信用原则在合同履行阶段的具体体现。《民法典》第509条第2款规定："当事人应当遵循诚实信用原则，根据合同的性质、目的和交易习惯履行通知、协助、保密等义务。"诚实信用要求人们在市场交易活动中讲究信用、遵守约定，在不损害他人利益和社会利益的基础上追求自身利益。在合同履行的过程中，当事人除了适当履行自己的约定义务，还应当协助对方履行义务，互相配合，互相协作，互相保护。具体而言，在订立合同的过程中，当事人要真实陈述与合同有关的信息。合同订立之后，当事人要认真准备与合同有关的工作。在合同履行过程中，债务人履行合同债务时，债权人要适当、及时受领给付。债权人应创造必要条件，为债务人债务履行提供便利。债务人因故不能履行或者不能全部履行合同的时候，应及时向债权人说明情况，双方当事人要采取措施防止损失的扩大，否则债权人无权就扩大的损失请求债务人赔偿。合同履行完毕之后，也要履行依据诚实信用产生的各种附随义务。包括在合同履行过程中知悉的对方诸如商业秘密、技术秘密等，应该负相应的保密义务。

（三）经济环保原则

经济环保原则是《民法典》新加入的原则。《民法典》第509条第3款规定："当事人在履行合同过程中，应当避免浪费资源、污染环境和破坏生态。"在合同履行过程中强调了经济合理和环保的要求。经济合理是指在合同的履行过程中，合同的双方当事人应讲求经济效益，维护对方的利益，以最小的履约成本完成交易过程，避免浪费资源。如果合同当事人在充分考虑到各自利益之后才订立合同，合同的约定已经反映了经济合理原则。环保的要求是指当事人在履行合同过程中还要兼顾合同履行不能污染环境和破坏生态的要求，这是习近平总书记“绿水青山就是金山银山”先进理念在法律层面上的反映，也是《民法典》的第 9 条规定：“民事主体从事民事活动，应当有利于节约资源、保护生态环境。”且在《民法典》合同法编的进一步阐述中，对于社会可持续健康发展以及人民创造美好生活具有指导意义。

按照经济环保原则，债务人在履行债务的过程中，应当选择最经济合理的履行时间、履行地点和履行方式，并且遵守节约资源，保护生态环境的附随义务。如果在某些情况之下，由于签订合同之时客观环境已经变化或者当事人约定不明确，合同的履行不能符合经济环保的要求，则可以依据该原则适当进行变更，甚至在违约的处理上采取更加经济环保的方式，或者以赔偿的方式代替继续履行。

（四）情势变更原则

所谓情势变更原则，发源于公平原则，是指合同依法成立后，因不可归责于双方当事人的原因，发生了不可预见情势变更，致使合同的赖以成立的客观情况发生了异常或重大变化，若继续维持合同效力，对一方当事人显失公平或不能实现合同目的，则允许其变更或解除合同的原则。按照合同履行的基本要求，合同约定需要严格遵守，当事人应严格遵守合同条款。而情势变更原则是合同严格信守的例外，目的是基于公平的要求，消除合同因情势变更而产生的不公平情况。情势变更中的情势，指的是合同成立时的客观情况。比如合同订立时的经济政策、法律制度等，变更则是合同赖以成立的客观情况发生了异常或者重大的变化，如签订房屋买卖合同之后限购令或者限贷令的出台。情势变更原则在《民法典》得以确立，是因为在情势变更的情况下，仍维持合同的履行将显失公平，故而赋予法官以公权力介入私权领域的权力，使法律能够适应社会经济情况的变化，避免当事人纷争。《民法典》第 533 条对“情势变更原则”作了规定：“合同成立后，合同的基础条件发生了当事人在订立合同时无法预见的、不属于商业风险的重大变化，继续履行合同对于当事人一方明显不公平的，受不利影响的当事人可以与对方重新协商；在合理期限内协商不成的，当事人可以请求人民法院或者仲裁机构变更或者解除合同。人民法院或者仲裁机构应当结合案件的实际情况，根据公平原则变更或者解除合同。”此部分内容将在本书合同变更章节中详加论述，在此不再赘述。

二、合同履行的规则

合同履行的规则，是指法律规定的适用于某类合同或者某种情形，当事人履行合同时必须共同遵守的具体准则。合同履行的规则更加具体化，可以反映出合同履行原则，而合同履行原则可以弥补合同履行规则在适用过程中的不足和漏洞。

按照《民法典》470 条规定，合同的基本要素包括一般有以下内容：（一）当事人的姓名或者名称和住所；（二）标的；（三）数量；（四）质量；（五）价款或者报酬；（六）履行期限、地点和方式；（七）违约责任；（八）解决争议的方法。其中前六点确定了合同的给付内容。合同的给付内容如果不确定，则需要通过合同履行的规则予以判断。

（一）履行主体

合同履行的主体是指履行合同债务的人和接受合同债务履行的人。一般情况下，合同是由债务人向债权人履行，二者均作为合同履行的主体。这是因为合同债务全面适当履行的实现，不仅主要依赖于债务人履行债务的行为，而且还要依赖于债权人首领履行的行为。债务人履行债务时，如果履行行为是事实行为，则不需债务人有完全民事行为能力；履行行为是法律行为时，则需要债务人有相应民事行为能力。并且债务人如果处分财产，需要有相应的处分权。

在某些情况下，只要不违反法律规定或当事人约定，合同亦可以由第三人代替履行，也可称之为履行承担。第三人代替履行包括代为受领和代为履行的制度，下面分别阐述。

代为受领是指本应由债务人向债权人履行债务，但债务人与债权人另行约定，由债务人向债权人指定的第三人履行，也视为向债权人履行。《民法典》第 522 条第 1 款规定：“当事人约定由债务人向第三人履行债务的，债务人未向第三人履行债务或者履行债务不符合约定，应当向债权人承担违约责任。”从法条可以看出，第三人并未成为合同的当事人，合同中债权人与债务人的关系并不受影响。向第三人履行债务是由于合同当事人的同意，不仅是债权人同意，也要征得债务人的同意由第三人代替债权人接受债务的履行。此外，向第三人履行债务原则上不能增加债务人的负担，如不能增加履行难度、履行费用等。如果确实造成费用增加，增加部分原则上由债权人承担。如果债务人并不向第三人履行或履行不符合约定，第三人也无权向债务人主张违约责任。《民法典》第 522 条第 2 款规定：“法律规定或者当事人约定第三人可以直接请求债务人向其履行债务，第三人未在合理期限内明确拒绝，债务人未向第三人履行债务或者履行债务不符合约定的，第三人可以请求债务人承担违约责任；债务人对债权人的抗辩，可以向第三人主张。”这一规定则在一定程度上突破了合同相对性的原则，明确在向第三人履行的合同中，第三人有权直接请求债务人承担违约责任，更为重视第三人的利益。

代为履行即当事人约定由第三人向债权人履行债务。与代为受领相同，第三人不是合同关系的主体，也不是合同当事人。我国《民法典》第 523 条规定：“当事人约定由第三人向债权人履行债务的，第三人不履行债务或者履行债务不符合约定，债务人应当向债权人承担违约责任。”可见，代为履行与债务承担有明显的区别，区别的重要标准是第三人所处的法律地位不同。债务承担主要是债务人与第三人达成转让债务的协议，并经过债权人同意，第三人彻底成为转让合同的当事人及履行主体。因此在债务承担中，债权人可以直接要求第三人履行债务。而代为履行应该由合同当事人进行约定，征得第三人的同意，但第三人并未取得合同当事人的地位，其只是处于债务人的履行辅助人的地位。《合同法解释（二）》第 16 条明确，人民法院在处理合同纠纷时可以根据具体案情将上述法条中的第三人列为无独立请求权的第三人，但不得依职权将其列为该合同诉讼案件的被告或者有独立请求权的第三人。

（二）履行标的

履行标的是债务人应当给付的内容，包括支付货币、交付货物或提供劳务，移转权利等。合同的标的是合同的核心内容，也是当事人签订合同的目的所在。债务人履行标的不同决定了债务性质不同，对履行标的正确性的要求也有差异，但总体说都要求履行标的基本适当。

未经双方当事人协议，任一方当事人不得任意变更约定的标的。适当履行包括三个方面：

第一，履行标的数量适当。债务人履行债务时应按照数量要求一次性全部履行，不得仅部分履行或者不履行。如果债务人分次履行，债权人有权拒绝受领，但部分履行不损害债权人利益的情况下，根据诚实信用原则，债权人不得拒绝受领。如果约定的数量或者计量方式有合理差额的，交付标的物数量在约定的幅度内，也可以视为适当。《民法典》第 531 条规定："债权人可以拒绝债务人部分履行债务，但部分履行不损害债权人利益的除外。债务人部分履行债务给债权人增加的费用，由债务人负担。"无论是全部履行或部分履行，如果债权人同意接受债务人以某种其他标的代替合同标的履行的，债务人也可以代替履行，即代物清偿。

第二，履行标的质量适当。如果合同对标的质量有明确约定，债务人应按约定进行履行。根据《民法典》第 510 条及第 511 条的规定，如果当事人对标的质量没有明确约定，还可以通过协商达成补充协议，若未达成补充协议的，则按照合同有关条款或者交易习惯确定，不能确定的，合同标的质量按照合同有关条款、合同性质、合同目的或者交易习惯确定。如果仍无法确定的，按照强制性国家标准、推荐性国家标准、行业标准履行；没有国家标准、行业标准的，按照通常标准或者符合合同目的的特定标准履行。所谓通常标准，是指与合同标的规格相同或种类相同的标的在通常情况下采取的标准。所谓符合合同目的的特定标准，是指合同标的所指向的特定用途的质量标准。

第三，履行价格适当。取得标的的当事人必须按照合同的约定支付相应的价款或报酬。价款一般是取得物的对价，报酬则一般是取得服务的对价。根据《民法典》第510条及第511条规定，如果当事人对价款或者报酬约定不明确的，当事人可以补充协议，不能达成补充协议的，按照合同有关条款或者交易习惯确定，若仍不能确定的，应按照订立合同时履行地的市场价格履行，依法应当执行政府定价或者政府指导价的，按照规定履行。政府定价是由政府价格主管部门或其他有关部门，对某些重要的商品或服务价格按照定价权限和范围制定的强制性价格。政府指导价是由政府价格主管部门或者其他有关部门，按照定价权限和范围规定基准价及其浮动幅度，指导经营者制定的非强制性价格。另根据《民法典》第513条规定："执行政府定价或者政府指导价的，在合同约定的交付期限内政府价格调整时，按照交付时的价格计价。逾期交付标的物的，遇价格上涨时，按照原价格执行；价格下降时，按照新价格执行。逾期提取标的物或者逾期付款的，遇价格上涨时，按照新价格执行；价格下降时，按照原价格执行。"其立法理念为违约方将承担价格变化带来的不利后果。

（三）履行期限

合同履行期限是债务人履行债务的期限，也是合同债权人接受履行行为，实现债权利益的期限。合同的履行期限一般应在订立合同时明确约定。约定履行期限的方式可以多样化，比如可以约定为期日，如某天、某时、某分。也可以约定期间，按照一个时间段履行。还可以将债务划分为数个部分，分别约定履行期日或期限。如果债务人不在履行期限内履行，可能构成迟延履行而承担违约责任。如履行期限约定不明确的，根据《民法典》第510条、第511条的规定，双方当事人可以另行协议补充，协议不成的，应当根据合同的有关条款和交易习惯确定。如果仍然无法确定的，债务人可以随时履行，债权人也可以随时要求履行，但应当给对方必要的准备时间。必要准备时间是指当事人为履行合同义务或者接受履行行为而进行必要准备工作所需的合理时间。

履行期限对于当事人而言具有期限利益，即债务人在履行期限届满之前可以不履行债务，而债权人在履行期限届满前可以拒绝受领。一般情况下，期限利益仅由债务人享有，债权人不得随时请求履行，但债务人可以抛弃其期限利益而要求提前履行。如果债权人并不因为提前履行而受到期限利益的损失，根据诚实信用原则就不得拒绝受领。如果期限利益仅由债权人享有，债权人可以在期限届满之前请求债务人履行，债务人不得拒绝。此情况下债务人也不得要求债权人于期前受领给付。如果期限利益由当事人双方共同享有，则债务人无权要求债权人于期前受领给付，债权人也不得要求债务人于期前履行。① 《民法典》第530条对此规定："债权人

① 崔建远：《合同法》（第五版），法律出版社2010年版，第134页。

可以拒绝债务人提前履行债务，但提前履行不损害债权人利益的除外。债务人提前履行债务给债权人增加的费用，由债务人负担。”

《民法典》第 512 条还增加了对电子合同标的交付时间的规定：“通过互联网等信息网络订立的电子合同的标的为交付商品并采用快递物流方式交付的，收货人的签收时间为交付时间。”由此可见，如快递员未经买家同意擅自将商品放入快递柜，买家只有取件并确认后才完成交付，如取件时发现物品损毁引发纠纷，此时依据《民法典》的规定卖家并未完成交付义务，属于邮寄途中损毁的风险应由卖家承担，消费者可以要求卖家退款或者更换货物。

（四）履行地点

履行地点是债务人履行债务的地点，又称为清偿地。只有在合同约定的履行地点履行债务，才会发生债的清偿效力导致债的消灭。履行地点往往关系到履行费用的分配，标的物所有权的转移，意外灭失风险的转移及违约与否的判断和诉讼管辖地的确定，对合同当事人具有重要的法律意义。

通常合同的履行地点由当事人约定，形式可以多样化。比如针对不同的当事人约定不同的履行地点，针对多个债务约定多个履行地点，还可以事先约定数个履行地点供当事人选择。如果合同对履行地点未约定或者约定不明的，依合同有关条款或交易习惯确定。若仍无法确定的，则按照《民法典》第 511 条第 3 款的规定确定履行地点，即给付货币的，接受给付一方所在地为履行地；交付不动产的，不动产所在地为履行地；交付其他标的的，履行义务一方所在地为履行地。

（五）履行方式

履行方式是合同双方当事人约定履行债务的形式和方法，主要包括标的物的交付方法、工作成果的完成方法、运输方法、价款或报酬的交付方法等。履行方式与当事人的利益息息相关，应在合同中明确约定。

合同对履行方式有约定的，债务人必须按照合同约定的方式进行履行。如果约定不明确，当事人可以协议补充，协议不成的，可以按照合同有关条款或交易习惯确定。如果仍然不能确定，则依《民法典》第 511 条第 5 款的规定，按照有利于实现合同目的的方式履行。即履行方式的选择要符合当事人订立合同之时所期望达到的法律效果，并结合公平原则予以确定。

（六）履行费用

履行费用是指债务人履行合同义务的必要费用，包括物品的包装费、运输费等。如果合同中约定了履行费用，从其约定。合同没有约定或约定不明确的，当事人可以协议补充。如果无法达成补充协议，则按照合同有关条款或者交易习惯确定。如果仍然不能确定的，则依《民法典》第 511 条第 6 款的规定，由履行义务一方负担。如果因债权人的行为导致履行费用的增加，则增加的部分应由债权人承担。

第二节　双务合同履行中的抗辩权

一、抗辩权概述

广义的抗辩权又称反对权、异议权，是对抗相对人的请求权或否定其他权利主张，永久或暂时阻却其效力发生的权利。狭义的抗辩权是专门对抗请求权的权利。民事权利从作用上可分为请求权、抗辩权、支配权和形成权四种。请求权的客体是为被请求人的给付行为，而抗辩权的客体则是他人的请求权，而且主要是具有财产内容的请求权，对于有人身内容的请求权一般不能成为抗辩权的客体。抗辩权的作用主要在于阻却相对人的权利发生作用，既不否定相对人权利的存在，也不变更或消灭相对人的权利，因此属于防御性的权利。

抗辩权从学理上可以进行分类。从产生的法律依据上可以分为实体法上的抗辩权和程序法上的抗辩权，如实体法规定的先诉抗辩权、同时履行抗辩权、不安抗辩权、先履行抗辩权、时效届满后的抗辩权等均属此类。实体法上的抗辩权一般属于私权，通常只和当事人的自身利益有关，因此当事人可以按自身意愿选择是否行使抗辩权，法院不能依照职权主动是否审查存在抗辩事由。程序法上规定的抗辩权如诉讼管辖抗辩、对诉讼请求权的异议等，属于公法的范畴，如果符合相应条件，法院应当主动审查其抗辩权的适用。抗辩权还可以按照权利效力的不同分为永久的抗辩权和一时的抗辩权。永久性抗辩权又称消灭的抗辩权，是指永久阻止相对人的权利发生效力的抗辩权。如权利人抗辩因诉讼时效期间届满而导致请求权效力永远消失。一时的抗辩权又叫延期抗辩权，是暂时阻止相对人的请求权发生效力的抗辩权。如双务合同履行中的抗辩权即属于此类。请求权效力本身依然存在，一旦抗辩事由消灭，请求权效力便可以行使。

《民法典》中规定了同时履行抗辩权、不安抗辩权和先履行抗辩权，都属于双务合同中针对履行请求权的抗辩权利。这三种抗辩权对抗辩权人来说属于保护手段，避免其履行后无法获得相对人对待给付的风险，给相对人产生及时履行或提供担保的压力，从而保障权利人的债权。从分类上说，《民法典》上的抗辩权属于实体法上的抗辩权和一时的抗辩权。

二、同时履行抗辩权

（一）同时履行抗辩权概述

同时履行抗辩权，是指在互负债务，没有先后履行顺序的双务合同中，当事人一方在相对方为对待给付前，可以拒绝履行自己债务的权利。《民法典》第 525 条规定："当事人互负债务，没有先后履行顺序的，应当同时履行。一方在对方履行之前有权拒绝其履行要求。一方在对方履行债务不符合约定时，有权拒绝其相应的履行要求。"

同时履行抗辩权是基于双务合同履行机能上的牵连性在公平原则运用下所产生的制度，它适用于双务合同，如买卖、互易、租赁、承揽、保险、雇佣、劳动等合同。即同时履行抗辩权的法律依据是双务合同的牵连性，体现在双方当事人之间给付与对待给付的权利义务之间存在互相依存，不可分割。这种关联性表现在三个方面：

第一，权利义务发生上存在牵连性。双方当事人的给付义务和对待给付义务同时发生。一方债务不发生，诸如不成立、无效或者被撤销之时，相对方债务亦不发生。

第二，权利义务履行上存在牵连性，也称为功能上的牵连性。一方所负债务与相对方所负债务互为前提，且没有履行先后顺序，基于公平原则要求双方当事人同时履行自己所负债务。一方不履行其义务，对方的合同利益无法得以实现，自然得以拒绝。只有在一方当事人已履行或已提出履行给付的条件下，才能要求相对方履行给付。

第三，权利义务存续上的关联性。即当事人一方的债务因不可归责于双方当事人的事由而不能履行时，债务人的给付义务将被免除，对方当事人的对待给付的义务也同时被免除。如甲将房屋出卖给乙，约定一个星期后办理过户登记手续，同时付清价金，买卖合同成立后第二天，该房屋因地震而倒塌。此时，由于标的物毁损的发生不可归责于甲，甲免除给付义务，也不需要承担损害赔偿责任。乙的支付价金的义务也随之消灭。

（二）同时履行抗辩权的成立条件

第一，当事人因在同一双务合同中互负债务，且两债务间具有对价关系。同时履行抗辩权发生的基础，是在同一双务合同中互负债务，有两个要求：第一，如果当事人互负债务，但是基于两个或多个合同而产生，即使双方债务在事实上有密切关系，也不得主张同时履行抗辩权。第二，双务合同中双方的权利和义务互为条件，互相依存，互为对价。对价关系并非经济学意义上的等价，而是在结合当事人意志及公平合理原则，当事人的主给付义务大致相当，即满足对价的要求。比如买卖合同之中，如果买方未支付相应价款，卖方即有权拒绝交付标的物的所有权。

第二，当事人互负的债务没有先后履行顺序，且均已届清偿期。首先，当事人互负债务均有效存在。如果当事人双方的合同不成立、无效或者被撤销，或者债务已经被抵销或免除，债务实际上不存在，也就不存在请求权的基础。在此情况下不应该主张同时履行抗辩权，而是应该主张其无履行之义务。其次，当事人双方的债务履行没有先后顺序，在合同中没有约定，法律也没有明确哪一方先履行义务的情形，所以应当同时履行。这点与不安抗辩权及先履行抗辩权相区别。最后，当事人双方的债务均已届清偿期。同时履行抗辩权制度旨在使得合同双方当事人所负债务同时履行，以同时实现双方享有的债权。因此，只有双方互负的债务均届清偿期，才能行使同时履行抗辩权。如果双方的债务没有同时到期，基于期限利益的拒绝履行不属于同时履行抗辩权。

第三，对方当事人未履行债务或未按约定履行债务。同时履行抗辩权的制度设置目的是平衡双方当事人之间的利益关系，促进双方按约定履行合同义务，维护市场正常的交易秩序。因此如果当事人一方请求对方履行债务时，如果请求方尚未履行债务，则被请求方当然可以主张同时履行抗辩权，对抗对方请求权，拒绝履行自己的义务。但如果请求方已经按照合同约定履行了己方义务，则被请求方不得主张同时履行抗辩权。

请求方不适当履行合同的主债务，被请求方也可以拒绝其相应的履行要求，即与履行债务不符合约定部分的相应部分。比如请求方交付的货物质量全部有瑕疵，导致合同目的无法实现，被请求方可以行使同时履行抗辩权拒绝其履行债务的要求。如请求权交付的货物质量部分出现质量问题，则被请求方可以对存在瑕疵的履行部分行使同时履行抗辩权。但如果请求方未履行合同的附随义务或者从债务之时，由于义务的对价性不能成立，不得行使同时履行抗辩权。比如甲、乙约定甲以200万元购买乙的机器设备，双方同时履行债务。在履行期届满之时，乙向甲交付了相应的机器设备，但尚未提供机器设备的使用说明书，在不影响实现甲方合同目的的情况下，甲方应本着诚实信用的原则，支付货款，而不得行使同时履行抗辩权。

第四，需对方的对待履行是可能履行的。同时履行抗辩权既然是为了督促双方当事人同时履行自己的义务而设置，只有在对方的对待给付是可能履行时，当事人行使同时履行抗辩权才有意义。如果当事人所负债务已经无实现之可能时，则不发生行使同时抗辩权的问题，而应通过其他途径请求补救。如当事人因不可归责于双方当事人的事由导致标的物灭失而不能履行时，则应以解除合同来否定请求权的存在，而不能主张同时履行抗辩权。

（三）同时履行抗辩权的行使及效力

当事人应以明示的方式进行抗辩，书面及口头形式并无特别要求，但如果当事人并未主张该项权利，则法院及仲裁机构不能主动援用。同时履行抗辩权属于延期的抗辩权，并不消灭对方请求权，而产生暂时阻却对方请求权行使的效力。当事人一方请求履行债务时，该请求方必须同时履行；请求方没有履行的，被请求方可暂时拒绝履行自己的义务。被请求方行使同时履行抗辩权是正当行使权利，而非违约行为，因此在对方当事人未为对待给付之前，被请求一方的债务即便已届清偿期而未履行，也不发生迟延履行的责任。

（四）同时履行抗辩权的适用范围

同时履行抗辩权除了在双务合同中得以适用以外，在下列情况中也可以行使同时履行抗辩权：

第一，在以同一可分给付债务为标的，有多个债之主体的双务合同。各个债务人的债务和各个债权人的债权之间相互独立，因此各个当事人得以就自己的部分独立行使同时履行抗辩权。

第二，在连带之债中，多数债权人和多数债务人之间的债权与债务属于连带关系，只要是双务合同的连带之债，也可以适用同时履行抗辩权。如甲、乙向丙、丁购买一套机器设备，价款为 100 万元人民币，约定甲、乙和丙、丁均应负连带责任。当甲向丙请求交付机器设备时，丙可以因甲未支付全部价款而拒绝履行。当丁向乙要求支付所有价款时，乙也可以因丁未交付机器设备而拒绝履行。

第三，在向第三人为给付的合同中，如果债务人未向第三人给付的，债权人可以基于同时履行抗辩权拒绝向债务人履行，债权人未向债务人履行的，债务人也可以基于同时履行抗辩权拒绝向第三人履行。

第四，在债权让与的情况下，如果债权人未向债务人履行债务，债权受让人向债务人主张债权时，债务人可以使用同时履行抗辩权拒绝受让人的履行请求。债务人未向债权的受让人履行债务的，债权人也有权使用同时履行抗辩权拒绝向债务人履行。在债务承担的情况下，如果债务承担人未履行债务，债权人可以使用同时履行抗辩权拒绝向债务人履行债务。如果债权人没有向债务人履行的，债务承担人也可以使用同时履行抗辩权拒绝向债权人履行。

第五，双务合同因为合同不成立，或无效、被撤销及解除合同时，原债务转化的损害赔偿之债或相互之间的返还义务都有对价关系，可以基于同时履行抗辩权拒绝履行。

三、不安抗辩权

（一）不安抗辩权概述

不安抗辩权是指在双务合同中有先履行债务的当事人在有确切证据证明后履行义务一方有财产显著恶化或履行债务的能力明显减弱，以致可能难以履行其对待给付义务的情形下，可以暂时中止履行的抗辩权。

双务合同中的先履行义务一方当事人应该按约定先履行合同债务，但在合同成立生效后，假如先履行义务一方当事人已发现后履行义务一方当事人财产状况不佳，可能不能或不会履行合同义务，但仍要求先履行义务一方先为给付，则很可能出现先履行的一方当事人严格按照履行约定履行债务后，无法从后履行义务一方处获得对待给付而实现债权，违背了公平原则。因此为避免先履行义务一方遭受损害，大陆法系的国家和地区设置了不安抗辩权制度。我国《民法典》527 条规定是该原则的立法体现。

(二)不安抗辩权的适用条件

第一，当事人因同一双务合同互负债务，且两债务间具有对价关系。不安抗辩权与同时履行抗辩权一样，仅在双务合同中存在。当合同确定了合法有效的债务之后，当事人之间的给付义务互为对价，具有牵连性。

第二，当事人债务有先后履行顺序，先履行一方债务已届清偿期，后履行一方未届清偿期。行使不安抗辩权要求依据双务合同的约定或法律规定，一方有先履行合同债务的义务。先履行义务方债务已届清偿期，履行义务已经发生，而后履行一方有不能为对待给付的现实危险，先履行义务人为保护自己的履行利益，可以保留自己的履行。

第三，先履行义务方有确切证据证明对方当事人履行能力明显降低。不安抗辩权要求后给付义务人是在无履行能力的情况下才得以适用，且无履行能力的情况是发生在合同成立以后，如果在订立合同时即已存在，先给付义务人若明知此等情况却仍然缔约，则法律无必要对其加以特别保护；若不知情，则可以通过合同的撤销或无效等制度加以解决。① 根据《民法典》527 条的规定，先履行义务方需有确切证据证明如下事实：①经营状况严重恶化。经营状况严重恶化的情况，一般来说主要是后履行义务方在经营中的情况发生恶劣变化导致财产大量减少，引起履行债务的能力丧失或是可能丧失履行能力。如出现严重亏损，或者产品积压。②转移财产、抽逃资金以逃避债务。后履行义务方在履行期届满前，将自己的财产转移到他处或者撤回了自己的资金，具有了逃避债务的主观恶意。③丧失商业信誉。商业信誉是社会公众对经营者在经济能力、信用状况等方面所作为的社会评价。商业信誉也是后履行义务方履约能力的一种体现，倘若丧失商业信誉，先履行义务方可能无法实现自己的债权，故得以行使不安抗辩权。④有其他丧失或者可能丧失履行债务能力的情形。这属于将不安抗辩权适用范围加以扩大的情况，如承揽合同的承揽人因车祸导致丧失民事行为能力而无法继续履约，或债务人因保管不善导致标的物毁损灭失的时候，先履行义务人得以适用不安抗辩权。

(三)不安抗辩权的行使及法律效力

根据《民法典》528 条的规定：“当事人依照前条规定中止履行的，应当及时通知对方。对方提供适当担保时，应当恢复履行。中止履行后，对方在合理期限内未恢复履行能力且未提供适当担保的，视为以自己的行为表明不履行主要债务，中止履行的一方可以解除合同并可以请求对方承担违约责任。”据此，不安抗辩权只是一时的抗辩权，产生中止履行的效力。同时为了公平起见，又规定主张不安抗辩权的当事人负担立即通知后履行义务方的义务，由此产生如下法律效力：

① 崔建远：《合同法》(第五版)，法律出版社 2010 年版，第 147 页。

1. 中止履行

先履行义务方有确切证据证明后履行义务方的履行能力显著降低时，有权中止履行。此时的中止履行不构成违约，属于合法行为。中止履行即暂时停止履行或延期履行的意思，不同于合同的解除。

2. 通知并要求对方提供适当的担保

先履行义务方应即时通知对方，将中止履行的事实、理由及恢复履行的条件告知后履行义务方。因不安抗辩权的行使只需要符合法定条件，先履行义务方主张即可，无需获得相对方同意，因此及时通知是必要的，以便后履行义务方接到通知后及时消灭不安抗辩权。

在相对合理的期限后，后履行义务方如恢复了履约能力或提供了适当担保，先履行义务方应当继续履行合同。法律并未规定合理期限的具体时限，应当依据具体情况予以确定，兼顾双方当事人的利益。后履行义务方的履行能力恢复，即法律规定的四种情况已经好转，或者是提供了相应担保，如提供了抵押或质押的财产，或者是提供了担保人，则先履行义务方中止履行合同的基础消失，应当继续履行合同。而合同的履行期限因不安抗辩权的行使应顺延或由双方重新协商确定新的履行期限。

如果合理期限届满，后履行义务方的履约能力并未恢复，也未能提供适当的担保，则视为默示预期违约，《民法典》将不安抗辩权与预期违约进行了衔接。先履行义务可行使合同解除权。合同解除权是法定解除权，无需对方同意，可以单方解除合同。解除合同仍然由先履行义务方通知后履行义务方，通知到达时发生合同解除效力。如果后履行义务方对解除合同持有异议，可以通过诉讼或仲裁方式确认合同解除效力。如后履行义务方行为构成违约的，应承担相应的违约责任。

四、先履行抗辩权

（一）先履行抗辩权概述

先履行抗辩权是指在双务合同中以合同约定或者法律规定有先履行义务一方的当事人，届期未履行义务，后履行义务方可以拒绝先履行方的履行请求。如果先履行义务方履行债务不符合约定的，后履行义务方有权拒绝其相应履行请求的权利。如甲乙之间签订买卖合同，约定甲于 10 月 20 日交货，乙于 11 月 1 日付款。如甲在 10 月 20 日时未履行交货义务，后又要求乙于 11 月 1 日予以付款，乙有权行使先履行抗辩权予以拒绝。

大陆法系的传统民法理论中，双务合同的履行抗辩权包括两种：同时履行抗辩权和不安抗辩权，没有先履行抗辩权的概念，而是将先履行抗辩权包含在同时履行抗辩权之中，作为特殊的情形予以规定。先履行抗辩权与同时履行抗辩权的区别主要在于双方当事人履行的顺序是不同的。合同债务有先后顺序的双务合同在履行顺序上有区别，后履行义务方享有依照合同约定或者法律规定的期限利益，尽管合同的对价上并没有原则区别，所以成立上的关联性决定了双务合同履行上的关联性。后履行义务方行使先履行抗辩权是基于双方债务之间的牵连关系，并非违约行为。先履行抗辩权与不安履行抗辩权的区别在于行使权利的主体不同，不安抗辩权是负有先履行义务的一方享有的抗辩权，当履行的对价利益具有无法获取的危险时，先履行义务方可以适用不安抗辩权。而先履行抗辩权是后履行义务方享有的抗辩权。

《民法典》第 526 条将先履行抗辩权单列出来，作为与其他两种抗辩权并列的抗辩权，具有逻辑上的合理性。首先，规定先履行抗辩权制度避免了在实务中法官可能将后履行义务者因先履行义务方违约而拒绝己方履行的行为视为双方违约，而忽视了双方债务之间的牵连关系，对后履行义务方不公平，不利于市场的稳定与繁荣。其次，规定先履行抗辩权进一步完善了传统合同法理论中的履行抗辩权制度。先履行抗辩权适用于有先后履行顺序的双务合同之中，与同时履行抗辩权存在明显区别，应该独立规定。

（二）先履行抗辩权的适用条件

1. 因同一双务合同互负债务，且两债务之间具有对价关系

先履行抗辩权只在双务合同中存在，单务合同没有先履行抗辩权的问题。在双务合同中，当事人互负具有牵连性债务，并且债务之间有对价关系。

2. 债务的履行具有先后顺序

债务的履行根据合同的约定，或者是法律的规定及交易习惯，能够确定先后顺序。如果不能确定先后履行顺序，则可以适用同时履行抗辩权。如果有先后履行顺序，主张先履行抗辩权的只能是后履行义务方，而先履行义务方则可能主张不安抗辩权。

3. 先履行义务方未履行或未适当履行合同

当债务的履行有先后顺序之时，后履行义务方则享有期限利益。后履行义务方行使先履行抗辩权，实质上是对先履行义务方违约行为的抗辩。先履行义务方未履行合同，即为先履行义务方已届合同清偿期而不履行债务。未适当履行合同则是履行债务存在瑕疵，如不完全履行或者部分履行的情形。因此先履行义务方的违约已成为现实的威胁。

4. 先履行义务方应履行的债务客观上是可能履行的

如果先履行义务方的债务已经不可能履行，则发生履行不能的情况，后履行义务方无须再行使先履行抗辩权。

（三）先履行抗辩权的行使和效力

先履行抗辩权是合同的后履行义务方针对违约行为的救济途径。对于合同届期未履行的合同，如果违约已经导致合同履行不必要或不可能，则只能适用解除合同的救济方式。如并未如此，则解除合同也未必符合被违约方的利益，行使先履行抗

辩权则有助于督促违约方履约，实现签订合同的目的。先履行抗辩权属于后履行义务方享有的权利，是否行使应由当事人决定，法院和仲裁机构不得依照职权主动援用。先履行抗辩权的行使既可以以明示方式行使，也可以以默示方式行使，应根据不同的情况采用不同的方式。

后履行义务方如因先履行义务方未履行合同义务而行使先履行抗辩权的时候，可以以默示方式行使。因为此种情况下，不会因未通知先履行义务方而给其造成危害，后履行义务方届期不履行债务或者中止履行债务，可以推定先履行义务方认知到后履行义务方是在行使先履行抗辩权。这和不安抗辩权的行使不同，后履行义务方在行使不安抗辩权的时候则必须及时通知先履行义务方，使对方能够举证证明自己的履约能力或者采用必要的保障措施防止损失的发生或扩大。而对于行使先履行抗辩权的后履行义务方，本身享有的期限利益就决定己方是后履行义务。如果先履行义务方未履行合同义务而又要求后履行义务方履行义务，后履行义务方可以明确表示拒绝，主动通知先履行义务方要求其实际履行合同。

如果是先履行义务方部分履行或者履行出现重大瑕疵，后履行义务方则应将行使先履行抗辩权之情形明确通知到对方，使先履行义务方有举证、补救的机会，防止损失的扩大，因为先履行义务方不一定能知晓己方履行的效果。

先履行抗辩权的效力依附于合同的履行效力，不可能永久存续，属于延期的抗辩。后履行义务方行使先履行抗辩权后，可以中止履行己方义务，对抗先履行义务方的履行请求。当先履行义务方纠正其违约行为，正常履行合同，满足了后履行义务方的履行利益后，后履行义务方的先履行抗辩权消灭，应当及时恢复履行，否则可能构成违约责任。如果后履行义务方行使先履行抗辩权无效果的时候，可以根据法定条件通知先履行义务方解除合同，合同解除则合同自始无效，先履行抗辩权消灭。合同撤销导致合同履行效力消灭，也不再有先履行抗辩权的行使必要。此外，先履行抗辩权的行使并不影响后履行义务方根据先履行义务方的违约行为主张违约责任。

☞ 案例导读评析

小李和小张之间的行为不是行使同时履行抗辩权或者不安抗辩权，因为同时履行抗辩权和不安抗辩权只适用同一双务合同。而小李和小张之间是发生两个单务合同。由于小李和小张之间债务的给付种类不相同，因此也不属于抵销权的行使，并且抵销权一般产生于两个法律关系，要求不能侵害别人期限利益。留置权需债权人留置的动产与债权属于同一法律关系，因此也不属于留置权。他们的行为可以被认为是法律上的自助行为。

☞ 本章思考题

1. 合同履行应遵循哪些基本原则？
2. 什么是情势变更原则？
3. 同时履行抗辩权的行使条件是什么？
4. 不安抗辩权的法律效力是什么？
5. 先履行抗辩权与不安抗辩权的区别是什么？

☞ 案例分析习题

甲公司与乙公司签订一份买卖机械设备的合同，合同约定买方甲公司应在合同生效后5日内向卖方乙公司支付10%的预付款，乙公司收到预付款后5日内发货至甲公司，甲公司收到货物验收后即结清余款。乙公司收到甲公司10%预付款后的2日即发货至甲公司。甲公司收到货物后经验收发现木材质量不符合合同约定，遂及时通知乙公司并拒绝支付余款。

试分析：

(1) 甲公司拒绝支付余款是否合法？
(2) 甲公司的行为若合法，法律依据是什么？
(3) 甲公司行使的是什么权利？若行使该权利必须具备什么条件？

第五章　合同的保全

- **学习目标：**

  1. 了解债权人的代位权、撤销权的概念；

  2. 掌握债权人的代位权、撤销权的成立条件与法律效力。

- **案例导读：**

毛某为与他人合伙经营地板生意，向王某借款2万元，约定借期6个月，月息为银行利息的1.5倍，到期本息一起付清。毛某为王某出具了欠条。毛某用此款与他人合伙倒卖劣质地板，被相关部门查获，将劣质地板全部没收，并每人罚款1万元。毛某为翻本，竭尽所有财产再次经营地板生意，又亏损，至还款期届满，已无支付能力。王某多次催要，毛某无法清偿欠款。某日，王某又向毛某催债，恰有方某找毛某还款，毛某将话题扯开，进行掩饰。王某经了解，原来毛某数年前曾借给方某1.5万元作经营资金，现本息已达2万余元。毛某认为收回这2万余元也还不清债，故欲放弃这一债权，将此作为方某的经营资金，以待日后自己入股，共同经营。王某向法院起诉，请求毛某以此款清偿债务。

请问：

法院会支持王某的诉请么？

第一节　合同的保全概述

一、合同保全的概念与特征

（一）合同保全的特征

合同的保全，准确地说是合同债的保全，是指法律为防止因债务人的财产不当减少或难以实现而给债权人的债权带来损害，允许债权人代债务人之位向第三人行使债务人的权利，或请求法院撤销债务人与第三人的法律行为的法律制度。具体包括债权人代位权制度和债权人撤销权制度。我国《民法典》第535条、第538条和第539条分别规定了债权人代位权制度和债权人撤销权制度。

(二) 合同保全的特征

(1) 合同保全是合同的对外效力的体现。因为债权人行使代位权或撤销权，均对债务人以外的第三人产生直接效力，所以通常称为合同的对外效力。

(2) 合同保全中的代位权和撤销权均属于债权的从权利。作为合同保全制度的具体形式的代位权和撤销权是随着债权的产生、移转和消灭而产生、移转和消灭的。这两种权利只能附属于债权而存在，不得与债权分离。

(3) 合同保全主要发生在合同有效成立期间。这意味着债权人可以在合同生效后、终止前行使代位权和撤销权，即合同保全可以贯穿于整个合同有效期之内。但若合同不成立、被撤销、被解除或被宣告无效，则债权人已没有任何根据行使代位权和撤销权。

二、合同保全的作用

合同的保全是民事法律中的一项重要制度，也是债法的重要内容，对于债权的保障具有重要作用。它与债的担保、民事责任制度共同构成了完整的债权担保法律制度。合同的保全的效力属于合同的对外效力，合同的相对性原则上要求合同关系发生于特定主体之间，其效力一般不得及于第三人。然而固守合同相对性原则有时会损害债权人的权益，为了平衡债权人、债务人、第三人（义务人）各方的利益关系，使债权人的合法债权得以实现，突破债的相对性原则的束缚，法律为债权人设置了两种合同债的保全权利，一是债权人代位权，二是债权人的撤销权。前者为保持债务人的责任财产而设，适用于债务人的财产应增加而且能增加，因债务人的行为而未增加的情形；后者是为恢复债务人的责任财产而设、适用于债务人的财产不应减少，而因债务人的行为不当减少的情形。虽然代位权和撤销权在保全债权的功能上有所不同，代位权的行使是为了防止债务人的财产不当减少即为保持债务人的财产；而撤销权的行使是为了恢复债务人的财产。但这两项保全的目的均旨在于对责任财产采取法律措施予以保持，防止因责任财产的不正当减少而给债权人造成损害。需要注意的是，虽然目前合同保全制度规定在我国《民法典》合同编中，但其适用范围应包括全部债权，不仅可以适用于合同之债，还可以适用于准合同之债（无因管理之债和不当得利之债）以及侵权之债。

第二节　债权人的代位权

一、债权人代位权的概念

我国《民法典》第 535 条第 1 款规定：“因债务人怠于行使其债权或者与该债权有关的从权利，影响债权人的到期债权实现的，债权人可以向人民法院请求以自己的名义代位行使债务人对相对人的权利，但是该权利专属于债务人自身的除外。”根据这一规定，债权人代位权是指债权人为保全其债权，在债务人怠于行使自己的权利而有害于债权人的债权时，得以自己的名义行使债务人对于第三人之权利的权利。具体而言，债权人的代位权有以下含义：①债权人代位权是债权人代替债务人向第三人主张权利的权利。代位权是债权人所固有的一项特别权利，来自于法律的直接规定，它体现了债的对外效力。②债权人代位权是债权人以自己的名义代替债务人向第三人行使权利。是债权人以自己名义代位行使属于债务人的权利，其行使权利的出发点是为了维护自己的权利，与债务人的意思无关，因而，债权人代位权不同于债务人的代理人的代理权。③债权人代位权是债务人怠于行使权利而危及债权人权利时行使的权利，其内容在于行使债务人的权利，以保持债务人的责任财产。因而，如果债务人自己行使了自己的权利，则债权人不能有代位权。

二、债权人代位权成立的要件

代位权虽然是债权人的一种固有的特别权利，但并不意味着债权人在任何情况下都可以行使，它只有法律规定的特定情形下才能行使，否则会造成滥用代位权，对债务人造成侵害。依据《最高人民法院合同法司法解释（一）》第 11 条的规定，债权人依行使代位权，应当符合下列条件：①债权人对债务人的债权合法；②债务人怠于行使其到期债权，对债权人造成损害；③债务人的债权已到期；④债务人的债权不是专属于债务人自身的债权。由此，结合该条及《民法典》第 535 条之规定并参酌法理，债权人代位权的成立要件有以下几项：

（一）债权人对债务人的债权合法

这是行使代位权的基础条件。如赌博之债等不合法之债，不受法律保护，由此基于此类债权基础之上的代位权自然不能成立。但债权因不合法被判定无效或被撤销，而无效责任应由债务人承担时，不影响债权人就赔偿事项成立代位权。

（二）债务人享有对第三人的权利，且非专属于债务人自身的债权

债务人对于第三人享有的权利为债权人代位权的标的。债权人代位权涉及第三人的权利，若债务人不享有对第三人的权利，则代位权无成立的前提。

关于债务人对于第三人权利的范围，《民法典》第 535 条规定为到期债权，《合同法解释（一）》第 13 条将其限定为具有金钱给付内容的到期债权，则物权及未到期债权都不能作为代位权标的。

另外，因代位权是债权人代位行使的权利，专属于债务人自身的债权，也不能成为债权人代位权的标的。所谓专属于债务人自身的债权，往往是与债务人的人格权、身份权密切相关的债权，这些权利一般与债务人的生活密切相关，不可分离，这些债权理应不能由债权人代位行使。依照《合同法解释（一）》第 12 条规定，它们主要是基于扶养关系、抚养关系、赡养关系、继承关系产生的给付请求权和劳

动报酬、退休金、养老金、抚恤金、安置费、人寿保险、人身伤害赔偿请求权等权利。

（三）债务人怠于行使其权利

所谓怠于行使权利，指债务人应行使而且能够行使却不行使其权利。所谓应行使，是指若不及时行使，则权利有消灭或丧失的可能。例如，请求权将因时效届满而被义务人抗辩。所谓能行使，是指不存在阻碍行使权利的任何障碍，债务人在客观上有能力行使其权利。所谓不行使，重在强调债务人主观上消极地不行使权利，至于不行使的原因如何，则不影响债权人代位权的成立。需注意的是，即使债务人不当行使其权利，债权人也不得代位行使。否则，将构成对债务人行使权利的不当干涉。

（四）债务人已经陷于履行迟延

所谓债务人履行迟延，是指债务人履行债务的期限届满而未履行债务。若债务人履行债务期限尚未届满之日，债务人是否会不履行债务尚处于不确定状态，因而，债权人的权利能否顺利实现也难以预测，此时，债权人不能代位行使债务人的权利。但是若债权人的代位权是专为保全债务人权利的保存行为，其目的在于防止债务人权利的变更或消灭，虽债务人的债务清偿期未届至，债权人也可行使代位权。对此，我国《民法典》第 536 条规定："债权人的债权到期前，债务人的债权或者与该债权有关的从权利存在诉讼时效期间即将届满或者未及时申报破产债权等情形，影响债权人的债权实现的，债权人可以代位向债务人的相对人请求其向债务人履行、向破产管理人申报或者作出其他必要的行为。"

（五）债权人的债权有保全的必要

所谓有保全债权的必要，是指债权人的债权，有不能依照债的内容得到满足的现实危险，因而债权人有必要代位行使债务人的权利以实现自身的债权。法律设立代位权制度的唯一目的是为了实现债权人的债权，若债权人债权未受损害，其自无行使代位权的资格。例如，债务人虽已对债权人的合法债务履行迟延，且怠于行使其对第三人的金钱债权，但债务人有足够的其他财产用以清偿债务，债权人的债权可通过诉讼等其他途径实现，在此情况下，债权人不必也不能行使代位权。

三、债权人代位权的行使

（一）行使的主体

依据《民法典》第 535 条的规定，代位权行使的主体是债权人，债务人的各个债权人在符合法律规定的条件下，都可以行使代位权。在行使代位权的过程中，债权人应以自己的名义行使代位权。

（二）行使程序上的要求

根据《民法典》第 535 条及《合同法解释（一）》第 14 条的相关规定，债权人应采取诉讼方式行使代位权。债权人依法提起代位权诉讼的，必须要以自己的名义作为原告起诉次债务人（债务人的债务人），由被告（次债务人）住所地人民法院管辖。债权人以次债务人为被告向人民法院提起代位权诉讼，未将债务人列为第三人的，人民法院可以追加债务人为第三人。债务人的各个债权人在符合法律规定的条件下均可以代位行使债务人的权利，两个或者两个以上债权人以同一次债务人为被告提起代位权诉讼的，人民法院可以合并审理。

债权人向人民法院起诉债务人以后，又向同一人民法院对次债务人提起代位权诉讼的，依据《合同法解释（一）》第15条规定，可分为两种情况：一是符合《合同法解释（一）》第13条对"债务人怠于行使其到期债权，对债权人造成损害的"的相关界定和《中华人民共和国民事诉讼法》第119规定的起诉条件的，应当立案受理；二是不符合《合同法解释（一）》第13条规定的，告知债权人向次债务人住所地人民法院另行起诉。受理代位权诉讼的人民法院在债权人起诉债务人的诉讼裁决发生法律效力以前，应当中止代位权诉讼。

在代位权诉讼中，次债务人对债务人的抗辩，可以向债权人主张。债务人在代位权诉讼中对债权人的债权提出异议，经审查异议成立的，人民法院应当裁定驳回债权人的起诉（《合同法解释（一）》第18条）。

（三）行使范围

《民法典》第535条规定，代位权的行使范围以债权人的到期债权为限。《合同法解释（一）》第21条规定："在代位权诉讼中，债权人行使代位权的请求数额超过债务人所负债务额或者超过次债务人对债务人所负债务额的，对超出部分人民法院不予支持。"这里"债权人的债权"特指的某个以自己名义行使代位权的特定的债权人，而非所有债权人的债权。另外，在代位权诉讼中，债权人代位权的请求数额也不得超过次债务人对债务人所负的债务额。

三、债权人代位权行使的效力

（一）债务人处分权的限制

债权人行使代位权后，债务人对于被代位行使的债权的处分权便受到限制，否则任由其处分有使债权人代位权制度设立目的的落空的危险。① 但是，债务人仍有权处分超过债权人请求数额的债权部分。对此，《合同法解释（一）》第22条规定，"债务人在代位权诉讼中，对超过债权人代位请求数额的债权部分起诉次债务人的，人民法院应当告知其向有管辖权的人民法院另行起诉。债务人的起诉符合法定条件的，人民法院应当受理；受理债务人起诉的人民法院在代位权诉讼裁决发生法律效力以前，应当依法中止。"

---

① 韩世远：《合同法总论》，法律出版社2011年版，第340页。

（二）时效的中断

债权人通过诉讼程序行使代位权，将使得债权人的债权与债务人对次债务人的债权的诉讼时效中断，对此，最高法《关于审理民事案件适用诉讼时效制度若干问题的规定》第 18 条规定，“债权人提起代位权诉讼的，应当认定对债权人的债权和债务人的债权均发生诉讼时效中断的效力”。

（三）效果的归属

传统观点认为，行使债权人代位权就是行使债务人的权利，因此行使代位权所得的财产为债务人的一般财产，债权人不能优先受偿，即便次债务人直接向债权人给付也是如此，其行使的效力直接归属于债务人。但是，为鼓励债权人积极行使代位权，从而保障债权，同时也可以防止其他债权人“搭便车”，《民法典》明确规定了债权人行使代位权后优先受偿的规则。该法第 537 条前半段规定，“人民法院认定代位权成立的，由债务人的相对人向债权人履行义务，债权人接受履行后，债权人与债务人、债务人与相对人之间相应的权利义务终止”。但若其他债权人也已经对同一债务人采取了主张权利的措施，如已经查封扣押了债务人的财产，甚至其他债权人已经起诉了债务人获得了胜诉判决，进入强制执行阶段等情形下，乃至债务人已然破产的情形下，代位权人是否仍然有优先受偿的效力？《民法典》第 537 条后半段规定，“债务人对相对人的债权或者与该债权有关的从权利被采取保全、执行措施，或者债务人破产的，依照相关法律的规定处理”。即此时，代位权人不能享有优先受偿权。

另外，债权人行使代位权的必要费用，由债务人负担（《民法典》第 535 条）。在代位权诉讼中，债权人胜诉的，诉讼费由次债务人负担，从实现的债权中优先支付（《合同法解释（一）》第 19 条）。

对次债务人（相对人）而言，债权人代位权的行使是代债务人行使对次债务人的权利，由此，相对人对债务人的抗辩，可以向债权人主张（《民法典》第 535 条第 3 款）。

第三节　债权人的撤销权

一、债权人撤销权的概念

债权人撤销权，是指债权人对于债务人所为的危害债权的行为，可请求法院予以撤销的权利。撤销权制度最早产生于罗马法时代，罗马法学家保罗创设撤销权之诉制度，故又称为“保罗诉权”“废罢诉权”。1804 年的法国《民法典》首先继受了罗马法上的“废罢诉权”，设立债权人的撤销权，后为大陆法系各国所效仿，我国立法也不例外，债权人的撤销权的行使要通过诉讼的形式来进行。我国《民法典》对此做了明文规定。该法第538条规定："债务人以放弃其债权、放弃债权担保、无偿转让财产等方式无偿处分财产权益，或者恶意延长其到期债权的履行期限，影响债权人的债权实现的，债权人可以请求人民法院撤销债务人的行为。"该法第539条规定："债务人以明显不合理的低价转让财产、以明显不合理的高价受让他人财产或者为他人的债务提供担保，影响债权人的债权实现，债务人的相对人知道或者应当知道该情形的，债权人可以请求人民法院撤销债务人的行为。"即债务人的行为危害到债权人的债权时，允许债权人提起撤销之诉，撤销债务人的诈害行为，追回第三人受让的责任财产。

二、债权人撤销权成立的要件

债权人撤销权的成立要件可分为客观要件和主观要件，因债务人的行为是无偿行为还是有偿行为而有所不同。如为无偿行为，只须具备客观要件；如为有偿行为，则须同时具备客观要件和主观要件。

（一）客观要件

撤销权成立的客观要件，指债务人有危害债权的行为，又可称为诈害行为。具体而言，债务人的行为具备以下要件时，才可构成债权人撤销权的标的。

1. 须债务人实施了减少责任财产的行为

根据《民法典》第538条、第539条规定，我国债权人撤销制度适用于以下三种情形：①债务人以放弃其债权、放弃债权担保、无偿转让财产等方式无偿处分财产权益；②债务人恶意延长其到期债权的履行期限；③债务人以明显不合理的低价转让财产、以明显不合理的高价受让他人财产或者为他人的债务提供担保。其中，前两种情形为"无偿行为 "，后一种情形为"有偿行为"。应当说，《民法典》这一规定是采纳了最高院在《合同法解释（二）》第18条、19条中的意见。

《合同法解释（二）》第18条对认定以下三类"无偿行为"均在可撤销之列：①债务人放弃其未到期的债权，这同放弃到期债权的法律效果是一样的，都导致债务人责任财产的流失，从而损害债权人利益；②债务人放弃债权担保，债权人虽未放弃其债权，但放弃其债权担保，同样可能导致债务人责任财产的减少，损害债权人利益；③债务人恶意延长到期债权的履行期，这实质上是债务人通过侵害债权人的期限利益而损及其债权，甚至使债权人的债权事实上落空。

另外，《合同法解释（二）》第19条对债权人撤销权制度中的"有偿行为"进行了解释：①关于"明显不合理的低价"的判断，时间基准为"交易当时"，即实施交易行为时；空间基准为"交易当地"，即实施交易的行为地；主体基准为"一般经营者"，至于何为"一般经营者"仍存有不少争议，但首先应排除非经营者，如在二手车交易市场转让自有机动车的车主个人，其次，应排除个别性、偶然性的个别判断。②"明显不合理的低价"的参考标准：转让价格达不到交易时交易地的指导价或者市场交易价百分之七十的，一般可以视为明显不合理的低价。该参考标准并非绝对标准，对于季节性产品和易腐烂变质的时令果蔬在临近换季或者保质期将届满时，商家采取的大幅甩卖等手段，并不适用前述参考标准。③除了"以明显不合理的低价转让财产"这一行为类型，该条还补充规定了"以明显不合理的高价收购他人财产"，危及债权人利益的，债权人也可针对该行为行使撤销权。

2. 须债权成立于债务人行为之前

这里所指的"债权"是债权人对于债务人享有的债权，即债权人对于债务人的债权，在债务人与第三人实施诈害行为时就已经存在。债务人的诈害行为在债权发生之前就已存在的，很难说明债务人有危害债权的意图，所以债务人实施诈害行为后成立的债权人对于债务人的债权不得溯及既往地主张债权人撤销权。

3. 债务人的行为须以财产为标的

这里的财产不仅限于现实财产，对于将来可得的财产也包括在内，即包括到期债权等。不以财产为标的的行为，因与债务人的责任财产无关，则不应列入债权人撤销权的行使对象，如结婚、收养等。

4. 债务人的行为须害及债权

所谓"害及债权"，是指因债务人的行为，致使债权人的债权不能得到满足。债务人害及债权的行为主要可以分为两类：债务人积极减少财产（例如赠予他人财产、免除他人债务等）或消极地增加债务（例如债务承担、提前清偿未到期债务等）。这两种行为使债务人限于资力不足，不能清偿债权或者发生清偿困难，且此种状态持续到债权人行使撤销权时仍然存在的，就可认定害及债权。这里债务人的资力不足须客观存在，且与债务人的行为有相当因果关系，若资力不足是由其他原因引起的，则不发生撤销权。关于资力不足的认定标准，《民法典》并未作出明文规定，实务中宜采取"债务超过说"，即如果债务人在处分其财产后便不具有足够资产清偿债权人的债权的，就认定该行为有害于债权，债权人可以行使撤销权。

需要注意的是，清偿到期债务、获取正常对价的买卖互易，并不必然导致责任财产的减少，故不得认定为害及债权。债务人于行为时虽有危害债权的故意，事实上并未对债权造成危害的，也不发生撤销权。①

（二）主观要件

撤销权成立的主观要件，指债务人与得利人行为时具有恶意，即明知其行为有害于债权而仍为之。我国《民法典》第539条规定债务人以明显不合理的低价转让财产、以明显不合理的高价受让他人财产或者为他人的债务提供担保，影响债权人的债权实现，债权人主张撤销权要以受让人（得利人）知道该情形为要件。

---

① 张广兴：《债法总论》，法律出版社1997年版，第209页。

债务人有无恶意的认定，一般采取推定原则。对于债务人而言，其以明显不合理的低价转让财产、以明显不合理的高价受让他人财产或者为他人的债务提供担保，可以推定其知晓该种行为会使得其责任财产减少，影响偿债能力，从而损害债权人利益，可以推断其有恶意。

得利人有无恶意的认定，仅以得利人在进行行为时，知道债务人所为的行为有害于债权即可，即知道债务人以明显不合理的低价处分其财产。得利人的恶意以其知道其与债务人之行为会对债权人造成损害即可，不需得利人有与债务人有损害债权的串通。

三、债权人撤销权的行使

（一）行使的主体

依据《民法典》第538条、第539条的规定，撤销权行使的主体是因债务人的诈害行为而受损害的债权人。债务人的各个债权人在符合法律规定的条件下，可以独立行使撤销权也可以共同享有并行使撤销权，每个债权人行使撤销权对全体债权人发生效力。

（二）行使的方式

债权人撤销权由债权人以自己的名义在诉讼上行使。依据《合同法解释（一）》第23条、第25条第2款的规定，债权人提起撤销权诉讼的，由被告住所地人民法院管辖；两个或者两个以上债权人以同一债务人为被告，就同一标的提起撤销权诉讼的，人民法院可以合并审理。该司法解释第24条规定，债权人提起撤销权诉讼时只以债务人为被告，未将得利人或者受让人列为第三人的，人民法院可以追加该得利人或者受让人为第三人。

（三）行使的范围

《民法典》第540条规定："撤销权的行使范围以债权人的债权为限。债权人行使撤销权的必要费用，由债务人负担。"《合同法解释（一）》第26条进一步规定："债权人行使撤销权所支付的律师代理费、差旅费等必要费用，由债务人负担；第三人有过错的，应当适当分担。"

需要注意的是，如果债务人实施的危害债权的行为的标的物是不可分物，债权人无法仅就其债权范围内的标的物部分行使撤销权的，为保障债权人的权益，应允许债权人就该不可分物整体行使撤销权。

（四）行使的时间限制

为督促债权人尽快行使撤销权，维护交易安全，同时，避免因时间的长久经过后，债权人对债务人与得利人主观"恶意"的举证困难。《民法典》第541条规定："撤销权自债权人知道或者应当知道撤销事由之日起一年内行使。自债务人的行为发生之日起五年内没有行使撤销权的，该撤销权消灭。"

四、债权人撤销权的效力

撤销权行使的效力就是行使撤销权产生的法律后果，《民法典》第542条规定："债务人影响债权人的债权实现的行为被撤销的，自始没有法律约束力。"主体体现在以下三个方面：

对于债务人而言，被撤销的债务人的行为自始无效，并产生无效行为的后果。已经履行的行为需要返还财产、赔偿损失等责任，没有履行的应停止履行。

对得利人而言，已受领债务人财产的，负有返还的义务，不能返还原物的应折价补偿；已支付的对价可要求债务人返还。

对债权人而言，行使撤销权的债权人应将行使所得财产加入到债务人的责任财产中，作为一般债权人的共同担保，而无优先受偿的权利。①

☞ 案例导读评析

王某对毛某享有合法债权，且债权已到期，毛某在自身已陷于履行迟延的情况下，放弃对方某的到期债权，使其履行义务的能力不能得到补充，使自己的债权人王某的债权有完全不能实现之虞，从而损害王某的利益。王某依法有权撤销毛某放弃债权的行为。王某进而可向法院请求直接以自己的名义代位行使毛某对方某的债权，依法保护自己的债权。

☞ 本章思考题

1. 如何行使债权人的代位权？债权人行使代位权的效力有哪些？
2. 如何行使债权人的撤销权？债权人行使撤销权的效力有哪些？

☞ 案例分析习题

1. 2019年10月，湖南省长沙市某轴承有限公司（以下简称湖南公司）与安徽省合肥市某磨料磨具公司（以下简称安徽公司）签订一份购销合同，从安徽公司购买一批砂轮，货款总额为45000元。合同约定，湖南公司收到货物后三个月内付款。同年12月9日，湖南公司收到货物并验收合格。三个月后，安徽公司多次催要该笔货款，湖南公司均以经营困难，无力清偿为由拒绝支付。但安徽公司在催讨过程中得知，湖南某汽车修理厂欠湖南公司52000元货款尚未清偿，且履行期限已

① 陈小君：《合同法学》，高等教育出版社2010年版，第214页。

于2019年3月届满。

问：安徽公司应当如何去保障自己的债权实现？

2. 张某欠李某人民币150万元，拖欠一年半一直未予偿还。李某得知张某有房产一栋，租借给他人开办餐馆，李某便到法院起诉，请求张某以其房产抵债。张某提出，该房产在数月前已作价120万元，卖给陈某，正在办理登记过户手续。张某卖房所得的价款已用来抵偿其他的债务。李某提出该房产价值应在180万元以上，而张某仅以120万元出售，并将所获得的价款用于他处，显然张某出卖房屋的目的在于逃避债务，李某请求法院追加陈某为第三人，并希望法院判令陈某与张某之间的买卖行为无效，并将该房屋直接交李某抵偿债务。

问：陈某与张某之间的转让行为是否有效？李某应当如何去保障自己的债权实现？

第六章　合同的变更与转让

- **学习目标：**

　　1. 了解合同变更的条件；

　　2. 掌握合同变更与和合同转让的特征、要件和法律效力。

- **案例导读：**

乙公司欠甲公司 50 万元，同时甲公司须在 4 月 20 日清偿对乙方公司的 10 万元货款。甲公司在 4 月 10 日与丙公司签订书面协议，转让其对乙公司的 50 万债权。4 月 25 日，乙公司接到甲公司关于转让债权的通知后，便主张 10 万元的抵销权。

请问：

债权转让协议何时对乙公司产生约束力，乙公司是否取得 10 万元的抵销权。

第一节　合同的变更

一、合同变更的概念和特征

（一）合同变更的概念

合同变更有广义和狭义两种含义。广义的合同变更是指合同主体的变更和合同内容的变更。合同主体的变更，又称为合同权利义务的移转，以新的合同主体代替原合同关系的主体，即以新的债权人及债务人代替原合同的债权人、债务人，但合同的内容没有发生变化。在这种变更方式中，债权人变更的，称为债权转让或债权让与；债务人变更的，称为债务移转或债务承担。债权人与债务人都变更的，称为债权债务的概括移转。

狭义的合同变更仅指合同内容的变更，是指合同在成立之后，尚未履行或者尚未完全履行之前，当事人不变化而改变合同内容的情况，《民法典》第 543 条规定："当事人协商一致，可以变更合同。"一般情况下，变更合同内容只需要当事人的合意即可发生法律效力，充分尊重了当事人的意思自治。本节所论述的合同变更仅指狭义上的合同变更。

（二）合同变更的特征

（1）合同的变更可以基于当事人的约定或法律的规定。通常情况下，合同关系是当事人合意的结果。合同的变更是经过当事人协商一致达成新的合意，才能变更原合同的内容。任何一方当事人未经他方同意，无正当理由擅自变更合同内容，不但不产生法律效力，而且构成违约行为。在各方当事人达成变更合同内容的合意之前，原合同关系仍然有效。

合同的变更除了当事人的约定外，还可根据法律的规定进行变更。如依据情势变更原则变更合同内容，《民法典》第533条对此有明确规定。

（2）合同内容的变更仅仅是合同内容的非要素性变化，是在原合同基础上对原合同关系的内容作某些修改和补充，而不是合同要素性内容的变更。所以合同的变更一般是指标的物之外的要素，如标的的数量、合同履行的时间、地点、价款、争议解决等条款发生变化。如果合同内容发生要素性变化，特别是标的物发生变化，实际会导致原合同关系的消灭，产生新的合同关系，此为合同的更新。合同变更是在保持原合同效力的基础上进行改变，变更前后的合同需要保持统一性和连续性。如果新的合同关系产生没有吸收原合同的实质内容，则合同关系失去了连续性，如将买卖合同的标的物由机械改为石油，则原合同消灭，产生一个新合同。

（3）合同的变更也会产生新的债权债务内容。当事人在变更合同后，在保留原合同实质内容的前提下，产生了新的债权债务关系。因此合同变更之后，不能按照原有的债权债务关系履行，而应按照变更后的债权债务关系履行，任一方违反变更后的合同都构成违约。变更范围内的债权债务关系消灭，变更范围外的债权债务关系继续有效。合同的变更一般不涉及已经履行的部分，只对未履行的部分发生法律效力。

二、合同变更的条件

（一）须存在有效的合同关系

合同的变更需以成立且有效的合同关系为前提。合同的变更只能发生在合同成立之后尚未履行完毕之前。合同未成立，当事人之间没有生成合同关系，不可能进行合同变更。合同已经完全履行，合同关系结束，也不存在变更的问题。无效的合同自始、当然、确定无效，即便变更合同的内容，也不能使其有效，只能视为订立了新的合同。

（二）须有合同内容的变化

《民法典》中的合同变更是狭义的变更，即合同变更的概念不包括合同主体的变更，而仅指合同内容的变更。合同内容的变更一般包括：标的物数量的增减，标的物品质规格的改变，价款或酬金的增减，履行期限的变更，履行地点、方式的改变，结算方式的改变，所附条件的增加或除去，单纯债权变为选择债权，担保的设定或消失，违约金的变更，利息的变化等。①

此外，《民法典》第 544 条规定："当事人对合同变更的内容约定不明确的，推定为未变更。"因此当事人如果约定不明确，无法判断约定新内容与原内容区别的，不产生变更的效力，当事人按原合同的规定履行义务。比如甲方向乙方订购 100 台汽车，交货日期为 2020 年 10 月 1 日。由于市场需求，甲方要求将交货期改为 9 月 15 日，但乙方货源紧张，经过双方反复磋商，乙方仅答应根据实际情况尽快交货，但双方当事人并未就具体的交货期限做出明确的变更。在这种情况下，视为合同未变更。乙方未在 9 月 15 日交货，仍在 10 月 1 日交货符合合同的约定，不构成违约行为。这样规定是为了避免当事人之间就合同变更的问题产生争议，维护合同关系的稳定。

（三）合同的变更须依照当事人的协议或法院、仲裁机构的裁决

当事人协商一致变更原合同是合同自由原则的体现，当事人的合意可以引起合同关系的变更。根据《民法典》第 543 条和第 544 条的规定，合同当事人双方达成变更合同的协议是合同变更的主要方式。而当事人达成变更合同的协议也是一种民事合同，按照要约和承诺的阶段，符合民事法律行为的生效要件。任一方当事人不得采用欺诈、胁迫等不正当手段与他方当事人达成违背其真实意思的变更协议。如果变更协议不成立或不生效，则应当按照原来的合同履行。此外，合同的变更还可以根据法律的规定，由法院或者仲裁机构的裁决进行变更，这种情况称为合同的司法变更，如适用情势变更原则的合同。

（四）合同变更须遵守法定的方式

当事人协议变更合同内容，应该遵循自愿原则，贯彻当事人的自由意志。当事人变更合同的形式可以自行约定，一般与原合同形式一致。为了固定证据，应当尽可能采用书面形式。譬如原合同是书面形式成立的，变更合同也应采用书面形式。原合同是口头形式，变更合同既可以采用口头形式，也可以采用书面形式。若变更合同是口头形式但已经实际履行完毕的，也可以承认合同变更的效力。

对于某些特定的合同，为了维护国家利益、社会公共利益和社会经济秩序需要依照法律、行政法规的规定，合同的变更应当办理批准等手续的，根据《民法典》第 502 条的规定："未办理批准等手续影响合同生效的，不影响合同中履行报批等义务条款以及相关条款的效力。应当办理申请批准等手续的当事人未履行义务的，对方可以请求其承担违反该义务的责任。"

三、合同变更的效力

合同变更的效力即合同变更对当事人产生的法律拘束力。合同的变更，是保持

---

① 李少伟：《合同法》，法律出版社 2015 年版，第 139 页。

原合同关系的基础上，以变更后的合同内容替代原合同内容进行履行。合同一经变更，即产生如下的法律效力。

（1）合同变更后，当事人应按照变更后的合同内容履行合同，被替代的合同内容失效，否则构成违约行为。合同变更是在保持原合同同一性的情况下，合同部分权利义务的变化。

（2）合同变更原则上仅对将来的履行发生效力，不对已履行的部分发生溯及效力，已经履行的合同债务不因合同的变更而失去法律依据。除当事人有约定或者有法律规定的情况外，任一方不能因合同内容的变更而要求对方返还已为的给付。

（3）合同变更不影响当事人请求损害赔偿的权利。合同在变更以前，一方因可归责于己方的原因给对方造成损害的，受损方有权要求责任方承担赔偿责任，且不因合同变更而受到影响，不能因当事人自愿变更合同而不承担相应责任。当事人在变更合同的时候已经就损失的处理做出相关约定的除外。

四、情势变更引起的合同变更

（一）情势变更的概念及历史沿革

情势变更原则在本书的合同的履行原则中已经有所提及，我国在《合同法》的条文及《民法通则》中并未规定情势变更原则，但在《民法典》第533确立了该原则。

我国首次在司法实践中运用情势变更原则，是在“武汉市煤气公司诉重庆检测仪表厂案”及相应的最高人民法院法函（1992）27号文中明确：“在合同履行过程中，由于发生了当事人无法预见和防止的情势变更，即生产煤气表散件的主要原材料铝锭的价格，由签订合同时国家定价为每吨4400元至4600元，上调到每吨1600元，铝外壳的售价也相应由每套23.085元上调到41元，如要求重庆检测仪表厂仍按原合同约定的价格供给煤气表散件，显失公平。对于双方由此而产生的纠纷，你院可依照《中华人民共和国经济合同法》第二十七条第一款第四项之规定，根据本案实际情况，酌情予以公平合理地解决。”1993年《最高人民法院关于印发〈全国经济审判工作座谈会纪要〉的通知》（1993年5月6日法发［1993］8号文）指出：由于不可归责于当事人双方的原因，作为合同基础的客观情况发生了非当事人所能预见的根本性变化，以致合同履行显失公平的，可以根据当事人的申请，按情势变更原则变更或解除合同。这是迄今为止中国法律领域对于情势变更原则态度最明确的一次陈述。最高人民法院1986年4月14日《关于审理农村承包合同纠纷案件若干问题的意见》第4条、第7条对情势变更原则的内容有涉及，并在《最高人民法院关于审理涉及农村土地承包纠纷案件适用法律问题的解释》（法释〔2005〕6号）第16条“因承包方不收取流转价款或者向对方支付费用的约定产生纠纷，当事人协商变更无法达成一致，且继续履行又显失公平的，人民法院可以根据发生变更的客观情况，按照公平原则处理”这里提到了变更的客观情况，即是情势变更的问题。

《民法典》第533条规定：“合同成立后，合同的基础条件发生了当事人在订立合同时无法预见的、不属于商业风险的重大变化，继续履行合同对于当事人一方明显不公平的，受不利影响的当事人可以与对方重新协商；在合理期限内协商不成的，当事人可以请求人民法院或者仲裁机构变更或者解除合同。人民法院或者仲裁机构应当结合案件的实际情况，根据公平原则变更或者解除合同。”这是对情势变更原则最为明确的阐述。

（二）情势变更的适用条件

由以上规定可以看出，情势变更原则有如下五个适用条件。

第一，具有情势变更的事实。情势是合同赖以成立的基础条件，比如签订合同时的政策、社会环境等。变更是指上述客观情况发生了异常或重大的变化。在具体的司法实践中，情势变更的类型有很多。在确认的时候应该采取个案分析的方式，具体判断是否构成情势变更，应着重考虑是否已经造成合同基础丧失，是否导致当事人签订合同的目的无法实现，是否对价上已经严重不对等。如果并非对合同基础的客观情况发生变化，如市场价格波动，或者货源相对减少，对合同的成立和履行没有造成重大影响，则不能认定为是情势变更，即应严格按照《民法典》第533条的规定，严格按照公平原则，谨慎适用，平衡好因情势变更导致的当事人之间利益失衡。

第二，情势变更的事实发生在合同成立之后至合同履行完毕之前。只有在这个时间段内情势变更才会影响到当事人之间的权利义务关系。如在合同订立之前发生，则双方当事人已经了解该情况，却无视情况的影响而仍然签订合同，则属于意思自治，无须借助法院来变更或者解除合同，恢复利益平衡。如果情势变更的事实在合同订立之前已经发生，但当事人未曾知晓此情况，可按照重大误解主张合同的变更或者解除。如果在合同履行完毕后发生情势变更，则合同权利义务关系已经消灭，债权债务已经履行完毕，也无适用情势变更原则的需要。

第三，情势变更的事实是当事人不可预见的，如当事人缔约时能够预见情势变更，而仍然要签订合同，则表明其愿意承担该风险，自愿承担其后果，不应适用情势变更原则。法院在审查客观情况的变化是是否属于情势变更时候，要坚持客观标准，即考虑合同当事人在订立合同时所处的客观环境下，作为一个普通的从事经营活动的人员应当具有的认识能力。最高人民法院《关于当前形势下审理民商事合同纠纷案件若干问题的指导意见》中规定：“在判断某种重大客观变化是否属于情势变更时，应当注意衡量风险类型是否属于社会一般观念上的事先无法预见、风险程度是否远远超出正常人的合理预期、风险是否可以防范和控制、交易性质是否属于通常的高风险高收益范围等因素，并结合市场的具体情况，在个案中识别情势变更和商业风险。”

第四，情势变更的事实发生不可归责于当事人。不可归责于双方当事人表明当事人主观上无过错，无法预见，无法防止，无法克服。情势变更由于当事人都不能预见，所以不存在过错问题，因此遭受不利益的一方当事人可得以变更或者解除合同，使风险由对方承担或者双方分担。如当事人签订二手房屋买卖合同之后，结果政府出台限购令，导致不符合政策的购买房屋标的无法完成产权的过户登记，导致房屋买卖合同的权利义务关系无法履行，此种情况下，当事人因不能寻求第三方的救济，也没有任何过错，应该允许当事人以情势变更为理由请求变更或者解除合同。如果是可以预见的商业风险，当事人或者自愿承受风险，或者抱有侥幸心理商业风险不会发生，所以存在一定的过失。如当事人参与期货交易，属于高风险的商事活动，即便出现交易风险，也不得主张适用情势变更原则。

第五，因情势变更将导致履行合同约定显失公平。情势变更的事实发生以后，合同的履行出现了不可克服的客观障碍，使得合同的基础和预期目的无法实现，导致当事人之间利益失衡。如果继续按原来合同约定履行，将会出现极不公平的结果，比如履行成本大大增加，履行对债权人无利益等，因此需适用该原则将严重失衡的利益恢复成较为公平的结果。如果情势变更没有对乙方当事人明显不公平或者不能实现合同目的，而只是轻微的利益失衡，造成一定条件下的履行困难、履行合同费用的增加及利润的减少，则不能适用情势变更原则。

（三）情势变更原则的适用程序和效果

《民法典》的立法精神体现的是当事人自治的当事人主义，因此提出主体必须是当事人，法院不能依职权直接认定。而应该按照当事人的请求，依照公平和诚实信用原则结合案件情况进行判定。情势变更原则使得司法权力介入到私权领域，改变了合同已经确认的条款甚至是解除合同，在合同双方当事人的合意之外，加入了法官的自由裁量权。因此适用程序要十分慎重。

在《民法典》出台之前，最高人民法院多次对情势变更原则的适用问题做出规定。最高人民法院于2009年4月27日发布了《关于正确适用〈中华人民共和国合同法〉若干问题的解释（二）服务党和国家工作大局的通知》中明确规定：“对于《合同法司法解释》第26条，各级人民法院务必正确理解、慎重适用。如果根据案件的特殊情况，确需在个案中适用的，应当由高级人民法院审核。必要时应提请最高人民法院审核。”2009年7月7日，最高人民法院又再次发布《关于当前形势下审理民商事合同纠纷案件若干问题的指导意见》，其中提及要慎重使用情势变更原则，合理调整双方利益关系。并规定：“在调整尺度的价值取向把握上，人民法院仍应遵循侧重于保护守约方的原则。适用情势变更原则并非简单地豁免债务人的义务而使债权人承受不利后果，而是要充分注意利益均衡，公平合理地调整双方利益关系。在诉讼过程中，人民法院要积极引导当事人重新协商，改订合同；重新协商不成的，争取调解解决。为防止情势变更原则被滥用而影响市场正常的交易秩序，人民法院决定适用情势变更原则作出判决的，应当按照最高人民法院《关于正确适用〈中华人民共和国合同法〉若干问题的解释（二）服务党和国家工作大局的通知》（法〔2009〕165号）的要求，严格履行适用情势变更的相关审核程序。”目前在我国经济转轨的大背景下，合同纠纷日益增加，在审理实践中要平衡双方利益，以调解方式引导当事人变更合同，维持经济秩序的稳定。

情势变更原则一旦适用，可能会有两方面的效果。第一是变更合同，如果当事人请求法院变更合同，法院应当根据公平原则并结合案件情况，认为情势变更的情形存在，但合同仍有履行的价值时，可以变更合同。变更合同的措施包括增减履行标的物的数量，延期或者分期履行，拒绝先为履行而将先履行义务变为后履行义务等方式，使合同得以继续履行。第二是解除合同，如果采用合同变更的方式仍然不能消除履行合同显失公平的后果或者当事人一方认为变更将有悖于合同的订立目的，则法院或仲裁机关应根据当事人要求解除合同。因为情势变更的情形中双方均无过错，所以一般不涉及损害赔偿的请求。但如当事人只提出了变更合同的请求，法院不应解除合同。

（四）情势变更与商业风险的区别

商业风险是指商事主体在从事商事活动中因各种不确定因素导致的经营失利，而应该承担的正常可能出现的损失。比如市场价格的波动、物价的波动、消费者的需求发生变化，都可能导致市场经济之下的商业风险。因此在合同履行过程中，引起商业风险的原因可能和情势变更的原因相同，但二者的法律效果却是截然不同的，实践中应注意区别。

1. 能否预见不同

不可预见的特点使得情势变更与商业风险区别开来，情势变更由于当事人在签约之前，根据自身的实际能力和具体条件不能预见，作为合同成立的基础环境发生了异常的变化，属于意外的风险。而商业风险属于从事商业活动固有的风险，是当事人能够预见或者应当预见客观情况的变化是有可能发生的，所以应该尽量加以避免。对商业类风险，如果也适用情势变更，则会抑制、破坏风险机制的有利作用，打击风险市场，并将最终使整个经济缺乏活力。

2. 性质不尽相同

最高人民法院《关于当前形势下审理民商事合同纠纷案件若干问题的指导意见》中规定：“商业风险属于从事商业活动的固有风险，诸如尚未达到异常变动程度的供求关系变化、价格涨跌等。情势变更是当事人在缔约时无法预见的非市场系统固有的风险。”商业风险遵从价值规律，取决于对供求关系，消费心理的把握等，仍然属于商业活动本身固有的风险，变化因素未达到异常的程度。而情势变更并不符合价值规律，而是由更为复杂的社会因素引起的，属于合同成立的环境和基础发生了异常变动，比如因政府政策的调整不能继续履行合同或者实现合同目的，即是属于合同当事人意志以外的发生重大变化的情形。

3. 法律后果不同

情势变更使得合同履行在客观上不能达到合同预期的目的。合同基础的丧失导致合同当事人的权利义务严重不对等，违背了公平原则。而商业风险没有损及合同的基础，继续履行合同不会出现明显不公或不能实现合同目的，只是造成一定条件下的履行困难或者履行费用的增加。

4. 归责性的不同

情势变更因不可预见，故合同各方当事人主观上不存在过错，对于情势变更的结果不用承担责任。当事人请求人民法院变更或者解除合同的时候。人民法院应当根据公平原则，并结合案件的实际情况确定是否变更或者解除。商业风险因具有可预见性，如果合同当事人对于商业风险可以或者应当预见而没有预见，或者预见后甘愿冒险的，主观上存在一定程度的过错，应由过错方自行承担责任，除非双方另有约定。

（五）情势变更与不可抗力的区别

在《民法典》制定之前的法律规定和司法解释中，将情势变更与不可抗力进行了严格的区分，但在学界和实务界都有一定的争议。如韩世远教授认为，不可抗力与情势变更并非泾渭分明，二者存在一定共性，即都会规范到当事人没有承受的、支配领域外的风险，而其主要区别在于二者构成履行障碍的程度不同：不可抗力已构成不能履行（广义）；情势变更原则是有的未达到不能履行的程度（可能履行），有的可能达到履行不能的程度（如部分不能或者一时不能），总体言之，如强其履行，将导致显失公平或者不能实现合同目的。① 因此在《民法典》第533条的制定中，删除了情势变更适用于“非不可抗力”限定，明确不可抗力事件可适用情势变更原则，扩大了情势变更外延及适用范围。

但这并不说明二者没有区分的必要。《民法典》仍然单独规定了不可抗力制度，该法第590条规定：“当事人一方因不可抗力不能履行合同的，根据不可抗力的影响，部分或者全部免除责任，但是法律另有规定的除外。因不可抗力不能履行合同的，应当及时通知对方，以减轻可能给对方造成的损失，并应当在合理期限内提供证明。当事人迟延履行后发生不可抗力的，不免除其违约责任。”

2020年的新冠疫情导致了很多餐饮、教育培训机构在租赁场地后无法正常经营的情况。疫情或者疫情防控措施与合同不能履行之间的因果关系和原因力大小成为实务考量的重点。《最高人民法院关于依法妥善审理涉新冠肺炎疫情民事案件若干问题的指导意见》规定：“（一）疫情或者疫情防控措施直接导致合同不能履行

① 韩世远：《合同法总论》（第四版），法律出版社2018年版，第498页。

的，依法适用不可抗力的规定，根据疫情或者疫情防控措施的影响程度部分或者全部免除责任。当事人对于合同不能履行或者损失扩大有可归责事由的，应当依法承担相应责任。因疫情或者疫情防控措施不能履行合同义务，当事人主张其尽到及时通知义务的，应当承担相应举证责任。（二）疫情或者疫情防控措施仅导致合同履行困难的，当事人可以重新协商；能够继续履行的，人民法院应当切实加强调解工作，积极引导当事人继续履行。当事人以合同履行困难为由请求解除合同的，人民法院不予支持。继续履行合同对于一方当事人明显不公平，其请求变更合同履行期限、履行方式、价款数额等的，人民法院应当结合案件实际情况决定是否予以支持。合同依法变更后，当事人仍然主张部分或者全部免除责任的，人民法院不予支持。因疫情或者疫情防控措施导致合同目的不能实现，当事人请求解除合同的，人民法院应予支持。（三）当事人存在因疫情或者疫情防控措施得到政府部门补贴资助、税费减免或者他人资助、债务减免等情形的，人民法院可以作为认定合同能否继续履行等案件事实的参考因素。”

这些规定有助于我们深刻理解不可抗力与情势变更的内涵。

我们还应注意，《民法典》增加了合同双方的协商机制，双方根据公平和诚实信用等原则重新协商权利义务，体现了私法的意思自治原则，如在合理期限内无法协商一致，当事人则可申请人民法院或者仲裁机构对合同内容或条款进行变更、调整。

第二节　合同的转让

一、合同转让的概念

（一）合同转让的概念

合同转让即合同权利、义务的转让，即合同关系中的当事人在不改变合同内容的情况下，将其权利、义务全部或者部分转让给第三人，也即合同的主体发生变化。合同关系仍有同一性，但合同主体有所更换。在债法理论中，不仅仅是合同的权利、义务可以转让，其他的债权债务也可以转让。但在《民法典》中，合同的转让仅指合同债权的让与、合同债务的承担以及合同债权债务的概括移转三个方面。根据《民法典》第502条的规定：“依照法律、行政法规的规定，合同应当办理批准等手续的，依照其规定。未办理批准等手续影响合同生效的，不影响合同中履行报批等义务条款以及相关条款的效力。应当办理申请批准等手续的当事人未履行义务的，对方可以请求其承担违反该义务的责任。依照法律、行政法规的规定，合同的变更、转让、解除等情形应当办理批准等手续的，适用前款规定。”

（二）合同转让的特征

1. 合同转让并不改变合同的内容和客体

合同转让，只是改变履行合同权利和义务的主体，并不改变原合同的债权债务关系及合同的标的。转让后的债权人或债务人所享有的权利或义务仍是原合同约定的，因此，转让合同并不引起合同内容的变更，其内容应与原合同内容一致。这一点使得合同转让与合同变更区别开来，合同变更是债权人与债务人之间的权利义务关系或标的发生改变，但合同的主体并不发生变更。

2. 合同转让是合同的主体变更

合同转让，只是改变了原合同权利义务主体，其直接结果是合同主体的变更，合同内容转移给他人，由第三人取代原当事人一方享有合同权利、承担合同义务，或者是由第三人加入合同关系与原当事人共同分享权利、分担义务。不管是哪种情况，自转让成立起，第三人代替原合同关系的一方或加入原合同成为原合同的权利义务主体，形成新的合同关系人。

3. 合同转让改变了债权债务关系

合同转让会涉及原合同当事人之间的债权债务和转让人与受让人之间的债权债务关系，尽管合同转让是在转让人与受让人之间完成，但是合同转让必然涉及原合同当事人的利益，所以合同义务的转让应征得债权人的同意，合同权利的转让应通知原合同债务人。

（三）合同转让的原因

从发生的原因来看，合同的转让可以分为三种情况：①基于法律行为的转让。法律行为的转让是合同转让的最主要原因。合同转让可因单方法律行为而发生，比如合同当事人以遗嘱方式将其合同的权利转让给继承人。合同转让也可以因双方的法律行为而发生，如合同当事人与第三人达成合意，签订转让合同而将合同的权利、义务转让。②基于法律的直接规定。在法律规定的特定情形下，合同当事人的权利、义务发生转移，由第三人享有或承担。法律直接规定的合同转让，需要符合相应的法定条件，效力也是法定的。③基于法院裁判的转让，此类转让称作裁判上的转让。

二、债权让与

（一）债权让与概念

债权让与，又称为债权转让，是指不改变合同内容的前提下，合同债权人将其债权全部或者部分转让给第三人的行为。《民法典》第 545 条规定：“债权人可以将债权的全部或者部分转让给第三人，但是有下列情形之一的除外：（一）根据债权性质不得转让；（二）按照当事人约定不得转让；（三）依照法律规定不得转让。当事人约定非金钱债权不得转让的，不得对抗善意第三人。当事人约定金钱债权不得转让的，不得对抗第三人。”其中转让债权的人称为让与人，第三人称为受让人。债权让与一般情况下是以让与人与受让人达成债权让与的合意作为必要。

(二) 债权让与的特点

1. 债权转让是合同债权人的变更

债权转让，是在不改变合同关系的内容前提下，由原债权人将合同债权转移给第三人，使第三人成为新的合同债权人。因此权利转让的主体是债权人和第三人，债务人不是合同权利转让关系的当事人。尽管权利转让时要通知债务人，但并不意味着债务人能作为让与合同的当事人。

2. 转让的对象为合同债权

合同债权本身是财产权，具有财产价值，因此可以作为转让的标的。合同法上的权利转让是债权的转让，应受合同法调整。

3. 合同权利既可以全部转让，也可以部分转让

债权人将自己在合同关系中的债权转让给第三人，可以是全部的权利，也可以是部分的权利。如果合同权利全部转让，受让人将完全取代转让人的地位而成为合同当事人，原合同关系消灭，产生一个新的合同关系。如果合同权利部分转让，则受让人作为第三人加入到原有的合同关系之中，与原债权人共同享有债权，合同之债成为多数人之债。

(三) 债权让与的条件

1. 需要有效的合同债权存在

合同权利是将合同中债权人的债权转让给受让人，因此应当存在有效的合同权利，即有效债权。如果合同不存在，或者已经被宣告无效或者被撤销、被解除，其债权不能转让。即便当事人之间达成了债权转让的合意，合意亦无效。这里有效的债权并不意味着效力齐备且一定能实现，只要债权真实存在且未消灭即可。因此转让方只需保证让与的债权真实存在，而无需保证债权能够得到完全清偿。比如已经过诉讼时效的债权，尽管效力有所欠缺，但并不意味着债务已经消灭，而是成为了尚有履行可能的自然债务，因此对应的债权可以作为转让的标的。可撤销债权在撤销权人行使撤销权之前为有效债权，倘若撤销权永远不行使，可一直持续有效的状态，也可以作为债权转让合同的标的。某些将来的债权，如附始期及附停止条件合同产生的债权也可以作为让与的标的。

2. 让与人与受让人需达成合意转让合同债权，且不得违背法律的有关规定

合同权利的转让，必须由让与人与受让人之间订立权利转让合同，作为合同权利转让的法律依据。权利转让合同需要符合法律规定的合同成立及生效要件。权利转让合同形式上要符合法律规定的要求，让与人对债权应当具有处分权。法律、行政法规规定原合同需要采用书面形式的，权利转让合同也应采用书面形式订立，否则不能产生法律上的效力。法律、行政法规规定原合同需要进行审批、登记程序才

能够生效的，权利转让合同也需要审批和登记才能发生法律效力。

3. 被让与的合同债权应具有可转让性

一般情况下，合同债权都可以转让。但某些特殊的合同债权是在双方互信的基础之上或是基于特殊的利益而进行创设的，因此其转让受到限制。还有些合同债权是法律基于社会政策或保护社会公共利益的需要而禁止转让的，则不得转让。所以根据《民法典》第545条的规定，下列几种情形的合同权利不能转让：

（1）依照债权性质不得转让。

依照债权性质不得转让的债权，如债权人改变就不能维持债的同一性或者就不能达到债权目的的债权。根据权利的性质，某些合同债权只能在特定当事人之间发生效力，如果当事人将其转让给第三人，将会使合同内容发生变更，从而使转让后的合同内容和转让前的合同内容失去联系性和同一性，且违反当事人订立合同的目的。① 主要有以下几种：①基于个人信任关系而发生的债权，如雇佣、委托等合同中当事人之间，有一种特殊的信赖关系，债务人只愿意对债权人承担给付义务。如果允许债权人将债权转让给第三人，势必损害相对人的利益，也无法达到订立合同的目的，因此不得进行转让。②为特定债权人利益而存在的合同债权。例如特定演员的演出合同，某个作家的创作活动而订立的出版合同等，如果合同债权发生转让，将导致合同给付内容的变化，从而使合同丧失联系性和同一性，由此基于此类合同而产生的债权不得让与。③不作为债权。如果合同内容中包括针对特定当事人的不作为义务，如竞业禁止义务，则该债权不得转让。由于不作为义务是为了特定的债权人利益而设定，如果债权人将债权转让给受让人，无异于相当于对债务人设定了新的义务，对债务人不公平，因此不作为债权不得予以转让。④从权利不得单独转让。从权利依附于主权利而不能独立存在。一般情况下从权利不能与主权利分离而单独转让。比如保证债权为担保主债权而存在，若与主债权分离，其担保性质自然丧失，所以不得单独转让。

（2）根据当事人约定不可转让的债权。

根据合同自由原则，合同当事人可以在订立合同之时或者之后特别约定，禁止任何一方转让合同权利，只要约定内容不违反法律的禁止性规定和社会公共利益，就具有法律效力，法律应当尊重当事人的自由选择。任一方违反约定转让合同权利的，则构成违约行为。禁止转让合同权利的约定必须在合同履行之前做出，否则不能影响合同权利转让的效力。禁止合同权利转让的约定，可以约定受让方的范围，既可以约定合同权利不得转让给任意的第三人，也可以约定合同权利禁止转让给某特定之人。同时禁止合同权利转让的约定也可以拟定时间范围，既可以在合同有效期限内不得转让，也可以在某个时期不得转让。但受到合同相对性规则的约束，当

① 王利明、房绍坤、王轶：《合同法》，中国人民大学出版社2013年版，第177页。

事人之间关于合同权利禁止转让的约定，仅在债权人与债务人之间发生法律效力，不得对抗善意第三人。如果第三人因为不知道或者不应知道不得让与的约定而接受债权转让的，那么第三人可以主张善意取得，债务人仅能就因此造成的损失要求原债权人承担违约责任。

(3) 依照法律规定不得转让。

某些债权基于其特殊性，法律规定禁止转让，此种规定散见于我国各部法条之中。以特定身份为基础的债权，如抚养费请求权、赡养费请求权等不得转让。公法上的债权，如抚恤金请求权、退休金债权以及劳动保险金债权等不得转让。因人身权受到侵害而产生的损害赔偿请求权，如健康权、名誉权等产生的赔偿金不得进行转让。法律规定不得转让的债权，让与人与受让人即便签订了转让该债权的合同，也属于无效合同，债务人有权拒绝向受让人履行债务。

此外，《民法典》在本条款明确了债权人在不同情况下违反债权转让条款后对第三人的对抗效力。对于金钱债权，其禁止转让特约不得对抗第三人。不管第三人是善意还是恶意，即使第三人是恶意的，债权转让协议仍为有效，债务人不得以债权人违反禁止转让条款对抗第三人，从而实质上排除了金钱债权中当事人约定债权不得转让的意思自治。对于非金钱债权，其禁止转让特约不得对抗善意第三人，对恶意第三人则具有对抗效力。因此，无论是动产债权还是不动产债权，是否为善意取得的认定显得十分关键。

4. 债权的转让合同须通知债务人

债权转让对原合同的债务人有一定的影响，从维护其利益出发，对债权转让应有一定的约束，我国《民法典》采用了通知主义立场。《民法典》第 546 条规定："债权人转让债权，未通知债务人的，该转让对债务人不发生效力。"意即债权人转让权利时，只需将其转让权利的情况及时通知债务人，而不必征得债务人的同意。如果通知到达债权人，则债权转让发生效力；未经通知，该转让对债务人不发生效力，债务人仍然可以向原债权人履行义务。通知的形式，《民法典》并未规定，无论口头形式、书面形式或其他形式，只要经过一定的方式使债务人知悉即可。比如口头通知债务人，或者以合同书、信件和数据电文（包括电报、电传、传真、电子数据交换和电子邮件）等可以有形地表现所载内容的书面形式通知债务人均可。如果法律、行政法规有特别规定，应当遵照其规定。比如《票据法》第 27 条规定："持票人可以将汇票权利转让给他人或者将一定的汇票权利授予他人行使。出票人在汇票上记载不得转让字样的，汇票不得转让。持票人行使第一款规定的权利时，应当背书并交付汇票。"通知除了由债权人向债务人发出以外，也可以由债权人的法定代理人、委托代理人发给债务人的法定代理人、委托代理人，它们具有同样的通知效力。如果是由债权受让人向债务人通知的，原则上不产生法律效力，但若得到债权人追认的，则产生与债权人通知一样的法律效力，对债务人生效。

合同权利转让通知的时间，应当在债务人按照原来的约定履行债务之前进行。如果通知到达债务人的时间已经比实际履行时间晚的，则对债务人不产生法律约束力。通知主义既尊重了债权人处分债权的自由，也有利于鼓励债权的转让和流通，符合我国建设社会主义市场经济的现实需要。另外，转让合同债权的通知送达至债务人之后发生法律效力，债权人不得再撤销。否则受让人取得权利后，如果转让人又任意撤销转让权利，会使得已经发生转让的债权处于不稳定的状态。因此，《民法典》第 546 条第 2 款规定："债权转让的通知不得撤销，但是经受让人同意的除外。"

（四）债权让与的对内效力

债权让与在让与人和受让人之间产生的法律效力称为债权让与的对内效力，具体表现为如下几点。

1. 合同权利由转让人转让给受让人

在债权为现实存在且全部让与的情况下，合同权利转让后，债权即转让给受让人。让与人消灭原债权人的身份，脱离原债的关系，不再作为合同主体；受让人取代让与人的法律地位成为新的债权人。如果是合同权利的部分转让，则受让人加入合同关系，与原债权人一同成为共同债权人。转让之后，原债权必然成为多数人之债，让与人与受让人在债权的转让协议中可以对债权是按份之债还是连带之债进行约定。如果是按份之债，则原债权人与债权受让人共同按照约定的债权份额分别对债务人享有部分债权，债务人也只能分别对相应的各个债权人履行其应承担的债务部分。如果是连带债权，则其中一个债权人即可以要求债务人履行全部债务，债务人对其履行全部债务之后，对全部债权人都具有约束力。如果让与人与受让人约定不明的，则视为连带之债。

2. 从属于合同主债权的从权利一并转移

《民法典》第 547 条第 1 款规定："债权人转让债权的，受让人取得与债权有关的从权利，但是该从权利专属于债权人自身的除外。"从权利一般是指与合同主债权有联系的，自身不能独立存在的权利。"从随主"原则是债权转让的一个重要原则。即合同的主债权发生转移时，其从权利原则上应随之一同转移。① 合同的从权利作为合同的一部分内容，附属于合同的主债权而进行转让。一般情况下，常见的从权利除了担保物权以外，还有利息债权、违约金债权、损害赔偿请求权等，都可以随主债权的移转而移转。但有一些从权利还要进行讨论，比如质权的行使需要以占有质押物作为前提，假如让与人与受让人在债权转移合同中并未规定质权移转以及质押物的转移，则可能无法发生质权与主债权同时转移的效力。因此在这种情

① 崔建远：《合同法》（第五版），法律出版社 2010 年版，第 218 页。

况下，需要让与人与受让人在合同权利转让的协议中明确质权的移转及质押物的转移占有，才能对债权受让人发生法律效力。又如在保证合同中，保证人和债权人约定专为债权人设定的保证债权，则保证债权与债权人不可分离，不得因主债权的转让而转移给受让人。保证债权只有在取得保证人的书面同意后，才能够对债权受让人产生法律效力。即债权的从权利如果是专属于债权人的权利，或者转让人与受让人在转让协议中就某些从权利有特别约定的，应按照约定决定从权利的转移，而不会完全遵守从权利随主权利一并转移的原则。

《民法典》第 547 条第 2 款规定："受让人取得从权利不因该从权利未办理转移登记手续或者未转移占有而受到影响。"明确从权利的转移系随债权自然转移，不受登记或占有的影响。

3. 债权人应该对债权瑕疵承担担保责任

债权让与本身是一种合同，因此转让人应保证其所转让的合同权利有效存在且不存在权利瑕疵。如果债权存在瑕疵，则原有的瑕疵一并转让给受让人。在转让人没有说明债权瑕疵或者没有特别约定的情况下，转让人要对受让人因瑕疵债权所受损失承担损害赔偿责任。如果受让人明知转让债权有瑕疵仍然要接受的，则让与人不负损害赔偿责任。

4. 让与人应承担债权转让的必要义务

合同债权转让后，为了保障交易安全并保障受让人能够实际行使债权，基于诚实信用原则的要求，让与人需对受让人承担如下义务：让与人应将相应的债权证明文件，譬如合同、票据、往来文书等全部交付给受让人；告知主张债权的一切必要情况，比如债务履行期限、履行地、履行方式、相应的担保权及可能产生的抗辩权等；让与人占有的担保物及其余凭据均一并交付给受让人。

（五）合同权利转让的对外效力

1. 合同权利全部转让的，让与人脱离合同债的关系，不再向债务人请求履行债务

如果债务人继续向转让人履行债务，对转让人而言构成不当得利，对于债务人而言则为无效履行。如果履行造成了受让人的损害，债务人应当承担损害赔偿责任。合同权利部分转让的，转让人和受让人约定按份享有债权的时候，只能各自依照其份额请求债务人给付，债务人依照其份额履行债务，如果约定为连带债权时，则按连带之债处理。不论是合同权利的全部转让还是部分转让，让与人都应就债权让与向债务人作出通知的义务。如果让与人将债权让与受让人的事项通知到债务人后，即使债权让与行为被宣告无效或者被撤销，债务人基于对让与通知的信任而向受让人所作出的履行仍然有效。

2. 债务人在合同债权转让时所享有的对抗让与人的抗辩权，不因合同权利的转让而消灭，均得以对抗受让人

合同债权转让并不改变原合同中债权债务的同一性，仅仅是债权主体的变更。因此原合同的权利瑕疵也随同合同债权的转让而移转给受让人。根据《民法典》第 548 条的规定："债务人接到债权转让通知后，债务人对让与人的抗辩，可以向受让人主张。"抗辩权既包括法定的抗辩事由，如《民法典》第 590 条规定："当事人一方因不可抗力不能履行合同的，根据不可抗力的影响，部分或者全部免除责任，但是法律另有规定的除外。因不可抗力不能履行合同的，应当及时通知对方，以减轻可能给对方造成的损失，并应当在合理期限内提供证明。"也包括合同订立后债务人所享有的其他抗辩事由。比如可撤销的合同，债务人享有撤销权的，对债权受让人也可以行使撤销权。如因显失公平或重大误解而订立的合同，债务人在债权转让以后仍然可以向债权受让人主张撤销该合同，受让人不得依其受让时不知该情形而对抗债务人。另外，同时履行抗辩权、债权未发生的抗辩、债务未届履行期的抗辩、时效完成的抗辩、债权已经消灭的抗辩等，债务人均可向受让人主张。

3. 债务人享有抵销权

债务人对让与人享有的到期债权可以向受让人主张抵销。《民法典》第 549 条规定："有下列情形之一的，债务人可以向受让人主张抵销：（一）债务人接到债权转让通知时，债务人对让与人享有债权，且债务人的债权先于转让的债权到期或者同时到期；（二）债务人的债权与转让的债权是基于同一合同产生。"债务人向受让人主张抵销有两种情况。第一种情况需具备如下条件：第一，必须是债务人在收到让与通知时对让与人享有债权，该债权可以成立于让与合同成立前，也可以发生于让与合同成立之后，但不得发生于让与通知到达债务人之后；第二，必须是债权的清偿期先于所让与的债权或者同时届至，不得迟于所让与债权的清偿期。① 正是因为受让人接受了转让人的债权，为了保护债务人的利益不受侵害，受让人对于转让人基于同一债权而承担的义务也一同继受，包括债务人的抵销权。第二种债务人行使抵销权的情况是债务人的债权与转让的债权是基于同一合同产生。在双务合同中，会出现即使转让人转让了债权，债务人也可以向受让人主张转让人对其存在双务合同相关义务以进行抵销的情形。

三、债务承担

（一）债务承担的概念和种类

债务承担又称为合同的义务转让、债务让与，是指不改变合同内容的前提下，债务人将债务的全部或者部分转移给第三人承担，由第三人取代债务人的地位。债务人也可称为转让人，第三人也可称为承担人。债务承担可因法律的直接规定而发生，也可以因法律行为而发生。但多数是依据合同将债务转让给第三人。《民法

① 郑玉波：《民法债编总论》，陈荣隆修订，中国政法大学出版社 2004 年版，第 445 页。

典》第551条规定："债务人将债务的全部或者部分转移给第三人的，应当经债权人同意。"债务承担可以分为免责的债务承担和并存的债务承担。免责的债务承担是指原债务人的债务全部移转于第三人，由该第三人取代原债务人的地位，成为合同关系的当事人，承担合同关系中原债务人的义务，而原债务人脱离债务关系。并存的债务承担则又称债务加入，叠加的债务承担，是指债务人并不脱离债的关系，而由第三人和债务人共同对债权人承担债务。在这种情况下，债权人的债权利益并未受到损害，而因为加入了新的债务承担方，使得债权实现的可能性大大增加，故无需债权人的同意为必要。并存的债务承担也可以由债权人与第三人订立债务承担合同的方式，使第三人与原债务人共同承担债务。在这种情况下，由于对债务人的利益同样不构成损害，也不以债务人的同意为必要。

《民法典》第551条第2款规定："债务人或者第三人可以催告债权人在合理期限内予以同意，债权人未作表示的，视为不同意。"赋予了债务转让中债务人或第三人的催告权，并且默示拒绝，债权人收到催告后只要不是表示同意，都视为不同意。

（二）债务承担与第三人代为履行的区别

债务承担与《民法典》第523条规定的第三人代为履行具有相似性，但实际也有不同。

1. 设立方式不同

债务承担中，债务人与第三人达成债务移转的协议，需要债权人的同意，否则不能发生合同义务的移转。而第三人代为履行中，仅需要当事人约定由第三人向债权人履行债务，并没有与债权人或债务人达成债务移转的协议。

2. 债务的承担人不同

在债务承担中，第三人已经成为合同关系的当事人，如果义务是全部移转的，债务人退出合同关系，由第三人取代债务人的合同主体地位。如果义务是部分移转的，第三人与债务人一起成为合同关系的当事人。第三人代为履行时，第三人只是债务履行的辅助人，并非合同的当事人。

3. 违约的处理方式不同

在债务承担中，第三人已经成为合同关系的当事人，与债权人产生直接的债权债务关系，因此其未按照合同约定履行债务的，债权人可以直接请求其履行义务和承担违约责任。而第三人代为履行的情况下，对于第三人不适当履行，债权人只能请求债务人履行债务，承担违约责任。

4. 第三人清偿制度的设计不同

《民法典》第524条规定，第三人仅在"对履行该债务具有合法利益的"情况下，有权代为履行。但是，根据债务性质、按照当事人约定或者依照法律规定只能由债务人履行的除外。

（三）债务承担的条件

1. 须有有效的债务存在

当事人能够移转的债务只能是真实存在的债务。如果债务本身不存在，或者合同订立之后被宣告无效或者被撤销，自然不能发生债务承担的效果。可撤销的合同在被撤销以前，仍可就该合同中的债务成立有效的债务移转。将来发生的债务虽然在理论上可由第三人承担，但仅在该债务有效成立后，合同义务才会发生移转。比如附有停止条件的合同义务，自合同义务有效发生时，转移协议才能生效。自然债务的承担具有特殊性，自然债务是指已经超过诉讼时效的债务，此种债务因为时效完成，不再受法律的强制保护，但债务人与第三人就超过诉讼时效的债务达成转让协议，且经过了债权人同意的，也对债权人发生法律效力。

2. 债务承担须具有可让与性

转让的债务应当是可以进行转让的债务，即债务须具有可转让性。在性质上不能进行转移的债务，或者法律、行政法规规定禁止转让的债务，不得进行转移，否则转移协议无效。不得移转的债务主要有四种类型：①法律规定不得移转的债务。这种债务即便签订了债务移转合同，也会因为合同标的的自始客观不能而不能发生债务移转的法律效力。如因为抚养请求权而发生的债务，仅可由第三人代为履行，而不能将抚养义务通过签订合同的方式移转于第三人。②性质上不可移转的债务。这种债务通常与债务人的人身具有密切联系，比如以特定的债务人的技能或者特别的人身信任关系作为基础，因此一般要求由债务人亲自履行，性质上不可移转。如以某著名歌唱家的演出作为标的，或者具有特别信任基础的委托合同义务，都因为合同债务的特殊性而不能移转。③当事人特别约定不得发生移转的合同义务。一般情况下，如果债权人坚持原约定，则会影响到合同债务承担的效力。但如果债权人也能够同意债务人移转债务，可以视为原约定不得移转债务的协议被撤销，债务就可以发生移转。④合同中的不作为义务，一般是由特定合同关系的当事人承担，而不得移转给第三人。

3. 须存在合法有效债务承担的协议

债务承担协议中必须有关债务移转的约定，否则不能转移债务。债务移转协议的订立有两种情况，既可以通过债权人与第三人订立，也可以通过债务人与第三人订立。此债务转让协议的效力可以参照合同的生效要件来处理。

4. 须经过债权人同意

根据《民法典》第 551 条的规定，债务人将合同义务移转给第三人的，应当取得债权人的同意，否则对债权人不发生效力。债权转让一般不会给债务人造成损害，但是债务承担破坏了债权人对债务人履约能力的信任基础。如果未经债权人的同意就可以允许债务人随意转让债务，则因受让的第三人是否能有足够的资金和信用履行债务存在着不确定因素，从而使得债权人的利益能否实现存在着较大风险，为了有效保障债权人的利益不被债务人与第三人之间的债务移转造成损害，法律规定合同债务的移转需要经过债权人同意。债权人的同意可以采用明示或者默示的方式。如果债权人没有作出明示的同意，但已经将第三人作为债务人并要求第三人履行债务的，则应当视为债权人已经同意债务人对其债务的转让，债务转让协议有效。如果债权人没有明示或者默示的方式对债务转让协议表示同意，则债务人或者受让的第三人可以要求债权人在一定期限内作出同意或者不同意的意思表示，如果在期限内债权人仍然没有表示同意的，则认为债权人拒绝同意。

5. 须依法办理相关手续

法律并未就债务承担协议作出特别要求，但法律、行政法规对其有特别规定的，则应该遵循相应的规定。《民法典》第 502 条规定："依照法律、行政法规的规定，合同应当办理批准等手续的，依照其规定。未办理批准等手续影响合同生效的，不影响合同中履行报批等义务条款以及相关条款的效力。应当办理申请批准等手续的当事人未履行义务的，对方可以请求其承担违反该义务的责任。依照法律、行政法规的规定，合同的变更、转让、解除等情形应当办理批准等手续的，适用前款规定。"这些可能涉及外商投资企业的一些合同，比如中外合作经营合同、外资企业合同、中外合作勘探矿产资源的合同等，由于合同的权利义务关系涉及国家利益，有可能需要国家审查这些合同的合法性和可行性。这些合同要进行债务的移转，除了当事人的合意之外，也应当遵守法律和行政法规的有关规定。

（四）债务承担的效力

根据《民法典》的相关规定以及法理，合同债务承担产生以下效力：

1. 合同债务全部移转的，原债务人脱离债务关系，第三人成为新的债务人，取代原债务人而成为合同关系的当事人，新的债务人向债权人履行合同义务

即便新债务人不履行或者履行不当的，债权人只能向新债务人而不能向原债务人请求债务的履行或者要求其承担违约责任。如果合同债务部分转移的，则第三人加入合同关系，并存在多个债务人的情形。各债务人之间的关系根据债务的移转协议可能是按份之债，也可能是连带之债。如果是按份之债，则债务人按照各自确定的份额分别对债权人进行履行。如果是连带之债则每个债务人均有对全部债务承担责任的义务，债权人也可以要求其中的一个或者数个债务人履行全部债务。债务人履行的实际债务超过其应当履行的债务份额的，有权向其他债务人要求追偿。

2. 合同债务移转后，新的债务人可以主张原债务人对债权人的抗辩

《民法典》第 553 条规定："债务人转移债务的，新债务人可以主张原债务人对债权人的抗辩。"新的债务人所取得的抗辩权主要包括两类：一类是法定的抗辩事由。依照《民法典》的规定，不可抗力是合同责任的免责事由。债务在未转移前发生的不可抗力，原债务人取得该抗辩权，新的债务人受让债务时也取得该抗辩权。另一类是实际发生合同关系之后发生的债务人可据以对抗债权人的一切事由，

新的债务人可以以之对抗债权人。比如可撤销的合同原债务人享有的撤销权、债权人的违约行为、债权人有关免责的意思表示、原债务人对债权人已为履行行为等，新的债务人都可以据此对抗债权人。只要合同的债务移转已经生效，且抗辩权在债务转移时就已经存在，新的债务人就可以享有该抗辩权。但专属于合同当事人的解除权和撤销权，只能由原债务人行使，新的债务人不得享有。

3. 非专属于原债务人的从债务一并移转

主债务发生转移，从债务也发生转移，新的债务人应当向债权人承担相应的从债务。《民法典》第554条规定："债务人转移债务的，新债务人应当承担与主债务有关的从债务，但是该从债务专属于原债务人自身的除外。"即便当事人在债务承担合同中并未明确约定从债务问题，也不影响从债务转移给债务的受让人。特别是在债务全部移转的情形下，新债务人取得了原债务人的地位，债权人权利的实现只能依赖于新债务人的履行，因此新债务人必然要对从债务负责。但有两点值得注意，一是专属原债务人的从债务，在主债务转移时并不必然随之转移。专属原债务人的从债务是指应当由原债务人自行履行，依附于主债务的债务。比如附随于主债务的利息债务，一般情况下是随着主债务的移转而由新的债务人承担。但如果原债务人与债权人约定，以原债务人的劳务冲抵主债务的利息，则此种从债务不能随主债务一同转移于新债务人。二是他人为原债务人履行债务提供的担保，如果担保人没有明确同意，则保证人的保证责任因债务移转而消灭。

四、合同债权债务的概括转移

（一）合同债权债务概括转移的含义

合同债权债务的概括转移，又称权利义务的概括转移，是指在不改变合同关系的内容前提下，合同一方当事人将其权利义务一并转移第三人，第三人概括地继受该权利义务。合同权利义务的概括移转与本章之前所提及的合同债权转让及合同债务承担不同之处在于，债权转让和债务承担仅仅是债权或者债务的单一转让，而合同权利义务概括转移则属于债权与债务的一并转让。

合同债权债务的概括转移可以基于当事人之间的法律行为而发生，也可以基于法律的规定而发生。基于当事人之间的法律行为发生的一般称为合同承受，基于法律的规定而发生的称为法定概括转移。这两种的区别主要在于，合同承受中的第三人为任意的第三人，法定的概括承受中的第三人为法定第三人。合同承受需取得承受人以及合同另一方当事人的同意。而法定的概括承受不需要征得承受人的同意，对合同另一方当事人为通知或者公告即可发生法律效力。

合同债权债务的概括转移可以是全部合同债权债务，也可以是部分合同债权债务。在合同债权债务全部移转的情形中，合同债权债务的承受人完全取代了原当事人的法律地位，成为了合同关系的当事人，因此附随于原当事人的权利义务都全部移转于承受人。如果是合同债权债务部分移转的情形，原债务人和新债务人要确定各自享有的债权和承担债务的份额和性质，如果没有约定或者约定不明，则视为连带之债。

（二）合同承受

合同承受又叫合同承担，是指合同一方当事人与他人订立合同后，依照合同的约定，并由另一方当事人同意，将其权利和义务全部或部分转移给第三人，由第三人在转移的范围内享有合同权利、承担合同义务。《民法典》第 555 条规定："当事人一方经对方同意，可以将自己在合同中的权利和义务一并转让给第三人。"权利和义务一并转让只出现在双务合同中。单务合同的当事人只能是享有债权的一方当事人或者是承担债务一方的当事人，一方当事人不可能既享有债务又承担债务，所以单务合同不存在权利和义务一并转让的问题。比如，赠与合同的被赠与人只享有权利而不承担义务，这些合同的当事人不可能出现将权利和义务一并转让的情况。

由于合同承受在转让债权时也有债务的转让，所以合同一方当事人在进行转让前应当取得对方的意见，使对方能根据受让方的具体情况来判断这种转让行为能否对自己的权利造成损害。只有经对方当事人同意，才能将合同的权利和义务一并转让。如果未经对方同意，一方当事人就擅自一并转让权利和义务的，那么其转让行为无效，对方有权就转让行为对自己造成的损害，追究转让方的违约责任。

此外根据《民法典》第 556 条的规定："合同的权利和义务一并转让的，适用债权转让、债务转移的有关规定。"根据此条规定，有如下规则需要注意：

第一，根据《民法典》第 545 条有关合同债权转让的有关规定，不得转让的债权，也不得进行合同权利义务的概括转让。

第二，根据《民法典》第 547 条及 554 条的规定，债权转让和债务转让的"从随主"原则，也适用于合同权利义务概括转让的情况。

第三，根据《民法典》第 548 条及 553 条的规定，转让合同权利和义务不影响新债务人抗辩权的行使。

第四，根据《民法典》第 549 条有关债务人对债权人的抵销权的规定，进行合同债权债务概括转移的时候，也同样适用。

（三）法定概括转移

法定概括转移是指依据法律的直接规定而不是当事人之间约定而发生合同权利义务的一并转移。例如《民法典》第 725 条规定："租赁物在租赁期间发生所有权变动的，不影响租赁合同的效力。"根据该项规定，在房屋租赁合同签订之后，在承租人不行使优先购买权的情况下，出租人可将房屋出卖给第三人。此后，出租人在租赁合同中的地位将全部转让给第三人。出租人不再成为合同当事人，其权利义务由第三人概括承继。

☞ 案例导读评析

《民法典》第546条第1款规定："债权人转让债权，未通知债务人的，该转让对债务人不发生效力。"因此如果乙公司接到债权转让通知后，则该债权转让协议对乙公司产生约束力，乙公司负有向丙公司清偿50万元债权的义务。《民法典》549条规定："有下列情形之一的，债务人可以向受让人主张抵销：（一）债务人接到债权转让通知时，债务人对让与人享有债权，且债务人的债权先于转让的债权到期或者同时到期。"因此乙公司接到甲公司关于转让债权的通知后，可以向受让人丙公司主张10万元的抵销权。

☞ 本章复习思考题

1. 合同变更的条件和效力是什么？
2. 债权让与须具备什么条件？
3. 债务承担须具备什么条件？
4. 不可让与的合同债权有哪些？
5. 免责的债务承担与并存的债务承担有何区别？

☞ 案例分析习题

甲、乙双方于2020年10月2日签订了买卖大米的书面合同，约定由甲方向乙方提供1000千克大米，每千克价格为5元。合同签订后，乙方提出价格偏高，甲乙双方经口头协商，一致同意降低单价。甲方在履行交付义务之后，向乙方催款。此时双方对大米单价发生争议。甲方提出："我当时同意将5元单价降至4.5元。"乙方则认为："你当时同意将5元单价降至3元。"双方就此争议提交法院裁决。

问题：

（1）甲乙双方是否达成了合同的变更？

（2）买卖合同的变更是否应采用书面形式？

第七章　合同的权利义务终止

● 学习目标：

1. 掌握合同终止的原因与效力；

2. 掌握合同解除的条件、法定抵销的条件、提存的条件；

3. 能运用理论知识和我国现行法律规定分析、解决合同终止纠纷案件。

● 案例导读：

6月30日，甲公司与外商签订合同，约定甲公司于8月30日前向外商交付纯棉睡衣1万件。7月1日，甲公司与乙公司签订合同，约定7月15日乙公司向甲公司提供棉布3万米。7月10日乙公司提出，由于机器检修改为7月30日交货，甲公司表示因为急用不能推迟。7月15日乙公司未交货，7月16日甲公司紧急从丙公司购得棉布2.6万米并多支付货款2万元，随后派人以书面形式通知乙公司解除合同，乙公司予以拒绝。7月28日乙公司将棉布3万米送至甲公司要求收货付款，甲公司拒收，遂发生纠纷。

第一节　概　　述

一、合同的权利义务终止的概念

合同的权利义务终止即合同终止，又称合同的消灭，是指合同的权利义务因一定事由的出现而归于消灭。

合同是平等主体之间设立、变更、终止民事权利义务关系的协议，其性质决定合同关系是有期限的民事法律关系，有着从设立到终止的过程。“债权系法律世界中之动态要素，含有死亡之基因，目的已达，即归消灭。”①

合同终止有别于合同变更。合同变更是合同内容的变化，合同关系本身并未消灭，即使广义的合同变更中合同主体的变化，合同关系仍然存在。而合同终止是既

① 转引自崔建远：《合同法》（第五版），法律出版社2010年版，第265页。

存的合同权利义务关系归于消灭。

合同终止与合同效力的停止也不同。合同效力的停止是指债务人基于抗辩权的行使，中止合同债权的效力。抗辩权的作用在于阻止债权人行使请求权，使债权人预期的法律效果不能发生，而债务人行使抗辩权以债权人享有请求权为前提条件，此时合同债权债务关系并未消灭，只是其效力暂时停止而已。在抗辩权消灭后，原合同效力即行恢复。故此，合同效力的停止与消灭合同关系的合同终止明显不同。

二、合同的权利义务终止的原因

合同基于一定的法律事实而产生，也可以基于一定的法律事实而终止。能够引起合同终止的法律事实，就是合同终止的原因。

《民法典》第 557 条规定："有下列情形之一的，债权债务终止：(一) 债务已经履行；(二) 债务相互抵销；(三) 债务人依法将标的物提存；(四) 债权人免除债务；(五) 债权债务同归于一人；(六) 法律规定或者当事人约定终止的其他情形。合同解除的，该合同的权利义务关系终止。"

综合起来，合同终止的原因大致可以分为三类：一是基于合同目的消灭，如清偿、提存，当事人的债权得以实现，订立合同的目的达到，合同相应终止；二是基于当事人的意思，可以是基于双方当事人的意思，如协议解除、合意抵销，也可以是基于一方当事人的意思，如免除、法定抵销；三是基于法律的直接规定，如法定解除、混同。

三、合同终止的效力

合同终止的效力主要表现在以下几个方面：

第一，合同权利义务消灭。债权人不再享有合同权利，债务人不再负担合同义务。

第二，从属权利义务消灭。例如利息债权、保证债权、担保物权等，在合同终止时随之消灭。《民法典》第 559 条规定："债权债务终止时，债权的从权利同时消灭，但是法律另有规定或者当事人另有约定的除外。"

第三，不影响合同中结算和清理条款的效力。《民法典》第 567 条规定："合同的权利义务关系终止，不影响合同中结算和清理条款的效力。"

第四，当事人负有合同终止后的附随义务。《民法典》第 558 条规定："债权债务终止后，当事人应当遵循诚信等原则，根据交易习惯履行通知、协助、保密、旧物回收等义务。"通知义务，是指在合同终止后，为处理合同终止带来的后果，一方当事人应当将有关情况及时通知另一方，例如债务人将标的物提存后应当将提存的情况及时通知债权人。协助义务，是指在合同终止后，一方当事人应当协助另一方处理与原合同有关的事务，例如，房屋的出租人在租赁合同终止后仍应允许承租人在适当位置张贴移居启事。保密义务，是指在合同终止后，当事人对其履行合同过程中知悉的对方商业秘密、个人隐私等不得披露，不得使用或允许他人使用对方商业秘密，即使未订立保密协议，当事人也负担保密义务。一方当事人违反附随义务给另一方造成损失的，另一方可以请求赔偿损失。

第五，负债字据的返还。负债字据是合同权利义务的证明，合同终止后，债权人应当将负债字据返还给债务人，债权人如不能返还，债务人可要求债权人出具债务消灭的字据。

第二节 清 偿

一、清偿的概念

清偿，是指债务人按照合同约定向债权人履行义务、实现债权目的的行为。《民法典》第557条规定为“债务已经履行”。清偿与履行的意义相同，但履行着眼于合同的动态方面、债务的实现过程，清偿着眼于合同的静态方面、合同的权利义务终止。

当事人订立合同的目的是为了实现某种利益，而在合同关系中当事人的利益必须借助于合同的履行才能实现，当债务人按照法律的规定和合同的约定履行了义务时，债权人的利益得以实现，债权人订立合同的目的得以满足，债权即归于消灭，合同也就归于消灭。在双务合同情形下，两项债务均获清偿时合同的权利义务终止。因此，清偿是合同终止的最正常、最常见的原因。

二、清偿的基本要求

（一）清偿的主体

1. 清偿人

清偿人是指清偿债务的人，包括债务人、债务人的代理人、第三人。

债务人包括单独债务人、连带债务人、不可分债务人、保证债务人。债务人负有清偿义务，对其债务必须清偿。债务人为清偿时是否必须具有民事行为能力，应依其履行行为的性质而定。履行行为是事实行为的，不要求债务人具有民事行为能力；履行行为是民事法律行为的，则要求债务人具有相应的民事行为能力；如果债务人不具有相应的民事行为能力，那么应由其法定代理人代为实施或征得法定代理人同意后实施。此外，如果债务人通过转移财产权利来清偿债务，则需要债务人具有对该项财产或财产权利的处分权，例如债务人在人民法院受理破产案件后，即丧失了对破产财产的管理权和处分权，因此债务人不能以这些财产清偿债务。

债务人可以通过代理人实施履行债务的行为从而清偿债务。但是依照法律规定、当事人约定或者民事法律行为的性质，应当由本人亲自实施的民事法律行为，不得代理，必须由债务人本人履行债务。但代理规则只有在履行行为是民事法律行为时才能适用。

债务人以外的第三人也可为清偿人。对此，本书在“合同的履行”一章中已有相关论述，故只在此做进一步阐述。一般而言，第三人代为清偿需要具备以下条件：①依合同性质，可以由第三人代为清偿。通常认为，不作为债务、以债务人本身的特别技能为内容的债务、因债权人与债务人之间的特别信任关系所生的债务，不能代为清偿。②债权人与债务人之间没有不得由第三人代为清偿的约定，但在第三人代为清偿后所作的约定无效。③债权人没有拒绝代为清偿的特别理由，债务人也无提出异议的正当理由。如果代为清偿有损公共利益、违背公序良俗，或者违反法律的强制性规定，则不发生清偿效力。④代为清偿的第三人必须有为债务人清偿的意思。如果误将他人债务作为自己的债务而清偿，则不属于第三人的代为清偿。对于符合条件成立的代为清偿，第三人代为清偿后，债权人与债务人之间的合同关系终止，但是在第三人与债权人之间可能会发生清偿代位，此时债权人应当将其原对债务人的债权移转给清偿债务的第三人，而且第三人也可能基于与债务人之间的委托合同，或者基于无因管理、不当得利向债务人进行追偿。第三人在其求偿权的范围内，得对债务人行使债权人的一切权利。①

2. 清偿受领人

清偿受领人是指受领债务人给付的人，即受领清偿利益的人。债务的清偿应由清偿人向有受领权的人进行，并经受领后，才发生清偿的效力。

清偿受领人通常是债权人，但是在以下情形下，债权人不得受领：①债权人的债权被强制执行，禁止向债权人为履行的；②债权人已受破产宣告的，此时的受领人应为破产管理人；③在履行行为属于民事法律行为的情况下，债权人为无民事行为能力人或限制民事行为能力人；④债权已出质，债权人非经质权人同意不得受领。

除债权人之外，债权人的代理人可以代为受领清偿，债权人的清算组、债权质权的质权人、持有真正合法收据的人、代位权人、债权人和债务人约定受领清偿的第三人等都可以成为有权受领清偿的人。

（二）清偿的标的

清偿的标的，即履行标的，是指债务人应为清偿的内容。根据合同关系的不同，清偿标的可能是交付财物、移转权利、提供劳务、完成工作等。

根据诚实信用原则，债务人应当按照合同约定的标的履行，以清偿自己负担的债务。但是在某些条件下，债务人可以以物抵债。当事人在债务履行期限届满后达

① 史尚宽：《债法总论》，台北荣泰印书馆股份有限公司1978年版，第741页。

成以物抵债协议，抵债物尚未交付债权人，债权人请求债务人交付的，除存在虚假诉讼、无效事由的以外，人民法院依法予以支持。该以物抵债协议为诺成合同，自双方达成合意时成立，协议成立后，旧债与新债同时存在，债务人不履行以物抵债协议的，债权人既可以请求继续履行以物抵债协议，也可以请求恢复履行旧债。当事人在债务履行期届满前达成以物抵债协议，抵债物尚未完成公示的，该以物抵债协议无效，债权人应当根据原债权债务关系提起诉讼，抵债物已经完成公示的，构成让与担保。①

（三）清偿的期限、地点、费用

此部分已在本书合同的履行章节中有详细阐述，在此不再赘述。

三、清偿抵充

清偿抵充，是指债务人对同一债权人负担数宗同种类债务，债务人的履行不足以清偿全部债务时，决定该履行抵充某宗或某几宗债务的现象。

清偿抵充必须具备一定的条件：①债务人对同一债权人负担数宗债务，无论这些债务是自始发生还是事后从他人处承担而来，也不论其是否已届清偿期；②债务人负担的数宗债务种类相同，种类不同的可以直接按照履行的种类确定清偿何宗债务，不能发生清偿抵充。例如，债务人欠水泥、钢板各 5 吨，债务人提出给付水泥 5 吨时，不发生清偿抵充问题。若债权人先订购某种机器 200 台，后又追加 100 台，此时债务人只交付 100 台，则发生清偿抵充问题；③债务人的履行不足以清偿全部债务，例如有数宗借款共 10 万元，若债务人偿还 10 万元，则不发生清偿抵充，若债务人偿还 6 万元，则可能产生清偿抵充问题。

清偿抵充的方法一般来说有三种：①约定抵充，即按照当事人之间关于债务人的清偿系抵充何宗债务的事先约定进行抵充。债权人与债务人对清偿的债务或者清偿抵充顺序有约定的，从其约定。②指定抵充，即在当事人之间没有约定时，清偿人单方面指定其给付系清偿何宗债务。这种指定为形成权的行使，应向清偿受领人以意思表示为之，指定应在清偿时提出，且一经指定不得撤销。③法定抵充，即在当事人没有约定、清偿人也没有指定的情况下，按照法律规定的顺序决定清偿应抵充的债务。《民法典》第 560 条规定："债务人对同一债权人负担的数项债务种类相同，债务人的给付不足以清偿全部债务的，除当事人另有约定外，由债务人在清偿时指定其履行的债务。债务人未作指定的，应当优先履行已经到期的债务；数项债务均到期的，优先履行对债权人缺乏担保或者担保最少的债务；均无担保或者担保相等的，优先履行债务人负担较重的债务；负担相同的，按照债务到期的先后顺

① 最高人民法院民事审判第二庭：《〈全国法院民商事审判工作会议纪要〉理解与适用》，人民法院出版社 2019 年版，第 299~308 页。

序履行；到期时间相同的，按照债务比例履行。”《民法典》第561条规定：“债务人在履行主债务外还应当支付利息和实现债权的有关费用，其给付不足以清偿全部债务的，除当事人另有约定外，应当按照下列顺序履行：（一）实现债权的有关费用；（二）利息；（三）主债务。”

第三节　解　　除

一、合同解除的概念和特点

（一）合同解除的概念

合同的解除，是指在合同有效成立后全部履行前，当事人基于协商、约定或法律规定而使合同关系归于消灭的民事法律行为。

合同的解除不同于合同的无效：无效的合同严重欠缺法律规定的合同有效条件，合同的解除则以合同有效为前提，是消灭有效成立的合同关系；合同无效为当然无效，人民法院或仲裁机构得依职权审查确认无效，而合同的解除以当事人一方的意思或双方的合意为基础，国家不主动干预；合同无效为自始无效，产生恢复原状的法律后果，而合同解除后有的具有溯及既往的效力，有的仅对将来产生效力。

合同的解除不同于合同的撤销：合同撤销的原因由法律直接规定，而合同解除的原因既有法律规定的，也有当事人约定的；合同撤销的原因在合同成立时已经存在，而合同解除的原因发生在合同成立之后；当事人撤销合同的意思表示必须向人民法院或仲裁机构作出，并经有权机关决定，而合同解除经双方当事人协商一致或解除权人通知对方即可；合同的撤销都有溯及力，合同被撤销后，从开始起不具有法律效力，而合同解除后，有的从合同成立时起失去效力，有的从解除时起失去效力。

合同的解除不同于合同的变更：合同的变更是对原合同条款所作的修改、补充，合同关系本身继续存在，而合同的解除是消灭合同关系，合同关系不再存在；合同的变更通常基于双方当事人的协商一致，而合同的解除可以是基于双方协商一致的行为，也可以是基于一方当事人的单方行为；合同变更的效力通常只涉及合同未履行的部分，变更前已经履行的部分不再变动，而合同的解除使合同关系全部归于消灭。

合同的解除本身并非违约责任形式，只是违约后的一种救济方法，违约是导致合同解除的原因之一。

（二）合同解除的特点

合同解除作为合同终止的原因之一，具有以下特点：

1. 合同的解除以当事人之间存在有效合同为前提

合同不成立、无效的，不存在合同解除的问题，当事人之间原存在的合同关系已经消灭的，也不发生合同的解除。在合同有效成立后全部履行前，因种种原因不能正常履行合同的情况在所难免，应当允许当事人通过合同解除的方式终止合同关系。

2. 合同的解除必须具备解除事由

依法成立的合同对当事人具有法律拘束力，任何一方当事人不得随意解除合同。只有符合法律规定的条件，具备解除事由时，法律才允许当事人解除合同，以满足自己利益的需要。这些事由既有双方的，也有单方的，既有法定的，也有约定的。

3. 合同的解除必须有解除行为

合同的解除行为分为两种：一种是当事人双方协商一致解除合同的，合同的解除行为为当事人协议；一种是按照约定或法律规定，当事人一方享有解除权的，解除权人应当将其解除合同的单方意思通知对方，合同自通知对方时解除，此时合同的解除行为为解除权人的通知。当事人对合同的解除发生争议的，可以请求人民法院或仲裁机构裁决。

4. 合同的解除产生终止合同的法律效力

合同解除是合同终止的原因之一，合同解除时，合同关系归于消灭，尚未履行的合同债务不再履行。

二、合同解除的种类

合同解除的情况比较复杂，理论上有多种分类，根据我国现行法律的规定，合同解除的基本类型有协议解除、约定解除、法定解除三类。

（一）协议解除

协议解除，是指在合同有效成立后全部履行前，当事人经协商一致而解除合同。当事人可以协商一致签订合同，也可以协商一致变更合同、解除合同，这体现了合同自由、意思自治基本原则的要求，双方的合意并不损害社会公共利益，得到了法律的确认。《民法典》第 562 条第 1 款规定：“当事人协商一致，可以解除合同。现实中的合同解除通常是通过当事人协商进行的，当事人经协商达成一致意见后，签订一个新的合同而解除原来的合同，新合同对合同解除及后续事项的处理作出约定。”

（二）约定解除

约定解除，是指在合同有效成立后全部履行前，当事人基于双方约定的事由行使解除权而解除合同。当事人可以在合同中约定，在某种情况下，当事人一方或双方有权解除合同。解除权可以在合同订立时约定，也可以在以后另行约定，可以约定一方享有解除权，也可以约定双方享有解除权。当约定的情况出现时，享有解除权的当事人可以行使解除权，不必与对方协商，不必征得对方同意，即可解除合同，但解除权人应履行通知义务。《民法典》第562条第2款规定："当事人可以约定一方解除合同的事由，解除合同的事由发生时，解除权人可以解除合同。"

（三）法定解除

法定解除，是指在合同有效成立后全部履行前，当事人基于法律规定的事由行使解除权而解除合同。法律直接规定解除合同的条件，在条件具备时，解除权人可以将解除合同的意思表示直接通知对方，或者经过人民法院或仲裁机构向对方主张，即可发生合同解除的效果。法定解除的条件主要是不可抗力或一方违约致使合同履行不必要、不可能、合同目的不能实现。《民法典》第563条对法定解除的条件作出了明确规定。

三、合同解除的条件

合同解除的条件，是指在何种情况下当事人可以解除合同。合同的解除有协议解除、约定解除、法定解除三类，其中协议解除满足当事人双方协商一致这一条件即可，不受其他条件的限制，约定解除需要满足合同中约定的解除条件，至于当事人在合同中约定何种解除条件则千差万别，无法一一列明。这里仅针对法定解除的条件进行探讨。

法定解除条件是法律规定的当事人解除合同的条件。各国法律对法定解除条件大多有所规定，但各国的规定不尽相同。我国《民法典》第563条对法定解除条件规定了六种情形：

（一）因不可抗力致使不能实现合同目的

不可抗力，是指不能预见、不能避免且不能克服的客观情况。不可抗力的发生可能会影响合同的履行，有的影响合同的部分履行，有的影响合同的全部履行，有的暂时影响合同的履行，有的永久性影响合同的履行。不可抗力影响合同的，只有达到不能实现合同目的的程度时，才能解除合同，当事人可以通过行使解除权的方式将合同解除，且当事人双方都享有解除权。例如，根据《民法典》第754条的规定，租赁物因不可归责于当事人的原因毁损、灭失，且不能修复或者确定替代物的，出租人或者承租人可以解除融资租赁合同。

（二）在履行期限届满前，当事人一方明确表示或者以自己的行为表明不履行主要债务

在履行期限届满之前，当事人一方明确表示或者以自己的行为表明不履行主要债务，称为预期违约。其中，在履行期限届满之前，当事人一方向另一方明确表示不履行主要债务的，为明示预期违约；在履行期限届满之前，当事人一方以自己的行为表明不履行主要债务的，为默示预期违约，例如出卖人将应交付给买受人的特定物转卖他人并完成交付或登记。

在履行期限届满之前，当事人没有履行合同义务，一般不产生违约问题。但是，在当事人一方预期违约的情况下，严重降低了另一方享有的合同权利的价值，如果要求另一方只有在履行期限届满后才能采取补救措施，将会给其造成损失，不利于当事人双方合法权益的公平保护。所以，在此种情况下，应当允许当事人于履行期限届满前解除合同。例如，根据《最高人民法院关于审理建设工程施工合同纠纷案件适用法律问题的解释》第 8 条第 1 项的规定，承包人明确表示或者以行为表明不履行合同主要义务的，发包人可以解除建设工程施工合同。

（三）当事人一方迟延履行主要债务，经催告后在合理期限内仍未履行

当事人一方迟延履行属于违约行为，另一方在一定条件下有权解除合同，其享有解除权的条件有两个。一是当事人一方迟延履行的是主要债务。是否主要债务应根据具体合同进行具体判断，但通常认为主要债务可从“质”和“量”两个方面进行观察，“质”的方面指的是主给付义务，主要是指双务合同中处于对价关系的债务，“量”的方面指的是不可分债务的全体、可分债务的全体或大部分。二是经催告后在合理期限内仍未履行。在债务人迟延履行主要债务时，债权人应当规定一定的合理期限要求债务人限期履行，只有在宽限期满债务人仍未履行时，债权人才可以解除合同。

例如，《民法典》第 722 条规定：“承租人无正当理由未支付或者迟延支付租金的，出租人可以请求承租人在合理期限内支付；承租人逾期不支付的，出租人可以解除合同。”第 752 条规定：“承租人应当按照约定支付租金。承租人经催告后在合理期限内仍不支付租金的，出租人可以请求支付全部租金；也可以解除合同，收回租赁物。”第 634 条第 1 款规定：“分期付款的买受人未支付到期价款的数额达到全部价款的五分之一，经催告后在合理期限内仍未支付到期价款的，出卖人可以请求买受人支付全部价款或者解除合同。”

（四）当事人一方迟延履行债务或者有其他违约行为致使不能实现合同目的

在许多合同中，履行期限对债权的实现具有重要意义，比如季节性、时效性标的物的买卖合同，如中秋月饼、生日蛋糕等，如果超过约定的履行期限履行合同，可能使合同的目的落空，当事人订立合同所期望的经济利益无法达到或者对当事人失去了意义，在此种情况下，非违约一方可以解除合同。除迟延履行外，其他违约行为如瑕疵履行、部分履行等，也可能导致合同目的不能实现，当事人也可以主张解除合同。当事人一方迟延履行债务或者有其他违约行为致使不能实现合同目的时，另一方可以不经催告而径直解除合同。

例如，《民法典》第 610 条规定：“因标的物不符合质量要求，致使不能实现合同目的的，买受人可以拒绝接受标的物或者解除合同。”《民法典》第 633 条规定：“出卖人分批交付标的物的，出卖人对其中一批标的物不交付或者交付不符合约定，致使该批标的物不能实现合同目的的，买受人可以就该批标的物解除。出卖人不交付其中一批标的物或者交付不符合约定，致使之后其他各批标的物的交付不能实现合同目的的，买受人可以就该批以及之后其他各批标的物解除。买受人如果就其中一批标的物解除，该批标的物与其他各批标的物相互依存的，可以就已经交付和未交付的各批标的物解除。”《民法典》第 729 条规定：“因租赁物部分或者全部毁损、灭失，致使不能实现合同目的的，承租人可以解除合同。”

（五）以持续履行的债务为内容的不定期合同，当事人可以随时解除合同，但是应当在合理期限之前通知对方

在以持续履行的债务为内容的不定期合同中，债务人履行债务的期限不确定，处于随时可能终止的状态，双方当事人对此均有所认识，也有随时可以解除合同的预期，并且不以当事人有违约行为为条件。《民法典》第 563 条第 2 款对此予以确认，但是同时规定，解除合同的当事人一方应当在合理期限之前通知对方，既设置了通知义务，也设置了合理期限的要求。《民法典》关于典型合同的规定对此也有明确体现，例如第 730 条规定“当事人对租赁期限没有约定或者约定不明确，依据本法第 510 条的规定仍不能确定的，视为不定期租赁；当事人可以随时解除合同，但是应当在合理期限之前通知对方”；第 948 条第 2 款规定“当事人可以随时解除不定期物业服务合同，但是应当提前六十日书面通知对方”；第 976 条第 3 款规定“合伙人可以随时解除不定期合伙合同，但是应当在合理期限之前通知其他合伙人”。

（六）法律规定的其他情形

法律规定的其他情形，可以是《民法典》中第 563 条以外与该条规定情形不同的其他条款规定的合同解除条件，也可以是《民法典》以外的其他法律所规定的合同解除条件。

前者例如，根据《民法典》第 528 条的规定，行使不安抗辩权的当事人中止履行后，对方在合理期限内未恢复履行能力且未提供适当担保的，视为以自己的行为表明不履行主要债务，中止履行的一方可以解除合同并可以请求对方承担违约责任。又如，《民法典》第 673 条规定“借款人未按照约定的借款用途使用借款的，贷款人可以停止发放借款、提前收回借款或者解除合同”；第 711 条规定“承租人未按照约定的方法或者未根据租赁物的性质使用租赁物，致使租赁物受到损失的，出租人可以解除合同并请求赔偿损失”；第 857 条规定“作为技术开发合同标的的技术已经由他人公开，致使技术开发合同的履行没有意义的，当事人可以解除合同”；第 933 条规定“委托人或者受托人可以随时解除委托合同”。

后者例如，根据我国《保险法》第 27 条第 2 款的规定，在保险合同中，投保人、被保险人故意制造保险事故的，保险人有权解除合同。又如，我国《破产法》第 18 条规定：“人民法院受理破产申请后，管理人对破产申请受理前成立而债务人和对方当事人均未履行完毕的合同有权决定解除或者继续履行，并通知对方当事人。管理人自破产申请受理之日起两个月内未通知对方当事人，或者自收到对方当事人催告之日起三十日内未答复的，视为解除合同。”

另外，关于违约方要求解除合同的问题，2019 年 9 月 11 日《全国法院民商事审判工作会议纪要》第 48 条规定：“违约方不享有单方解除合同的权利。但是，在一些长期性合同如房屋租赁合同履行过程中，双方形成合同僵局，一概不允许违约方通过起诉的方式解除合同，有时对双方都不利。在此前提下，符合下列条件，违约方起诉请求解除合同的，人民法院依法予以支持：（1）违约方不存在恶意违约的情形；（2）违约方继续履行合同，对其显示公平；（3）守约方拒绝解除合同，违反诚实信用原则。人民法院判决解除合同的，违约方本应当承担的违约责任不能因解除合同而减少或者免除。”

四、合同解除的程序

根据合同解除的类型不同，合同解除的程序可以分为两种情况：协议解除合同的程序，通知解除合同的程序。

（一）协议解除合同的程序

协议解除合同是当事人通过订立一个新合同的方法，达到解除原合同的目的。因此，协议解除合同的程序遵循合同订立的程序，需要当事人双方协商一致，需要经过要约、承诺两个阶段。要约是解除合同的要约，其内容是要消灭既存的合同关系，承诺是解除合同的承诺，是完全同意要约的意思表示。

关于协议解除程序何时发生解除合同的效力，《民法典》第 502 条规定：“依照法律、行政法规的规定，解除合同应当办理批准等手续的，依照其规定。因此，解除合同需办理批准等手续的，手续办理完成时合同解除；不需办理批准等手续的，双方协商一致时或者双方商定的解除日期届至时合同解除。”

（二）通知解除合同的程序

约定解除、法定解除都属于单方解除，在符合合同约定的或者法律规定的条件时，当事人一方或双方即享有解除权。解除权是形成权，依解除权人解除合同的单方意思表示即可解除合同，无需对方同意，也无需对方答复，但是解除权人的意思表示需要到达对方，解除权人负有通知对方的义务。《民法典》第 565 条规定：“当事人一方依法主张解除合同的，应当通知对方。合同自通知到达对方时解除；通知载明债务人在一定期限内不履行债务则合同自动解除，债务人在该期限内未履行债务的，合同自通知载明的期限届满时解除。对方对解除合同有异议的，任何一方当事人均可以请求人民法院或者仲裁机构确认解除行为的效力。当事人一方未通知对方，直接以提起诉讼或者申请仲裁的方式依法主张解除合同，人民法院或者仲裁机构确认该主张的，合同自起诉状副本或者仲裁申请书副本送达对方时解除。”需要注意的是，合同的通知解除必须满足一个条件：只有享有法定或者约定解除权的当事人才能以通知方式解除合同，不享有解除权的一方向另一方发出解除通知的，不发生合同解除的效果。①

解除权人是否行使解除权，对对方当事人会有重要影响，因此，解除权人应当及时行使解除权，逾期未行使的产生解除权消灭的法律后果。《民法典》第564条规定："法律规定或者当事人约定解除权行使期限，期限届满当事人不行使的，该权利消灭。法律没有规定或者当事人没有约定解除权行使期限，自解除权人知道或者应当知道解除事由之日起一年内不行使，或者经对方催告后在合理期限内不行使的，该权利消灭。"

五、合同解除的效力

合同解除的效力，是指合同解除后所产生的法律后果。《民法典》第566条规定："合同解除后，尚未履行的，终止履行；已经履行的，根据履行情况和合同性质，当事人可以请求恢复原状或者采取其他补救措施，并有权请求赔偿损失。合同因违约解除的，解除权人可以请求违约方承担违约责任，但是当事人另有约定的除外。主合同解除后，担保人对债务人应当承担的民事责任仍应当承担担保责任，但是担保合同另有约定的除外。"

合同解除的直接法律后果是合同终止及合同的权利义务消灭，在合同解除后，尚未履行的部分，不再履行，对于已经履行的部分，当事人可以根据具体情况按照自己的意愿自由选择救济措施。根据履行情况和合同性质，对已履行部分能够恢复原状的，当事人可以要求恢复原状。恢复原状，是指恢复到合同签订前的状态，原物存在的，应当返还原物，原物不存在而原物属于种类物的，可以用同一种类物返还。如果合同属性不能恢复原状、不易恢复原状、没有必要恢复原状或者当事人不愿意恢复原状的，可以采取其他补救措施或者赔偿损失来保护债权人利益。在恢复原状或采取其他补救措施后，如果仍有损失的，债权人还可要求赔偿损失。

如果合同是因一方违约而解除的，违约方应按照合同约定和法律规定承担违约责任，例如，《民法典》第597条第1款规定："因出卖人未取得处分权致使标的物所有权不能转移的，买受人可以解除合同并请求出卖人承担违约责任。"因违约解除合同的，合同中有关违约金、约定损害赔偿的计算方法、定金责任等违约责任条款继续有效，这些条款在性质上属于"合同中结算和清理条款"，按照《民法典》第567条的规定，并不因合同的权利义务关系终止而影响效力，其在合同解

① 最高人民法院民事审判第二庭：《〈全国法院民商事审判工作会议纪要〉理解与适用》，人民法院出版社2019年版，第309页。

除后独立生效。①

如果合同附有担保，因担保权利义务具有从属性，在主合同解除后，从权利应当同时消灭，但是，担保人对于合同解除前以及因合同解除引起的债务人应当承担的民事责任，例如赔偿损失，仍应当承担担保责任。如果担保合同对此另有约定的，应按照约定处理。

第四节　抵　销

一、抵销的概念和种类

抵销，是指当事人双方互负债务，各以其债权充抵债务的履行，而使其债务与对方的债务在同等数额内相互消灭。在抵销中，主张抵销一方的债权称为主动债权，被抵销一方的债权称为被动债权。

按照发生根据的不同，抵销可以分为法定抵销和合意抵销两种。法定抵销是指由法律规定抵销条件，在具备条件时依当事人一方的意思表示即可发生抵销效力所为的抵销。依当事人一方的意思表示即可发生抵销效力的权利称为抵销权，抵销权在性质上属于形成权。《民法典》第 568 条规定了法定抵销："当事人互负债务，该债务的标的物种类、品质相同的，任何一方可以将自己的债务与对方的到期债务抵销；但是，根据债务性质、按照当事人约定或者依照法律规定不得抵销的除外。当事人主张抵销的，应当通知对方。通知自到达对方时生效。抵销不得附条件或者附期限。"合意抵销，又称为意定抵销、约定抵销，是指按照当事人双方的合意所为的抵销。合意抵销强调的是当事人的意思自由，可以不受法律规定条件的限制。当事人之间订立的这种合同称为抵销合同，其效力在于消灭当事人之间同等数额的债权债务关系。《民法典》第 569 条规定了合意抵销："当事人互负债务，标的物种类、品质不相同的，经协商一致，也可以抵销。"

二、法定抵销

（一）法定抵销的条件

1. 当事人双方互负到期债务

这一条件包含三个方面的要求：

第一，当事人双方互负债务。抵销是一方以其债权充抵债务从而在对等额内消灭债权债务，这就要求当事人一方对于另一方既负有债务，又享有债权，当事人双

① 最高人民法院民事审判第二庭：《〈全国法院民商事审判工作会议纪要〉理解与适用》，人民法院出版社 2019 年版，第 321 页。

方相互享有对立的债权、相互负有对立的债务。如一方只有债务而无债权或者只有债权而无债务，则抵销无从发生。第三人的债权，即使取得该第三人的同意，也不能以之为抵销。

第二，当事人相互的债权债务必须是合法有效的债权债务。任何一个债权债务不成立或者无效的，不得抵销，例如赌债不能抵销。

主动债权应当具有完全效力，效力不完全的债权不能作为主动债权而为抵销。例如，超过诉讼时效期间不受法律保护的债权不能作为主动债权而为抵销，否则就等于剥夺了对方的时效抗辩权，等于强迫对方履行自然债务；附有同时履行抗辩权的债权，不能作为主动债权而为抵销，否则即为强制剥夺对方的抗辩权；附条件的债权中，所附条件为生效条件的不能作为主动债权而为抵销，所附条件为解除条件的则可作为主动债权而为抵销。但如果被动债权是效力不完全的债权，抵销人主张以其债权与之抵销的，应予允许，此时可认为抵销人抛弃了自己相应的权利或利益。①

第三，对方的债务为到期债务。通常认为，抵销时的双方债务均应为到期债务，因为清偿期满后进行抵销不存在损害任何一方期限利益的问题。如果对方的债务未届清偿期而允许抵销，等于在清偿期限届满前强制债务人提前履行债务，会损害其期限利益，所以对方的债务为到期债务的才允许抵销。在未定清偿期的情况下宽限期满后亦可抵销。但是，债务人有权抛弃期限利益，在没有相反的法律规定或当事人约定时，债务人可以在清偿期届满前清偿，所以，主张抵销一方的债务即使未届清偿期，也可以抵销，为此，《民法典》第 568 条分别使用了“自己的债务”“对方的到期债务”进行了区分。另外，在破产程序中，债权人对破产人享有的债权，不论是否已届清偿期，不论是否附有期限，均可抵销。

2. 债务的标的物种类、品质相同

种类相同是指合同标的物本身的性质、特点一致，例如都是支付金钱、交付同样的种类物。品质相同是指标的物的规格、质量、等级无差别，例如都是一级花生油。如双方互负债务的种类、品质不同，双方各有其不同的经济目的，如果允许抵销，则难免使一方的利益需要不能得到满足，且经济价值不同，抵销会导致不公平现象的发生。所以用于抵销的债务的标的物应该种类、品质相同，通常为种类物，尤其是金钱。但需要注意的是，双方当事人的债权虽均以同种类的标的物为给付标的，但其品质不同时，应允许品质较高为主动债权而主张与品质较低者抵销，反之不得抵销。

3. 双方的债务均为可抵销的债务

只有允许抵销的债务才能适用抵销。一般来说，下列债务不可抵销：①依照法

① 王家福：《中国民法学 · 民法债权》，法律出版社 1991 年版，第 203 页。

律规定不得抵销的债务。为维护特定当事人的利益，法律规定在一些情况下债务不得抵销，例如我国《破产法》第40条规定了不得抵销的情形。法律规定不得抵销的债务还有禁止强制执行的债务、因故意侵权行为而产生的债务、约定应向第三人为给付的债务、违约金债务、赔偿金债务等。①②根据债务性质不得抵销的债务。如果互相抵销即违反债的本旨，或不符合给付目的的，就属于依债的性质不得抵销的债务。例如，互相不得竞业的不作为债务，或提供劳务的单纯作为债务，均为性质上不得抵销的债务。②另外，与人身不可分离的债务，如抚恤金、抚养费等债务，依其性质也不得抵销。③按照当事人约定不得抵销的债务。当事人双方约定不得抵销的债务，不得抵销，法律依照意思自治原则对当事人的约定予以确认和保护。

（二）法定抵销的方法

《民法典》第568条第2款规定："当事人主张抵销的，应当通知对方，通知自到达对方时生效，抵销不得附条件或者附期限。"可见，法定抵销应当采用通知的方法，抵销人负有通知对方的义务，抵销人未为通知的或者通知未到达对方的，不发生抵销的法律效力。在司法实践中，权利人除了在诉讼程序外以单方意思表示的方式行使，也可以通过提起诉讼或者申请仲裁的方式行使。也就是说，抵销权既可以通知的方式行使，也可以提出抗辩或者提起反诉的方式行使。③

需要注意的是，抵销通知不得附条件或者附期限。抵销通知自到达对方时双方的债权债务关系消灭，如果抵销通知附条件或期限，会使抵销的效力不确定，这可能损害对方的利益，也不符合抵销的制度价值要求。

（三）法定抵销的效力

法定抵销在当事人一方的意思表示即抵销通知到达对方时发生效力，这种效力主要体现为双方的债权债务关系在抵销额内相互消灭。具体来说，如果当事人双方的债务数额相等，则抵销产生双方的债权债务全部消灭的法律后果；如果当事人双方的债务数额不相等，则抵销不能产生双方的债权债务全部消灭的法律后果，只在抵销额内消灭双方的合同关系，也就是说，数额小的一项债权债务关系消灭，数额大的一项债权债务关系在对等额内消灭，余额部分仍然存在，债务人就此余额部分仍负有清偿责任，且该部分债权的诉讼时效期间重新开始计算。

三、合意抵销

依意思自治原则，双方互负债务的，可以通过订立抵销合同的方式使其债务归

① 王利明等：《合同法》（第三版），中国人民大学出版社2009年版，第217页。

② 林诚二：《民法债编总论——体系化解说》，中国人民大学出版社2003年版，第560页。

③ 最高人民法院民事审判第二庭：《〈全国法院民商事审判工作会议纪要〉理解与适用》，人民法院出版社2019年版，第296~297页。

于消灭。抵销合同的效力体现在两个方面：一个是消灭当事人之间同等数额的债权债务关系，此点与法定抵销的效力相同；一个是可以改变法定抵销的条件。法定抵销要求抵销的意思不得附条件或者附期限，当事人可以以抵销合同排除其适用。

合意抵销与法定抵销的性质不同，两者在以下四个方面存在明显区别：①抵销的发生根据不同。法定抵销基于法律规定而产生，当事人一方行使抵销权，依其单方意思即可主张抵销；合意抵销的产生依据是当事人双方的合意，需要双方协商一致才可进行抵销，只有一方的意思不能产生抵销的效力。②对抵销债务的种类、品质要求不同。法定抵销要求债务的标的物种类、品质相同，故法定抵销通常适用于金钱债务；合意抵销无此要求，不论债务的标的物种类、品质是否相同，只要双方互负债务并经协商一致即可抵销。③对抵销债务的期限要求不同。法定抵销要求当事人双方互负的债务均为到期债务，一方到期一方未到期的债务不得主张抵销；合意抵销无此要求，不论债务是否到期，只要双方协商一致即可抵销。④抵销的程序要求不同。法定抵销中，当事人一方主张抵销的，应当通知对方，通知到达对方时生效，未为通知的或者通知未到达对方的，不发生抵销的法律效力；合意抵销中，不要求履行通知义务，只要双方达成抵销的合意即可发生抵销的法律效力。

第五节　提　　存

一、提存的概念

提存，是指由于债权人的原因而无法向其交付合同标的物时，债务人将该标的物提交给提存部门而消灭合同债务的制度。

债务的履行往往需要债权人的协助。如果债权人无正当理由拒绝受领或者因某种原因不能受领，债务人就无法实现债务的履行，在这种情况下，虽然债权人应承受受领迟延的法律责任，但是债务不能消灭，债务人因债权人的原因而继续受到债务的拘束，显然对债务人不公平。提存制度的设立正好解决了这一问题，通过提存，债务人将无法向债权人交付的标的物提交给提存部门保存，从而免除自己的清偿责任，债权债务关系相应消灭。我国《民法典》合同编把提存规定为债权债务终止的情形之一。

二、提存的条件

提存应符合以下四个条件的要求：

（一）提存主体合格

提存涉及三方当事人：提存人、提存受领人、提存部门。

提存人是指为履行清偿义务而向提存部门提存合同标的物的人，通常为债务人，也可以包括得为清偿的第三人、代理人等。因提存是一种民事法律行为，所以要求提存人申请提存时应具有民事行为能力，且其意思表示真实。

提存受领人通常是提存之债的债权人，也包括得受领清偿的第三人。

提存部门是法律规定的有权接受提存物并为保管的部门，有的国家设有专门的提存所，附属于法院。我国目前的提存部门主要是公证处。

（二）提存债务有效且已届履行期

提存是合同终止的原因，合同存在是发生提存的基本前提，只有存在真实、有效的合同债权债务关系，才有债务人的履行和债权人的受领问题，才有可能发生提存。而且，债务人只有在债务已届履行期时才能进行提存。如果允许债务人在债务未届履行期时即可进行提存，那么等于债务人提前履行债务，而标的物的风险以及提存费用在提存后都由债权人承担，这就加重了债权人的风险负担，增加了债权人的费用承担，对债权人来说明显是不公平的。

（三）提存原因合法

提存不能由债务人任意为之，必须存在合法的原因，否则会造成对债权人不利的后果。提存的原因，也就是在何种情况下可以提存，其根本因素应该是由于债权人的原因导致债务人无法正常履行债务。根据《民法典》第 570 条的规定，有下列情形之一，难以履行债务的，债务人可以将标的物提存：

（1）债权人无正当理由拒绝受领。债权人无正当理由拒绝受领，是指在合同约定的履行期间，债务人提出履行债务的请求，债权人能够并且有义务接受履行，但无正当理由不予受领。构成该提存原因有两个方面的要求，一方面要求必须有债务人现实地提出给付，债务人为履行行为是债权人得为受领的前提，如果债务人没有现实的提出给付则不存在债权人是否受领的问题，也就不能产生债权人拒绝受领；另一方面要求债权人的拒绝受领没有正当理由，一般来说，构成债权人拒绝受领正当理由的可以有：债权人受到了不可抗力的影响，债权人遇到了难以克服的意外情况，合同被解除、被撤销、被确认无效，债务人的履行不适当比如履行标的、履行地点、履行时间、履行方式不符合合同的约定。

（2）债权人下落不明。债权人下落不明，是指债权人离开自己的最后居住地后不知去向、音讯不明，在合理期间内经多方查找仍无下落，包括债权人地址不详、失踪等。在债权人下落不明的情况下，如果债权人已经被人民法院宣告失踪并有财产代管人的，则债务人不能提存而应向财产代管人履行债务，如果债权人有明确的代理人且代理人未下落不明，则债务人也不能提存而应向代理人履行债务。

（3）债权人死亡未确定继承人、遗产管理人，或者丧失民事行为能力未确定监护人。债权人死亡的，其债权可以由继承人继承，在继承人确定后，债务人应向该继承人履行债务。《民法典》第 1145 条规定了遗产管理人制度，债务人可以向遗产管理人履行债务。债权人丧失民事行为能力的，应由其监护人充任的法定代理人代为行使债权，债务人应向该法定代理人履行债务。如果债权人死亡未确定继承人或者丧失民事行为能力未确定监护人，债务人则失去受领人而无法履行债务，此时债务人有权将标的物提存以消灭债务。

（4）法律规定的其他情形。例如，《民法典》第 406 条第 2 款规定："抵押权人能够证明抵押财产转让可能损害抵押权的，可以请求抵押人将转让所得的价款向抵押权人提前清偿债务或者提存。"第 529 条规定："债权人分立、合并或者变更住所没有通知债务人，致使履行债务发生困难的，债务人可以中止履行或者将标的物提存。"又如，《提存公证规则》第 5 条第 2 项规定："债权人不在债务履行地又不能到履行地受领使债务人无法按时给付的，债权人可以申请提存。"

（四）提存标的物适当

提存标的物是指债务人提交提存部门保管的，按照债的要求债务人应当交付给债权人的标的物。提存标的物适当有两个方面的要求，一方面要求提存标的物原则上是债务人应为给付的标的物，即提存标的物应与合同约定相符，即应与按照债的要求债务人应当交付给债权人的标的物相同；另一方面要求提存标的物应适于提存，适于提存的标的物包括货币、有价证券、票据、提单、权利证书、贵重物品、担保物（金）或其替代物等，标的物不适于提存或者提存费用过高的，债务人依法可以拍卖或者变卖标的物，提存所得的价款。不适于提存的标的物如不动产，动产中容易腐烂、毁损灭失的物品，提存费用过高的标的物如需要特殊设备或人工照顾的动物等。①

三、提存的程序

1995 年司法部颁布的《提存公证规则》规定公证处为提存部门，提存行为在此即表现为提存公证。按照《提存公证规则》的规定，办理提存公证的主要程序如下：

提存申请人填写公证申请表，并提交申请人的身份证明，合同等据以履行义务的依据，符合提存条件的证明，提存受领人的姓名、地址、邮编、联系电话，提存标的物种类、质量、数量、价值的明细表等材料。公证人员制作谈话笔录。

公证处对申请是否符合条件进行审查，并在收到申请之日起三日内作出受理或不予受理的决定。对不符合规定的提存申请，公证处不予受理，并告知申请人对不予受理不服的复议程序。

公证处验收提存标的物并登记存档。对不能提交公证处的提存物，公证处派公证员到现场实地验收。验收时，提存申请人或其代理人应当在场，公证员制作验收笔录，公证员、提存人及其他参与人员在验收笔录上签名。对难以验收的提存标的

① 黄立：《民法债编总论》，中国政法大学出版社 2002 年版，第 699 页。

物，公证处可予以证据保全，并在公证笔录和公证书中注明。

经验收的提存标的物，公证处应当采用封存、委托代管等必要的保管措施。对易腐易烂易燃易爆等物品，公证处应当在保全证据后，由债务人拍卖或变卖，提存其价款。对提存的贵重物品、有价证券、不动产或其他物品的价值难以确定的，公证处可以聘请专业机构或人员进行估价。

公证处从提存之日起三日内出具提存公证书。提存之债从提存之日即告清偿。

提存人应将提存事实及时通知提存受领人。以清偿为目的的提存或提存人通知有困难的，公证处应自提存之日起七日内，以书面形式通知提存受领人，告知其领取提存物的时间、期限、地点、方法。提存受领人不清或下落不明、地址不详无法送达通知的，公证处应自提存之日起六十日内，以公告方式通知。

四、提存的效力

提存涉及三方当事人，即提存人、提存受领人、提存部门。相应的，提存的效力也涉及提存人与提存受领人之间的效力、提存人与提存部门之间的效力、提存受领人与提存部门之间的效力三个方面。

（一）提存人与提存受领人之间的效力

债务人将标的物或者将标的物依法拍卖、变卖所得价款交付提存部门时，提存成立。提存成立的，视为债务人在其提存范围内已经交付标的物，债权债务相应终止。

标的物提存后，债务人应当及时通知债权人或者债权人的继承人、遗产管理人、监护人、财产代管人。

标的物提存后，毁损、灭失的风险由债权人承担。提存期间，标的物的孳息归债权人所有，提存费用由债权人负担。

（二）提存人与提存部门之间的效力

债务人有权向提存部门申请办理提存业务，提存申请符合规定条件的，提存部门应当办理提存。

提存人可以凭人民法院生效的判决、裁定或提存之债已经清偿的公证证明取回提存物。提存受领人以书面形式向提存部门表示抛弃提存受领权的，提存人得取回提存物。提存人取回提存物的，视为未提存，因此产生的费用由提存人承担，提存人未支付提存费用前，提存部门有权留置价值相当的提存标的。

（三）提存受领人与提存部门之间的效力

提存部门有保管提存标的物的权利和义务。提存部门应当采取适当的方法妥善保管提存标的，以防毁损、变质或灭失。对不宜保存的、提存受领人到期不领取或超过保管期限的提存物品，提存部门可以拍卖，保存其价款。因提存部门过错造成毁损、灭失的，提存部门负有赔偿责任。

提存部门应当按照当事人约定或法定的条件给付提存标的。债权人可以随时领取提存物，但债权人对债务人负有到期债务的，在债权人未履行债务或者提供担保之前，提存部门根据债务人的要求应当拒绝其领取提存物。《提存公证规则》第28条第1款规定，符合法定或当事人约定的给付条件，公证处拒绝给付的，由其主管的司法行政机关责令限期给付；给当事人造成损失的，公证处负有赔偿责任。

债权人领取提存物的权利，自提存之日起五年内不行使而消灭，提存物扣除提存费用后归国家所有。但是，债权人未履行对债务人的到期债务，或者债权人向提存部门书面表示放弃领取提存物权利的，债务人负担提存费用后有权取回提存物。

除当事人另有约定外，提存费用由提存受领人承担。提存费用包括：提存公证费、公告费、邮电费、保管费、评估鉴定费、代管费、拍卖变卖费、保险费，以及为保管、处理、运输提存标的物所支出的其他费用。提存受领人未支付提存费用前，提存部门有权留置价值相当的提存标的物。

第六节　免除与混同

一、免除

（一）免除的概念与特点

作为合同终止原因的免除，是指债权人抛弃债权的单独行为。《民法典》第575条规定："债权人免除债务人部分或者全部债务的，债权债务部分或者全部终止，但是债务人在合理期限内拒绝的除外。"

免除具有以下四个特点：第一，免除是单方行为。债权人仅依其单方意思表示即发生免除债务人债务的法律效力，不需要债务人的同意。不过，债权人与债务人达成合意并以协议方式免除债务也被法律所允许。第二，免除是无因行为。免除的发生有各种各样的原因，可能是赠与，可能是和解等，但这些原因都不是免除的成立要件，不论其是否成立、是否有效，均不影响免除的效力。第三，免除是无偿行为。免除消灭了债务人的债务负担，但不要求债务人为对待给付。第四，免除是不要式行为。免除的意思表示无须采用特定的形式，书面或口头，明示或默示，均无不可。

（二）免除的条件

免除须具备以下条件，才能发生法律效力：

1. 债权人须具有处分能力

免除是债权人处分债权的行为，首先要求作出免除行为的债权人应具有完全民事行为能力，无民事行为能力人或限制民事行为能力人作为债权人的，免除行为应由其法定代理人代理实施或经其法定代理人同意、追认。其次要求债权人对债权具有处分权，债权人对法律禁止抛弃的债权予以免除债务的，其免除行为无效。例如法定抚养请求权的债权人，不得免除债务人将来的债务。①

2. 免除的意思表示须向债务人为之

免除作为一种单方民事法律行为，其意思表示属于有相对人的意思表示，亦即免除的意思表示应由债权人或其代理人向债务人或其代理人为之，并在到达债务人或其代理人时生效。向第三人为免除的意思表示，不发生免除的法律效力。

3. 免除的意思表示不得撤销

免除为单方民事法律行为，在债权人向债务人作出免除的意思表示后即产生债务免除的法律效力，一旦作出，债权人不得撤销，否则有违诚信原则，还可能会损害债务人的利益。

4. 免除不得损害第三人合法权益

免除虽为债权人的权利，但该权利的行使不得损害第三人的合法权益。例如，已就债权设定质权的债权人不得免除债务人的债务而以之对抗质权人。

（三）免除的效力

免除发生合同的权利义务终止、债权债务消灭的效力。免除全部债务的，债权债务全部终止，免除部分债务的，债权债务在免除的范围内部分终止。需要注意的是，《民法典》第 575 条规定：“债务人在合理期限内拒绝的，不发生免除的效力。”

主债务因免除而消灭的，从债务随之消灭，从债务因免除而消灭的，主债务并不当然随之消灭，例如，保证债务的免除不影响被担保债务的存在，被担保债务的免除则使保证债务消灭。另外，在债务被全部免除的情况下有债权证书的，债务人可以请求返还债权证书。

二、混同

（一）混同的概念

混同是指债权和债务同归于一人而使合同关系消灭的事实。此为狭义的混同，也是本书所述的混同。合同是当事人双方之间的协议，如果债权和债务同归于一人，即当事人双方成为一个法律主体，债权在法律上已无继续存在的必要，混同因而具有使合同关系消灭的法律效力。

广义的混同是指不能并立的两种法律关系同归于一人而使其权利义务归于消灭的现象。它包括三种情形：债权与债务同归于一人，所有权与他物权同归于一人，主债务与保证债务同归于一人。

---

① 黄立:《民法债编总论》，中国政法大学出版社 2002 年版，第 722 页。

（二）混同的成立

混同由债权或债务的承受而产生，其承受包括概况承受和特定承受两种情况。概况承受是发生混同的主要原因，例如企业合并、债务人继承债权人的财产等。特定承受包括债务人受让债权人的债权和债权人承受债务人的债务。

（三）混同的效力

混同的效力在于合同终止、合同关系消灭，主债权消灭时，从权利如利息债权、违约金债权、担保债权等也随之消灭。

《民法典》第576条规定："债权和债务同归于一人的，债权债务终止，但是损害第三人利益的除外。"也就是说，为保护第三人的合法权益，债权并不因混同而当然消灭，在可能损害第三人利益的情况下，混同不发生债权债务终止的效力。例如，债权人以债权出质的，为保护质权人的利益，债权不因混同而消灭，质权人对该债权仍然享有相应的权利。

☞ 案例导读评析

乙公司逾期交付货物的违约行为致使甲公司不能实现合同目的，甲公司有权解除合同，并请求乙公司承担违约责任。7月1日甲公司与乙公司签订的买卖合同合法有效，7月10日乙公司提出延期交货，甲公司不同意，原合同仍然有效。7月15日乙公司未按期交货，其迟延履行的违约行为足以使甲公司订立合同的目的不能实现，故甲公司依据《民法典》第563条第1款第4项有权解除合同。甲公司从丙公司购得棉布后以书面形式通知乙公司解除合同，依据《民法典》第565条规定，甲公司依法行使解除权，法院应确认合同解除的效力。合同解除后，依据《民法典》第566条规定，甲公司有权拒收乙公司延期交付的棉布，并有权要求乙公司赔偿损失。

☞ 本章思考题

1. 试述合同终止的原因与效力。
2. 请问代为清偿需要具备哪些条件？
3. 试述清偿抵充的法定方法。
4. 请问合同法定解除的条件有哪些？
5. 请问法定抵销的条件有哪些？
6. 试述提存的条件和效力。

☞ 案例分析习题

1. 2015年3月1日，甲公司与乙公司达成协议，合同约定乙公司出售给甲公司钢材20吨，甲公司必须于3月10日派人到货仓接运货物。提货期到后，甲公司未提货，乙公司多次催促无果，遂于3月12日将该批钢材降价2万元卖给他人，同时通知甲公司解除合同并要求赔偿2万元损失。甲公司不同意解除合同，并要求乙公司继续履行合同，遂发生纠纷。

请问：

乙公司是否有权解除合同？甲公司与乙公司之间的纠纷应如何解决？

2. 甲装修公司欠乙建材商场货款10万元到期未付，乙商场需付甲公司装修费3万元，该欠费已过诉讼时效。乙公司要求甲公司支付货款10万元，甲公司提出以装修费冲抵货款，甲公司只需支付7万元，乙公司不同意，遂发生纠纷。

请问：

甲公司的主张能否成立？

第八章 违约责任

• 学习目标：

违约责任是合同法律制度的核心内容，故本章在《民法典》第一编通则里地位十分重要，其实用性、操作性都非常强。

1. 通过本章学习，要准确掌握违约责任的概念、归责原则与承担违约责任的条件；

2. 厘清、梳理违约行为的各种形态，以便与相应的违约责任形式对应；

3. 重点理解承担违约责任的形式及其适用规则，明确违约金、赔偿金与定金的关系；

4. 准确掌握违约责任的免责事由。

• 案例导读：

李某为菜农专业户，为保证蔬菜能及时运往市场，就与某运输个体户张某订立一份包运合同。合同约定在3个月内，张某每天上午要为李某运一车菜到市场。合同履行中的某日，张某未给李某运菜，造成李某损失1000元。李某要求张某承担违约责任。张某则称是因为当日修车而未能送菜，主观上并没有想违约，不同意承担违约责任。

请问：

张某对李某的损失是否应承担违约责任？张某的抗辩理由是否成立？

第一节 违约责任概述

一、违约责任的概念和特征

违约责任即合同当事人违反合同的民事责任，具体来说是指合同当事人不履行合同义务或者履行合同义务不符合约定所应承担的法律后果。《民法典》第119条规定："依法成立的合同，对当事人具有法律约束力。"明确了依法成立的合同对当事人产生法律效力。从这个意义上说违反了合同即是违反了法律，违反了合同约定的义务是要受到法律制裁的，可见合同的效力是以违约责任制度作为后盾来予以保障的。

违约责任的特征：

（1）违约责任是因违反合同义务而产生的民事责任。无违约行为即无违约责任，违约责任是法律强制违约人向守约人承担的一种财产责任，与行政责任、刑事责任无关；

（2）违约责任具有补偿性。追究违约责任的目的，主要是弥补违约人因违约行为给守约人造成的财产损失，不管是采取哪种责任承担方式——违约金、赔偿金还是继续履行，所有方式的目的都是一个；

（3）违约责任具有相对性。违约责任只能在特定的当事人之间发生，只有合同当事人之间才可能有违反合同义务的事由发生，也才能据此追究违约人的违约责任，合同关系以外的人不承担违约责任，合同关系以外的人也不能要求合同当事人承担违约责任。

二、违约责任的归责原则

归责原则是确定行为人承担民事责任的根据和准则，是民事责任制度的核心，对违约责任与侵权责任都具有重大意义。违约责任的归责原则，即是指基于什么样的原因才能要求违约的行为人承担违约责任，通常是指要不要考虑行为人主观上的过错。合同法确立什么样的归责原则，将直接影响着违约责任的构成要件和举证责任的分配。违约责任的归责原则，最常见的是过错责任原则、严格责任原则等。大陆法系国家多采过错责任原则，英美法系国家多采取严格责任原则。

我国 1981 年颁布的《中华人民共和国经济合同法》与 1985 年颁布的《中华人民共和国涉外经济合同法》均采用了过错责任原则。依据该归责原则，要当事人承担违约责任必须是当事人基于过错实施了违约行为，有过错则承担违约责任，无过错则不需要承担违约责任，过错成了承担违约责任的必备条件。按照谁主张谁举证的规则，举证责任要由守约人承担。采用这种归责原则制度，明显不利于守约人。1999 年《合同法》第 107 条规定与前两部合同法确立的归责原则不同，当事人承担违约责任的条件是基于违约行为，而没有要求必须是基于过错，此种归责原则被称为严格责任原则。从操作层面看，承担违约责任的构成条件减少，守约人的举证责任减轻，不再需要证明对方违约有过错，只要证明对方有违约行为即可。《民法典》第 577 条沿用了合同法规定："当事人一方不履行合同义务或者履行合同义务不符合约定的，应当承担继续履行、采取补救措施或者赔偿损失等违约责任。"

同时也应予注意，《民法典》第 577 条的规定仅是合同通则的一般规定，还要注意在《民法典》在合同编的典型合同中，某些合同、某些情形还有着不同于通则规定的特殊规定，即改采过错责任原则。涉及此种类型的合同主要有赠与合同、运输合同、无偿保管合同、委托合同、中介合同；涉及法律条文主要有第660条第2款、第662条、第824条、第841条、第897条、第929条、第962条。有鉴于此，可以认为我国合同法律制度确定的违约责任归责原则实际上采取了二元立法模式，即总则中的严格责任与分则中的过错责任相结合的立法模式。①

三、承担违约责任的一般构成要件

所谓承担违约责任的一般构成要件，是指在通常情形下，承担违约责任所要具备的条件。因为违约责任有多种形式，故不同的责任形式还有不同的条件，可称为特殊要件。依据《民法典》规定，承担违约责任的一般构成要件主要有：

（1）合同依法成立、生效，不存在合同不成立、无效或被撤销情形。承担违约责任的首要条件是当事人违反了发生法律效力的合同，只有合同依法成立、生效，合同当事人才能受其约束，该合同才能受到法律保护。若合同不成立、未生效或无效，当事人即使未履行合同义务，也无违约行为一说。

（2）当事人须有违约行为。不管行为人最后承担何种具体的违约责任形式，在合同订立、生效后，当事人须实施了违约行为，可见违约行为乃是承担违约责任的必备条件。所谓违约行为，是指合同当事人不履行合同义务或履行义务不符合约定的种种情形。以买卖合同为例，如出卖人逾期交货或出卖的货物质量有瑕疵；再如买受人逾期付款等。当事人不履行或履行不符合约定的义务应是合同义务，主要是给付义务，包括主给付义务、次给付义务。此外还应包括附随义务与后合同义务。先合同义务应予排除，因先合同义务发生在缔约阶段，合同尚未成立，违反先合同义务承担的是缔约过失责任，而不是违约责任。上述合同义务主要是约定义务，但也包含法定义务。

（3）违约人不存在免责事由。我国《民法典》第577条明确规定了违约责任的归责原则是严格责任原则，即通常情形下，只要当事人有违约行为就要承担违约责任。但同时也要注意当事人是否存在免责事由，若存在免责事由，违约人免除承担违约责任。可见承担违约责任须排除存在免责事由，故违约人不存在免责事由，可作为承担违约责任的其中一个条件。免责事由即免除违约人承担违约责任的事由，包括法定免责事由和约定免责事由。法定免责事由是法律规定的免责事由，如《民法典》第590条规定：当事人一方遇到不可抗力，应予免除或减轻违约责任。约定免责事由是双方当事人预先在合同中约定的，当出现一定的情形时，当事人虽

① 陈小君：《合同法学》，高等教育出版社2009年版，第274页。

有违约行为也可免责。

第二节　违约行为形态

一、违约行为的概念和特征

违约行为是指合同当事人违反合同义务的行为。违约行为包括不作为、作为两种形式：前者即合同约定的义务当事人没有履行，通俗的说是合同要求当事人做的事情当事人没有做，如当事人没有在合同约定时间交货或付款，同时也包含合同要求做的事情没做好，如出卖人的货物质量不合格，或买受人未足额付款；后者即当事人实施了合同禁止实施的行为，如当事人违反保密义务，实践中作为形式的违约较为少见。违约行为的对象，包括违反了主给付义务、次给付义务、附随义务与后合同义务。

违约行为的特征：

（1）违约行为通常不考虑违约人主观上是否有过错，只要有违约行为就应当承担违约责任，这是《民法典》合同通则所确定的归责原则——严格责任原则的要求；

（2）违约行为形态多为不作为，即当事人未按合同约定履行义务，这是因为合同义务主要是给付义务，多属不作为行为性质的义务；

（3）违约行为的主体通常是合同债务人即负有合同债务的一方当事人，双务合同中的各方当事人都可能成为违约行为人；

（4）违约行为会有多种类型，或是在履行时间上、或是在交付的货物质量上、或是在履行方式上出现了问题等，呈现着违约行为形态的多样性与复杂性。

二、违约行为的形态

违约行为的形态简称为违约形态，是指对合同当事人的违约行为因违反了不同的合同义务所作的分类。违约形态不同，承担违约责任的形式则可能不同。故对违约形态的准确梳理将对正确的适用违约责任至关重要。

《民法典》第577条应是违约形态的核心内容，该规定将违约形态概括为“不履行合同义务”和“履行合同义务不符合约定”两种基本类型。此外，还有相关法律规定了违约行为的具体形态，第563条规定了“拒绝履行”和“迟延履行”两种形态；第578条规定了“拒绝履行”，第579条规定了“不履行金钱债务”的违约形态，第580条规定了“不履行非金钱债务”的违约形态，第582条规定了“履行标的质量不符合约定”的违约形态等。

（一）不履行合同义务

不履行合同义务也称为根本违约，主要包括拒绝履行与不能履行两种类型。

1. 拒绝履行

拒绝履行包括传统的实际违约与预期违约。

（1）预期违约。所谓预期违约又称先期违约，是指在合同生效后、履行期限到来前，一方当事人明确告知对方当事人将不履行合同或用行动表明不履行合同。《民法典》第578条沿用了原《合同法》第108条规定："当事人一方明确表示或者以自己的行为表明不履行合同义务的，对方可以在履行期限届满前请求其承担违约责任。"该条规定即为预期违约。1999年前的几部合同法均无预期违约的规定。

（2）实际违约。除逾期违约外，拒绝履行还有其他类型，如合同履行期限到来后、届满前的拒绝履行；履行期限届满后的拒绝履行。实践中，实际违约形态更为常见。

拒绝履行通常是明示，但也可能是默示。拒绝履行往往是行为人客观上有能力履行而基于自身原因的不履行。

2. 不能履行

不能履行又可以称为履行不能，给付不能，是指合同债务最终没有履行，通常是由于客观上没有履行能力或者法律上禁止债务的履行。实践中要分清楚履行不能的类型与特定含义，明确违约形态。

（1）自始不能与嗣后无能。自始不能是指在合同成立之时，给付即为不可能；嗣后不能是指在合同成立后给付不可能。此处通常指嗣后不能，自始不能涉及合同效力问题，违约人有欺诈之嫌。

（2）永久不能与一时不能。永久不能是指在履行期限内存在履行障碍，债务人不能履行合同债务；在履行期限内，如果仅在一段时间之内不能履行则属于一时不能，一时不能属于履行迟延，而不属于履行不能。此处仅指永久不能。

（3）全部不能与部分不能。全部不能是指全部合同债务均不能履行，部分不能则是指部分合同债务不能履行，此处仅指全部不能。部分不能属于履行合同义务不符合合同约定的违约形态。

（4）客观不能与主观不能。客观不能通常是指合同不能履行的原因是基于债务人以外的原因，主观不能是债务人自身原因造成的。此处是指客观不能。主观不能通常属于拒绝履行。当然，主观不能与客观不能同属于不履行合同义务的违约形态。

（5）事实上的不能与法律上的不能。事实上的不能履行也称自然不能履行，是基于自然客观情况发生导致的，如标的物的灭失。而法律上的不能则通常是指合同不能履行是因为法律的障碍，如合同标的物为禁止流通物，则合同无效。故此处的不能主要是指事实上的不能。

不履行合同义务（根本违约）的违约责任，在计算方法上通常是以合同总价款作为违约基数来计算的。

（二）履行合同义务不符合约定

履行合同义务不符合约定为违约行为的另一大类型，与根本违约存在着程度上的差异。合同履行的基本原则是适当履行、全面履行，故此种违约行为也可称为不适当履行、不完全履行。此种违约形态下，虽然合同当事人有履行合同义务的给付行为，但在合同标的、质量、数量、履行期限、履行地点或履行方式上等其中任何一项或数项的履行不符合合同约定。分述如下：

1. 迟延履行

迟延履行通常是指合同成立、生效后，债务人没有按时履行合同义务，即在合同约定的履行期限内没有履行合同义务，即使在债权人要求下债务人继续履行合同义务或者自动履行义务，但已逾期。如何认定迟延履行，合同履行期限是一个重大问题。常见的合同履行期限有以下几种情形：

（1）只注明终期：如某年某月某日之前。

（2）有始期也有终期：从某时起到某时止。迟延履行承担的违约责任主要是逾期交货或逾期付款的违约责任，实践中是以逾期交货或逾期付款的金额作为违约基数乘以日滞纳金、再乘以天数，得出逾期付款的违约金。

怎样看待提前履行？提前履行是否违约？主要是看提前履行是否有利于债权人，故债务人提前履行应当征得债权人同意，否则应视为违约。

2. 不适当履行

不适当履行通常是指合同标的乃至质量标准不符合合同约定，这也是合同里履行中常见的违约现象。不适当履行主要是指瑕疵给付。所谓瑕疵给付是指合同标的质量不符合要求，如买卖合同出卖人交付的货物可能是全部不合格或者部分不合格。具体处理方法由债权人决定，实践中可采取退货、换货修理，或者按质论价。换货通常会推迟了交货时间，其违约责任可以比照迟延履行的违约责任，若造成其他损失可以再另行追加赔偿要求。

需要注意的是，按照 1999 年《合同法》规定，不适当履行还包括加害给付。所谓加害给付是指债务人的给付不仅是质量不合格，而且在使用中还造成了使用者的人身伤害或财产损失。如某消费者从某家电经营者购买了彩色电视一台，若彩电仅仅是屏幕上有雪花、图像不清晰，可以认定属于瑕疵给付；但若电视显示屏爆炸，造成消费者受伤，则不属于一般的瑕疵给付，应认定为加害给付。

按照《合同法》相关规定，加害给付既是一种违约行为，同时也是一种侵权行为，属于民法上的责任竞合。作为消费者采用何种救济途径维护自身的权利，即要求经营者承担违约责任还是侵权责任，由消费者按照最有利于维护自身权益的路径选择。原《合同法》第 122 条对此作了明确规定。而《民法典》合同编删去了此规定。《民法典》第 1202 条规定："因产品存在缺陷造成他人损害的，生产者应当承担侵权责任。"按照《民法典》确立的制度，加害给付不再认为是责任竞合，而是侵权责任。

3. 不完全履行

不完全履行常态下表现为标的数量不足、短缺，债权人有权要求债务人补足。追究债务人违约责任可参照逾期交货的方法。在特殊情形下，也可能存在数量超出合同约定又为债权人所不需要的情形，债权人有权对该部分货物退货，损失由债务人承担。

4. 履行合同义务不符合约定的其他形态

主要包括履行地点和履行方式问题。

（1）履行地点问题。合同约定的履行地点也须严格遵守，如交货地点确定在买受人住所地，那么出卖人就没有理由要求买受人到出卖人所在地提货。应按照合同约定履行，否则为违约行为。

（2）履行方式问题。以买卖合同为例，最常见的是运输方式问题，即是采用公路运输、铁路运输、水上运输还是空中运输？此外合同的付款方式也是时常发生的问题，转账支付、票据支付、信用证支付、电汇还是现金支付？上述履行方式都应按照合同约定履行，否则为违约行为。

第三节 承担违约责任的形式

按照《民法典》合同通则第八章的规定，承担违约责任的形式主要有继续履行、采取补救措施、适用定金罚则、支付违约金、赔偿损失等方式。

《民法典》第577条规定："当事人一方不履行合同义务或者履行合同义务不符合约定的，应当承担继续履行、采取补救措施或者赔偿损失等违约责任。"

一、继续履行

（一）继续履行的概念

继续履行又称实际履行、强制履行，是指在违约方违反合同义务（尤其是根本违约）后，非违约方要求其按照约定的合同义务继续履行。依《民法典》第577条的规定，继续履行是违约方承担违约责任的基本形式之一。

（二）继续履行的条件

继续履行应当具备以下条件：

（1）合同依法成立、有效；

（2）守约方要求继续履行；

（3）违约方能够履行且标的适于履行；

（4）不适用合同解除情形。

（三）继续履行的类型

1. 金钱债务

《民法典》第579条规定："当事人一方未支付价款、报酬、租金、利息，或者不履行其他金钱债务的，对方可以请求其支付。"合同中约定了上述金钱债务的，一方当事人未履行，对方享有继续履行请求权。

2. 非金钱债务

（1）非金钱债务的继续履行；

（2）非金钱债务不再继续履行；

根据《民法典》第580条规定，非金钱债务将不再继续履行的情形有三种：

第一，法律上或者事实上不能履行；

第二，债务的标的不适于强制履行或者履行费用过高；

第三，债权人在合理期限内未请求履行。

有上述规定的除外情形之一，致使不能实现合同目的的，人民法院或者仲裁机构可以根据当事人的请求终止合同权利义务关系，但是不影响违约责任的承担。

（3）负担由第三人替代履行的费用。

《民法典》第581条规定："当事人一方不履行债务或者履行债务不符合约定，根据债务的性质不得强制履行的，对方可以请求其负担由第三人替代履行的费用。"此为《民法典》新增加的规定。

二、采取补救措施（修理、重作、更换、退货、减少价款或报酬）

《民法典》第582条规定："履行不符合约定的，应当按照当事人的约定承担违约责任。对违约责任没有约定或者约定不明确，依据本法第五百一十条的规定仍不能确定的，受损害方根据标的的性质以及损失的大小，可以合理选择请求对方承担修理、重作、更换、退货、减少价款或者报酬等违约责任。"

该规定主要适用于瑕疵履行的违约形态。多见于买卖合同、承揽合同等涉及产品或承揽物质量问题。修理、重作、更换与减少价款或报酬也都属于继续履行合同的补救措施，而退货通常是解除合同。

三、适用定金罚则

（一）定金的概念

定金是合同当事人在订立合同时预先约定将一定数额的金钱作为履行合同的担保，当一方当事人违约时，适用定金罚则。由此可见，定金既是债的担保方式，也是违约责任的一种承担形式。1995年《担保法》第六章规定了定金制度。1999年合同法在第七章违约责任中作了规定。《民法典》在合同编通则违约责任一章中用586、587、588三个条文规定了定金制度。其中《民法典》第586条第1款规定：

"当事人可以约定一方向对方给付定金作为债权的担保。"第587条则规定:"债务人履行债务的，定金应当抵作价款或者收回。给付定金的一方不履行债务或者履行债务不符合约定，致使不能实现合同目的的，无权请求返还定金；收受定金的一方不履行债务或者履行债务不符合约定，致使不能实现合同目的的，应当双倍返还定金。"

从《民法典》规定看，对定金适用条件与合同法相比有些变化。

(二) 定金的适用条件

适用定金罚则首先要求合同依法成立、生效；其次，定金合同本身也要符合法律规定。适用定金罚则应具备如下条件：

(1) 定金是一种从合同，依附于主合同。适用定金罚则首先要求主合同依法成立、生效，若主合同不成立、无效，定金合同也不成立、无效；

(2) 定金合同为不要式合同。原《担保法》第90条要求定金应当以书面形式约定，而《民法典》对此没有要求，应当理解为可以是书面形式，也允许口头形式，故定金合同由要式合同转为不要式合同；

(3) 定金合同为实践合同。《民法典》第586条第1款规定:"当事人可以约定一方向对方给付定金作为债权的担保。定金合同自实际交付定金之日起成立。"如果应当交付定金的一方当事人在合同履行中未向对方交付定金，应当怎么看待此行为？通常应视为定金合同未成立，而不是交付定金的一方违约，故不能追究一方的违约责任。因定金是约束双方当事人的，乙方未交付定金视为定金合同未成立，故排除定金罚则的适用。

(4) 定金的最高额受法律限制。《民法典》第586条第2款规定:"定金的数额由当事人约定，但是不得超过主合同标的额的百分之二十，超过部分不产生定金的效力。实际交付的定金数额多于或者少于约定数额的，视为变更约定的定金数额。"

(5) 定金适用变化。根据《民法典》第587条规定，与《合同法》相比，定金除了适用根本违约形态外，也可以适用部分违约形态，含义比合同法确切。但按照《民法典》规定，不管哪种违约形态，适用定金的一个必要条件是不能实现合同目的。这对原《合同法》的一个重要修改。

(三) 定金适用中容易混淆的问题

在实践中，定金多用在买卖合同、承揽合同、建设合同等典型合同中。在民间，由于法律知识欠缺，定金适用较为混乱，许多人分不清定金与预付款、订金的区别，导致此方面纠纷频频发生。

(1) 区分定金与预付款。在买卖合同中，定金与预付款都经常用到。如果合同履行了，二者区分意义不大，都可以采用多退、少补的方法；但若有违约行为发生，后果则明显不同，对违约方会适用定金罚则，而交付预付款的则不存在罚则适用，而是退补问题；

（2）区分定金与订金。实践中一方交付的订金也不会发生罚则，订金的作用与预付款类似。商品房买卖中的意向书中的订金不能发生定金罚则。

四、支付违约金

（一）违约金的概念

违约金是合同当事人预先约定的一方当事人不履行合同义务或履行合同义务不符合约定时，应向对方当事人支付的一定数额的金钱。《民法典》第585条规定："当事人可以约定一方违约时应当根据违约情况向对方支付一定数额的违约金，也可以约定因违约产生的损失赔偿数额的计算方法。"可见，在实践中，违约金可以是当事人确定的一笔明确数额，也可以采用违约基数乘以一定比例或其他计算方法。

（二）违约金的分类

1. 约定违约金与法定违约金

违约金通常是由双方在签订的合同中预先约定的，故也称为约定违约金。此外，违约金也可能由法律直接规定，称为法定违约金，《民法典》没有规定法定违约金，法定违约金常见于特别法。

2. 补偿性违约金与惩罚性违约金

由民事责任的补偿性特点决定，守约人损失多少，违约人补偿多少，故违约金通常为补偿性的。但也有例外，因为支付违约金并不以受约人的实际损失为必要条件，如果守约人并未有因为对方违约遭到损失或损失小于违约金数额时，可以认为此时的违约金具有惩罚性。

（三）支付违约金的适用条件

支付违约金应当具备什么条件？这是支付违约金首先应当明确的问题。应当说，在几种承担违约责任形式中，支付违约金的条件要求最低。

1. 合同依法成立、有效

要求违约人支付违约金，首要条件是合同须成立、有效，如果合同不成立、未生效或无效，是不能要求当事人支付违约金的。实务中，有律师在诉状的诉讼请求中，既要求法院认定合同无效，同时又要求法院责令被告承担违约责任，应当说两个诉讼请求在逻辑上是矛盾的。若追究对方当事人的违约行为，则须以合同的有效为前提；若主张合同无效，则对方不存在什么违约行为了，有损失应要求过错方赔偿。

2. 合同当事人有违约行为

若要支付违约金，合同当事人须有违约行为，这是追究违约责任的客观要件，必不可少。实务中，首先要搞清楚对方当事人是违约行为的哪一种形态，从而要求对方承担相应的违约责任。按照谁主张谁举证的要求，原告要承担对方违约的证明责任，即按照合同约定，对方没有履行合同义务或履行义务不符合约定。对于前者通常不需要举证，只是提出判断即可，对方反驳则须举出履行合同义务的证据；后者则须原告举出证据证明对方履行的义务不符合约定，举证责任重。

（四）违约金的具体适用

法律设定违约金的目的是为了让合同双方当事人严格遵守合同，适当、全面地履行合同义务，违约金对当事人双方都有约束力，是一把双刃剑。当事人在订立合同的时候，对违约金的约定一方面应当慎重，在哪些环节设定违约金，怎么设定，应通盘考虑；另一方面，又应当积极设定，充分运用法律提供给合同当事人的手段，制约对方可能发生的违约行为。

在合同履行中，当一方当事人违约时，对方当事人就可以直接按照合同条款，要求对方支付违约金。若违约人不自动履行，守约人则可以将对方诉至法院请求法院追究被告的违约责任。合同中约定的违约金是不是确定的可以得到法院支持？通常会。但如果违约金约定过高，违约人可以向法院提出要求降低；若违约金低于守约人遭到损失的，守约人可以向法院申请提高，当事人提出的请求若有依据，法院依法会予以支持。《民法典》第 585 条第 2 款规定："约定的违约金低于造成的损失的，人民法院或者仲裁机构可以根据当事人的请求予以增加；约定的违约金过分高于造成的损失的，人民法院或者仲裁机构可以根据当事人请求予以适当减少。"如何认定违约金低于或过分高于给守约人造成的损失？就前者而言，守约人须首先计算出因对方违约给自己造成的实际损失，与合同约定的违约金数额或根据违约金计算方法计算出的数额比较便知。就后者看，违约人认为违约金过分高于造成的损失，那么首先守约人要报出实际损失。需要注意，对违约金与实际损失不一致的两种情形合同法确立的适用规则不同，若违约金低于损失，可以要求增加；而对第二种情形，合同法规定的不是违约金"高于"造成的损失，而是"过分高于"造成的损失。何谓"过分高于"，一般认为高于当地指导价或者市场交易价百分之三十的，可以视为明显不合理的高价。若虽超过损失但未达到百分之三十，可不视为"过分高于"，自不必降低违约金。

实践中还有一个值得注意的问题，即合同中若既约定了违约金，又约定了定金且定金已经交付，那么当一方违约时，违约人该如何承担违约责任？守约人可否要求同时适用？《民法典》第 588 条规定："当事人既约定违约金，又约定定金的，一方违约时，对方可以选择适用违约金或者定金条款。"可见，依此规定，二者不可同时适用，守约人只能选择其中一种即对自己利益最大化的救济方式来适用。

五、损害赔偿

（一）概念

损害赔偿也可称为损害赔偿金，是指一方当事人违约给对方当事人造成损失后，守约人可以根据发生的实际损失要求违约人赔偿一定数额的金钱。《民法典》

第583条规定："当事人一方不履行合同义务或者履行合同义务不符合约定的，在履行义务或者采取补救措施后，对方还有其他损失的，应当赔偿损失。"

除此之外，在违约人在履行义务或采取了补救措施后守约人仍然有损失的，可以要求违约人赔偿，且损害赔偿金也可以由法律直接作出规定，如《消费者权益保护法》第55条规定，对经营者欺诈消费者的行为除退还本金外，还要支付三倍于本金的赔偿。法定违约金通常具有惩罚性，故有法定赔偿金时不需当事人在合同中约定赔偿金，可以径行适用法定赔偿金。

（二）损害赔偿的适用条件

1. 一方当事人存在违约行为

一方当事人没有履行合同义务或履行义务不符合约定，承担损害赔偿责任与承担支付违约金责任一样，也一定要求有违约行为。既然是违约行为，那也一定是以该合同成立、有效为前提。承担违约责任的损害赔偿不同于承担缔约过失责任的赔偿，更不同于侵权损害赔偿，后两种损害赔偿责任都是非合同责任，不要求有合同关系或以成立、生效的合同为前提。

2. 另一方当事人遭受财产损失

违约人承担损害赔偿责任的前提是发生了损害事实，给守约人造成了损害结果，而承担支付违约金责任不要求有此条件，这是二者在适用条件上的一个重大区别。根据《民法典》第584条的规定："当事人一方不履行合同义务或者履行合同义务不符合约定，造成对方损失的，损失赔偿额应当相当于因违约所造成的损失，包括合同履行后可以获得的利益；但是，不得超过违约一方订立合同时预见到或者应当预见到的因违约可能造成的损失。"

那么，财产损失应当如何计算？包括哪些范围？通常认为，财产损失包括直接损失和间接损失，直接损失是由于违约人的违约行为造成了守约人固有财产的减少；间接损失是该违约行为造成了守约人本应当增加的财产没有增加。对于后者《民法典》有可预见性规则的限制，即不得超过违反合同一方订立合同时预见到或者应当预见到的因违反合同可能造成的损失。财产损失的范围可根据交易性质、合同目的等因素，主要包括生产利润损失、经营利润损失和转售利润损失等类型。其中，在生产设备和原材料等买卖合同违约中，因出卖人违约而造成买受人的可得利益损失通常属于生产利润损失；在承包、租赁经营合同以及提供服务或劳务的合同中，因一方违约造成的可得利益损失通常属于经营利润损失；连环买卖合同中，因上一手出卖人违约而造成其后的转售合同出卖人的可得利益损失通常属于转售利润损失。①

3. 财产损失与违约行为之间存在因果关系

---

① 参见最高人民法院关于审理民商事合同司法解释。

这是承担损害赔偿责任的第三个条件，强调的是守约人的损害后果一定是由于违约人的违约行为造成的，即二者之间存在因果关系，若一方当事人虽然有损害事实发生，但与违约人的违约行为无关，则不能要求违约人承担赔偿损失的违约责任。

4. 违约方不存在免责事由

基于《民法典》第 590 条的规定，在归责原则上采用严格责任原则，故要求违约方承担违约责任的第四个条件是不存在免责事由，既不存在《民法典》590 条规定的法定免责事由——不可抗力，也不存在当事人在合同中预先约定的免责条款。这与非合同责任的损害赔偿责任的要求不同，后者通常是要求加害人在主观上要有过错——故意或过失。

（三）损害赔偿范围及限制

损害赔偿金的具体适用是一个较为复杂的问题。在计算损失特别是间接损失的时候，往往争议较大，合同法对赔偿范围做了一定限制。

1. 可预见性规则的适用

可预见性规则主要涉及赔偿间接损失的问题。可预见性规则是指违约方只对在合同订立时能够合理预见的损害进行赔偿，而不能是对所有的间接损失一律赔偿。《民法典》第 584 条规定："当事人一方不履行合同义务或者履行合同义务不符合约定，给对方造成损失的，损失赔偿额应当相当于因违约所造成的损失，包括合同履行后可以获得的利益，但不得超过违反合同一方订立合同时预见到或者应当预见到的因违反合同可能造成的损失。"以转售合同为例，因上一手出卖人违约而造成其后的转售合同出卖人的可得利益损失通常属于转售利润损失，转售利润损失可以要求违约方赔偿，但赔偿范围应当考虑违约人在签约时是否预见，而不应该是无限制的。审查该问题的关键是看违约人在签约时是否知道若自己违约会给对方造成多大损失包括转售损失。

2. 减轻损失规则的适用

减轻损失规则简称减损规则，是指在合同履行中一方违约并造成损失后，另一方应及时采取合理措施以防止损失的扩大，否则对扩大的损失部分自行承担责任。《民法典》第 591 条规定："当事人一方违约后，对方应当采取适当措施防止损失的扩大；没有采取适当措施致使损失扩大的，不得就扩大的损失请求赔偿。当事人因防止损失扩大而支出的合理费用，由违约方负担。"减损规则告诉我们，当一方当事人违约造成损失时，另一方当事人若坐视不管、无动于衷，放任违约行为产生的损害后果，那么由此产生的后果并不能都由违约人负担，对扩大的损失部分是要自行承担责任的。

3. 双方违约情形

双方违约是指在合同履行中，合同双方当事人都有违约行为，应当承担各自相应的责任。《民法典》第 592 条规定："当事人都违反合同的，应当各自承担相应的责任。当事人一方违约造成对方损失，对方对损失的发生有过错的，可以减少相应的损失赔偿额。"在双方违约中，要注意区分每一方当事人分别违反了合同中的哪一种义务，是给付义务还是附随义务？若是给付义务，究竟是主给付义务还是从给付义务？由于每一种义务在合同义务中的地位不同，违约责任自然也不相同。通常违反给付义务的责任重于违反附随义务的责任，违反主给付义务的责任重于从给付义务责任。不可简单从事，各打五十板。同时注意，《民法典》第 592 条第 2 款增加了与有过失的规定，守约方对造成损失也有过错的，可减少违约人赔偿额度。

（四）损害赔偿金的具体适用

1. 损害赔偿形式适用于违约形态的类型

一般认为，赔偿损失的违约形式适用范围最广，既可以适用根本违约，也可以适用不适当、不完全履行合同。具体适用情形如下：

（1）合同中若没有约定违约金，适用损害赔偿金；

（2）虽约定违约金，但违约金低于损失，可用损害赔偿金补足。

（3）违约方继续履行或采取补救措施后守约方仍有损失，用损害赔偿金补足。

2. "三金"的关系问题

损害赔偿金与违约金、定金可否并用？

（1）损害赔偿金与违约金。由民事责任的补偿性特点决定，违约金与损害赔偿金应是补充关系，当合同约定的违约金等于或高于损失时，不能再提出损害赔偿要求；但违约金低于违约造成的损失时，可以采用要求提高违约金的方法，也可以采用以损害赔偿金补足的方法。

（2）损害赔偿金与定金。损害赔偿金与定金可否并用？《民法典》与《合同法》一样没作规定。基于《民法典》对违约金与定金不能并用的规定，当合同对定金有约定且定金合同成立时，守约人通常应先选择适用定金，当选择定金罚则之后若仍有损失，可主张用损害赔偿金补足。当然也可以选择退回定金，或定金没有成立时，直接适用损害赔偿请求权。

第四节　免 责 事 由

一、免责事由概述

免责事由是指法律规定的或当事人约定的免除违约当事人承担违约责任的情形。免责事由包括法定免责事由和约定免责事由两种。

二、法定免责事由

法定免责事由包括一般法定免责事由与特别法定免责事由，前者是指不可抗力，后者为法律的特别规定。

（一）一般法定免责事由—不可抗力

一般法定免责事由，是指具有普遍适用性的免责事由，即对于各种合同都适用的免责事由。①《民法典》总则第180条规定："因不可抗力不能履行民事义务的，不承担民事责任。法律另有规定的，依照其规定。"据此规定，不可抗力为一般法定免责事由。

《民法典》第180条第2款规定："不可抗力是指不能预见、不能避免且不能克服的客观情况。"不可抗力是合同履行期间发生的一些严重影响合同履行的客观情况。所谓不能预见是指当事人在签订合同时预见不到该种情形以后会发生；不能避免是指当事人尽最大努力也避免不了该种情形所带来的影响；不能克服是指根据合同履行时的条件和能力抵御不了不利后果。作为不可抗力，"三不"应同时具备。不可抗力包括自然现象如地震、火山爆发、洪水等自然灾害，社会现象主要为战争、政府行为、社会骚乱等。哪些社会现象属于不可抗力，当事人在签订合同时最好事先约定，免得发生纠纷后各执一端。

《民法典》第590条规定："当事人一方因不可抗力不能履行合同的，根据不可抗力的影响，部分或者全部免除责任，但是法律另有规定的除外。因不可抗力不能履行合同的，应当及时通知对方，以减轻可能给对方造成的损失，并应当在合理期限内提供证明。当事人迟延履行后发生不可抗力的，不免除其违约责任。"根据《民法典》相关规定，因发生不可抗力导致一方当事人不能履行合同义务的，不属于违约行为，可部分或全部免除责任。但发生不可抗力的一方有通知义务并在合理期限内提供证明。要特别注意的如果是迟延履行合同时发生了不可抗力，并不能免责。

（二）特殊法定免责事由

特殊法定免责事由是指某种特定的合同才能适用的免责事由。如《民法典》第832条规定了承运人对货损的法定免责事由："承运人对运输过程中货物的毁损、灭失承担赔偿责任。但是，承运人证明货物的毁损、灭失是因不可抗力、货物本身的自然性质或者合理损耗以及托运人、收货人的过错造成的，不承担赔偿责任。"类似的还有《民法典》第917条规定了保管人的法定免责事由："储存期内，因保管不善造成仓储物毁损灭失的，保管人应当承担赔偿责任。因仓储物本身的自

① 郭明瑞、张平华：《合同法学案例教程》，知识产权出版社2003年版，第122页。

然性质、包装不符合约定或者超过有效存储期造成仓储物变质、损坏的，保管人不承担赔偿责任。”

上述特殊法定免责事由主要包括两方面内容：第一，货物的自然性质与合理损耗。适用于货物运输合同与仓储合同中的货物；第二，对方当事人及第三人的过错。包括《民法典》第832条规定的货物运输合同中托运人、收货人的过错；《民法典》第917条规定的仓储合同中存货人的过错，如包装不符合约定等。

三、约定免责事由

约定免责事由即免责条款，是指当事人在合同中约定免除违约人承担违约责任的事由的具体条款。在合同签订时，合同双方当事人可充分协商，约定免责事由。有关免责事由条款应当符合自愿、合法的要求。

（一）约定免责事由应当自愿、合法

（1）约定免责事由不得违背法律的强制性规定，违背《民法典》第153条规定的，该条款无效。

（2）约定免责事由必须是基于双方自愿所作出的真实意思表示，不存在欺诈胁迫或重大误解等情形，若违背《民法典》第147条至151条规定的，当事人可主张撤销。

（二）格式条款不得违背法律的强制性规定

（1）约定的免责事由不能是造成人身损害的，对财产损失的免责事由不能是基于故意或重大过失造成的。《民法典》第506条规定：“合同中的下列免责条款无效：（一）造成对方人身损害的；（二）因故意或者重大过失造成对方财产损失的。”

（2）格式化的免责条款不得不合理地免除条款拟定方的责任、加重对方的责任以及排除对方的主要权利。《民法典》第497条明确规定，若出现上述情形，该条款无效。

第五节　因第三人的原因造成的违约的处理

一、基本含义

因第三人的原因造成的违约，是指由于第三人的行为（侵权行为或违约行为），造成了在本合同中对对方当事人的违约，此种情况应当如何处理？在民间，当发生此种情形时，常见违约方的抗辩是违约时由于第三方原因造成的，故主张守约方向第三方索赔，自己不承担违约责任。此种抗辩没有法律依据。

二、适用规则

《民法典》第593条规定：“当事人一方因第三人的原因造成违约的，应当向对方当事人承担违约责任。当事人一方和第三方之间的纠纷，依照法律规定或者按照约定处理。”该规定划分的法律责任十分明确，体现了合同相对性的原理。当存在两个以上的法律关系时，先解决该合同法律关系中责任问题。只要当事人一方存在违约行为，就应向对方承担违约责任，而不能让第三人向对方承担责任，因第三人不是合同当事人；违约人在向对方承担了违约责任之后，再去追究另一个法律关系中第三人的侵权责任或违约责任。

此外，《民法典》在本章结尾还规定了特殊时效。

《民法典》第594条规定：“因国际货物买卖合同和技术进出口合同争议提起诉讼或者申请仲裁的时效期间为四年。”一般合同纠纷的时效，应当按照《民法典》第188条规定，诉讼时效为三年。因国际货物买卖合同与技术进出口合同都是具有涉外因素的合同，故多了一年。

☞ 案例导读评析

张某的行为构成违约，应当对李某承担违约责任。因合同约定，张某需在三个月内每天上午为李某送菜，而张某间断了一天，导致李某损失1000元，张某的违约行为与李某的损失存在因果关系。张某的抗辩理由不成立，因我国合同法在归责原则上适用严格责任原则，不要求行为人有过错，只要有违约行为就应承担违约责任。

☞ 本章思考题

1. 什么是违约行为？违约行为的特征？
2. 承担违约责任的归责原则？怎样理解严格责任原则？
3. 违约行为有哪些形态？
4. 什么是违约责任？承担违约责任的条件是什么？
5. 承担违约责任的形式有哪些？
6. 违约责任的免责事由有哪些？

☞ 案例分析习题

1. 2020年2月中旬，孙某与某房地产开发公司签订了商品房买卖合同，合同约定该商品房的交付时间是同年 8 月底，孙某按时交付了房款。2020 年 2 月下旬开始，发生了“新型冠状病毒疫情”。为避免疫情扩大，国家采取了紧急措施，限制人员与物资的流动，致使该房地产开发公司从广东（疫区）购买的水泥不能按计划运到，该楼盘工程被迫停工，直到 4 个月后才恢复施工。2020 年 12 月底，开发公司通知孙某办理收房手续。孙某认为开发公司延迟交付所购房屋，应承担逾期交付的违约责任。开发公司则主张是疫情造成的，疫情属于不可抗力，应当免责。孙某将该开发公司起诉到法院，要求其承担逾期交付房屋的违约责任。

请问：

（1）该房地产开发公司是否对孙某构成违约行为？为什么？

（2）是否应对孙某承担违约责任？为什么？

2. 某供销公司与某电视机厂签订一份购买电视机合同。合同约定：供销公司购买电视机 100 台，由电视机厂于 1 个月内送货，货到后 5 日内付款。合同签订后，电视机厂按照约定的时间组织送货。但在送货途中，因王某的拖拉机违章驾驶造成电视机厂送货车翻车，部分电视机损毁。因电视机厂未能在规定日期内将货送到，供销公司要求电视机厂承担违约责任，电视机厂则主张未及时到货是王某造成的，供销公司应向王某要求赔偿。

请问：

（1）本案中电视机厂是否构成违约？为什么？

（2）其抗辩理由能否成立？为什么？

（3）本案应如何处理？为什么？

第二编　典型合同

第九章　买卖合同与赠与合同

● **学习目标：**

1. 掌握买卖合同的成立与生效；
2. 掌握买卖合同双方当事人的权利和义务；
3. 掌握标的物所有权转移的规则；
4. 掌握标的物风险承担的规则；
5. 了解特种买卖的特殊规则。

● **案例导读：**

甲方卖给乙方一匹马，于2009年1月1日交付。价款2万元，约定分期付款，从1月起每月交付2000元。该马交付后，乙方连续3个月没有付款，并将该马租给丙方1个月，获利800元。在租赁期间，生一小马。

请问：

1. 所有权何时转移？风险何时转移？孳息归属？
2. 甲方有无单方解除权？合同解除后应当如何处理财产？

第一节　买 卖 合 同

一、买卖合同概述

（一）买卖合同的概念和特征

买卖是最为常见的交易行为，买卖合同则是最为重要、最具有典型意义的合同。《民法典》第595条规定："买卖合同是出卖人转移标的物的所有权于买受人，买受人支付价款的合同。"其中，转移标的物所有权的一方为出卖人或卖方，支付价款的一方为买受人或买方。

买卖合同具有以下法律特征：

（1）买卖合同是双务合同。在买卖合同中，出卖人负有转移财产所有权的义务，而买受人负有支付价款的义务。出卖人的义务与买受人的义务具有对价关系，构成对待给付，属于典型的双务合同；

（2）买卖合同是有偿合同。在买卖合同中，买受人对标的物的取得应支付相应的价款，因此买受人对所取得的权益要付出一定的代价，属于典型的有偿合同。同时，买卖合同是最重要的有偿合同。《民法典》第646条规定："法律对其他有偿合同有规定的，依照其规定；没有规定的，参照买卖合同的有关规定。"

（3）买卖合同是诺成性合同。除法律另有规定或当事人另有约定外，买卖合同自双方当事人意思表示一致即告成立，并不以当事人交付标的物或完成其他交付为合同的成立要件。

（4）买卖合同是不要式合同。一般情况下，买卖合同的成立不需要特定形式。但也不排除特殊情形下，法律、行政法规对买卖合同形式作出特别规定。例如《城市房地产管理法》第40条规定："房地产转让，应当签订书面转让合同，合同中应当载明土地使用权取得的方式。"

（二）买卖合同的当事人

对于出卖人，除须具备相应的民事行为能力之外，根据《民法典》第597条第1款的规定，出卖人应当是标的物的所有人或者其他处分权人。《最高人民法院关于审理买卖合同纠纷案件适用法律问题的解释》第3条规定："当事人一方以出卖人在缔约时对标的物没有所有权或者处分权为由主张合同无效的，人民法院不予支持。出卖人因未取得所有权或者处分权致使标的物所有权不能转移，买受人要求出卖人承担违约责任或者要求解除合同并主张损害赔偿的，人民法院应予支持。"根据《〈合同法〉若干问题的解释（二）》第15条的规定，出卖人就同一标的物订立多重买卖合同，合同均不具有现行法律规定的无效情形，买受人因不能按照合同约定取得标的物所有权，请求追究出卖人违约责任的，人民法院应予支持。由此可知，要求出卖人为标的物所有权人或者其他处分权人的规定不影响买卖合同的效力认定，影响的仅仅是买卖合同的履行，因此该规定不具有强制性。

对于买受人，除须具备相应的民事行为能力外，《民法典》并无特别要求。但根据民法原理和其他法律的规定，某些具有特别身份的人不得成为特定买卖合同的买受人，具体情形主要包括：①监护人。监护人不得成为被监护人财产的买受人。②受托人。受托人一般不得成为委托人委托其出卖的标的物的买受人。③拍卖人。拍卖人及其工作人员不得充当自己组织的拍卖活动的竞买人。④公务人员及其近亲属。公务人员依职权出售的财产，其本人及其近亲属不得成为买受人。⑤公司的董事、经理。公司的董事、经理不得同本公司订立合同或者进行交易，成为特定买卖合同的买受人。

（三）买卖合同的标的物

我国《民法典》并未对买卖合同的标的物进行明确的规定。考虑到专利申请权转让、专利权转让、土地使用权转让等涉及财产权利转让的合同，均未在买卖合同中加以规定，而是在其他的合同类型中出现，例如技术合同等。结合《民法典》

第 595 条的规定，应该将买卖合同的标的物认定为实体物。

作为实物的标的物是否需要现实存在？《民法典》对此问题同样未作规定。就交易实践而言，大量的买卖是以未来物作为标的的。例如，《最高人民法院关于审理商品房买卖纠纷案件适用法律若干问题的解释》中允许开发商进行商品房的预售。由此可见，买卖合同的标的物可以是现实存在的标的物，也可以是将来产生的物。

根据物的流通性，物可以分为流通物、限制流通物和禁止流通物，如果买卖合同的标的物是禁止流通物，该买卖合同应认定为无效合同。如果买卖合同的标的物是限制流通物，合同是否有效关键在于合同当事人的资格问题。若当事人能够事后取得相关经营资格，合同可以认定是有效的。若当事人不能够事后取得相关经营资格，由于合同主体的不适格，合同应为无效。

(四) 买卖合同的内容

买卖合同的内容主要由当事人约定，除了标的、数量和质量、价款、履行期限、履行地点、履行方式、违约责任、解决争议的方式等条款以外，买卖合同的当事人还可以就包装方法、检验标准和方法、结算方式以及合同使用的文字及其效力等内容进行约定。

1. 标的

《合同法解释（二）》第 1 条规定：“当事人对合同是否成立存在争议，人民法院能够确定当事人名称或者姓名、标的和数量的，一般应当认定合同成立。但法律另有规定或者当事人另有约定的除外。”因此，标的物是买卖合同的必备条款。标的物条款应当对标的物加以具体、准确的描述，包括标的物的名称、产地、商标、生产时间等。

2. 数量

标的物的数量是买卖合同成立应当具备的必要条款，也是确定买卖合同标的物的具体条件之一。标的物的数量要确切，应选择双方共同接受的计量单位。一般应采用通用的计量单位，也可以采用行业或者交易习惯认可的计量单位。要确定双方认可的计量方法，同时允许规定合理的磅差或尾差。

3. 质量

标的物的质量也是确定买卖合同标的物的具体条件之一。一般包括两个方面的要求：一是标的物的品种和规格。通常指标的物的型号、批号、尺码、级别等；二是标的物的内在品质，通常指标的物的构成、含量比例、性能、功效等。欠缺质量条款，并不影响买卖合同的成立。当事人没有约定质量条款或者约定不明确的，可以依照《民法典》第 510 条以及第 511 条第 1 项补充确定。

4. 履行期限、地点和方式

买卖合同应当约定履行期限，既可以是即时履行、定时履行，也可以是在一定期限内履行。如果是分期履行，还应写明每期的准确时间。买卖合同应当约定具体的履行地点，包括出卖人所在地、买受人所在地、货物所在地、货物运输到达地等。买卖合同应当约定具体的履行方式，包括一次交付还是分批交付，交付实物还是交付提取标的物的单证，铁路运输还是空运、水运等。履行期限、履行地点和履行方式属于指导性条款，当事人未约定或约定不明的，可以依据《民法典》第510条、第511条第3项、第627条、第628条补充确定。

5. 价款

价款是买卖合同最为重要的内容之一，应当由当事人双方明确约定，包括价款数额、交付时间和地点、币种、不同币种之间的汇率等。在民商事交易中还会产生运费、保险费、装卸费、报关费等一系列费用，这些费用不属于价款本身。价款是指标的物本身的费用，运费等费用属于履行合同所产生的费用，该费用的承担有约定的按照约定，没有约定或者约定不明的，按照《民法典》第511条第6项的规定，由履行一方承担。如果当事人在买卖合同中对价款没有约定或者约定不清的，依照《民法典》第626条补充确定。

6. 包装方式

包装可以保护或者装饰标的物，并能够体现标的物的质量水准。对包装有国家标准或行业标准的，按照相应标准执行。在没有上述标准的情况下，当事人双方可以根据具体情形对标的物的包装方式作出约定，包括包装方法、材料、规格等。对该项条款未做约定的，不影响买卖合同的成立。

7. 检验标准和方式

检验是确定出卖人交付标的物是否符合约定的重要环节，有必要在买卖合同中加以约定，检验条款主要包括检验标准、检验方式、检验期限、取样的方式、对标的物质量与数量提出异议和答复的期限等。《民法典》第620条规定："买受人收到标的物时应当在约定的检验期间内检验。没有约定检验期间的，应当及时检验。"第621条规定："当事人约定检验期限的，买受人应当在检验期限内将标的物的数量或者质量不符合约定的情形通知出卖人。买受人怠于通知的，视为标的物的数量或者质量符合约定。""当事人没有约定检验期限的，买受人应当在发现或者应当发现标的物的数量或者质量不符合约定的合理期限内通知出卖人。买受人在合理期限内未通知或者自标的物收到之日起二年内未通知出卖人的，视为标的物的数量或者质量符合约定，但对标的物有质量保证期的，适用质量保证期，不适用该二年的规定。""出卖人知道或者应当知道提供的标的物不符合约定的，买受人不受前两款规定的通知时间的限制。"

8. 结算方式

结算方式是指出卖人向买受人交付标的物后，买受人向出卖人支付标的物的价款、运费和其他费用的方式。为便于结算，买卖合同应注明双方当事人的开户银行、账户名称、账号和结算单位等。当事人未约定结算方式条款或者约定不明确的，依照《民法典》第 510 条补充确定。对该项条款未做约定的，不影响买卖合同的成立。

9. 违约责任

买卖合同当事人可以约定违约的计算方法、违约金的多少、赔偿范围等，但是违约责任毕竟是法定责任，即使当事人没有在合同中作出约定，违约方仍需承担。买卖合同中的违约责任可依照《民法典》合同编第九章关于买卖合同当事人违约责任承担的特别规定以及第八章关于违约责任的一般规定处理。

10. 合同使用的文字及其效力

涉外买卖合同及跨民族买卖合同中还有一个重要的条款是合同使用的文字及其效力。如果使用两种以上的文字，则应当约定哪种语言具有优先适用的效力。当事人未约定合同使用的文字及其效力条款或者约定不明确的，依照《民法典》第 510 条补充确定。

二、买卖合同的效力

（一）出卖人的义务

1. 交付标的物

（1）交付的含义与类型。

在买卖合同中，出卖人应将买卖合同的标的物交付给买受人。传统民法上，交付标的物可以分为现实交付和观念交付。所谓现实交付，是指出卖人将标的物置于买受人的实际控制之下，即标的物直接占有的转移。现实交付是实践中最普遍的交付方法。观念交付分为简易交付、占有改定及指示交付。所谓简易交付，是指买卖合同订立前，买受人已实际占有标的物，则合同生效的时间为交付时间。简易交付是纯粹的观念交付，《民法典》第 226 条规定："动产物权设立和转让前，权利人已经占有该动产的，物权自民事法律行为生效时发生效力。"所谓占有改定，是指当事人双方约定由出卖人继续占有标的物，买受人取得标的物的间接占有，以代替标的物的实际支付。《民法典》第 228 条规定："动产物权转让时，双方又约定由出让人继续占有该动产的，物权自该约定生效时发生效力。"所谓指示交付，是指标的物由第三人占有时，出卖人将其对第三人的返还请求权让与买受人，以代替现实交付。《民法典》第 227 条规定："动产物权设立和转让前，第三人占有该动产的，负有交付义务的人可以通过转让请求第三人返还原物的权利代替交付。"比如，交付仓单、提单以及可转让的多式联运单等。《民法典》第 598 条规定："出卖人应当履行向买受人交付标的物或者交付提取标的物的单证，并转移标的物所有权的义务。"

（2）交付标的物的要求。

第一，出卖人应当按照约定的时间交付标的物。双方约定交付期间的，出卖人可以在交付期间随时交付，但在交付前应当通知买受人。根据《民法典》第 531 条第 1 款的规定，出卖人提前交付标的物应取得买受人的同意，否则买受人有权拒收，但提前交付不损害买受人利益的除外。根据《民法典》第 531 条第 2 款规定，出卖人提前支付给买受人增加的费用，由出卖人负担。当事人未约定标的物的交付期限或者约定不明确的，可以协议补充；不能达成补充协议的，按照合同有关条款或交易习惯确定；仍不能确定的，可以随时交付，但应当给买受人必要的准备时间。

第二，出卖人应当按照约定的地点交付标的物。当事人未约定标的物的交付地点或者约定不明确的，可以协议补充；不能达成补充协议的，按照合同有关条款或交易习惯确定；仍不能确定的，根据《民法典》第 603 条的规定："标的物需要运输的，出卖人应当将标的物交付给第一承运人以运交给买受人；标的物不需要运输，出卖人和买受人订立合同时知道标的物在某一地点的，出卖人应当在该地点交付标的物；不知道标的物在某一地点的，应当在出卖人订立合同时的营业地交付标的物。"

第三，出卖人应按照约定的数量交付标的物。《民法典》第 629 条："出卖人多交标的物的，买受人可以接收或者拒绝接收多交的部分。买受人接收多交部分的，按照合同的价格支付价款；买受人拒绝接收多交部分的，应当及时通知出卖人。"《最高人民法院关于审理买卖合同纠纷案件适用法律问题的解释》第 6 条规定："买受人拒绝接收多交部分标的物的，可以代为保管多交部分标的物。买受人主张出卖人负担代为保管期间的合理费用的，人民法院应予支持。买受人主张出卖人承担代为保管期间非因买受人故意或者重大过失造成的损失的，人民法院应予支持。"此外，合同中约定分批交付的，出卖人应按照约定的批量分批交付。出卖人未按照约定的时间和数量交付的，应就每一次的不适当交付承担违约责任。

第四，出卖人应当按照约定的包装方式交付标的物。根据《民法典》第 619 条的规定："出卖人应当按照约定的包装方式交付标的物。对包装方式没有约定或者约定不明确，依照本法第五百一十条的规定仍不能确定的，应当按照通用的方式包装，没有通用方式的，应当采取足以保护标的物且有利于节约资源、保护生态环境的包装方式。"

2. 转移标的物的所有权

取得标的物所有权是买受人的主要交易目的。转移标的物的所有权，是指在交付标的物的基础上，实现标的物所有权的转移。《民法典》第 224 条规定："动产物权的设立和转让，自交付时发生效力，但是法律另有规定的除外。"这表明标的物所有权的转移方法可以有所不同。

第一，标的物是一般动产时，遵循《民法典》第 224 条的一般规定。

第二，标的物是船舶、航空器、车辆等特殊类型的动产时，其所有权一般也自交付之时起转移，但未依法办理登记手续的，所有权的转移不具有对抗第三人的效力。

第三，标的物是不动产时，其所有权的转移须依法办理所有权的转移登记。未办理登记的，尽管买卖合同已经生效，但标的物的所有权不发生转移。

第四，标的物是具有知识产权的计算机软件等标的物时。《民法典》第 600 条规定："出卖具有知识产权的标的物的，除法律另有规定或者当事人另有约定外，该标的物的知识产权不属于买受人。"

3. 物的瑕疵担保义务

《民法典》第 615 条规定："出卖人应当按照约定的质量要求交付标的物。出卖人提供有关标的物质量说明的，交付的标的物应当符合该说明的质量要求。"这一义务被称为物的瑕疵担保义务。该义务是否履行得当，关键在于是否达到标的物的质量标准。《民法典》第 617 条规定："出卖人交付的标的物不符合质量要求的，买受人可以依据本法第五百八十二条至第五百八十四条的规定请求承担违约责任。"也就是说，买受人可以根据标的物的性质以及损失的大小，合理选择请求修理、更换、退货或者减少价款等违约责任。《最高人民法院关于审理买卖合同纠纷案件适用法律问题的解释》第 23 条规定："标的物质量不符合约定，买受人依照合同法第一百一十一条（现《民法典》第五百八十条）的规定要求减少价款的，人民法院应予支持。当事人主张以符合约定的标的物和实际交付的标的物按交付时的市场价值计算差价的，人民法院应予支持。价款已经支付，买受人主张返还减价后多出部分价款的，人民法院应予支持。"

关于从物、数物、分批交付的物的瑕疵担保义务。《民法典》第 631 条规定："因标的物的主物不符合约定而解除合同的，解除合同的效力及于从物。因标的物的从物不符合约定被解除的，解除的效力不及于主物。"第 632 条规定："标的物为数物，其中一物不符合约定的，买受人可以就该物解除，但该物与他物分离使标的物的价值显受损害的，买受人可以就数物解除合同。"第 633 条规定："出卖人分批交付标的物的，出卖人对其中一批标的物不交付或者交付不符合约定，致使该批标的物不能实现合同目的的，买受人可以就该批标的物解除。"

瑕疵担保义务允许买卖双方予以约定，根据《最高人民法院关于审理买卖合同纠纷案件适用法律问题的解释》第 32 条规定："合同约定减轻或者免除出卖人对标的物的瑕疵担保责任，但出卖人故意或者因重大过失不告知买受人标的物的瑕疵，出卖人主张依约减轻或者免除瑕疵担保责任的，人民法院不予支持。"第 33 条规定："买受人在缔约时知道或者应当知道标的物质量存在瑕疵，主张出卖人承担瑕疵担保责任的，人民法院不予支持，但买受人在缔约时不知道该瑕疵会导致标的物的基本效用显著降低的除外。"

4. 权利的瑕疵担保义务

《民法典》第 612 条规定：“出卖人就交付的标的物，负有保证第三人对该标的物不享有任何权利的义务，但是法律另有规定的除外。”由此确立了出卖人的权利瑕疵担保义务。权利瑕疵大致包括以下几种情况：标的物所有权部分或全部属于第三人；标的物的所有权受第三人权利限制；在标的物上有其他人享有的知识产权（如商标权、专利权）。

《民法典》第 613 条规定：“买受人订立合同时知道或者应当知道第三人对买卖的标的物享有权利的，出卖人不承担前条规定的义务。”由此可知，权利瑕疵必须在买卖合同成立时已经存在，且于合同成立后仍未能除去，同时买受人不知道权利瑕疵的存在，否则出卖人不承担权利瑕疵担保义务。此外，买受人如能够依据法律保护交易安全的规定，善意取得标的物所有权的，出卖人也无须承担与权利瑕疵担保义务有关的违约责任。

出现权利瑕疵时，买受人可以请求出卖人除去权利瑕疵，也可以中止支付价款。《民法典》第 614 条规定：“买受人有确切证据证明第三人对标的物享有权利的，可以中止支付相应的价款，但是出卖人提供适当担保的除外。”如果出卖人不提供相应的担保，买受人可以解除合同。此外，买受人还有权请求损害赔偿。

5. 交付有关单证和资料

《民法典》第 599 条规定：“出卖人应当按照约定或者交易习惯向买受人交付提取标的物单证以外的有关单证和资料。”这是出卖人在买卖合同中所负担的从合同义务，辅助主合同义务来实现买受人的交易目的。所谓“提取标的物单证以外的有关单证和资料”，主要包括保险单、保修单、发票、产品合格证、质量保证书、产品进出口检疫书、使用说明书、装箱单等等。

6. 履行附随义务

除负担上述主合同义务和从合同义务外，出卖人还应遵循诚实信用原则，根据合同的性质、目的和交易习惯承担通知、协助、保密等附随义务（《民法典》第 509 条第 2 款）以及不真正义务（《民法典》第 591 条）。

（二）买受人的义务

1. 支付价款的义务

价款是标的物所有权转移的代价，也是买受人取得标的物所有权应支付的货币对价。支付价款是买受人的主要义务之一，也是买受人最基本的义务。买受人支付价款的义务主要表现在：

第一，买受人应按照合同约定的数额支付价款。价款虽然是买卖合同的主要条款，但若合同对价款没有约定或者约定不明，并不因此影响合同的效力。《民法典》第 626 条规定：“买受人应当按照约定的数额和支付方式支付价款。对价款的数额和支付方式没有约定或者约定不明确的，适用本法第五百一十条、第五百一十一条第二项和第五项的规定。”据此，当合同对价款没有约定或者约定不明确的，当事人首先可就价款问题协商补充，若不能达成补充协议，则按照合同有关条款或交易习惯确定。若依然不能确定价款，按照订立合同时履行地的市场价格履行；依法应当执行政府定价或者政府指导价的，按照规定履行。《民法典》第513条规定：“执行政府定价或者政府指导价的，在合同约定的交付期限内政府价格调整时，按照交付时的价格计价。逾期交付标的物的，遇价格上涨时，按照原价格执行；价格下降时，按照新价格执行。逾期提取标的物或者逾期付款的，遇价格上涨时，按照新价格执行；价格下降时，按照原价格执行。”

第二，买受人应按照合同约定期限付款。付款期限与交付标的物具有相似之处，即当事人可以约定付款期间，也可以约定一个付款日。对价款的支付可以是一次性支付，也可以是分期支付。但是，无论哪种支付价款的方式，买受人都应严格按照合同约定的时间支付价款，否则都应承担违约责任。《民法典》第628条规定：“买受人应当按照约定的时间支付价款。对支付时间没有约定或者约定不明确，依据本法第五百一十条的规定仍不能确定的，买受人应当在收到标的物或者提取标的物单证的同时支付。”

第三，买受人应按照合同约定的付款地点支付价款。《民法典》第627条规定：“买受人应当按照约定的地点支付价款。对支付地点没有约定或者约定不明确，依照本法第五百一十条的规定仍不能确定的，买受人应当在出卖人的营业地支付，但约定支付价款以交付标的物或者交付提取标的物单证为条件的，在交付标的物或者交付提取标的物单证的所在地支付。”

第四，买受人应当按照合同约定的支付方式支付价款。随着市场经济的日益成熟和国家贸易的日益发达，价款由传统的现金支付向信用卡、跟单信用证、票据、托收、交互计算等多种方式发展。价款的支付方式可由当事人约定，但这种约定以不违反国家金融法律法规为限。

2. 及时受领的义务

买受人受领标的物既是买受人的权利，也是买受人的义务。出卖人按照合同的约定交付标的物时，买受人不得无故拒绝。买受人拒绝受领或不按照合同约定受领时，应当承担违约责任，而且要承担因此发生的标的物的风险。出卖人不按照合同约定的条件交付标的物时，买受人有权拒绝接收。

此外，出卖人如果提前交付标的物，应取得买受人的同意，否则买受人有权拒绝受领，但若提前交付并不会损害买受人利益的除外。《民法典》第629条规定：“出卖人多交标的物的，买受人可以接收或者拒绝接收多交的部分。买受人接收多交部分的，按照合同的价格支付价款；买受人拒绝接收多交部分的，应当及时通知出卖人。”

3. 检验和通知的义务

《民法典》第620条规定："买受人收到标的物时应当在约定的检验期限内检验。没有约定检验期限的，应当及时检验。"可见，在约定期限内对标的物进行检验、即使没有约定检验期也应在合理期间内检验标的物是买受人应履行的义务。验收标的物的目的在于查明出卖人交付标的物的数量、质量等是否与合同的约定相符。从严格意义上讲，验收标的物是买受人享有的权利。因此，买受人可以放弃对标的物的验收。

但是，为了避免买卖双方的法律关系长期处于不稳定状态，维护正常的交易秩序，《民法典》第621条规定："当事人约定检验期限的，买受人应当在检验期限内将标的物的数量或者质量不符合约定的情形通知出卖人。买受人怠于通知的，视为标的物的数量或者质量符合约定。""当事人没有约定检验期限的，买受人应当在发现或者应当发现标的物的数量或者质量不符合约定的合理期限内通知出卖人。买受人在合理期限内未通知或者自标的物收到之日起二年内未通知出卖人的，视为标的物的数量或者质量符合约定，但对标的物有质量保证期的，适用质量保证期，不适用该二年的规定。""出卖人知道或者应当知道提供的标的物不符合约定的，买受人不受前两款规定的通知时间的限制。"

4. 暂时保管及应急处置拒绝受领的标的物

在特定情况下，买受人可以拒绝出卖人所交付的标的物，但有暂时保管并应急处置标的物的义务。这是基于诚实信用原则产生的，是买受人应负担的附随义务。该项义务是有条件的：①必须是异地交付，货物到达交付地点时，买受人发现标的物存在瑕疵而做出拒绝接受的意思表示。②出卖人在标的物接受交付的地点没有代理人，即标的物在法律上已处于无人管理的状态。③一般物品由买受人暂时保管，但出卖人接到买受人的拒绝受领通知时，应立即以自己的费用将标的物提回或作其他处置，并支付买受人保管费用。④对于不易保管的易变质物品，如水果、蔬菜等，买受人可以紧急变卖，但变卖所得在扣除变卖费用后需退回出卖人。

值得注意的是，买受人在拒绝接受交付时为出卖人保管及紧急变卖标的物的行为必须是出于善良的动机，不得扩大出卖人的损失，出卖人也不能因买受人上述情况下的保管或紧急变卖行为而免除责任。

（三）标的物的风险负担

买卖合同中标的物的风险是指买卖合同的标的物由于不可归责于买卖合同双方当事人的事由毁损、灭失所造成的损失。《民法典》第604条规定："标的物毁损、灭失的风险，在标的物交付之前由出卖人承担，交付之后由买受人承担，但法律另有规定或者当事人另有约定的除外。"该条规定所确立的是风险负担的一般规则。

（1）当事人如有约定，则从其约定。根据当事人意思自治原则，买卖合同当事人可以明确约定风险负担的时间界限。例如在国际货物销售合同中，当事人在合同中约定使用某种国际贸易术语，也就确定了风险转移的时间。当约定使用以

FOB 条件成交时，货物的风险是在装运港装船并待货物越过船舷时起，由卖方转移给买方。

（2）当事人如无约定，风险一般依交付而转移。这是标的物风险负担最基本的原则，也即交付主义原则。需要注意的是，交付仅指转移占有，不涉及所有权转移问题，所以并不当然包括权利登记因素。因此，交付主义原则既适用动产买卖，也适用不动产买卖。

（3）法律如有特别规定，则从其规定。法律就标的物风险转移所作出的特别规定主要包括如下情形：①因买受人的原因造成迟延交付。《民法典》第 605 条规定："因买受人的原因致使标的物不能按照约定的期限交付的，买受人应当自违反约定时起承担标的物毁损、灭失的风险。"②买卖在途标的物。《民法典》第 606 条规定："出卖人出卖交由承运人运输的在途标的物，除当事人另有约定外，毁损、灭失的风险自合同成立时起由买受人承担。"③交付地点不明。《民法典》第 607 条第 2 款规定："当事人没有约定交付地点或者约定不明确，依据本法第六百零三条第二款第一项的规定标的物需要运输的，出卖人将标的物交付给第一承运人后，标的物毁损、灭失的风险由买受人承担。"④买卖人违反受领标的物的义务。如果双方当事人约定了交付地点，根据《民法典》第 608 条规定："出卖人按照约定或者依据本法第六百零三条第二款第二项的规定将标的物置于交付地点，买受人违反约定没有收取的，标的物毁损、灭失的风险自违反约定时起由买受人承担。"如果当事人没有约定交付地点或者约定不明确，根据《民法典》第 603 条的规定，标的物需要运输的，出卖人应当将标的物交付给第一承运人以运交给买受人；标的物不需要运输，出卖人和买受人订立合同时知道标的物在某一地点的，出卖人应当在该地点交付标的物；不知道标的物在某一地点的，应当在出卖人订立合同时的营业地交付标的物。因此，如果出卖人已将标的物置于上述地点，而买受人未按约受领，标的物毁损、灭失的防线从买受人应受领而未受领标的物时转移。⑤出卖人违约。《民法典》第 617 条规定："出卖人交付的标的物不符合质量要求的，买受人可以依据本法第五百八十二条至第五百八十四条的规定请求承担违约责任。"需要注意的是，如果标的物虽有瑕疵，但未影响合同目的的实现，即出卖人尚未构成重大或根本违约，此时买受人不得拒收，否则应当承担标的物毁损、灭失的风险。

（四）标的物的利益承受

标的物的利益承受，是指买卖合同成立后标的物所生孳息的归属。《民法典》第 630 条规定："标的物在交付之前产生的孳息，归出卖人所有，交付之后产生的孳息，归买受人所有。但是，当事人另有约定的除外。"利益承受与风险承担是相对的两个概念，前者解决的是买卖合同成立后标的物所生孳息的合理分配问题，后者解决的是合同成立后标的物意外毁损、灭失所致损失的合理分配问题。所以，根据权利义务相一致的原则，标的物所生之利益也应以交付为利益分配的标准。

三、特殊买卖合同

（一）分期付款买卖合同

1. 分期付款买卖合同的概念和特征

分期付款买卖合同，是指买受人将其应支付的总价款按照一定期限分批向出卖人支付的买卖合同。根据《最高人民法院关于审理买卖合同纠纷案件适用法律问题的解释》第38条规定，“分期付款”系指买受人将应付的总价款在一定期间内至少分三次向出卖人支付。一般来说，分期付款买卖合同的标的物价款较大，如房屋、汽车等。

分期付款买卖合同是一种特殊的买卖形式，此种买卖的重要特征是：出卖人已经交付标的物于买受人占有、使用、收益，但买受人在接受标的物后并非一次性将价款支付于出卖人，而是按照约定，在一定期限内连续向出卖人支付价款直至全部价款支付完毕。简言之，即买受人在尚未支付所有价款的情况下，已经先行获得了对标的物的使用权，甚至收益权。分期付款买卖合同的上述特征，增加了出卖人不能收回全部价款的风险。所以，出卖人往往于分期付款买卖合同中设定特定条款，以尽可能保护自己的利益。

2. 分期付款买卖合同中的所有权保留

《民法典》第641条规定：“当事人可以在买卖合同中约定买受人未履行支付价款或者其他义务的，标的物的所有权属于出卖人。出卖人对标的物保留的所有权，未经登记，不得对抗善意第三人。”这就是所有权保留制度，是指买卖合同当事人约定在买受人付清全部价款之前，买卖标的物虽已交付并由买受人占有和使用，但出卖人仍保留其所有权，买受人仍享有标的物所有权的期待权。该条第2款将登记对抗主义运用到所有权保留买卖中，出卖人只有办理了登记，才能对抗善意第三人。这一全新规定更有利于维护交易安全。

《民法典》第642条规定：“当事人约定出卖人保留合同标的物的所有权，在标的物所有权转移前，买受人有下列情形之一，造成出卖人损害的，除当事人另有约定外，出卖人有权取回标的物：（一）未按照约定支付价款，经催告后在合理期限内仍未支付；（二）未按照约定完成特定条件；（三）将标的物出卖、出质或者作出其他不当处分。”“出卖人可以与买受人协商取回标的物；协商不成的，可以参照适用担保物权的实现程序。”根据《民法典》的新规定，所有权保留不仅仅限定于未履行价款支付义务，双方也可以是约定其他义务的履行。买受人占有使用标的物，出卖人对标的物保留所有权，保留的应是所有权中的处分权，所有权保留可以更清晰地解释为“所有权的处分权保留”。此外，该条第2款进一步明确了取回标的物的程序参照适用担保物权的实现程序。因此，所有权保留条款实质已经具备了“担保物权”的功能，属于“其他具有担保功能的合同”和“其他可以登记的担保物权”。

《民法典》第 643 条规定：“出卖人依据前条第一款的规定取回标的物后，买受人在双方约定或者出卖人指定的合理回赎期限内，消除出卖人取回标的物的事由的，可以请求回赎标的物。”“买受人在回赎期限内没有回赎标的物，出卖人可以以合理价格将标的物出卖给第三人，出卖所得价款扣除买受人未支付的价款以及必要费用后仍有剩余的，应当返还买受人；不足部分由买受人清偿。”值得注意的是，取回标的物的价值减少，出卖人是否享有损害赔偿请求权？《民法典（草案）》中有规定，但最终删去。因为既然明确适用担保物权实现程序和再出卖取回的标的物所得实行“多退少补”原则，即使取回的标的物有损失也不会实质损害出卖人的债权，若再规定出卖人享有损害赔偿请求权，会导致出卖人双重获益。

所有权保留规则的变化是《民法典》完善买卖合同的重要内容。所有权保留是否适用于不动产？此问题在《买卖合同司法解释》中是明确的，但在《民法典》中未予明确规定。在买卖合同司法解释未被废止或修改前，所有权保留不适用于不动产，这没有疑问。可以探讨的是，在所有权保留采取登记对抗主义时，以及我国不动产登记比较完善的实际情况下，不动产买卖是否存在所有权保留适用的空间？此问题也只能待司法实践和司法解释。若所有权保留可适用不动产，丰富了不动产买卖中的权益担保方式，目前也不存在法律和实际操作难点，但需考量民众接受度问题。

3. 分期付款买卖合同的违约救济

《民法典》第 634 条规定：“分期付款的买受人未支付到期价款的数额达到全部价款的五分之一，经催告后在合理期限内仍未支付到期价款的，出卖人可以请求买受人支付全部价款或者解除合同。出卖人解除合同的，可以向买受人请求支付该标的物的使用费。”根据该条规定，分期付款买卖合同的违约救济有特殊的规则：

（1）在特定条件下买受人有权要求出卖人支付全部价款或解除合同。这里需要注意的是，首先，若某些分期款未到期，就不应计算进入买受人应支付的到期款；其次，对已经到期款，只有当买受人延迟支付的到期金额高于标的物全部金额的 1/5 时，出卖人才有权要求买受人全部支付价款或者解除合同。

（2）若出卖人解除合同，出卖人可以向买受人要求支付标的物的使用费。《最高人民法院关于审理买卖合同纠纷案件适用法律问题的解释》第 39 条规定：“分期付款买卖合同约定出卖人在解除合同时可以扣留已受领价金，出卖人扣留的金额超过标的物使用费以及标的物受损赔偿额，买受人请求返还超过部分的，人民法院应予支持。当事人对标的物的使用费没有约定的，人民法院可以参照当地同类标的物的租金标准确定。”

（二）凭样品买卖合同

1. 凭样品买卖合同的概念和特征

凭样品买卖合同又称为货样买卖合同，是指当事人双方以一定的货物样本作为标的物质量判断标准的买卖合同。凭样品买卖是一种特殊的买卖，其特殊性表现在：出卖人交付的标的物以封存的样品来衡量其是否符合标准。换言之，样品是合同的“质量条款”。

2. 样品的封存

《民法典》第635条规定：“凭样品买卖的当事人应当封存样品，并可以对样品质量予以说明。出卖人交付的标的物应当与样品及其说明的质量相同。”样品具有证据作用，因此应当封存。封存，可以让双方当事人各执一份封存的货样，也可以交第三人（如公证部门）保存货样。

3. 样品的隐蔽瑕疵

隐蔽瑕疵，是指采用通常的检查手段不能发现样品的品质瑕疵。《民法典》第636条规定：“凭样品买卖的买受人不知道样品有隐蔽瑕疵的，即使交付的标的物与样品相同，出卖人交付的标的物的质量仍然应当符合同种物的通常标准。”依此规定，在凭样品买卖合同中，出卖人应承担标的物质量瑕疵默示担保责任，即在样品有隐蔽瑕疵的情况下，出卖人交付的标的物应当符合标的物的同种物的通常标准，而不是符合样品的质量标准，除非买受人在订立合同时就知道样品存在隐蔽瑕疵。

4. 样品质量与文字说明不一致的处理

《最高人民法院关于审理买卖合同纠纷案件适用法律问题的解释》第40条规定：“合同约定的样品质量与文字说明不一致且发生纠纷时当事人不能达成合意，样品封存后外观和内在品质没有发生变化的，人民法院应当以样品为准；外观和内在品质发生变化，或者当事人对是否发生变化有争议而又无法查明的，人民法院应当以文字说明为准。”

（三）试用买卖合同

1. 试用买卖合同的概念和特征

试用买卖又称试验买卖，是指当事人双方约定由买受人试用或者检验标的物，并以买受人在约定期限内认可标的物为条件的买卖。与一般的买卖相比，试用买卖的特殊之处在于：第一，买受人具有试用或检验标的物的权利；第二，买受人的同意是试用买卖合同生效的条件。关于试用买卖的性质，一般认为是附生效条件的合同。当然，买受人对标的物是否认可，应当及时作出表示，以免当事人之间的法律关系过久地处于不稳定状态。

《最高人民法院关于审理买卖合同纠纷案件适用法律问题的解释》第42条规定：“买卖合同存在下列约定内容之一的，不属于试用买卖。买受人主张属于试用买卖的，人民法院不予支持：（一）约定标的物经过试用或者检验符合一定要求时，买受人应当购买标的物；（二）约定第三人经试验对标的物认可时，买受人应当购买标的物；（三）约定买受人在一定期间内可以调换标的物；（四）约定买受人在一定期间内可以退还标的物。”上述第（一）、（二）项完全否定了买受人的承认权，第（三）、（四）项中，买受人实际上已经取得标的物的所有权，故均不符合试用买卖合同的特征。

2. 试用期间

试用期间是一个时间段，其长短对当事人的利益至关重要。《民法典》第 637 条规定：“试用买卖的当事人可以约定标的物的试用期限。对试用期限没有约定或者约定不明确，依据本法第五百一十条的规定仍不能确定的，由出卖人确定。”据此，试用期间的确定有递进的三种方法：第一，由当事人约定。第二，当事人没有约定或者约定不明确的，根据已有的条款或者交易习惯确定。第三，不能确定的，由出卖人确定。出卖人确定时间后，应当向买受人发出通知，如果买受人不欲购买又来不及退回的，应在出卖人确定的时间内发出拒绝购买的通知。

3. 试用期间届满后的购买意思推定

对于试用买卖，买受人没有必须购买标的物的义务。但是为了平衡出卖人和买受人的利益，《民法典》第 638 条规定：“试用买卖的买受人在试用期内可以购买标的物，也可以拒绝购买。试用期限届满，买受人对是否购买标的物未作表示的，视为购买。”“试用买卖的买受人在试用期内已经支付部分价款或者对标的物实施出卖、出租、设立担保物权等行为的，视为同意购买。”

4. 出卖人在试用买卖合同中的义务

尽管买受人享有对标的物的试用权利，买卖合同生效与否尚未确定，但是出卖人仍应承担一般买卖合同中的质量瑕疵担保义务。

关于标的物在使用期限毁损、灭失的风险承担，由于试用买卖合同的特殊性，只有在使用买卖合同生效的情况下才存在标的物风险由谁承担的问题。具体而言，在买受人购买试用物品时，买卖合同生效，标的物风险应自出卖人交付标的物于买受人时发生转移；在买受人不购买试用物品时，因买卖合同根本未生效，所以不存在标的物风险转移的问题。《民法典》第 640 条规定：“标的物在试用期内毁损、灭失的风险由出卖人承担”。但是，买受人承担妥善保管义务，若因买受人故意或过失导致标的物毁损、灭失的，出卖人应当可以按照请求侵权损害赔偿。

关于标的物在试用期间的费用和其他费用承担，原则上依当事人约定。若当事人未约定或者约定不明确且买受人拒绝购买标的物的，应视为买受人无需支付任何试用费用和其他费用承担。《民法典》第 639 条规定：“试用买卖的当事人对标的物使用费没有约定或者约定不明确的，出卖人无权请求买受人支付。”

（四）招投标买卖合同

1. 招投标买卖合同的概念和特征

招标投标，是指由招标人向数人或公众发出招标通知或招标公告，在诸多投标者中选择自己最满意的投标人并与之订立合同的方式。招标投标买卖的最大特点是将竞争机制引入买卖过程，扩大了交易的透明度，体现了平等、公平交易的原则，有利于降低成本、取得更好的效益。招标投标买卖在现代社会是一种重要的买卖形式，尤其在大宗货物和政府采购中发挥着十分重要的作用。

2. 订立招标投标买卖合同的程序

《民法典》第 644 条对招投标有原则性规定："招标投标买卖的当事人的权利和义务以及招标投标程序等，依照有关法律、行政法规的规定。"

一般来说，招标投标买卖应按照如下程序进行：①招标。招标是指招标人以招标公告的形式向不特定的公众发出投标邀请的行为。招标属于要约邀请，其目的是邀请投标人投标。②投标。投标是指投标人按照招标文件的要求，在规定的期间内向招标人提出报价的行为。投标的法律性质是要约，故投标人投标后须有招标人的承诺，合同方可生效。③开标、验标。开标是指招标人在召开的投标人会议上，当众启封标书，公开标书内容的行为。验标是指验证标书的效力，对不具备投标资格的标书、不符合招标文件规定的标书以及超过截止日期送达的标书，招标人可宣布标书无效。④评标、定标。评标是指招标人按照规定的标准和方法评审有效的招标文件的行为。定标是指在有效投标文件中选择自己满意的投标人，决定其中标。该定标若是对投标的完全接受，就是承诺。⑤签订合同。中标人接到中标通知后，在指定的期间与地点同招标人签订合同书。签订合同是对招标人和中标人业已成立的合同关系的确认。

（五）拍卖合同

1. 拍卖合同的概念和特征

拍卖合同是以公开竞价的方法，将标的物的所有权转移给最高应价者的买卖合同。拍卖合同作为一种竞争性的买卖合同，其特点在于：第一，拍卖活动涉及委托人、拍卖人、竞买人三方，法律关系复杂。第二，公开竞价，价高者得。第三，现场成交，即竞买人通过拍卖现场公开叫价，表示买进；拍卖人通过法定程序确定买受人，交易即告成立。拍卖合同与招标投标合同不同，前者是以最高应价者为买定人，而招标投标合同中招标人所选中的中标人往往是数个投标人中出价最低的，并且是综合衡量投标者的条件最后选出的中标人。

2. 拍卖的程序

《民法典》第 645 条规定对拍卖有原则性规定："拍卖的当事人的权利和义务以及拍卖程序等，依照有关法律、行政法规的规定。"

一般来说，拍卖应按照如下程序进行：①拍卖表示。拍卖表示是指拍卖人发出的对标的物进行拍卖的意思表示，通常以拍卖公告的方式作出。拍卖公告在法律性质上属于要约邀请。②应买表示。应买表示是指参加竞买的竞买人发出的购买的意思表示。在拍卖时，参加竞争的应买人为竞买人，其提出的价格即为应价。竞买人一经应价，不得撤回。因为在一般情况下，竞买人的应价为要约，竞买人应受其约束。当其他竞买人有更高应价时，其应价即丧失约束力。③买定表示。买定表示是指竞买人的最高应价经拍卖师落锤或其他公开表示买定的意思表示。拍卖人关于买定的表示属于承诺，此时买卖成交，竞争买卖结束。④签署成交确认书。拍卖成交后，买受人和拍卖人应当签署成交确认书。签署成交确认书并不是订立合同，而是对经拍卖成立的买卖合同关系的一种确认。

（六）互易合同

1. 互易合同的概念和特征

互易合同是指当事人约定交换金钱以外的标的物的所有权的合同，又称为易货交易。互易是商品交换的原始方式，但在民间的小额交易中，仍有一席之地。互易合同是一类特殊的买卖合同，其特征在于当事人双方均以从对方取得标的物的所有权为目的。《民法典》第 647 条规定："当事人约定易货交易，转移标的物的所有权的，参照买卖合同的有关规定。"

2. 互易合同的效力

互易合同当事人之间的义务有：第一，按照合同的约定向对方交付标的物并转移标的物所有权。当事人未在约定时间履行交付标的物的义务的，应承担违约责任，标的物因不可归责于当事人的原因而毁损、灭失的，当事人双方免除相互给付义务；如果一方已经交付的有权请求返还。第二，当事人相互就自己交付的标的物向对方负瑕疵担保责任。互易合同当事人应保证向对方交付的标的物无瑕疵，所交付的标的物既要符合约定的品质，又能将标的物的所有权完全转移给对方。第三，约定补足价金的，负补足价金义务的一方除交付标的物并转移所有权外，还应按照约定的时间、地点、方式支付价金，当事人不履行补足价差义务的，应承担违约责任。

四、供用电、水、气、热力合同

（一）供用电、水、气、热力合同概述

1. 供用电、水、气、热力合同的含义

供用电、水、气、热力合同是指当事人双方就一方在一定期限内提供一定种类、品质、数量的电、水、气、热力给另一方使用，另一方支付相应对价而达成的协议。供用电、水、气、热力合同是转移电、水、气、热力等财产所有权的合同，是一种特殊类型的买卖合同。因此，《民法典》中关于买卖合同中财产所有权转移的规定，对于此种合同同样有适用效力。

2. 供用电、水、气、热力合同的特征

由于电、水、气、热力等行业先期投入资金庞大，供应对象涉及广大民众和各行各业，供应时间持续，供应质量好坏关系到普通老百姓生活和工农业生产，所以，这些供应行业通常由国有企业独家经营。我国《民法典》也将供用电、水、气、热力合同从一般买卖合同中分离出来，规定为一类独立的合同。这类合同具有以下特点：

（1）合同主体具有特定性。电、水、气、热力的供应人通常是专营的，并且在一定行政区域内往往是独家经营性质。电、水、气、热力的使用者是一般的社会公众。

（2）合同标的具有特殊性。这类合同以电、水、气、热力为标的物，属于民法中"物"的范畴，用户正是通过使用这些标的物来体现其效用。此外，电、水、气、热力需要特定的设施才能到达使用者处，以满足其需要。

（3）合同条款具有确定性。电、水、气、热力是人们生产和日常生活中所必需的物质，由国家垄断经营，国家严格控制其价格。因此，供应人与用户签订合同时经常使用格式条款，双方自由协定合同条款的余地极其有限，供应人与用户几乎没有讨价还价的可能性。

（4）合同履行具有连续性。供用电、水、气、热力合同是持续性合同。供应人提供能源和使用人支付价款都处于持续状态。因此，供用电、水、气、热力合同终止的效力仅作用于将来，不能溯及既往。

（5）合同目的具有公益性。供用电、水、气、热力合同不以供应方获利为主要目的，而是为了满足社会公众生产、生活的需要。因此，供应人有强制缔约义务，不得拒绝使用人通常、合理的供应要求，这也是国家对这类同收费标准进行限制的原因之一。

（二）供用电合同

1. 供用电合同的含义与特征

《民法典》第648条第1款规定："供用电合同是供电人向用电人供电，用电人支付电费的合同。"供电合同具有以下特征：（1）合同的主体是供电人和用电人。供电人是供电企业，用电人包括自然人、法人以及非法人组织等，范围非常广泛。（2）合同的标的物是电力。电力具有特殊性，无法大量储存，其生产、供应与消费具有同时性，因此供电合同不存在退货问题。（3）供用电合同是持续性合同。电是一种特殊物质，电的供应与使用都是连续的，因此合同的履行方式处于一种持续状态。（4）供用电合同是强制缔约合同。《民法典》第648条第2款规定："向社会公众供电的供电人，不得拒绝用电人合理的订立合同要求。"在以往的电力法律领域，《电力法》《电力供应与使用条例》等都对电网企业的强制缔约义务作出了规定，一般的法理共识也都认为供电人应承担强制缔约义务，此次《民法典》只是将其上升为了位阶更高的法律规定。（5）供用电合同具有计划性。电力是关系国计民生的重要能源，国家对电力的供应和使用实行计划管理。《电力法》第35条第2款规定："电价实行统一政策，统一定价原则，分级管理。"

2. 供用电合同的内容

供用电合同是规范用电人和供电人双方权利义务的协议。由于供用电合同的长期性，供电合同要求书面形式。同时，因为电力供应的标准化、长期性、连续性、广泛性的特点，供电又是社会公用事业，所以，供用电合同不可能由供电人与每一个用电人就各个供电合同条款进行逐条协商并达成协议，通常是用电人在供电人预先制定的格式合同上签字认可，即完成供用电合同的签订。所以，供用电合同要遵循《民法典》关于格式条款及其效力认定的相关规定。根据《民法典》第 649 条的规定："供用电合同的内容一般包括供电的方式、质量、时间，用电容量、地址、性质，计量方式，电价、电费的结算方式，供用电设施的维护责任等条款。"

3. 供用电合同的效力

(1) 供电人的权利与义务。

①按照合同的约定或者国家规定的标准供电。《民法典》第 651 条规定："供电人应当按照国家规定的供电质量标准和约定安全供电。供电人未按照国家规定的供电质量标准和约定安全供电，造成用电人损失的，应当承担赔偿责任。"关于供电合同的履行地点，《民法典》第 650 条规定："供用电合同的履行地点，按照当事人约定；当事人没有约定或者约定不明确的，供电设施的产权分界处为履行地点。"

②中断供电的通知义务。《民法典》第 652 条规定："供电人因供电设施计划检修、临时检修、依法限电或者用电人违法用电等原因，需要中断供电时，应当按照国家有关规定事先通知用电人；未事先通知用电人中断供电，造成用电人损失的，应当承担赔偿责任。"

③对事故断电的抢修义务。《民法典》第 653 条规定："因自然灾害等原因断电，供电人应当按照国家有关规定及时抢修；未及时抢修，造成用电人损失的，应当承担赔偿责任。"

④行使不安抗辩权。《民法典》第 654 条规定："用电人应当按照国家有关规定和当事人的约定及时支付电费。用电人逾期不支付电费的，应当按照约定支付违约金。经催告用电人在合理期限内仍不支付电费和违约金的，供电人可以按照国家规定的程序中止供电。" "供电人依据前款规定中止供电的，应当事先通知用电人。"

(2) 用电人的权利与义务。

①按时支付电费的义务。《电力法》第 33 条第 2 款规定："用户应当按照国家核准的电价和用电计量装置的记录，按时交纳电费；对供电企业查电人员和抄表收费人员依法履行职责，应当提供方便。"

②安全用电的义务。《民法典》第 655 条规定："用电人应当按照国家有关规定和当事人的约定安全、节约和计划用电。用电人未按照国家有关规定和当事人的

约定用电，造成供电人损失的，应当承担赔偿责任。”

③容忍与协助的义务。如果供电人对电力设施进行必要检修造成停电、限电，或者因特殊情况需要限制供电总量，用电人应当容忍，不得虽有主张排除。供电人检修电力设施需要用电人协助的，用电人有协助义务。

④安全获得电力的权利。用电人有权安全获得电力，用电人在正当、合理用电的情况下，其人身和财产安全应当有所保障。

（三）供用水、供用气、供用热力合同

《民法典》第656条规定：“供用水、供用气、供用热力合同，参照适用供用电合同的有关规定。”

第二节　赠与合同

一、赠与合同的含义与特征

（一）赠与合同的含义

《民法典》第657条规定：“赠与合同是赠与人将自己的财产无偿给予受赠人，受赠人表示接受赠与的合同。”将自己的财产无偿给予受赠人的一方为赠与人，接受赠与的一方为受赠人。赠与合同与其他合同一样，是双方法律行为，只有赠与的意思表示，没有接受赠与的意思表示，不能成立赠与合同。理解赠与合同的含义，应注意以下几点：

（1）赠与人是将自己的财产无偿给予受赠人。监护人不能将被监护人的财产赠送给他人，如父亲不能将未成年子女的财产赠送给他人。赠与人是无偿付出的一方，因此要求具有相应的意思能力。

（2）赠与人一般是完全行为能力人。限制行为能力人对赠与后果有明确认识的，也可以成为赠与人，但一般是赠与小额财产。

（3）受赠人是纯获利益的一方，应为完全行为能力人与限制行为能力人，无行为能力人应由法定代理人代理。一般情况下，受赠人就是受益人，但对于公益事业的赠与，受赠人与受益人是可以分离的。

（4）一般认为，赠与合同是转移财产所有权的合同，但从《民法典》的规定来看，其他财产权利也可以赠与，不一定是财产所有权。如技术秘密是一种无形财产，可以赠与。此外，还可以将债权作为赠与的财产。

（二）赠与合同的法律特征

（1）赠与合同是诺成合同。只要赠与人与受赠人意思表示一致，赠与合同即可成立，无须以赠与物的交付作为合同成立的要件。因此，赠与合同是诺成合同。

（2）赠与合同是无偿合同。在赠与合同中，仅赠与人一方负有将其财产交付给受赠人的义务，而受赠人取得赠与物却无需支付相应的对价。因此，赠与合同是典型的无偿合同。赠与人既然无要求受赠人支付对价的权利，故从情理而言，也不应使其承担过于严苛的义务。《民法典》对此有所体现，对赠与人规定了较轻的注意义务，如第 662 条规定："赠与的财产有瑕疵的，赠与人不承担责任。"

（3）赠与合同是单务合同。一般而言，仅赠与人负有给予赠与财产的义务，受赠人并无对待给付的义务。但赠与合同并非不可附任何条件或义务，《民法典》第 661 条规定："赠与可以附义务。赠与附义务的，受赠人应当按照约定履行义务。"值得注意的是，在附义务赠与中，受赠人负担的一定义务并非赠与的对待给付义务，因此该义务的存在并不能改变赠与合同的单务性。正是因为赠与合同的单务性，赠与人不享受双务合同当事人享有的同时履行抗辩权，受赠人也不以必须具有民事行为能力作为其接受赠与的前提条件。

（4）赠与合同是不要式合同。《民法典》未对赠与合同的形式作出特别规定，因此赠与合同是不要式合同。不过，赠与财产的所有权转移如需办理登记等手续的，则必须按有关规定办理手续。

二、赠与合同的效力

（一）赠与人的义务

1. 给付赠与财产权利的义务

赠与合同依法成立后，赠与人应当将赠与的财产权利移转给受赠人。这里的移转财产权利，应当以保证受赠人能够完整地行使该权利为标准。对于动产的，即指交付标的物，移转占有；对于不动产或者知识产权等，则需完成产权的变更登记。《民法典》第 659 条规定："赠与的财产依法需要办理登记等手续的，应当办理有关手续。"

2. 妥善管理赠与物的义务

《民法典》第 660 条规定："经过公证的赠与合同或者依法不得撤销的具有救灾、扶贫、助残等公益、道德义务性质的赠与合同，赠与人不交付赠与财产的，受赠人可以请求交付。""依据前款规定应当交付的赠与财产因赠与人故意或者重大过失致使毁损、灭失的，赠与人应当承担赔偿责任。"关于该条规定的理解，应注意以下几点：①这种义务只限于公益及道德义务赠与。对于一般赠与，赠与人可在赠与财产交付之前随时撤销赠与，从而不能产生损害赔偿责任。②赠与财产的毁损、灭失是针对交付前的毁损、灭失，是给付不能的责任。交付之后，保管责任随之转移。③因赠与人是无偿付出的一方，所以只有其因故意或者重大过失致使财产毁损、灭失，才承担损害赔偿责任。换言之，赠与人的轻微过失可以免责。

3. 瑕疵担保义务

在赠与合同中，赠与人一般不需要承担瑕疵担保义务，但根据《民法典》第

662 条的规定，有如下两种例外情况：①第 1 款中的“附义务的赠与，赠与的财产有瑕疵的，赠与人在附义务的限度内承担与出卖人相同的责任。”这是为了平衡附义务的赠与合同中双方当事人的利益。②第 2 款中的“赠与人故意不告知瑕疵或者保证无瑕疵，造成受赠人损失的，应当承担损害赔偿责任”。这一责任应为赠与人违约责任和侵权责任的竞合责任。所谓故意不告知赠与财产的瑕疵，是指赠与人自合同订立时起到合同履行时止已经知悉赠与财产的瑕疵，但未告知不知情的受赠人。所谓保证赠与财产无瑕疵，是指保证赠与财产普通的无瑕疵状态，而非保证其特殊的品质。这里的瑕疵包括权利瑕疵。所谓造成赠与人的损失，是指受赠人因相信赠与财产无瑕疵所产生的损失，属于信赖利益或固有利益的损失。

（二）受赠人的权利和义务

1. 无偿取得财产的权利

这是受赠人最基本的权利，即便是附义务的赠与，也没有改变赠与的无偿合同性质。

2. 附义务的赠与应完成所附的义务

附义务的赠与是指赠与合同中，受赠人应向赠与人或第三人负担一定义务。通说认为，在附义务的赠与合同中，所附的义务与所赠与的财产相比，在价值上和重要性上达不到对待给付的程度。附义务的赠与合同，若受赠人不履行合同义务，赠与人可请求受赠人履行；若受赠人不履行所附义务，即使赠与人已经转移赠与的财产权，赠与人仍有权撤销赠与。

三、赠与合同的终止

（一）赠与合同的任意撤销

1. 任意撤销的含义

所谓任意撤销，是指在赠与合同成立之后，赠与财产的权利转移之前，赠与人基于自己的意思任意撤销赠与的行为。由于赠与合同是单务、无偿合同，为了保护赠与人的利益，法律赋予赠与人享有任意撤销权。《民法典》第 658 条第 1 款规定：“赠与人在赠与财产的权利转移之前可以撤销赠与。”

2. 任意撤销权的行使

任意撤销权行使的前提是：必须在财产权利转移之前。财产权利转移与交付不能等同看待，一般情况下，财产权利自交付时转移，如动产；但有些情况下，交付并不产生财产权利转移的后果，如房屋等不动产。

任意撤销权是法律赋予赠与人的反悔权，是一种形成权。赠与人向受赠人为撤销的意思表示即可发生撤销的效力，一般无须经过法院、仲裁机关确认。发生争议时，也可以由法院或仲裁机构裁定。

3. 任意撤销权的限制

《民法典》第 658 条第 2 款规定："经过公证的赠与合同或者依法不得撤销的具有救灾、扶贫、助残等公益、道德义务性质的赠与合同，不适用前款规定。"根据该条规定，不能任意撤销的赠与合同主要有三种：①具有救灾、扶贫性质的赠与。若允许此类赠与的任意撤销，不利于倡导扶贫济困的社会道德风尚。②具有道德义务性质的赠与。限制此种性质赠与的任意撤销，目的在于维护道德观念。道德义务性质的赠与本质上也是一种扶危济困的赠与，只是其受赠人一般是特定人。③经过公证的赠与。因为这种赠与是当事人经过深思熟虑所作出的决定，相当于赠与人预先放弃了任意撤销权。就公证的效力而言，具有债权性质的赠与合同经过公证，直接具有申请法院执行的强制执行力。因此，赠与人不得行使撤销权。

（二）赠与合同的法定撤销

1. 法定撤销的含义

所谓法定撤销，是指具备法定事由时，赠与人或者其他撤销权人通知受赠人撤销赠与合同的行为。法定撤销与任意撤销的区别在于，一旦出现法定事由，不论财产权利是否转移，不论赠与合同的内容和形式，赠与人均可以行使撤销权。法定撤销权和任意撤销权一样，也是一种形成权，赠与人向受赠人为撤销的意思表示即可发生撤销的效力。发生争议时，也可以由法院或仲裁机构裁定。

2. 法定撤销权的事由

法定撤销是基于受赠人的忘恩负义或者重大违法行为。根据《民法典》第 663 条第 1 款规定，受赠人有下列情形之一的，赠与人可以撤销赠与：①严重侵害赠与人或者赠与人近亲属的合法权益。受赠人的此种行为以德报怨，有悖善良风俗。在此种情况下，由赠与人享有撤销赠与的权利，符合情理。②对赠与人有扶养义务而不履行。这里所指的受赠人不履行抚养义务，是指受赠人有抚养能力和条件却拒不履行义务的情形，不包括受赠人在客观上无抚养能力而无法履行的情形。至于这种义务是限于法定义务还是约定义务，则在所不问。③不履行赠与合同约定的义务。对于附义务的赠与合同，受赠人应当按照约定认真履行义务。针对受赠人不履行义务的行为，赠与人可以撤销赠与。

3. 撤销权人

一般情况下，即在赠与人有意思能力的情况下，由赠与人为撤销的意思表示。《民法典》第 664 条第 1 款规定了例外的情形："因受赠人的违法行为致使赠与人死亡或者丧失民事行为能力的，赠与人的继承人或者法定代理人可以撤销赠与。"

4. 法定撤销权的除斥期间

《民法典》第 663 条第 2 款规定："赠与人的撤销权，自知道或者应当知道撤销原因之日起一年内行使。"第 664 条第 2 款规定："赠与人的继承人或者法定代理人的撤销权，自知道或者应当知道撤销原因之日起六个月内行使。"这里的"1 年"和"6 个月"的性质是除斥期间，即法律对某种权利所预定的行使期间，不存在中止、中断和延长的问题，撤销权人如在法律规定的期间内不行使撤销权的，其撤销权即归于消灭。

5. 法定撤销的效力

撤销权人撤销赠与的，赠与合同溯及既往的归于消灭，当事人的权利义务恢复到赠与前的状态。《民法典》第 665 条规定："撤销权人撤销赠与的，可以向受赠人要求返还赠与的财产。"赠与被撤销后，尚未履行的部分，赠与人无须继续履行；已经履行的部分，可以依照所有物返还请求权或者不当得利制度请求返还。

（3）赠与合同的法定免除

1. 法定免除的含义

赠与合同属于单务、无偿合同，当事人之间的权利义务不具有相应的对价关系，当赠与人一方所处的客观情形发生了重大变化，难以履行赠与义务时，如果维持合同原有的效力则显失公平。况且，在一定条件下允许赠与人不再履行合同义务也不会损害受赠人的权益。对此，《民法典》第 666 条规定："赠与人的经济状况显著恶化，严重影响其生产经营或者家庭生活的，可以不再履行赠与义务。"有学者把这条规定解释为穷困抗辩权，本书认为不妥当。因为我国规定的是"不再履行"，而抗辩权仅是一种临时措施。如果赠与人财产状况恢复了，是否还要履行赠与合同呢？也有学者把这条规定解释为法定解除，本书认为也不妥当。因为解除具有溯及力，而该条的规定中赠与人并不能要求返还已赠与的部分，无溯及力；同时，合同的解除还需要解除行为（积极行为），而此处并没有规定解除行为，仅仅是"不再履行"。本书认为，《民法典》第 666 条的规定是赠与义务的法定免除。这符合免除的特点，免除的是未履行的义务，没有溯及力；免除是终局的解决办法；在法定免除的情形下，也不需要义务人为积极的行为。

2. 法定免除的成立要件

依据《民法典》第 666 条的规定，赠与人免除赠与义务，应具备如下要件：①赠与人的经济状况显著恶化。如何认定"经济状况显著恶化"？一般应从赠与人的整体情况，结合市场状况、生产管理、产品销售等综合因素来考虑，但对赠与人不能要求太高，否则不利于发扬人们的向善之心。②赠与人经济状况的变化，严重影响其生产经营或者家庭生活。这里对家庭生活的影响，应指对赠与人的生计有重大影响或者妨碍其履行抚养义务。

3. 法定免除的效力

赠与合同的法定免除的效力主要体现在以下几个方面：①赠与义务消灭，该消灭仅有向未来消灭的效力而无溯及力。②赠与合同已经履行的，受赠人不再返还赠与物。③赠与合同未履行的，不再履行；已经开始履行但未履行完毕的，赠与人可以不再履行未履行部分。

☞ 案例导读评析

1.《民法典》第224条规定：“动产物权的设立和转让，自交付时发生效力，但是法律另有规定的除外。”第604条规定：“标的物毁损、灭失的风险，在标的物交付之前由出卖人承担，交付之后由买受人承担，但法律另有规定或者当事人另有约定的除外。”第163条规定：“标的物在交付之前产生的孳息，归出卖人所有，交付之后产生的孳息，归买受人所有。”故本案中，所有权、风险及孳息归属在1月1日交付时起转移。

2.《民法典》第634条规定：“分期付款的买受人未支付到期价款的数额达到全部价款的五分之一，经催告后在合理期限内仍未支付到期价款的，出卖人可以请求买受人支付全部价款或者解除合同。出卖人解除合同的，可以向买受人请求支付该标的物的使用费。”出卖人甲方有单方解除权，合同解除后有权要求返还大、小马和800元。

☞ 本章思考题

1. 买卖合同具有哪些特征？
2. 出卖人和买受人的义务有哪些？
3. 交付有哪些类型？
4. 买卖合同中标的物所有权的转移方法有哪些？
5. 建筑买卖合同中标的物风险负担的原则。

☞ 案例分析习题

2007年2月10日，甲公司与乙公司签订一份购买1000台A型微波炉的合同，约定由乙公司于3月10日前办理托运手续，货到付款。乙公司如期办理了托运手续，但装货时多装了50台B型微波炉。

甲公司于3月13日与丙公司签订合同，将处于运输途中的前述合同项下的1000台A型微波炉专卖给丙公司，约定货物质量检验期为到货后10天内。

3月15日，上述货物在运输途中突遇山洪暴发，致使100台A型微波炉受损报废。3月20日，货到丙公司。4月15日，丙公司以部分货物质量不符合约定为由拒付货款，并要求退货。

顾客张三从丙公司处购买了一台B型微波炉，在正常使用过程中发生爆炸，致张三右臂受伤，花去医药费1200元。

请问：

（1）如乙公司在办理完托运手续后即请求甲公司付款，甲公司是否应该付款？

（2）乙公司办理完托运手续后，货物的所有权归谁？

（3）对因山洪暴发报废的100台微波炉，应当由谁承担风险损失？

（4）对于乙公司多装的50台B型微波炉，应当如何处理？

（5）丙公司能否拒付货款和要求退货？

（6）张三可向谁提出损害赔偿请求？

附：买卖合同（示范文本）

买卖合同

合同编号：＿＿＿＿＿＿＿＿＿＿

出卖人：＿＿＿＿＿＿＿＿＿＿

买受人：＿＿＿＿＿＿＿＿＿＿

签订地点：＿＿＿＿＿＿＿＿＿

签订时间：＿＿＿＿＿＿＿＿＿

第一条　标的、数量、价款及交（提）货时间

标商品的名称	商标	规格型号	生产厂家	计量单位	数量	单价	金额	交（提）货时间及数量												
合计人民币金额（大写）																				

（注：空格如不够用，可以另接）

第二条　质量标准：

第三条　出卖人对质量负责的条件及期限：

第四条　包装标准、包装物的供应与回收：

第五条　随机的必备品、配件、工具数量及供应办法：

第六条　合理损耗标准及计算方法：

第七条　标的物所有权自时起转移，但买卖人未履行支付价款义务的，标的物属于____所有。

第八条　交（提）货方式、地点：

第九条　运输方式及到达站（港）和费用负担：

第十条　检验标准、方法、地点及期限：

第十一条　成套设备的安装与调试：

第十二条　结算方式、时间及地点：

第十三条　担保方式（也可另立担保合同）：

第十四条　本合同解除的条件：

第十五条　违约责任：

第十六条　合同争议的解决方式：本合同在履行过程中发生的争议，由双方当事人协商解决；也可由当地工商行政管理部门调解；协商或调解不成的，按下列两种方式解决：

（一）提交仲裁委员会仲裁；

（二）依法向人民法院起诉。

第十七条　本合同自________起生效。

第十八条　其他约定事项：

出卖人	买受人	鉴（公）证意见：
出卖人（章）：	买受人（章）	
住所：	住所：	
法定代表人：	法定代表人：	
委托代理人：	委托代理人：	
电话：	电话：	
传真：	传真：	
开户银行：	开户银行：	鉴（公）证机关（章） 经办人： 年　月　日

附：赠与合同（示范文本）

赠与合同

合同编号：____________

赠与人：______________________

受赠人：______________________

签订地点：____________________

签订时间：____年____月____日

第一条　赠与财产的名称、数量、质量和价值

一、名称：____________________

二、数量：____________________

三、质量：____________________

四、价值：____________________

赠与的财产属不动产的，该不动产所处的详细位置及状况：______________

第二条　赠与目的：____

第三条　本赠与合同（是/否）是附义务的赠与合同。所附义务是：________

第四条　赠与物（是/否）有瑕疵。瑕疵是指赠与物的____________________

第五条　赠与财产的交付时间、地点及方式：____________________________

第六条　合同争议的解决方式：本合同在履行过程中发生的争议，由双方当事人协商解决；协商不成的，按下列第______种方式解决：

（一）提交________仲裁委员会仲裁；

（二）依法向人民法院起诉。

第七条　本合同未作规定的，按照《中华人民共和国民法典》的规定执行。

第八条　本合同经双方当事人____________生效。

第九条　其他约定事项：______________________________

赠与人（章）： 住所： 法定代表人： 居民身份证号码： 委托代理人： 电话： 邮政编码：	受赠人（章）： 住所： 法定代表人： 居民身份证号码： 委托代理人： 电话： 开户银行： 账号： 邮政编码：

监制部门：　　　　　　　　　　　　　　印制单位：

第十章　借款合同与保证合同

- **学习目标：**

1. 通过学习，了解和掌握金融机构借款合同的概念和特征；

2. 准确掌握金融机构借款合同的效力，主要是贷款人、借款人的各自义务；熟悉商业银行借款合同中常用的利息、罚息、违约金的适用；了解民间借贷合同的规定。

3. 通过学习，了解和掌握保证合同的概念、特征。

4. 分清保证责任，掌握保证期间的适用。

- **案例导读：**

某农校校舍建设需借款1000万元，与农业银行某支行订立一借款合同。合同中约定：借款额度1000万元；银行于学校提出提款要求后2日内将借款划到学校账户；借款期限为5年。学校与某建筑公司订立的建设工程合同中约定，工程完工后10日内付款，逾期付款，每一日支付违约金1000元。因需支付工程款，学校向银行提出借款的要求，银行在20日后才将借款划入学校账户，致使学校支付了违约金15万元。学校要求银行赔偿该损失，银行不同意。双方发生争议。

问题：银行应否赔偿农校因逾期支付工程款而多付出的15万元违约金？

第一节　借款合同

《民法典》合同编第十二章规定了借款合同。

一、借款合同的概念与特征

（一）借款合同的概念

《民法典》第667条规定："借款合同是借款人向贷款人借款，到期返还借款并支付利息的合同。"按照《民法典》规定，借款的一方为借款人，出借款项的一方为贷款人。《民法典》依贷款人的不同，将其分为金融机构借款合同和自然人间的借款合同。借款合同的标的物仅限于货币，因此借款合同只是借贷合同的一种，是消费借贷。消费借贷合同，是指借贷人将一定数量货币或者代替物给借用人处分，借用人依照约定返还同种货币、实物的合同。

（二）借款合同的特征

借款合同一般具有以下特征：

（1）借款合同的标的物为一般等价物的货币，这与传统民法上的使用借贷不同。这里说的货币，包括人民币和外币。目前大部分借款合同是人民币借款合同。货币是可消耗物，即消费物；同时货币又是特殊种类物，不易特定。借款合同的目的在于使借款人获得对该借款的消费，该款在交付借款人并经消费后，一般都不能原物返还。因此，合同期限届满时，借款人只要以同样数量的金钱偿还即可，而使用借贷则要求返还原物。

（2）借款合同通常为有偿合同，这与传统民法上的消费借贷不同。商业银行的借款合同都是要求借款人还本付息的。自然人之间的借款合同有两种情形：一种与商业银行借款合同性质类似，为有偿合同，且利息多高于商业银行数倍；另一种则属于无偿合同，消费借贷性质，往往基于同学、朋友、亲属之间的以感情为基础的借款，不需支付利息。

（3）借款合同通常为要式合同与格式合同。《民法典》第668条规定："借款合同应当采用书面形式，但是自然人之间借款另有约定的除外。借款合同的内容一般包括借款种类、币种、用途、数额、利率、期限和还款方式等条款。"金融机构的借款合同为要式合同，是因为法律要求合同必须采用书面形式。不仅如此，由于借款合同要对众多的借款人反复使用，故借款合同需贷款人事先拟定，故又属格式合同。借款合同的内容包括借款种类、币种、用途、数额、利率 、期限和还款方式等，合同条款要求明确、具体。自然人之间的借款又称为民间借贷，是当事人之间约定的协议，即使签合同，每一份合同都可能有很大差异，为非格式合同，有些自然人之间的民间借贷甚至采用口头合同这种形式。

（4）借款合同通常为诺成合同，自然人之间的借款合同是实践合同。商业银行的借款合同为诺成合同，合同一经签订，就对当事人双方产生了约束力，作为贷款人的商业银行须按时发放贷款，否则须承担违约责任；作为借款人的公司或其他企业、自然人等，则须按时还款付息，否则须承担违约责任。而民间借贷通常认为属于实践合同，出借人将借款交付给借用人时，借款合同才成立生效。

（5）借款合同通常为双务合同。商业银行的借款合同为双务合同，贷款人、借款人双方都负有合同义务，贷款人须按时发放贷款，借款人须按时返还本金并支付利息。民间借贷则通常认为是单务合同，这是因为在民间借贷中特别是消费借贷中，出借人交付了款项，合同才生效，则只有借用人单方负有义务即返还借款。

二、借款合同的分类

按照不同标准，借款合同可做出不同的分类。常见的分类法有以下几种：

（一）本币借款与外币借款

按照借贷的币别作为划分标准，借款合同可分为人民币借款合同与外币借款合同。人民币借款合同，按合同的内容、资金来源及贷款用途又可分为：固定资产借款合同、流动资金借款合同、信托资金借款合同，委托资金借款合同、资金拆借合同等。外币借款合同，按合同的内容、资金来源及贷款用途又可分为：现汇借款合同、买方借贷合同与特种外汇借款合同。

（二）固定资产借款与流动资金借款

按照借款用途作为划分标准，借款合同可以分为固定资产借款合同与流动资金借款合同。固定资产借款合同包括基本建设借款合同、技术改造借款合同与专项资金借款合同；流动资金借款合同包括周转资金借款合同、临时资金借款合同、流动基金借款合同、专用基金借款合同、科研开发借款合同等。借款用途的划分十分重要，是贷款人贷前调查、审查与贷后检查的重要内容。

（三）信用借款与担保借款

按照贷款是否需要借款人（含第三人）提供担保，可以分为信用贷款与担保贷款。按照中国人民银行、中国银行业监督管理委员《贷款通则》第 10 条规定："信用贷款，系指没有担保、仅依据借款人的信用状况发放的贷款。担保贷款，系指由借款人或第三方依法提供担保而发放的贷款。担保贷款包括保证贷款、抵押贷款、质押贷款。"《民法典》合同编第十三章规定了保证合同，《民法典》物权编第十七章、第十八章分别规定了抵押权与质权，保证、抵押、质押均可作为担保措施，适用于借款合同。

（四）自营贷款、委托贷款与特定贷款

按照贷款资金来源与决定权作为划分标准，可分为自营贷款、委托贷款与特定贷款。自营贷款合同是指贷款人以合法方式筹集的资金自主发放的贷款，其风险由贷款人自行承担，并由贷款人收回本金和利息。委托贷款是指由机关法人、企事业单位法人、自然人等提供资金，由贷款人根据委托人的指示，确定贷款对象、用途、金额、期限、利率等代为发放，监督使用并协助收回的贷款。贷款人作为受托人只能收取手续费，不能收取利息以及其他费用，也不承担贷款风险。特定贷款是指经国务院批准，并对贷款可能造成的损失采取相应补救措施后责成国有独资商业银行发放的贷款。

（五）短期贷款、中期贷款与长期贷款

依《贷款通则》第 9 条规定，将借款期限作为划分标准，可分为短期贷款、中期贷款与长期贷款合同。短期贷款为 1 年之内的贷款（含 1 年）；中期贷款为 1

年以上（不含 1 年）5 年以下（含 5 年）的贷款；长期贷款为 5 年（不含 5 年）以上的贷款。

三、借款合同的效力

借款合同的效力，主要是指作为贷款人的商业银行与作为借款人的企业法人、自然人等各自负有的合同义务。

（一）借款人的义务

1. 借款前向贷款人提供真实情况

公司、企业在向商业银行借款时，必须向其提供其自身真实情况。《民法典》第 669 条规定：“订立借款合同，借款人应当按照贷款人的要求提供与借款有关的业务活动和财务状况的真实情况。”该项义务是借款人的法定义务。因为商业银行提供贷款是一种风险较大的经营活动，为有效降低商业风险，贷款人有权了解借款人的经营情况和财务状况，从而决定是否发放该笔贷款。从贷款人的角度看，谓之“贷前调查”。

2. 按照合同约定提供借款担保

由于商业银行提供贷款风险大，为最大限度地降低经营风险，故应以担保贷款为一般形式，而以信用贷款为例外。当然，随着借款人诚信度的普遍提高，借款是否需采用担保，也可能采用完全相反的模式。目前，许多商业银行对小额借款许多采用无担保形式。采取担保措施，依照《民法典》的相关规定。

3. 按时收取借款

《民法典》第 671 条第 2 款规定：“借款人未按照约定的日期、数额收取借款的，应当按照约定的日期、数额支付利息。”合同签订后，贷款人依约发放贷款，借款人要按时收取，该项义务对借款人来说主要是配合义务，实践中就是指借款人向商业银行及时、准确地提供自己的开户行账户和账号，以保证妥善收取贷款人转账贷款。

4. 接受金融机构检查、监督

《民法典》第 672 条规定：“贷款人按照约定可以检查、监督借款的使用情况。借款人应当按照约定向贷款人定期提供有关财务会计报表或其他资料。”可见，该项义务是借款人的约定义务。为保证借款安全，贷款人在贷款发放后，依约要检查、监督借款人对借款的使用情况，发现不当之处以及时纠正，即金融机构所称“贷中审查”。

5. 按照约定用途使用借款

借款人是否按照约定的借款用途使用借款，是商业银行贷后检查的一个主要方面。由于商业银行是按照借款人的借款用途来做“贷前审查”的，借款用途则成为是否发放贷款的一个重要因素，按照约定用途使用借款也是借款人能否全面履行合同义务的保障。如果借款人不按照约定使用借款，则极大增加贷款风险。对此，《民法典》第 673 条规定："借款人未按照约定的借款用途使用借款的，贷款人可以停止发放借款、提前收回借款或者解除合同。"此处的停止发放借款，当是指分期借款尚未到期发放的部分。《贷款通则》第 30 条规定，"借款人不按约定用款的，应偿付违约金。"此谓"贷后检查"。

6. 按时返还本金

《民法典》第 675 条第 1 款规定："借款人应当按照约定的期限返还借款。"该项义务是借款人的主给付义务。借款人返还本金要按时，即按照合同约定期限，否则构成违约，产生逾期付款利息，即通常说的银行罚息。

关于还款期限没有约定或约定不明确问题。还款期限在《贷款通则》中称为贷款期限，《民法典》中称为借款期限。如前所述，贷款期限有短期贷款、中期贷款与长期贷款之分。按照《民法典》第 675 条第 2 款规定："对借款期限没有约定或者约定不明确的，依照本法第 510 条规定仍不能确定的，借款人可以随时返还；贷款人可以催告借款人在合理期限内返还。"此种情形在金融机构借款合同中已极其少见，但在民间借贷特别是自然人之间的借款中屡见不鲜，故仍有着重要的规范作用。

《民法典》第 678 条规定："借款人可以在还款期限届满前向贷款人申请展期；贷款人同意的，可以展期。"《贷款通则》第 12 条规定，贷款若不能按期返还，借款人须在贷款到期日之前向贷款人提出展期申请。所谓展期，即指借款人向贷款人申请延长还款期限。对展期问题，《贷款通则》具体规定如下：短期贷款展期期限累计不得超过原贷款期限，中期贷款展期期限累计不得超过原贷款期限的一半，长期贷款展期期限累计不得超过 3 年。对借款人未申请展期或申请展期未获批准的处理办法，则是从该笔贷款到期日起，将其转入逾期贷款账户。

7. 按时、足额支付利息

该项义务与上项义务一起构成借款人的主给付义务。众所周知，提供贷款是商业银行的传统资产业务，若借款人只能返还本金而不能支付利息，则商业银行不但没有经营利润，反而造成经营亏损。《民法典》第 674 条规定："借款人应当按照约定的期限支付利息。对支付利息的期限没有约定或约定不明确，依照本法第 510 条仍不能确定，借款期间不满一年的，应在返还本金时一并支付；借款期间一年以上的，应当在每届满一年时支付，剩余期间不满一年的，应当在返还借款时一并支付。1996 年《贷款通则》第 14 条规定，贷款利率水平及计结息方式按照中国人民银行利率管理规定及其他有关规定执行。但是要注意到，为深化利率市场化改革，推动降低实体利率水平，自 2019 年 8 月 20 日起，中国人民银行已经授权全国银行间同业拆借中心于每月 20 日（遇节假日顺延）9 时 30 分公布贷款市场报价利率（LPR），多年施行的中国人民银行贷款基准利率这一标准已经被取消。自此之后人民法院裁判贷款利息的基本标准应改为全国银行间同业拆借中心公布的贷款市场报价利率。应予注意的是，尽管贷款利率标准发生了变化，但存款基准利率并未发生相应变化，相关标准仍可适用。

关于逾期还款利息。《民法典》第 676 条规定："借款人未按照约定的期限返还借款的，应当按照约定或者国家有关规定支付逾期利息。"

（二）贷款人的义务

1. 按时、足额向借款人提供贷款

《民法典》第 671 条规定："贷款人未按照约定的日期、数额提供贷款，造成借款人损失的，应当赔偿损失。"《贷款通则》第 28 条第 2 款有类似规定，除了向借款人赔偿，还有向善意第三方赔偿的规定。此项义务是贷款人的主给付义务，是对金融机构的要求。贷款人应当按照合同约定，按时、足额向借款人发放贷款，对造成借款人损失的，负有赔偿责任。注意，此处规定是赔偿责任而非违约责任，即贷款人承担责任的前提是给借款人造成损失。

2. 发放贷款时不得预先在本金中扣除借款利息

《民法典》第 670 条规定："借款的利息不得预先在本金中扣除。利息预先在本金中扣除的，应当按照实际借款数额返还借款并计算利息。"实践中，此种情形并不少见，为规范贷款行为，应严格执行法律规定。

3. 借款人提前还款的通常按照实际借款期间计算利息

《民法典》第 677 条规定："借款人提前还款的，除当事人另有约定外，应当按照实际借款的期间计算利息。"该条规定贷款人实际上隐含了应当允许借款人提前还款，并明确按照实际借款期间计算利息。但要注意该条规定同时明确了约定优先于法定，若合同条款对借款人提前还款有限制，则应依合同约定处理。

4. 不得变相收取利息、违规加重借款人负担，在利息之外收取其他费用

实践中，有的商业银行在借款合同中约定既对贷款收取利息，又收取服务费、手续费等，属明显的违规操作行为。2019 年最高人民法院召开第九次全国民事审判工作会议形成了纪要（以下简称为《九民会议纪要》）第 51 条规定，金融借款合同纠纷中，借款人认为金融机构以服务费、咨询费、顾问费、管理费等为名变相收取利息，金融机构或者由其指定的人收取的相关费用不合理的，人民法院可以根据提供服务的实际情况确定借款人应否支付或者酌减相关费用。

5. 为借款人保密

《商业银行法》规定商业银行要为存款人保密，同样为借款人保密，不仅包括数额，对借款人信息同样应予保密。作为贷款人的商业银行自当遵守法律规定，有

不得向第三方透露的义务。根据《贷款通则》第 27 条规定:“贷款人应对借款人账户、资产、财务状况等商业秘密以及个人隐私等情况保密,但法律另有规定或当事人另有约定的除外。”

四、民间借贷合同

(一)民间借贷合同的含义与特征

1. 民间借贷合同的概念

民间借贷合同有别于金融机构借款合同。《民法典》合同编与《合同法》一样,对自然人借款只有两个条文的规定,但规定内容有增加。经过对多年司法实践经验的总结,最高人民法院于 2015 年 6 月公布了《关于审理民间借贷案件适用法律若干问题的规定》(以下简称为《民间借贷司法解释》),该规定共有 33 条,对民间借贷案件审理作出了操作性比较强的指导性意见。

根据 1999 年《合同法》规定,民间借款合同的主体限定在自然人之间。而《民间借贷司法解释》第 1 条规定:“民间借贷是指自然人、法人、其他组织之间及其相互之间进行资金融通的行为。”可见,该司法解释突破了 1999 年《合同法》对民间借贷的主体资格限制,将主体拓展到三种民事主体类型,除自然人外,还包括法人与其他组织。《民法典》对民间借贷合同的主体除自然人外,没有具体规定,也没有限制。

2. 民间借贷合同的特征

(1)民间借贷合同的当事人主要为自然人之间,但法人与其他组织也可以成为合同当事人,呈现着合同主体的多元性。但无论怎样,任何一方不能是金融机构。《民间借贷司法解释》第 1 条第 2 款规定:“经金融监管部门批准设立的从事贷款业务的金融机构及其分支机构,因发放贷款等相关金融业务引发的纠纷,不适用本规定。”

(2)民间借贷合同为不要式合同。当事人可以签订书面合同,也可以不签书面合同,不管采用哪种形式,对合同的成立及效力不产生影响。

(3)民间借贷合同为实践合同。

《民法典》第 679 条规定:“自然人之间的借款合同,自贷款人提供借款时成立。”注意此处的重大修改,即《合同法》第 210 条规定的是“自贷款人提供借款时生效”。也就是说,《民法典》将贷款人向借款人交付款项的时间规定为合同成立的时间而不是生效的时间。因为提供借款是合同的成立要件,至于合同是否生效,则通常还要通过审查合同内容、形式、民事主体资格等才能确定。但是,《民间借贷司法解释》第 10 条规定:“除自然人之间的借款合同外,当事人主张民间借贷合同自合同成立时生效的,人民法院应予支持,但当事人另有约定或者法律、行政法规另有规定的除外。”

(4) 民间借贷合同具有单务性。

如上所述，由于民间借贷合同为实践性合同，贷款人支付借款并非履行合同义务，而只是合同成立的要件。合同成立后，只有借款人一方负有还本付息的合同义务，贷款人并无义务可言，故民间借款合同为单务合同。

(5) 民间借贷合同可以是无偿的也可以是有偿的，以无偿为常态。

与《合同法》对比，《民法典》增加了禁止高利贷的规定。《民法典》第680条规定："禁止高利放贷，借款的利率不得违反国家有关规定。借款合同对支付利息没有约定的，视为没有利息。借款合同对支付利息约定不明确，当事人不能达成补充协议的，按照当地或者当事人的交易方式、交易习惯、市场利率等因素确定利息；自然人之间的借款合同对支付利息没有约定或约定不明确的，视为不支付利息。"

该条规定的第1款规定禁止高利放贷，借款利率不得违反国家有关规定。首先要解决的问题是何谓高利贷？对借款利率，国家有何规定？《商业银行法》与《贷款通则》规定，借款利率是要按照中国人民银行确定的贷款基准利率上下浮动，不能低于下限也不能高出上限。

近些年，在民间高利放贷情形比较普遍。2020年修订的《民间借贷司法解释》第26条规定：出借人请求借款人按照合同约定利率支付利息的，人民法院应予支持，但是双方约定的利率超过合同成立时一年期贷款市场报价利率四倍的除外。前款所称"一年期贷款市场报价利率"，是指中国人民银行授权全国银行间同业拆借中心自2019年8月20日起每月发布的一年期贷款市场报价利率。

第2款规定的立法精神应为倡导民间借贷为无偿法律行为，中国是熟人社会，亲属、朋友、同乡、同学等熟人之间遇到经济困难时需要接济，立法弘扬助人为乐、互相帮助精神。当然我们当下又处在商品经济社会里，双方当事人约定了借款人要支付利息也无可厚非，只要不是高利就好。若借款合同对支付利息没有约定，视为没有利息。

第3款规定隐含了民间借贷不限于民事主体一定为自然人，也不排除借贷发生在非金融机构的法人、非法人组织之间。此种情形下，若对支付利息约定不明确，该款确定了支付利息的各种标准，即当地或当事人的交易方式、交易习惯、市场利率等因素。同样是对支付利息约定不明确发生在自然人之间借款的，视为没有利息。

(二) 民间借贷合同的效力

民间借贷合同的效力判断，在司法实践中有着重要的意义。只有基于有效的民间借贷合同，一方当事人才能向另一方当事人主张其按照合同约定履行义务，也才能涉及违约责任的承担以及合同的解除等问题。在民间，许多自然人借贷时并不签合同，有的只是打个借条，甚至借条也不打，鉴于民间借贷合同的特殊性，《民间借贷司法解释》专门做了若干操作型很强的规定。《民法典》施行后，合同法将被废止，但最高法院的相关司法解释目前并未废止。有鉴于此，司法解释只要不与《民法典》相抵触，仍应适用。特别要注意的是 2019 年第九次全国民事审判工作会议纪要（简称九民会议纪要），尽管目前还不是民法渊源，但由于是民事司法实践的最新反映，且当下已经成为各级法院的办案遵循，故其重要性可见一斑，转化为司法解释、成为民法渊源只是个时间问题。

1. 自然人之间民间借贷合同的生效要件

《民间借贷司法解释》第 9 条规定："具有下列情形之一，可以视为具备合同法第二百一十条关于自然人之间借款合同的生效要件：（1）以现金支付的，自借款人收到借款时；（2）以银行转账、网上电子汇款或者通过网络贷款平台等形式支付的，自资金到达借款人账户时；（3）以票据交付的，自借款人依法取得票据权利时；（4）出借人将特定资金账户支配权授权给借款人的，自借款人取得对该账户实际支配权时；（5）出借人以与借款人约定的其他方式提供借款并实际履行完成时。"

2. 企业之间融资的合同效力问题

关于企业之间的借款合同，之前以违反国家金融监管而被认定为无效。这一制度性规定在司法界被长期遵守，一定程度上对于维护金融秩序、防范金融风险，发挥了重要作用。但是，从计划经济时代延续下来的这一制度不仅没有消除企业间借贷行为的发生，相反，企业间借贷甚至出现愈演愈烈的势头。《民间借贷司法解释》对此作出了重大改变，其第 11 条规定："法人之间、其他组织之间以及它们相互之间为生产、经营需要订立的民间借贷合同，除存在合同法第五十二条、本规定第十四条规定的情形外，当事人主张民间借贷合同有效的，人民法院应予支持。"这一规定不仅有利于规范民间借贷市场有序运行，促进国家经济稳健发展，而且有利于统一裁判标准，规范民事审判尺度。当然，允许企业之间融资只是解禁，并非完全放开，正常的企业间借贷一般是为解决资金困难或生产急需偶然为之，但不能以此为常态、常业。生产经营型企业从事经常性放贷业务，必然严重扰乱金融秩序，造成金融监管紊乱。这种行为客观上损害了社会公共利益，必须从效力上作出否定性评价。

3. 企业因生产、经营的需要在单位内部通过借款形式向职工筹集资金签订的民间借贷合同效力问题

《民间借贷司法解释》第 12 条规定："法人或者其他组织在本单位内部通过借款形式向职工筹集资金，用于本单位生产、经营，且不存在合同法第五十二条、本规定第十四条规定的情形，当事人主张民间借贷合同有效的，人民法院应予支持。"

4. 借款人或者出借人的借贷行为涉嫌犯罪或者生效的判决认定构成犯罪，民

间借贷合同的效力问题

《民间借贷司法解释》第 13 条规定："借款人或者出借人的借贷行为涉嫌犯罪，或者已经生效的判决认定构成犯罪，当事人提起民事诉讼的，民间借贷合同并不当然无效。人民法院应当根据合同法第五十二条、本规定第十四条之规定，认定民间借贷合同的效力。担保人以借款人或者出借人的借贷行为涉嫌犯罪或者已经生效的判决认定构成犯罪为由，主张不承担民事责任的，人民法院应当依据民间借贷合同与担保合同的效力、当事人的过错程度，依法确定担保人的民事责任。"

5. 无效的民间借贷合同

《民间借贷司法解释》第 14 条规定："具有下列情形之一，人民法院应当认定民间借贷合同无效：（1）套取金融机构贷款转贷的；（2）以向其他营利法人借贷、向本单位职工集资，或者以向公众非法吸收存款等方式取得的资金转贷的；（3）未依法取得放贷资格的出借人，以营利为目的向社会不特定对象提供借款的；（4）出借人事先知道或者应当知道借款人借款用于违法犯罪活动仍然提供借款的；（5）违反法律、行政法规强制性规定的；（6）违背公序良俗的。"

《九民会议纪要》第 52 条指出，人民法院在适用《民间借贷司法解释》第 14 条第 1 项时，应当注意把握以下几点：一是要审查出借人的资金来源。借款人能够举证证明在签订借款合同时出借人尚欠银行贷款未还的，一般可以推定为出借人套取信贷资金，但出借人能够举反证予以推翻的除外；二是从宽认定"高利"转贷行为的标准，只要出借人通过转贷行为牟利的，就可以认定为是"高利"转贷行为；三是对该条规定的"借款人事先知道或者应当知道的"要件，不宜把握过苛。实践中，只要出借人在签订借款合同时存在尚欠银行贷款未还事实的，一般可以认为满足了该条规定的"借款人事先知道或者应当知道"这一要件。

《九民会议纪要》第 53 条对民间借贷无效的情形增加了职业放贷人。指出未依法取得放贷资格的以民间借贷为业的法人，以及以民间借贷为业的非法人组织或者自然人从事的民间借贷行为，应当依法认定无效。同一出借人在一定期间内多次反复从事有偿民间借贷行为的，一般可以认定为是职业放贷人。民间借贷比较活跃的地方的高级人民法院或者经其授权的中级人民法院，可以根据本地区的实际情况制定具体的认定标准。

（三）关于贷款人与借款人之间关于利率、利息等问题的处理规则

民间借款合同中利息的约定是十分重要的问题，关系到双方权利、义务。

1. 借期内的利率问题

借期内的利率是指借款期限内，双方在合同中约定的借款本金与利息之间的比例。对民间借贷利率上限作出规制，是民间借贷的核心问题。2020 年修订的《民间借贷司法解释》调整了民间借贷利率的司法保护上限。以中国人民银行授权全国银行间同业拆借中心每月 20 日发布的一年期贷款市场报价利率（LPR）的 4 倍为标准，确定民间借贷利率的司法保护上限，取代原《民间借贷司法解释》中“以24%和36%为基准的两线三区”的规定。以2020年7月20日发布的一年期贷款市场报价利率3.85%的4倍计算为例，民间借贷利率的司法保护上限为15.4%，相较于过去的24%和36%有较大幅度的下降。

2. 逾期利率问题

所谓逾期利率，是指借款人未能按照合同约定的期限偿还借款，超出还款期限届满日后所应承担的利率。《民间借贷司法解释》第29条规定：“借贷双方对逾期利率有约定的，从其约定，但是以不超过合同成立时一年期贷款市场报价利率四倍为限。未约定逾期利率或者约定不明的，人民法院可以区分不同情况处理：（1）既未约定借期内利率，也未约定逾期利率，出借人主张借款人自逾期还款之日起承担逾期还款违约责任的，人民法院应予支持；（2）约定了借期内利率但是未约定逾期利率，出借人主张借款人自逾期还款之日起按照借期内利率支付资金占用期间利息的，人民法院应予支持。”

3. 复利应否收到保护的问题

复利是对本金及其产生的利息一并计算，也就是利上有利。民间借贷的复利问题，是指如果借款人未能按期偿还利息，那么未偿还的这部分利息可否计入本金？

《民间借贷司法解释》第28条规定：“借贷双方对前期借款本息结算后将利息计入后期借款本金并重新出具债权凭证，如果前期利率没有超过合同成立时一年期贷款市场报价利率四倍，重新出具的债权凭证载明的金额可认定为后期借款本金。超过部分的利息，不应认定为后期借款本金。按前款计算，借款人在借款期间届满后应当支付的本息之和，超过以最初借款本金与以最初借款本金为基数、以合同成立时一年期贷款市场报价利率四倍计算的整个借款期间的利息之和的，人民法院不予支持。”

4. 逾期利率与违约金可否同时适用的问题

这是个实践中存在较多争议的问题，因合同中有约定，出借人多是同时主张，而借款人则是认为重复适用，加重借款人负担，请求法院或仲裁机构不予支持。《民间借贷司法解释》第30条规定：“出借人与借款人既约定了逾期利率，又约定了违约金或者其他费用，出借人可以选择主张逾期利息、违约金或者其他费用，也可以一并主张，但是总计超过合同成立时一年期贷款市场报价利率四倍的部分，人民法院不予支持。”

第二节 保证合同

《民法典》合同编第十三章规定了保证合同，为《民法典》新设立的一种典型合同。

根据我国1995年《担保法》第2条第2款规定，担保方式为保证、抵押、质押、留置和定金五种。《民法典》吸收了《担保法》，《民法典》施行后，《担保法》将被废止，五种担保措施分别规定在《民法典》合同编与物权编中。其中合同编单独设立了保证合同，定金制度规定在《民法典》合同编通则违约责任中。抵押、质押与留置并入《民法典》物权编担保物权中。现今的担保已经从传统的保全性担保越来越向融资性担保方向发展。借款合同较多采用保证或抵押、质押的担保方式；买卖合同、承揽合同则较多采用定金担保方式；承揽合同、运输合同等则较多采用留置担保方式。

一、保证的一般规定

（一）保证的概念

根据《民法典》第681条的规定："保证是指保证人和债权人约定，当债务人不履行到期债务时，保证人按照约定履行债务或承担责任的担保方式。"在保证法律关系中，为债务人履行债务提供担保的第三人称为保证人；债务人也称为被保证人；主合同中的债权人也是保证合同的债权人。

保证是通过保证人与债权人之间签订保证合同设立的担保方式。保证属于人的担保，是以保证人的信用和不特定的一般财产为他人的债务提供担保。所以，它本身具备担保的一般特征，即从属性、补充性和保障性。保证债务虽附属于主合同关系，但其并非主合同债务的一部分，而是另一个独立的债务，同时鉴于保证为债权人和保证人之间的一种合同关系，保证合同应适用契约自由原则，保证中的事项，如保证的范围、保证方式、保证期间等，均可由债权人和保证人在主债务的范围内合意确定。因而，保证又具有相对独立性的特征。

（二）保证合同

1. 保证合同的概念与特征

《民法典》第681条规定："保证合同是为保障债权的实现，保证人和债权人约定，当债务人不履行其债务或者发生当事人约定的情形时，保证人履行债务或者承担责任的合同。"

保证合同具有如下特征：

（1）保证合同是单务合同、无偿合同。在保证合同中，保证人承担债务，债权人不付对待给付义务，因而保证合同是单务合同；在保证合同中，保证人对债权人承担保证债务，债权人对此不提供相应的代价，因而保证合同是无偿合同。

（2）保证合同是诺成合同。只要保证人和债权人意思表示一致即可成立。

（3）保证合同是要式合同。根据《民法典》第685条的规定，保证合同应当采用书面形式。

（4）保证合同是从合同。《民法典》第682条规定，"保证合同是主债权债务合同的从合同，主债权债务合同无效的，保证合同无效，但是法律另有规定的除外。”与《担保法》相比，《民法典》取消了“当事人另有约定，按照约定”的规定。第682条第2款还规定：“保证合同被确认无效后，债务人、保证人、债权人有过错的，应当根据其过错各自承担相应的民事责任。”

2. 保证合同的当事人

保证合同的当事人是保证人和债权人。其中债权人亦是主合同的债权人，可以是自然人、法人或其他组织。保证人除需具有代为清偿债务能力外，还应受到一定的限制。根据《民法典》第683条规定：“（1）机关法人不得为保证人，但是经国务院批准为使用外国政府或者国际经济组织贷款进行转贷的除外；（2）以公益为目的的非营利法人、非法人组织不得为保证人。”

3. 保证合同的内容和形式

《民法典》第684条规定了保证合同的内容：“（1）被保证的主债权种类、数额；（2）债务人履行债务的期限；（3）保证的方式；（4）保证担保的范围；（5）保证期间；（6）双方认为需要约定的其他事项。”

《民法典》第685条规定了保证合同的形式：“保证合同可以是单独订立的书面合同，也可以是指主债权债务合同中的保证条款。第三人单方以书面形式向债权人作出保证，债权人接收且未提出异议的，保证合同成立。”凡此种种规定，都表明了法律对保证合同的形式要求是书面形式，保证合同为要式合同。

（三）保证方式

保证方式是指保证人承担保证责任的具体方式。根据《民法典》第686条规定，承担保证责任的方式为一般保证和连带责任保证两种。

1. 一般保证

《民法典》第687条规定：“当事人在保证合同中约定，当债务人不能履行债务时，由保证人承担保证责任的，为一般保证。一般保证的保证人在主合同纠纷未经审判或者仲裁，并就债务人财产依法强制执行仍不能履行债务前，有权拒绝向债权人承担保证责任。”在此，《民法典》赋予了一般保证的保证人享有先诉抗辩权。

先诉抗辩权也称为检索抗辩权，是一般保证人享有的可以对抗债权人请求权的一种抗辩权利。具体是指一般保证的保证人在主合同纠纷未经审判或者仲裁，并就债务人财产依法强制执行仍不能履行债务前，对债权人可以拒绝承担保证责任的权利。先诉抗辩权是法律赋予一般保证人的权利，在实务中应得到尊重与保护。若债权人违反此项规定，一般保证的保证人对债权人享有法定的抗辩权。

但是，该条第2款同时规定，具有下列情形之一的，一般保证的保证人不得行使先诉抗辩权：（1）债务人下落不明，且无财产可供执行的；（2）人民法院已经受理债务人破产案件；（3）债权人有证据证明债务人的财产不足以履行全部债务或者丧失履行债务能力；（4）保证人书面表示放弃本款规定的权利。在上述情形下，保证人不享有先诉抗辩权。也就是说，保证人即使提起抗辩也得不到法院或仲裁机构支持。

2. 连带责任保证

《民法典》第 688 条规定："当事人在保证合同中约定保证人和债务人对债务承担连带责任的，为连带责任保证。连带责任保证的债务人不履行到期债务或者发生当事人约定的情形时，债权人可以请求债务人履行债务，也可以请求保证人在其保证范围内承担保证责任。"

注意连带责任保证与一般保证两种保证方式的区别：

第一，对保证人适用条件不同。一般保证的适用条件是债务人不能履行债务，即债务人丧失了履行债务的能力，债权人才能要求保证人承担保证责任；连带责任保证的适用条件是债务人不履行债务，至于债务人有否履行能力在所不问，只要出现债务人不履行债务情形，债权人既可要求保证人与债务人共同承担责任或者要求保证人独立承担责任。

第二，债权人主张权利对象不同。对一般保证而言，在实务中当债务人不履行债务时，债权人通常只能先起诉债务人或对债务人提起仲裁申请，而不能将保证人列为共同被告或共同被申请人，也不能申请法院对保证人采取财产保措施。只有对债务人强制执行无果，即证明债务人确实丧失了履行债务的能力时才能起诉保证人或对其提起仲裁，采取相应财产保全措施。而连带责任保证由于保证人不享有先诉抗辩权，对债权人而言则没有上述限制，债权人既可以将债务人与保证人列为共同被告或共同被申请人，也可以单独对保证人提起诉讼或仲裁。

第三，发生当事人约定的其他情形时，也允许债权人要求保证人承担连带责任。即"债务人不履行到期债务"并非适用连带责任的唯一条件，实践中如当事人事先在合同中约定"债务虽未到期，但债务人丧失履行能力，债权人即可向保证人主张权利。"注意，该规定是《民法典》对《担保法》的修改，与《物权法》中抵押权、质权的实现条件保持一致。

（3）《民法典》对保证方式没有约定或约定不明的特别规定

《民法典》第 686 条第 2 款规定："当事人对保证方式没有约定或约定不明确的，按照一般保证责任承担保证责任。"注意，此处规定有一个重要变化。按照 1995 年《担保法》第 19 条规定，"对保证方式没有约定或者约定不明确的，视为连带责任保证。"由于连带责任保证的责任明显重于一般保证，若对保证方式没有约定或约定不明则视为连带责任保证，无疑加重了不明真相的保证人的负担，只有保证人明确选择了连带责任保证才能对其使用，担保法的推定制度对保证人显失公平。因此，《民法典》对此做了修改，做了相反规定：当事人对担保方式没有约定或约定不明，视为一般担保。在具体适用中，如上所述，两种保证方式责任的最主要区别在于保证人是否享有先诉抗辩权。

（四）反担保

《民法典》第 689 条规定：“保证人可以要求债务人提供反担保。”反担保是指债务人应保证人要求，向保证人提供抵押、质押或保证等担保措施，反担保措施与担保措施类似。此条规定意在保证人承担保证责任后转而向债务人行使追偿权时，不至于使追偿权落空。

（五）最高额保证

《民法典》第 690 条规定：“保证人与债权人可以协商订立最高额保证的合同，约定在最高债权额限度内就一定期间连续发生的债权提供保证。最高额保证除适用本章规定外，参照适用本法第二编最高额抵押权的有关规定。”

二、保证责任

（一）保证范围

保证范围，即保证人承担保证责任的范围，通常应是债务人须承担的全部债务，但若当事人另有约定，也允许保证人只承担债务人的部分债务。依照《民法典》第 691 条规定：“保证的范围包括主债权及其利息、违约金、损害赔偿金和实现债权的费用。当事人另有约定的，按照其约定。”

（二）保证期间

根据《民法典》第 691 条规定，保证期间是确定保证人承担保证责任的期间。保证期间可以由保证人和债权人在保证合同中约定一个具体时间，如 2 年、5 年、10 年等均无不可。保证期间的起算点为主债务履行期限届满日次日。

实践中，由于当事人不懂得保证期间的法律规定，可能会出现若干情形，《民法典》第 692 条对此作了相应规定：（1）当事人约定的保证期间早于或等于主债务履行期限届满的，视为没有约定。这是因为，此种约定没有法律意义，该段时间是债务人履行债务的时间，保证时间不应与之重叠，否则起不到设定保证的作用。（2）当事人没有约定或约定不明确的，保证期间为主债务履行期限届满之日起六个月。“约定不明确”则通常是指当事人虽有约定，但约定的不是一个明确、具体的时间，易引发歧义。（3）债权人与债务人对主债务履行期限没有约定或约定不明确的，保证期间自债权人请求债务人履行债务的宽限期届满之日起计算。即对保证期间仍采用有约定按约定，没有约定或约定不明按六个月为期。（4）保证期间不发生中止、中断和延长。保证期间不同于诉讼时效期间，不因任何事由发生中止、中断和延长的法律后果。

（三）保证期间与诉讼时效的衔接

1. 一般保证责任诉讼时效的起算

《民法典》第 694 条第 1 款规定：“一般保证的债权人在保证期间届满前对债务人提起诉讼或仲裁的，从保证人拒绝承担保证责任的权利消灭之日起，开始计算保证债务的诉讼时效。”此处的“保证人拒绝承担保证责任的权利”应理解为一般保证人的先诉抗辩权。

2. 连带责任保证人诉讼时效的起算

《民法典》第 694 条第 2 款规定：“连带债权的债权人在保证期间届满前请求保证人承担保证责任的，从债权人请求保证人承担保证责任之日起，开始计算保证债务的诉讼时效。”

（四）共同保证

我们通常所说保证是保证人为一个人，即单独保证；若保证人的人数为两人或两人以上的，则被称为共同保证。《民法典》第 699 条规定：“同一债务有两个以上保证人的，保证人应当按照保证合同约定的保证份额，承担保证责任；没有约定保证份额的，债权人可以要求任何一个保证人在其保证范围内承担保证责任。”

（五）保证的效力

保证的效力，是指保证所具有的法律约束力。保证合同成立后，它不仅调整保证人和债权人之间的法律关系，同时还调整保证人和债务人之间的法律关系。保证的效力主要体现在保证人与债权人、债务人之间的法律关系上。

1. 保证人与债权人之间的法律关系

对债权人而言，债权人有在债务人不履行主债务时要求保证人履行保证债务或承担保证责任的权利。该权利的行使以主债务人不履行债务为前提，因而是一种期待权。从债权人角度看，保证人是次债务人，保证责任是一种次给付义务。对保证人而言，因保证合同是单务、无偿的合同，保证人对债权人不享有请求给付的权利，但基于保证的从属性，保证人享有主债务人对于债权人所有的抗辩权。

《民法典》第 701 条规定：“保证人可以主张债务人对债权人的抗辩。债务人放弃抗辩的，保证人仍有权向债权人主张抗辩。”所谓债务人放弃抗辩，例如主债权未发生的抗辩权、主债权已消灭的抗辩权、主债权已超过诉讼时效的抗辩权、拒绝履行的抗辩权等，在这些情况下，保证人对债权人还享有其基于自身保证人的身份而特有的抗辩权，即先诉抗辩权（一般保证方式下）；保证人对债权人还可以享有其基于一般债务人的地位应有的权利，如保证合同不成立、无效或者被撤销致使保证债务不存在时，保证人有权拒履行保证债务。

《民法典》第 702 条规定：“债务人对债权人享有抵销权或撤销权的，保证人可以在相应范围内拒绝承担保证责任。”该规定为《担保法》所没有的新规定。

2. 保证人与债务人之间的关系

保证人与债务人（被保证人）之间的关系，一般是基于被保证人的委托或请求而设立的。如果债务人并未委托或请求保证人为其提供担保，保证人和债务人之间为无因管理关系。但无论他们之间是哪一种关系，保证人对被保证人都享有追偿权。

《民法典》第700条规定："保证人承担保证责任后，除当事人另有约定外，有权在其承担保证责任的范围内向债务人追偿，享有债权人对债务人的权利，但是不得损害债权人的利益。"保证人的追偿权，又称为保证人的求偿权，是指保证人承担保证责任后，有权向债务人追偿。

《民法典》第689条规定："保证人可以要求债务人提供反担保。"反担保措施与担保措施类似，是债务人应保证人要求，向保证人提供抵押、质押或保证等担保措施。此条规定意在保证人承担保证责任后转而向债务人行使追偿权时，不至于使追偿权落空。

（六）保证责任的免除与消灭

1. 一般保证责任的免除

《民法典》第693条第1款规定："一般保证的债权人未在保证期间对债务人提起诉讼或者申请仲裁的，保证人不再承担保证责任。"该规定表明，因一般保证中保证人享有先诉抗辩权，债权人不能起诉保证人，若债权人没有在保证期间内起诉债务人，保证人就不再承担保证责任。由此看来，债权人既然与保证人约定了保证期间，就应特别留意这个时间，同时注意法律规定的措施要求，债权人对债务人只有采取诉讼或仲裁方式，才能对保证人发生作用。若债权人没有在保证期间内采用此措施，或虽在保证期间内但没有对债务人采用法定措施，就可能导致保证形同虚设，一般保证的保证人免责。

2. 连带责任保证责任的免除

《民法典》第693条第2款规定："连带责任的债权人未在保证期间请求保证人承担保证责任，保证人不再承担保证责任。"此规定表明，债权人对连带责任保证责任方式需要重点关注的是保证期间，对保证人采用的措施则没有特别要求，既可以是债权人向保证人提出承担保证责任的主张，也可以是债权人对保证人提起诉讼或仲裁。否则，连带责任保证的保证人免除责任。

3. 主合同当事人双方未经保证人同意变更合同内容的效力

《民法典》第695条规定："债权人和债务人未经保证人书面同意，协商变更主债权债务合同内容，减轻债务的，保证人仍对变更后的债务承担保证责任；加重债务的，保证人对加重的部分不承担保证责任。债权人和债务人变更主债权债务合同的履行期限，未经保证人书面同意的，保证期间不受影响。"

4. 债权人转让债权对保证人的效力

《民法典》第696条规定："债权人转让全部或部分债权，未通知保证人的，该转让对保证人不发生效力。保证人与债权人约定禁止债权转让，债权人未经保证人书面同意转让债权的，保证人对受让人不再承担保证责任。"

5. 债权人许可债务人转让债务的，对保证人的效力

《民法典》第697条规定："债权人未经保证人书面同意，允许债务人转移全

部或者部分债务，保证人对未经其同意转移的债务不再承担保证责任，但是债权人和保证人另有约定的除外。第三人加入债务的，保证人的保证责任不受影响。”

债权人允许债务人转移债务的，应当取得保证人书面同意，保证人对未经其同意转让的债务，不再承担保证责任。这是因为保证人提供保证是基于其特殊对象即被保证人的身份而定的，除非债权人与保证人另有约定。

6. 债权人对保证人提供的债务人财产怠于行使权利对保证人的效力

《民法典》第698条规定：“一般保证的保证人在主债务履行期限届满后，向债权人提供债务人可供执行财产的真实情况，债权人放弃或者怠于行使权利致使该财产不能被执行的，保证人在其提供人可供执行财产的价值范围内不再承担保证责任。”

☞ 案例导读评析

本案中，农业银行应赔偿某农校支付的违约金。根据《民法典》第671条第1款规定：“贷款人未按照约定的日期、数额提供借款，造成借款人损失的，应当赔偿损失。”金融机构与公司之间签订的借款合同是双务合同，作为贷款人的农业银行，应依约向借款人农校提供借款。按照合同约定，农行延迟2日提供贷款，导致农校逾期2日支付工程款而需向建筑公司支付违约金15万元，农行应对自己的违约行为给农校造成的损失予以赔偿。

☞ 本章思考题

1. 什么是借款合同？借款合同的特征是什么？

2. 在借款合同中，借款人与贷款人各自负有哪些义务？未履行合同义务各自应承担什么违约责任？

3. 如果借款人逾期付款构成违约，贷款人除要求借款人支付利息、逾期罚息外，是否还可以要求借款人支付违约金？

4. 司法实践对民间借款合同的利息保护的幅度有多大？

☞ 案例分析习题

某商业银行与某公司签订借款合同，合同约定：公司向银行借款2000万元，借款用途为技术改造，借款期限三年，月利息5.6‰，逾期还款罚息加倍，逾期还款违约金为每天0.01‰。利息借款人按月支付，本金在三年后一次还清。如借款人持续一年不能按期付息，贷款人有权解除合同。合同签订后，工商银行按期发放贷款。第一年，借款人按时偿还贷款利息。但从第二年开始，借款人由于经营不景气，未能按时向银行付息，此种情况一直延续到第二年年底。银行在向公司催讨无果后，遂向法院起诉，诉讼请求：①要求解除合同；②要求被告公司偿还借款本金2000万元，并按合同约定支付借款期内利息若干元，罚息若干元，违约金若干元。被告律师抗辩，借款合同显失公平，对同一违约行为重复追究责任，请求降低违约金。

请问：

1. 原告商业银行的诉讼请求是否应得到法律保护？
2. 被告抗辩是否成立？
3. 法院该如何处理此案？

附：借款合同（示范文本）

借款合同

合同编号：____________

贷款方：中国________银行________分（支）行（或信用社）；

法定代表人：__________　职务：________

地址：________________　邮码：________　电话：________

借款方：________（单位或个人）；

法定代表人：__________　职务：________

地址：________________　邮码：________　电话：________

保证方：______________

法定代表人：__________　职务：________

地址：________________　邮码：________　电话：________

借款方为进行________生产（或经营活动），向贷款方申请借款，并由________作为保证人，贷款方业已审查批准，经三方协商，特订立本合同，以期共同遵守。

第一条　贷款种类____

____

第二条　借款用途____

____

第三条　借款金额________人民币（大写）________________元整。

第四条　借款利率为月息千分之________，利随本清，如遇国家调整利率，按新规定计算。

第五条　借款和还款期限

1. 借款时间共________年零________个月。自________年________月________日起，至________年________月________日止。

2. 借款分期如下：

贷款期限	贷款时间	贷款金额
第一期	____年____月底前	元
第二期	____年____月底前	元
第三期	____年____月底前	元

3. 还款分期如下：

归还期限	还款时间	还款金额	还款时间利率
第一期	____年____月底前	元	
第二期	____年____月底前	元	
第三期	____年____月底前	元	

第六条　还款资金来源及还款方式

1. 还款资金来源：____

2. 还款方式：____

第七条　保证条款

1. 借款方用____做抵押，到期不能归还贷款方的贷款，贷款方有权处理抵押品。借款方到期如数归还贷款的，抵押品由贷款方退还借款方。

2. 借款方必须按照借款合同规定的用途使用借款，不得挪作他用，不得用借款进行违法活动。

3. 借款方必须按合同规定的期限还本付息。

4. 借款方有义务接受贷款方检查、监督贷款的使用情况，了解借款方的计划执行、经营管理、财务活动、物资库存等情况。借款方应提供有关的计划、统计、财务会计报表及资料。

5. 有保证人担保，保证人履行连带责任后，有向借款方追偿的权利，借款方有义务对保证人进行偿还。

第八条　约定条款

由于经营管理不善而关闭、破产，确实无法履行合同的，在处理财产时，除了按国家规定用于人员工资和必要的维护费用外，应优先偿还贷款。由于上级主管部门决定关、停、并转或撤销工程建设等措施，或者由于不可抗力的意外事故致使合同无法履行时，经向贷款方申请，可以变更或解除合同，并免除承担违约责任。

第九条　违约责任

一、借款方的违约责任

1. 借款方不按合同规定的用途使用借款，贷款方有权收回部分或全部贷款，对违约使用的部分，按银行规定的利率加收罚息。

2. 借款方如逾期不还借款，贷款方有权追回借款，并按银行规定加收罚息。借款方提前还款的，应按规定减收利息。

3. 借款方使用借款造成损失浪费或利用借款合同进行违法活动的，贷款方应追回贷款本息，有关单位对直接责任人应追究行政和经济责任。情节严重的，由司法机关追究刑事责任。

二、贷款方的违约责任

1. 贷款方未按期提供贷款，应按违约数额和延期天数，付给借款方违约金。违约金数额的计算应与加收借款方的罚息计算相同。

2. 银行工作人员，因失职行为造成贷款损失浪费或利用借款合同进行违法活动的，应追究行政和经济责任。情节严重的，应由司法机关追究刑事责任。

第十条　合同变更或解除。

1. 本合同非因《中华人民共和国民法典》规定允许变更或解除合同的情况发生，任何一方当事人不得擅自变更或解除合同。

2. 当事人一方依照《中华人民共和国民法典》要求变更或解除本借款合同时，应及时采用书面形式通知其他当事人，并达成书面协议。本合同变更或解除后，借款方已占用的借款和应付的利息，仍应按本合同的规定偿付。

本合同如有未尽事宜。须经合同各方当事人共同协商，作出补充规定。补充规定与本合同具有同等效力。

第十一条　本合同正本一式三份，贷款方、借款方、保证方各执一份；合同副本一式____份，报送等有关单位（如经公证或鉴证，应送公证或鉴证机关）各留存一份。

贷款方：________________（公章）

代表人：________________

日期：__________________

借款方：________________（公章）

代表人：________________

日期：__________________

银行账户：______________

保证方：________________（公章）

代表人：________________

日期：__________________

银行账户：______________

第十一章　租赁合同、融资租赁合同与保理合同

● **学习目标：**

1. 掌握租赁合同的特征、效力；
2. 掌握融资租赁合同的特征、效力；
3. 掌握保理合同的效力；
4. 能运用理论知识和现行法律规定分析租赁合同、融资租赁合同和保理合同纠纷案件。

● **案例导读：**

冯某与张某口头约定将一处门面房出租给张某，租期 2 年，租金每月 1000 元。合同履行 1 年后，张某向冯某提出能否转租给翁某，冯某表示同意。张某遂与翁某达成租期 1 年、月租金 1200 元的口头协议。翁某接手后，擅自拆除了门面房隔墙，冯某得知后提出解除合同、收回房屋，并要求张某赔偿损失，张某不同意，遂发生纠纷。请问冯某的主张能否得到支持？

第一节　租 赁 合 同

一、租赁合同的概念与特征

（一）租赁合同的概念

租赁合同是出租人将租赁物交付承租人使用、收益，承租人支付租金的合同。在租赁合同关系中，提供物的当事人一方称出租人，使用物的当事人一方称承租人，被交付使用的物称租赁物，承租人使用租赁物而向出租人支付的对价称租金。

（二）租赁合同的特征

租赁合同主要具有以下法律特征：

1. 租赁合同是民事主体之间移转财产使用权的合同

租赁合同中，承租人的目的是在一定期限内对租赁物进行使用、收益，出租人

所移转的、承租人所取得的，是对租赁物的使用权和部分收益权，而非租赁物的所有权。租赁合同以移转财产的使用权为基本属性，承租人不改变租赁物的形体和性质而对租赁物进行使用，并通过使用来获取收益。

由于租赁物的所有权仍归出租人，承租人并未获得租赁物的所有权。所以，承租人的债权人不得将租赁物作为自己债权的标的物，不得以租赁物清偿其债务，在承租人破产时租赁物不能列入破产财产，在租赁合同终止时承租人应当将租赁物返还给出租人。

2. 租赁合同的客体是耐消耗的特定物

从租赁的目的上讲，要满足承租人多次重复使用租赁物的需要，故租赁物应具有耐消耗的属性。而且租赁合同以移转财产的使用权为特征，不移转所有权，在租赁合同终止时出租人有权收回租赁物，通常情况下只有耐用的特定物或特定化的物方可充当租赁物。

3. 租赁合同为诺成、双务、有偿合同

出租人与承租人协商一致达成协议时，租赁合同成立，租赁物是否实际交付则属于合同履行的问题，是合同成立之后的问题，对合同是否成立本身没有直接影响，故租赁合同属于诺成合同，不属于实践合同。

租赁合同中，出租人负有交付租赁物的义务，享有收取租金的权利，承租人享有对租赁物加以占有、使用、部分收益的权利，负担交付租金的义务，当事人双方各享一定的权利，各负一定的义务，故租赁合同属于双务合同。

租赁合同中，出租人以向承租人移转租赁物的使用权为代价而获得租金，承租人以向出租人支付租金为代价而获得对租赁物的使用权，当事人任何一方从对方获得利益时均需付出一定的代价，双方的权利义务存在对价关系，故租赁合同属于有偿合同。

4. 租赁合同在方式上具有特殊性

当事人可以在租赁合同中约定租赁期限。租赁期限六个月以上的，应当采用书面形式，当事人未采用书面形式，无法确定租赁期限的，视为不定期租赁。可见，六个月以上的定期租赁合同应当采用书面形式，属于要式合同；不定期租赁合同和六个月以下的定期租赁合同不要求采用书面形式，属于不要式合同。

登记备案并非租赁合同的有效条件。《民法典》第706条规定："当事人未依照法律、行政法规规定办理租赁合同登记备案手续的，不影响合同的效力。"《最高人民法院关于审理城镇房屋租赁合同纠纷案件具体应用法律若干问题的解释》（以下简称《城镇房屋租赁合同司法解释》）第4条第1款规定："当事人以房屋租赁合同未按照法律、行政法规规定办理登记备案手续为由，请求确认合同无效的，人民法院不予支持，当事人约定以办理登记备案手续为房屋租赁合同生效条件的，从其约定，但当事人一方已经履行主要义务，对方接受的除外。"

5. 租赁合同为继续性合同

租赁合同成立后，当事人双方的权利义务并非一次给付即可完成，而是在一定时期内持续存在，双方需要继续合作，以维持债的关系，实现各自的利益，故租赁合同属于继续性合同，不属于一时性合同。

6. 租赁合同具有非永续性

租赁合同中，承租人在一定期限内占有使用租赁物，出租人暂时丧失直接占有和使用的权利，如果租赁期限过长，可能会使出租人的权利实际上被虚化，也可能产生规避法律禁止性规定的行为变成合法行为的现象，例如对集体土地采取永久性租赁的方式承租，而不采用买卖合同的方式，以规避法律禁止买卖的规定。因此，许多国家和地区的法律对租赁期限有所限制。《民法典》第 705 条规定："租赁期限不得超过二十年，超过二十年的，超过部分无效；租赁期限届满，当事人可以续订租赁合同；但是，约定的租赁期限自续订之日起不得超过二十年。"

二、租赁合同的分类

（一）动产租赁与不动产租赁

从物的性质上讲，租赁物可以是动产，也可以是不动产。以动产为标的物的租赁称为动产租赁，包括一般的动产租赁、动物租赁、船舶租赁、汽车租赁等。以不动产为标的物的租赁称为不动产租赁，不动产租赁中最主要的是房屋租赁，还有土地使用权租赁、承包经营权租赁、宅基地使用权租赁等也视为不动产租赁。

划分动产租赁与不动产租赁的主要意义在于：法律基于维护交易安全和社会稳定的需要，通常规定不动产租赁需要履行一些特别的程序，例如采用书面形式、办理登记备案手续，而对于动产租赁通常无此要求，但机动车、民用航空器、船舶等动产的处理方式例外。

需要注意的是，未被法律认可、不具有合法性的财物禁止出租，否则租赁合同无效。

（二）定期租赁与不定期租赁

以租赁合同是否有固定期限为标准，可将租赁分为定期租赁和不定期租赁。定期租赁是指有明确租赁期限的租赁，不定期租赁则是没有明确租赁期限的租赁。不定期租赁的产生有三种情形：一是当事人对租赁期限没有约定或者约定不明确，依照法律规定仍不能确定的，视为不定期租赁；二是租赁期限六个月以上的，应当采用书面形式，当事人未采用书面形式，无法确定租赁期限的，视为不定期租赁；三是租赁期限届满，承租人继续使用租赁物，出租人没有提出异议的，原租赁合同继续有效，但租赁期限为不定期。

这种分类的意义在于，在不定期租赁中，除非双方当事人另有规定，当事人可以随时解除合同，但是应当在合理期限之前通知对方。

（三）一般租赁与特殊租赁

《民法典》合同编第十四章规定的租赁合同是常态的、典型的租赁合同，即一般租赁合同。除此之外，法律上还存在设有特殊规范的租赁合同，称为特殊租赁合同，例如《民法典》合同编第十五章规定的融资租赁合同，《海商法》第六章规定的船舶租用合同，《民用航空法》第三章第四节规定的民用航空器租赁合同，《农村土地承包法》第三十二条规定的土地承包经营权租赁合同，《城市房地产管理法》第四章第四节规定的房屋租赁合同，《城镇国有土地使用权出让和转让暂行条例》第四章规定的土地使用权租赁合同等，均属于特殊租赁合同。

这种分类的意义在于，特殊租赁优先适用特别法的规定，特别法没有规定的部分，才适用《民法典》合同编第十四章的一般性规定。

三、租赁合同的效力

（一）租赁合同对出租人的效力

1. 交付租赁物的义务

承租人的合同目的在于对租赁物进行使用、收益，出租人依据合同约定向承租人交付租赁物属于出租人应承担的主要义务。所谓交付租赁物，是指将租赁物移转归承租人占有，交付的方式包括现实交付、指示交付、简易交付。租赁物有从物的，出租人在交付租赁物时应当将从物一并交付给承租人。出租人未按约定时间交付租赁物或者交付的租赁物不符合合同约定的，构成违约，出租人应承担赔偿损失等违约责任。

2. 保持租赁物符合约定用途的义务

出租人负有义务在交付租赁物时以及在交付后持续使租赁物符合约定用途，适于承租人使用、收益。所谓保持其适于使用、收益的状态，是指在租赁关系存续期间，如发生租赁物被毁损的情形，出租人应负责修理，以恢复承租人的使用、收益，如发生第三人侵害租赁物的情况，出租人应积极排除妨碍。

3. 瑕疵担保义务

租赁合同中的出租人应对承租人承担租赁物的瑕疵担保义务，包括物的瑕疵担保义务和权利的瑕疵担保义务。

出租人物的瑕疵担保义务是指出租人应担保所交付的租赁物能够保证承租人按照约定正常使用、收益。如果租赁物存在使承租人不能正常使用、收益的瑕疵，出租人即应承担责任。《民法典》第 729 条规定："因不可归责于承租人的事由，致使租赁物部分或者全部毁损、灭失的，承租人可以请求减少租金或者不支付租金；因租赁物部分或者全部毁损、灭失，致使不能实现合同目的的，承租人可以解除合同。"根据该规定，出租人物的瑕疵担保责任的构成须具备以下两个方面的条件：①租赁物存在瑕疵，即标的物的品质、数量不符合合同约定的标准或不合于标的物通常使用的状态。②承租人于订立合同时不知标的物存在瑕疵，也不存在可免除出租人担保责任的情形。在订立合同时，承租人明知租赁物存在瑕疵的，出租人不承担瑕疵担保责任，但《民法典》第 731 条规定："租赁物危及承租人的安全或者健康的，即使承租人订立合同时明知该租赁物质量不合格，承租人仍然可以随时解除合同。"

出租人权利的瑕疵担保义务是指出租人应担保所交付的租赁物不因第三人主张权利而使承租人不能按照约定正常使用、收益。《民法典》第 723 条规定："因第三人主张权利，致使承租人不能对租赁物使用、收益的，承租人可以请求减少租金或者不支付租金，第三人主张权利的，承租人应当及时通知出租人。"根据该规定，出租人权利的瑕疵担保责任的构成须具备以下四个方面的条件：①须有第三人向承租人主张权利，并且该权利妨碍承租人对租赁物进行使用、收益。②须第三人的权利发生于租赁物交付之前。如果第三人的权利发生于租赁物交付之后，则承租人的权利具有对抗第三人的效力，承租人仍得对租赁物进行使用、收益，租赁物不存在权利瑕疵问题。例如，出租后以租赁物抵押的，抵押权人实现抵押权时不能对抗承租人的租赁权，承租人的租赁权也就不存在瑕疵。③承租人在合同订立时不知权利瑕疵的存在。如果承租人在订立合同时明知租赁物存在权利瑕疵，则其自愿承担了第三人主张权利的风险，出租人不负瑕疵担保责任，但承租人可能因第三人主张权利导致出租人履行不能而解除合同。④须承租人为通知后且出租人未能为及时的救济。在第三人主张权利时，承租人应及时通知出租人，以使出租人及时采取救济措施。在承租人及时通知出租人后，出租人未能及时排除第三人的主张，导致承租人不能对租赁物使用、收益的，承租人可以要求减少租金或者不支付租金。

另外，根据《民法典》第 724 条的规定："有下列情形之一，非因承租人原因致使租赁物无法使用的，承租人可以解除合同：（一）租赁物被司法机关或者行政机关依法查封、扣押；（二）租赁物权属有争议；（三）租赁物具有违反法律、行政法规关于使用条件的强制性规定情形。"

4. 租赁物的维修义务

《民法典》第 712 条规定："出租人应当履行租赁物的维修义务，但是当事人另有约定的除外。"出租人的维修是使租赁物保持、恢复符合约定用途状态的一种具体方式，既是出租人的义务，也是出租人的权利。出租人对租赁物进行维修时，承租人应予以配合，不得妨碍维修，但是因维修租赁物影响承租人使用的，应当相应减少租金或者延长租期。承租人在租赁物需要维修时可以要求出租人在合理期限内维修。

出租人维修义务的构成须具备以下四个方面的条件：①租赁物有维修的必要。所谓维修的必要，是指租赁物出现影响正常使用收益的情况，必须对其进行维修方能消除影响，否则承租人不能对租赁物进行正常的使用、收益。如果租赁物虽有损毁但并未达到妨碍正常使用、收益的程度，则无维修的必要。②有维修的可能。如果租赁物已无维修的可能性，承租人不得强行要求出租人履行维修义务。维修是否可能，不能仅以物理上或技术上是否可能为判断标准，还应以一般社会观念或经济上的意义加以决定，维修无异于重建或者维修本身耗费过巨的，应认为无维修的可能。③承租人已发出维修通知。在租赁期间，租赁物由承租人占有，对于租赁物是否需要维修，承租人更清楚，而出租人不一定知道情况，因此，承租人应及时通知出租人进行维修，并在出租人对租赁物进行维修时予以协助。④当事人无另外约定。关于租赁物的维修义务，并非法律的强制性规定，当事人可以另行约定由承租人负责维修，此时出租人不再负担租赁物的维修义务。

5. 返还承租人为租赁物所支出费用的义务

出租人应向承租人返还的费用包括承租人因租赁物而支出的必要费用和有益费用。

必要费用是指为维持租赁物处于正常能被使用、收益状态所必不可少的费用。对于出租人应返还的必要费用的范围，通常由当事人在合同中约定。《民法典》第713条规定："承租人在租赁物需要维修时可以请求出租人在合理期限内维修，出租人未履行维修义务的，承租人可以自行维修，维修费用由出租人负担，因维修租赁物影响承租人使用的，应当相应减少租金或者延长租期。因承租人的过错致使租赁物需要维修的，出租人不承担前款规定的维修义务。"

有益费用是指承租人支出的使租赁物改善或价值增加的费用。《民法典》第715条规定："承租人经出租人同意，可以对租赁物进行改善或者增设他物，承租人未经出租人同意，对租赁物进行改善或者增设他物的，出租人可以请求承租人恢复原状或者赔偿损失。"可见，出租人向承租人返还有益费用的前提条件是经出租人同意。承租人经出租人同意支出的有益费用，在合同终止时按当事人之间的合同处理，合同没有约定且当事人协商不成的，由人民法院依法处理。按照《城镇房屋租赁合同司法解释》第7条的规定，承租人擅自变动房屋建筑主体和承重结构或者扩建，在出租人要求的合理期限内仍不予恢复原状的，出租人可以请求解除合同并要求赔偿损失。

6. 接受返还的租赁物和返还押金、担保物的义务

租赁合同终止时，承租人应向出租人返还租赁物，出租人应履行协助义务予以接受。在订立租赁合同时出租人向承租人收取押金或其他担保物作为承租人按时返还租赁物的担保的，在租赁合同终止时，出租人除扣除损害赔偿金外，就剩余部分应予以返还。

（二）租赁合同对承租人的效力

1. 按照约定的方法或者租赁物的性质使用租赁物的义务

承租人应当按照合同约定的方法使用租赁物，例如合同约定租赁房屋用于居住

的，承租人必须将该房屋作为住房使用，而不能用于营业。对租赁物的使用方法没有约定或者约定不明确，依照法律规定仍不能确定的，应当根据租赁物的性质使用。承租人按照约定的方法或者租赁物的性质使用租赁物，致使租赁物受到损耗的，不承担损害赔偿责任。而且，除当事人另有约定的以外，在租赁期限内因占有、使用租赁物获得的收益，归承租人所有。

承租人若违反该项义务要求，未按照约定的方法或者租赁物的性质使用租赁物，致使租赁物受到损失的，出租人可以解除合同并请求赔偿损失。

2. 妥善保管租赁物的义务

在租赁期间，租赁物处于承租人的实际控制、支配之下，承租人对租赁物进行占有、使用并获取收益，承租人应当尽善良管理人的注意义务，妥善保管租赁物。承租人原则上应保持租赁物的原状，除另有约定或经出租人同意的以外，承租人不能将租赁物拆除、改变或增加设施。租赁物有收益能力的，承租人应保持租赁物的收益能力，例如对承租的林地不能过度砍伐，对承租的耕地不能任其荒芜。承租人若未能尽到善良管理人的注意义务，即为保管不善。承租人保管不善造成租赁物毁损、灭失的，应当向出租人承担损害赔偿责任。

3. 支付租金的义务

在租赁合同中，支付租金是承租人应承担的主要义务。租金是承租人取得租赁物使用权的代价，通常以金钱形式支付，但不限于金钱，当事人也可协议以租赁物的孳息或其他物品支付。租金的数额由当事人协议确定。

《民法典》第 721 条规定："承租人应当按照约定的期限支付租金。对支付租金的期限没有约定或者约定不明确，依照本法第 510 条的规定仍不能确定，租赁期限不满一年的，应当在租赁期限届满时支付；租赁期限一年以上的，应当在每届满一年时支付，剩余期限不满一年的，应当在租赁期限届满时支付。"第 722 条规定："承租人无正当理由未支付或者迟延支付租金的，出租人可以请求承租人在合理期限内支付；承租人逾期不支付的，出租人可以解除合同。"

4. 不得擅自转租的义务

转租，是指承租人在租赁期间将租赁物出租给第三人使用收益。在转租关系中，承租人与出租人之间的租赁合同继续存在，承租人又与第三人就同一租赁物成立新的租赁关系，第三人取代承租人实际占有、使用租赁物，因而转租行为会对出租人的利益产生重要影响。《民法典》合同编对转租作出了明确限制，第 716 条规定："承租人经出租人同意，可以将租赁物转租给第三人，承租人转租的，承租人与出租人之间的租赁合同继续有效，第三人造成租赁物损失的，承租人应当赔偿损失，承租人未经出租人同意转租的，出租人可以解除合同。"

《民法典》第 717 条规定："承租人经出租人同意将租赁物转租给第三人，转租期限超过承租人剩余租赁期限的，超过部分的约定对出租人不具有法律约束力，但是出租人与承租人另有约定的除外。”第 718 条规定：“出租人知道或者应当知道承租人转租，但是在六个月内未提出异议的，视为出租人同意转租。”第 719 条规定：“承租人拖欠租金的，次承租人可以代承租人支付其欠付的租金和违约金，但是转租合同对出租人不具有法律约束力的除外。次承租人代为支付的租金和违约金，可以充抵次承租人应当向承租人支付的租金；超出其应付的租金数额的，可以向承租人追偿。”

5. 通知义务

在租赁关系中，承租人负有及时通知出租人的义务。根据相关条款规定，在租赁期间内出现下列情况时，承租人应及时通知出租人：①租赁物需要维修的；②第三人主张权利的；③承租人解除合同的；④合同约定应通知的事项。

6. 返还租赁物的义务

租赁关系终止时，承租人应将租赁物返还给出租人，这是承租人的一项义务。《民法典》第 733 条规定：“租赁期限届满，承租人应当返还租赁物，返还的租赁物应当符合按照约定或者根据租赁物的性质使用后的状态。”所谓返还，是指将租赁物的占有移转给出租人，例如将房屋腾清并交付钥匙。出租人既可基于租赁关系要求承租人返还，也可基于所有权要求承租人返还。承租人不及时返还租赁物的，应当承担违约责任。如果租赁物在承租人逾期返还期间发生意外灭失的，该风险由承租人负担，承租人应承担不能返还的赔偿责任。但是，如果租赁物在合同终止前已经灭失的，则承租人不负返还义务，不过可能要承担赔偿责任。

（三）租赁合同的特别效力

1. 承租人享有优先购买权

承租人的优先购买权，是指在租赁合同存续期间，出租人要出卖租赁物时，承租人享有在同等条件下优先于第三人购买租赁物的权利。所谓同等条件，要综合考虑价格的多少、付款期限的长短、一次付清还是分期付款、有无担保等因素。《民法典》第 726 条规定：“出租人出卖租赁房屋的，应当在出卖之前的合理期限内通知承租人，承租人享有以同等条件优先购买的权利；但是，房屋按份共有人行使优先购买权或者出租人将房屋出卖给近亲属的除外。出租人履行通知义务后，承租人在十五日内未明确表示购买的，视为承租人放弃优先购买权。”第 727 条规定：“出租人委托拍卖人拍卖租赁房屋的，应当在拍卖五日前通知承租人。承租人未参加拍卖的，视为放弃优先购买权。”第 728 条规定：“出租人未通知承租人或者有其他妨害承租人行使优先购买权情形的，承租人可以请求出租人承担赔偿责任。但是，出租人与第三人订立的房屋买卖合同的效力不受影响。”

2. 买卖不破租赁

根据合同相对性规则，承租人只能向出租人主张权利，不能向第三人主张。如果在租赁期间内，出租人以出卖人身份与他人签订买卖合同，将租赁物出卖给他人，买受人即成为租赁物的新所有权人。此时，出租人已失去对租赁物的处分权，原租赁合同无法继续履行，只能终止。但这样处理的弊端十分明显，不但严重损害承租人的利益，而且不利于社会的稳定和发展。为此，各国立法纷纷实行新的规则，规定在租赁物被出卖后，承租人可以依据原租赁合同向租赁物的新所有权人继续主张其作为承租人享有的权利，“买卖不破租赁”的规则得以逐步确立。《民法典》第725条规定：“租赁物在承租人按照租赁合同占有期限内发生所有权变动的，不影响租赁合同的效力。”

需要注意的是，《城镇房屋租赁合同司法解释》对“买卖不破租赁”规则作出了限定。按照第20条规定，租赁房屋在租赁期间发生所有权变动，承租人请求房屋受让人继续履行原租赁合同的，人民法院应予支持，但租赁房屋具有下列情形或者当事人另有约定的除外：①房屋在出租前已设立抵押权，因抵押权人实现抵押权发生所有权变动的；②房屋在出租前已被人民法院依法查封的。

3. 与承租人生前共同居住的人或者共同经营人可以按照原租赁合同继续租赁

《民法典》第732条规定，承租人在房屋租赁期限内死亡的，与其生前共同居住的人或者共同经营人可以按照原租赁合同租赁该房屋。按照该规定，在房屋租赁合同约定的租赁期限内承租人死亡的，与承租人生前共同居住的人或者共同经营人可以代替原承租人的地位继续履行租赁合同，原租赁合同在共同居住人或者共同经营人和出租人之间继续有效，共同居住人或者共同经营人可以向出租人主张继续租赁该房屋，可以按照原租赁合同继续享有承租人的权利、负担承租人的义务，出租人不得以共同居住人或者共同经营人非租赁合同的当事人、非承租人加以拒绝，不得以承租人死亡为由主张租赁合同终止。这主要是因为房屋租赁事关人们的生存和整个社会的稳定，立法上需要充分保障人们的居住权、需要稳定租赁合同关系。

第二节 融资租赁合同

一、融资租赁合同的概念与特征

（一）融资租赁合同的概念

融资租赁合同是出租人根据承租人对出卖人、租赁物的选择，向出卖人购买租赁物，提供给承租人使用，承租人支付租金的合同。

在融资租赁合同中，出租人按照承租人的要求购买租赁物，使承租人不必付出租赁物的价值即可对租赁物进行使用、收益，它既涉及买卖，又涉及租赁，既融资，又融物，是现代市场经济条件下的一种新型合同，也是《民法典》合同编所规定的典型合同。融资租赁合同应当采用书面形式，融资租赁合同的内容一般包括租赁物的名称、数量、规格、技术性能、检验方法，租赁期限，租金构成及其支付期限和方式、币种，租赁期限届满租赁物的归属等条款。依照法律、行政法规的规定，对于租赁物的经营使用应当取得行政许可的，出租人未取得行政许可不影响融资租赁合同的效力。但是，当事人以虚构租赁物方式订立的融资租赁合同无效。

（二）融资租赁合同的特征

相比较于传统的买卖合同、租赁合同，融资租赁合同具有如下主要法律特征：

1. 租赁物由出租人按照承租人的要求购买

出租人按照承租人对出卖人、租赁物的选择，从特定的出卖人处购买特定物品，并将其出租给承租人使用，出租人的购买行为与出租行为紧密相连，共同构成融资租赁关系的内容。这使得融资租赁合同与租赁合同、买卖合同、借贷合同存在明显区别：在租赁合同中，出租人通常是将现有物品出租，原先的购买行为与出租没有直接关系，即使是为了出租而购置物品，出租人也是根据自己的意愿购买；在买卖合同中，买受人根据自己的意愿购买物品，目的是为了取得物的所有权，以满足自己生产经营或者生活的需要，这与融资租赁合同中出租人为满足承租人对物品的需要而购买是明显不同的；融资租赁合同的承租人通过由出租人购买标的物来解决自己一次性购买所需资金的不足，这等于承租人向出租人借贷，但是承租人并不是从出租人处取得租赁物或金钱的所有权，而是通过租赁的形式取得使用收益权，以租金的形式偿还出租人的费用。

值得注意的是，出租人购买的租赁物也可以是承租人的自有物。承租人将其自有物出卖给出租人，再通过融资租赁合同将租赁物从出租人处租回的，人民法院不应仅以承租人和出卖人系同一人为由认定不构成融资租赁法律关系。

2. 租金是承租人向出租人融资的代价

融资租赁合同中，承租人向出租人支付的租金，并非承租人使用租赁物的代价，而是融资的代价，租金实际上是承租人分期对出租人购买租赁物的价金本息和利润等费用的偿还。《民法典》第 746 条规定，融资租赁合同的租金，除当事人另有约定外，应当根据购买租赁物的大部分或者全部成本以及出租人的合理利润确定。就相同的租赁物而言，融资租赁的租金远高于普通租赁的租金。

3. 出租人对租赁物不承担瑕疵担保责任

在租赁合同中，出租人像买卖合同中的出卖人一样负有瑕疵担保责任。而在融资租赁合同中，通常情况下，出租人只负责筹措购买资金和签订合同，出卖人和租赁物均由承租人自行选择确定，尽管出租人享有租赁物的所有权，却不承担租赁物的瑕疵担保责任。《民法典》第 747 条规定："租赁物不符合约定或者不符合使用目的的，出租人不承担责任。但是，承租人依赖出租人的技能确定租赁物或者出租人干预选择租赁物的除外。"

根据《最高人民法院关于审理融资租赁合同纠纷案件适用法律问题的解释》（以下简称《融资租赁合同司法解释》）第 19 条规定，租赁物不符合融资租赁合同的约定且出租人实施了下列行为之一，承租人有权要求出租人承担相应责任：①出租人在承租人选择出卖人、租赁物时，对租赁物的选定起决定作用的；②出租人干预或者要求承租人按照出租人意愿选择出卖人或者租赁物的；③出租人擅自变更承租人已经选定的出卖人或者租赁物的。承租人主张其系依赖出租人的技能确定租赁物或者出租人干预选择租赁物的，对上述事实承担举证责任。

4. 承租人于租赁关系终止后享有选择权

在租赁合同终止时，承租人应将租赁物返还给出租人。而在融资租赁合同中，出租人和承租人可以约定租赁期间届满租赁物的归属，如果约定租赁期间届满租赁物归承租人所有，承租人可以取得租赁物的所有权而不必承担返还义务。

二、融资租赁合同的效力

（一）对出租人的效力

1. 出租人的主要权利

（1）出租人在租赁期间保持对租赁物的所有权。融资租赁合同中，出租人向出卖人支付价金购买租赁物，出卖人向承租人交付租赁物，承租人对租赁物进行使用、收益并向出租人支付租金。在租赁期间，承租人对租赁物仅有权占有、使用、收益，并不享有租赁物的所有权。但在融资租赁期间，出租人对租赁物享有的所有权，未经登记，不得对抗善意第三人。

关于融资租赁期满后租赁物的所有权归属，根据《民法典》第 757 条的规定："出租人和承租人可以约定租赁期限届满租赁物的归属；对租赁物的归属没有约定或者约定不明确，依据本法第 510 条的规定仍不能确定的，租赁物的所有权归出租人。"第 759 条规定："当事人约定租赁期限届满，承租人仅需向出租人支付象征性价款的，视为约定的租金义务履行完毕后租赁物的所有权归承租人。"

（2）出租人享有收租权。收取租金是出租人的主要权利，也是出租人订立融资租赁合同的根本目的。按照合同约定，承租人接受了出卖人交付的租赁物之后，不论其是否实际对租赁物进行使用、收益，都应该按照合同约定支付租金，出租人有权收取租金。《城镇房屋租赁合同司法解释》第 20 条规定，承租人逾期履行支付租金义务或者迟延履行其他付款义务，出租人按照融资租赁合同的约定要求承租人支付逾期利息、相应违约金的，人民法院应予支持。

（3）出租人享有租赁物原物返还请求权。在租赁关系存续期间租赁物归出租人所有，在融资租赁合同终止时，租赁物应归属于所有权人，除当事人明确约定租赁期间届满租赁物归承租人所有之外，出租人有权请求承租人返还租赁物，承租人应当予以返还。但是，《民法典》第 760 条规定："融资租赁合同无效，当事人就该情形下租赁物的归属有约定的，按照其约定；没有约定或者约定不明确的，租赁物应当返还出租人。但是，因承租人原因致使合同无效，出租人不请求返还或者返还后会显著降低租赁物效用的，租赁物的所有权归承租人，由承租人给予出租人合理补偿。”

（4）出租人享有合同解除权。收取租金是出租人订立融资租赁合同的根本目的，如果承租人不履行支付租金的主要义务，出租人就无法实现合同目的。若承租人经催告后在合理期限内仍不支付租金的，出租人可以解除合同，收回租赁物。不过，此时还需要注意出租人与承租人之间的利益平衡，以保证公平原则的贯彻适用。《民法典》第 758 条规定：“当事人约定租赁期限届满租赁物归承租人所有，承租人已经支付大部分租金，但是无力支付剩余租金，出租人因此解除合同收回租赁物的，收回的租赁物的价值超过承租人欠付的租金以及其他费用的，承租人可以请求相应返还。当事人约定租赁期限届满租赁物归出租人所有，因租赁物毁损、灭失或者附合、混合于他物致使承租人不能返还的，出租人有权请求承租人给予合理补偿。”

另外，《民法典》第 753 条规定：“承租人未经出租人同意，将租赁物转让、抵押、质押、投资入股或者以其他方式处分的，出租人可以解除融资租赁合同。”第 754 条规定：“有下列情形之一的，出租人或者承租人可以解除融资租赁合同：（一）出租人与出卖人订立的买卖合同解除、被确认无效或者被撤销，且未能重新订立买卖合同；（二）租赁物因不可归责于当事人的原因毁损、灭失，且不能修复或者确定替代物；（三）因出卖人的原因致使融资租赁合同的目的不能实现。”第 755 条规定：“融资租赁合同因买卖合同解除、被确认无效或者被撤销而解除，出卖人、租赁物系由承租人选择的，出租人有权请求承租人赔偿相应损失；但是，因出租人原因致使买卖合同解除、被确认无效或者被撤销的除外。出租人的损失已经在买卖合同解除、被确认无效或者被撤销时获得赔偿的，承租人不再承担相应的赔偿责任。”第 756 条规定：“融资租赁合同因租赁物交付承租人后意外毁损、灭失等不可归责于当事人的原因解除的，出租人可以请求承租人按照租赁物折旧情况给予补偿。”

2. 出租人的主要义务

（1）按承租人的指示购买租赁物。出租人应当按照承租人对出卖人、租赁物的选择购买租赁物，以实现融资租赁。从融资租赁关系整体上来看，这是出租人的一项义务，出租人必须根据承租人的选择和指示，以自己的名义与出卖人签订租赁物的买卖合同。《民法典》第 744 条规定：“出租人根据承租人对出卖人、租赁物的选择订立的买卖合同，未经承租人同意，出租人不得变更与承租人有关的合同内容。”如此规定的理由是，虽然承租人不是买卖合同的当事人，但是出租人与出卖人签订买卖合同购买标的物的目的是为了提供给承租人使用，合同中的有关内容与承租人有着直接的利害关系。通常来说，与承租人有关的合同内容主要涉及出卖人、标的物、交付标的物的时间地点方式等方面。

（2）向出卖人支付租赁物的价金。出租人应当按照融资租赁合同的约定，自己筹措资金来购买租赁物，并按照买卖合同的约定支付价金。出租人依约支付租赁物的价金，不但是其对出卖人的义务，也是对承租人的义务。

（3）保证承租人对租赁物的占有和使用。《民法典》第748条第1款规定："出租人应当保证承租人对租赁物的占有和使用。"出租人的这一义务可以包括以下三个方面的内容：第一，保证出卖人将标的物交付给承租人占有。在融资租赁合同中，由出卖人直接将标的物交付给承租人，但并不免除出租人的交付义务，出卖人对租赁物的交付通常是现实交付，而出租人的交付是指示交付。在出卖人未按买卖合同的约定交付标的物给承租人时，出租人应当向出卖人请求及时交付。第二，保证承租人在租赁期间对租赁物的占有使用。在租赁期间，承租人对租赁物享有独立的占有、使用、收益的权利，出租人虽然享有租赁物的所有权，但出租人不得收回租赁物，承租人的使用收益权可以对抗出租人的所有权。而且，如果出租人将租赁物转让所有权的，融资租赁合同对新的所有权人仍然有效，承租人的使用收益权可以对抗新的所有权人。第三，不得妨碍承租人对租赁物的使用、收益并排除他人的妨碍。出租人不仅应保证承租人在租赁期间对租赁物的占有，还应当保证承租人能够按照约定的条件使用租赁物并收取利益。出租人妨碍承租人进行使用、收益或者擅自变更承租条件的，应承担违约责任。在第三人妨碍承租人对租赁物的占有、使用、收益时，出租人应予以排除。

（4）协助承租人向出卖人索赔。按照买卖合同的一般理论，出卖人有违约行为的，作为买受人的出租人有权向出卖人主张权利或索赔。但是在融资租赁合同中，标的物是按照承租人的要求购买的，出租人对其技术性能和品质要求未必了解，而且出卖人直接将标的物交付给承租人，由承租人对标的物进行验收，所以由出卖人直接向承租人负瑕疵担保责任更为适当。《民法典》第741条规定："出租人、出卖人、承租人可以约定，出卖人不履行买卖合同义务的，由承租人行使索赔的权利，承租人行使索赔权利的，出租人应当予以协助。"也就是说，当事人可以约定，对于标的物的瑕疵，承租人享有直接向出卖人索赔的权利。如果当事人没有约定由承租人行使索赔的权利，则仍由出租人向出卖人主张权利。

（二）对承租人的效力

1. 承租人的主要权利

（1）选择出卖人和租赁物。融资租赁合同中，租赁物是出租人专门为承租人购买的，购买的目的就是用于承租人使用、收益，只有赋予承租人对出卖人和租赁物的选择决定权，才能充分保障承租人的利益。对于承租人的选择，出租人应当接受其约束。出租人对于其根据承租人的选择订立的买卖合同，未经承租人同意，不得变更与承租人有关的合同内容。

（2）占有、使用租赁物。在租赁期间，承租人对租赁物享有独立的使用权，对使用租赁物所取得的利益可以独立处分。出租人应保证承租人对租赁物的占有和使用。根据《民法典》第748条第2款规定："出租人有下列情形之一的，承租人有权请求其赔偿损失：（一）无正当理由收回租赁物；（二）无正当理由妨碍、干扰承租人对租赁物的占有和使用；（三）因出租人的原因致使第三人对租赁物主张权利；（四）不当影响承租人对租赁物占有和使用的其他情形。"

（3）索赔权。出卖人不按照合同约定履行义务构成违约的，承租人可以按照合同约定向出卖人主张索赔，出租人负有协助承租人行使索赔权的义务。《民法典》第742条规定："承租人对出卖人行使索赔权利，不影响其履行支付租金的义务。但是，承租人依赖出租人的技能确定租赁物或者出租人干预选择租赁物的，承租人可以请求减免相应租金。"第743条规定："出租人有下列情形之一，致使承租人对出卖人行使索赔权利失败的，承租人有权请求出租人承担相应的责任：（一）明知租赁物有质量瑕疵而不告知承租人；（二）承租人行使索赔权利时，未及时提供必要协助。出租人怠于行使只能由其对出卖人行使的索赔权利，造成承租人损失的，承租人有权请求出租人承担赔偿责任。"

2. 承租人的主要义务

（1）及时受领租赁物。在融资租赁关系中，出卖人按照约定直接向承租人交付标的物，承租人负有按照约定及时接受出卖人交付的标的物的义务。承租人在接受标的物时应当按照约定对标的物进行验收，并在验收后将收到标的物的结果通知出租人。实际上，对于承租人而言，受领租赁物既是一项义务，也是一项权利。作为义务，承租人无正当理由不受领出卖人交付的标的物的，应承担违约责任；作为权利，在出卖人未按约定交付标的物时，承租人有权要求其交付，承租人享有与受领标的物有关的买受人的权利。

（2）支付租金。融资租赁合同中，承租人应按照约定向出租人支付租金，这是承租人的主要义务。这里的租金并非承租人使用租赁物的代价，而是承租人向出租人融资的代价，实际上是承租人分期对出租人购买租赁物的价金本息和利润等费用的偿还。《民法典》第752条规定："承租人应当按照约定支付租金，承租人经催告后在合理期限内仍不支付租金的，出租人可以请求支付全部租金，也可以解除合同，收回租赁物。"

（3）保管和维修租赁物。《民法典》第750条规定："承租人应当妥善保管、使用租赁物，承租人应当履行占有租赁物期间的维修义务。"这既是基于承租人继续使用、收益的需要，也是保障出租人作为所有权人实现利益的需要。第751条规定："承租人占有租赁物期间，租赁物毁损、灭失的，出租人有权请求承租人继续支付租金，但是法律另有规定或者当事人另有约定的除外。"

（4）返还租赁物。在租赁关系存续期间租赁物归出租人所有，在融资租赁合同终止时，租赁物应归属于所有权人，除当事人明确约定租赁期间届满租赁物归承租人所有之外，出租人有权请求承租人返还租赁物，承租人应当予以返还。

（5）租赁物致人损害的赔偿责任。所谓租赁物致人损害，是指因租赁物自身的原因造成第三人的人身伤害或者财产损害。这种损害是因物的性质引发的，一般来说应由物的所有人或管理人承担责任。但是在融资租赁关系中，租赁物是承租人选择的，承租人对租赁物为占有、使用，并负有妥善保管和维修的义务，而出租人无此权利和义务。所以，出租人对于租赁物在承租人占有期间致人损害的不承担赔偿责任。《民法典》第749条规定："承租人占有租赁物期间，租赁物造成第三人的人身损害或者财产损失的，出租人不承担责任。"由此推论，租赁物致人损害的，出租人不承担责任，承租人应承担责任。

（三）对出卖人的效力

1. 融资租赁关系中的出卖人承担向承租人及时交付标的物的义务

《民法典》第739条规定："出租人根据承租人对出卖人、租赁物的选择订立的买卖合同，出卖人应当按照约定向承租人交付标的物，承租人享有与受领标的物有关的买受人的权利。"出卖人负有按照约定的时间、地点、方式等交付标的物的义务，在融资租赁关系中，其交付标的物的义务应向承租人为之，此为依出租人的指示进行的交付，也是合同约定内容的要求。出卖人未按约定向承租人交付标的物的，为违约行为。第740条规定："出卖人违反向承租人交付标的物的义务，有下列情形之一的，承租人可以拒绝受领出卖人向其交付的标的物：（一）标的物严重不符合约定；（二）未按照约定交付标的物，经承租人或者出租人催告后在合理期限内仍未交付。承租人拒绝受领标的物的，应当及时通知出租人。"

2. 出卖人对标的物负瑕疵担保责任

因出卖人是直接向承租人交付标的物并由承租人进行验收，出卖人和标的物也是由承租人选择的，因此，租赁物不符合约定或者不符合使用目的的，出卖人应向承租人负瑕疵担保责任。

第三节 保理合同

一、保理合同的概念

保理，即保付代理，又称承购应收账款、托收保付，是一种新型的综合性金融服务。保理合同是应收账款债权人将现有的或者将有的应收账款转让给保理人，保理人提供资金融通、应收账款管理或者催收、应收账款债务人付款担保等服务的合同。

保理合同以债权人和债务人之间基础合同的债权转让为前提，主要涉及三方当事人：一是债权人，即基础合同的债权人，也是应收账款的转让人，二是债务人，即基础合同的债务人，三是保理人，即受让应收账款并提供保理服务的银行或者商业保理企业。

保理合同的有效成立应当符合以下五个条件：①保理人必须是依照国家规定经过有关部门批准可以开展保理业务的金融机构或者商业保理公司。②应当以合法有效的基础合同为前提。但是，债权人与债务人虚构应收账款作为转让标的，与保理人订立保理合同的，除保理人明知虚构的以外，债务人不得以应收账款不存在为由对抗保理人，从而有利于强化对保理人的保护。③应当以债权转让为前提。保理合同应当包含债权人将其应收账款转让给保理人的约定。《民法典》第 769 条规定："本章（保理合同）没有规定的，适用本编第六章债权转让的有关规定。"④保理商与债权人应当签订书面的保理合同。保理合同的内容一般包括业务类型、服务范围、服务期限、基础交易合同情况、应收账款信息、保理融资款或者服务报酬及其支付方式等条款。⑤五是保理人应当提供保理服务：资金融通、应收账款管理或者催收、应收账款债务人付款担保等。

二、保理合同的分类

1. 国际保理与国内保理

按照基础交易的性质和债权人、债务人所在地，分为国际保理和国内保理。国内保理是债权人和债务人均在境内的保理业务。国际保理是债权人和债务人中至少有一方在境外的保理业务。

2. 公开型保理和隐蔽型保理

按照是否将应收账款转让的事实通知债务人，可分为公开型保理和隐蔽型保理。公开型保理应将应收账款转让的事实通知债务人，隐蔽型保理中应收账款转让的事实暂不通知债务人，但保理人保留一定条件下通知的权利。

3. 商业保理和银行保理

按照保理人的主体类型，可分为银行保理和商业保理，银行保理是银行作为保理人的保理业务，商业保理是以非银行的商业保理公司作为保理人的保理业务。

4. 有追索权保理和无追索权保理

按照保理人是否有权向债权人主张返还保理融资款本息、回购应收账款债权，分为有追索权保理和无追索权保理。有追索权保理的，保理人可以向债权人主张返还保理融资款本息或者回购债权，也可以向债务人主张应收账款债权。无追索权保理的，保理人只能向债务人主张应收账款债权。

5. 到期保理和融资保理

按照保理人是否预付款项，保理可分为到期保理和融资保理。到期保理是一种到期承购应收账款业务，保理人不提供预付款，在债务到期后才支付款项。到期保理适用于没有融资需求但希望获得应收账款管理、催收、坏账担保等服务的债权人。融资保理又叫预支保理，是一种预支应收账款业务。保理人受让债权人的应收账款票据后，立即对债权人预付资金，即提供预付款融资。

三、保理合同的效力

1. 保理人发出转让通知的表明身份义务

保理人向应收账款债务人发出应收账款转让通知的，应当表明保理人身份，并附能够证明其为保理人、享有相应债权的必要材料。保理人在表明身份并附有必要凭证的情况下，可以直接向应收账款债务人发出债权转让通知，较好地平衡了债务人和保理人的保护问题，有利于提高商事交易效率。

2. 通知转让后基础合同的变更、终止不对保理人发生效力

应收账款债务人接到应收账款转让通知后，应收账款债权人与债务人无正当理由协商变更或者终止基础交易合同，对保理人产生不利影响的，对保理人不发生效力。

3. 有追索权保理

保理合同当事人约定有追索权保理的，保理人享有选择权。保理人既可以选择向债权人主张返还保理融资款本息，或者主张回购应收账款，也可以选择向债务人主张应收账款债权。但是，保理人选择向债务人主张应收账款债权的，在扣除保理融资款本息和相关费用后如有剩余，则应当将剩余部分返还给债权人。

4. 无追索权保理

保理合同当事人约定无追索权保理的，保理人没有追索权，不享有选择权。保理人无权向债务人主张应收账款债权，而只能向债务人主张应收账款债权。此时，保理人从债务人处取得的款项，在扣除保理融资款本息和相关费用后如有剩余，亦归保理人，保理人无需返还给债权人。

5. 多个保理人的优先顺序

《民法典》第 768 条规定：“应收账款债权人就同一应收账款订立多个保理合同，致使多个保理人主张权利的，已经登记的先于未登记的取得应收账款；均已经登记的，按照登记时间的先后顺序取得应收账款；均未登记的，由最先到达应收账款债务人的转让通知中载明的保理人取得应收账款；既未登记也未通知的，按照保理融资款或者服务报酬的比例取得应收账款。”

☞ 案例导读评析

冯某可以解除合同、收回房屋并请求张某赔偿因翁某擅自拆除隔墙造成的损

失，但不能要求租金的差额。《民法典》第711条规定："承租人未按照约定的方法或者未根据租赁物的性质使用租赁物，致使租赁物受到损失的，出租人可以解除合同并请求赔偿损失。"故冯某可以解除合同并要求赔偿损失。合同解除后，出租人有权要求返还租赁物。《民法典》第716条第1款规定："承租人经出租人同意，可以将租赁物转租给第三人，承租人转租的，承租人与出租人之间的租赁合同继续有效；第三人造成租赁物损失的，承租人应当赔偿损失。"故张某应当赔偿因翁某擅自拆除隔墙给冯某造成的损失。但是，经出租人同意转租的，出租人应按照原协议收取租金，故冯某的损失不能包括每月租金1200元和1000元之间的差额。

☞ 本章思考题

1. 试述租赁合同的效力。
2. 试述融资租赁合同的效力。
3. 论买卖不破租赁。
4. 论转租。
5. 论融资租赁合同中的解除权。
6. 论保理合同中的追索权。

☞ 案例分析习题

1. 张某租住何某一套房屋，双方约定租期一年。租期届满后，张某继续在该房屋内居住，何某未作任何表示。2个月后，何某要求张某立即搬出。请问：张某是否有权拒绝何某的要求？

2. 甲根据乙的选择，向丙购买了一台大型设备，出租给乙使用。乙在该设备安装完毕后，发现不能正常运行。请问：乙应向谁主张索赔？租赁期满后该设备的所有权归谁？

附：租赁合同（示范文本）

租赁合同

合同编号：____________

出租人：____________________

承租人：____________________

签订地点：__________________

签订时间：______年____月____日

第一条　租赁物

1. 名称：____

2. 数量及相关配套设施：________________________________

3. 质量状况：____

第二条　租赁期限自____年____月____日至____年____月____日。

（提示：租赁期限不得超过二十年。超过二十年的，超过部分无效）。

第三条　租赁物的用途或性质：________

租赁物的使用方法：________

第四条　租金、租金支付期限及方式

1. 租金（大写）：_______________

2. 租金支付期限：_____________

3. 租金支付方式：_____________

第五条　租赁物交付的时间、地点、方式及验收：________________

第六条　租赁物的维修

1. 出租人维修范围、时间及费用承担：________________

2. 承租人维修范围及费用承担：________________

第七条　因租赁物维修影响承租人使用________天的，出租人应相应减少租金或延长租期。其计算方法是：________

第八条　租赁物的改善或增设他物

出租人（是/否）允许承租人对租赁物进行改善或增设他物。改善或增设他物不得因此损坏租赁物。

租赁合同期满时，对租赁物的改善或增设的他物的处理办法是：____________

第九条　出租人（是/否）允许承租人转租租赁物。

第十条　违约责任：______________________

第十一条　合同争议的解决方式：本合同在履行过程中发生的争议，由双方当事人协商解决；也可由当地工商行政管理部门调解；协商或调解不成的，按下列第______种方式解决：

（一）提交____________仲裁委员会仲裁；

（二）依法向____________人民法院起诉。

第十二条　租赁期届满，双方有意续订的，可在租赁期满前____日续订租赁合同。

第十三条　租赁期满租赁物的返还时间为：______________________________

第十四条　其他约定事项：____________________________________

第十五条 本合同未作规定的，按照《中华人民共和国民法典》的规定执行。

出租人	承租人	
出租人（章） 住所： 法定代表人（签名）： 居民身份证号码： 委托代理人（签名）： 电话： 开户银行： 账号： 邮政编码	承租人（章） 住所： 法定代表人（签名）： 居民身份证号码： 委托代理人（签名）： 电话： 开户银行： 账号： 邮政编码：	鉴（公）证意见： 鉴（公）证机关（章） 经办人 年 月 日

监制部门：________________ 印制单位：________________

第十二章　承揽合同与建设工程合同

- **学习目标：**

  1. 理解承揽合同和建设工程合同的基本法律规范
  2. 掌握承揽合同的风险负担、建设工程价款优先受偿
  3. 掌握建设工程合同与承揽合同的区别

- **案例导读：**

1. 何女士提供三块木料给某家具厂订制一个衣柜，开工不久后何女士觉得衣柜样式不够新潮，遂要求家具厂停止制作。家具厂认为这是个无理要求，便继续使用剩下两块木料，按原定式样做好了衣柜。

问：家具厂的做法是否正确？家具厂是否可以要求何女士支付全部报酬？

2. 甲公司将一工程发包给乙建筑公司，经甲公司同意，乙公司将部分非主体工程分包给丙建筑公司，丙公司又将其中一部分分包给丁建筑公司。后丁公司因工作失误致使工程不合格，甲公司欲索赔。

问：甲公司否有权直接向丁公司索赔？

第一节　承 揽 合 同

一、承揽合同的含义与特征

（一）承揽合同的含义

《民法典》第770条规定：“承揽合同是承揽人按照定作人的要求完成工作，交付工作成果，定作人支付报酬的合同。承揽包括加工、定作、修理、复制、测试、检验等工作。”其中，完成工作并交付工作成果的一方当事人为承揽人；接收工作成果并支付报酬的一方当事人为定作人。《民法典》第771条规定：“承揽合同的内容一般包括承揽的标的、数量、质量、报酬，承揽方式，材料的提供，履行期限，验收标准和方法等条款。”

（二）承揽合同的特征

承揽合同具有如下法律特征：

1. 承揽合同以完成一定的工作并交付工作成果为标的

在承揽合同中，承揽人必须按照定作人的要求完成一定的工作，但定作人的目的不是工作过程，而是工作成果，这是与单纯提供劳务的合同的不同之处。因此，承揽人完成工作的劳务体现在其完成的工作成果之中，若承揽人虽付出劳务但无工作成果，则无权要求定作人给付报酬。

2. 承揽合同的标的物具有特定性

承揽合同是为了满足定作人的特殊要求而订立的，承揽人完成并交付的工作成果应符合定作人对该成果的质量、数量、规格、形状等要求，这使承揽标的物得以特定化，使它同市场上的物品有所区别。

3. 承揽人完成工作的独立性

除当事人另有约定外，承揽人应当以自己的设备、技术和劳力按照定作人的需要独立完成主要工作，不受定作人的指挥管理。在一定条件下，承揽人可以将其承揽的主要工作交由第三人完成的，但应当就该第三人完成的工作成果向定作人负责。

4. 承揽合同是诺成合同、不要式合同、双务合同、有偿合同

承揽合同只要当事人意思表示一致即可成立，故为诺成合同；承揽合同无须采用特别形式，故为不要式合同；承揽合同有效成立后，当事人双方互负义务且两项义务互为对价关系，故为双务合同；承揽合同的定作人须为工作成果的取得支付报酬，故为有偿合同。

二、承揽合同的效力

（一）对承揽人的效力

1. 亲自完成主要工作的义务

承揽合同建立在定作人对承揽人特定工作能力的信任基础之上。《民法典》第772条规定："承揽人应当以自己的设备、技术和劳力，完成主要工作，但是当事人另有约定的除外。承揽人将其承揽的主要工作交由第三人完成的，应当就该第三人完成的工作成果向定作人负责；未经定作人同意的，定作人也可以解除合同。"第773条规定："承揽人可以将其承揽的辅助工作交由第三人完成。承揽人将其承揽的辅助工作交由第三人完成的，应当就该第三人完成的工作成果向定作人负责。"从这两条规定来看，承揽工作有主要工作和辅助工作之分，但是《民法典》并没有对两者加以明确界定。考虑到法律要求承揽人以自己的设备、技术和劳力完成主要工作，对主要工作的理解可分为两个方面：如果对定作物的技术要求不高，一般人均可以完成的，"主要工作"是指数量上的大部分；如果对定作物技术要求高的，"主要工作"是指有决定性作用的工作部分或者核心工作，反之则为"辅助工作"。

2. 按约定提供材料的义务

《民法典》第774条规定："承揽人提供材料的，承揽人应当按照约定选用材料，并接受定作人检验。"材料的规格、好坏，关系到成品或工作质量的好坏，因此承揽人必须按照合同约定的数量、质量、规格、品种选用材料，不得以次充好。

3. 及时检验、不得随意更换及妥善保管定作人提供材料的义务

《民法典》第775条规定："定作人提供材料的，应当按照约定提供材料。承揽人对定作人提供的材料应当及时检验，发现不符合约定时，应当及时通知定作人更换、补齐或者采取其他补救措施。承揽人不得擅自更换定作人提供的材料，不得更换不需要修理的零部件。"定作人提供材料，承揽人不负瑕疵担保义务，责任相对而言较轻。承揽人收到定作人提供的材料，有义务及时检验，一般"及时"应理解为应让定作人有合理时间采取补救措施。对于定作人提供的材料，承揽人不得随意更换。此外，承揽人还应遵守善意行事的原则，不得私自更换不需要的零部件，借以收取较高的费用或者以次货更换好货谋取不正当利益。

同时，承揽人对定作人提供的材料还负有妥善保管的义务。《民法典》第784条规定："承揽人应当妥善保管定作人提供的材料以及完成的工作成果，因保管不善造成毁损、灭失的，应当承担赔偿责任。"

4. 接受定作人检验与监督义务

《民法典》第779条规定："承揽人在工作期间，应当接受定作人必要的监督检验。定作人不得因监督检验妨碍承揽人的正常工作。"由于承揽合同的标的物是特别为定作人加工制作的，定作人有权监督检验承揽人的工作是否符合要求，承揽人有义务予以配合。接受定作人的监督检验可以减轻承揽人对完成的工作成果不符约定的责任。对于承揽人工作中存在的不符合合同约定的行为，定作人可以要求承揽人及时改进，承揽人不得拒绝。

5. 及时通知与保密义务

《民法典》第776条规定："承揽人发现定作人提供的图纸或者技术要求不合理的，应当及时通知定作人。因定作人怠于答复等原因造成承揽人损失的，应当赔偿损失。"在实务中，很难证明承揽人是否发现了"不合理"，且不能将"应当发现"强加给承揽人，这样有不公平之嫌。但在实践中有时也能证明承揽人确已发现"不合理"的事实。

《民法典》第785条规定："承揽人应当按照定作人的要求保守秘密，未经定作人许可，不得留存复制品或者技术资料。"对承揽人在工作过程中接触到的有关商业秘密、技术秘密、个人隐私等定作人不愿公开的秘密，承揽人均有保密义务。如果承揽人违反了保密义务，定作人可以要求其承担违约责任。

6. 交付工作成果的义务

《民法典》第780条规定："承揽人完成工作的，应当向定作人交付工作成果，

并提交必要的技术资料和有关质量证明。定作人应当验收该工作成果。”此项义务是承揽人最主要的义务，也是定作人与承揽人订立承揽合同的目的所在。承揽人交付工作成果时，应当按照合同中约定的履行期限、履行地点和履行方式进行。

7. 对工作成果的瑕疵担保义务

《民法典》第 781 条规定：“承揽人交付的工作成果不符合质量要求的，定作人可以合理选择请求承揽人承担修理、重作、减少报酬、赔偿损失等违约责任。”由此可见，在承揽合同中，承揽人对工作成果的瑕疵担保，主要是指物的瑕疵担保义务，即承揽人必须保证其所交付的工作成果应符合合同约定的质量标准和要求。承揽人交付的工作成果如果属于明显瑕疵，当时即可发现的，定作人可即刻要求承揽人负担瑕疵担保责任；如果属于隐蔽瑕疵，短期内难以发现质量缺陷的工作成果，应当由双方当事人约定保证期限，保证期限内发生质量问题的，由承揽人负担责任。定作人未在规定的期限内就承揽人完成的工作成果主张瑕疵担保责任的，承揽人不再承担瑕疵担保责任。

8. 共同承揽人的连带责任

《民法典》第 786 条规定：“共同承揽人对定作人承担连带责任，但是当事人另有约定的除外。”共同承揽是指由两个或者两个以上的人共同完成承揽工作。此处所谓“共同承揽人”，不包括次承揽关系中的承揽人与次承揽人，而仅指对定作人均负直接完成承揽工作义务的多数承揽人。例如，甲乙二人共同与丙订立一个加工合同，约定由甲、乙共同完成，两年后交货，并约定迟延交付的，每天向定作人交纳违约金 1000 元。如果由于甲的工作迟延致使交付比约定晚了 15 天，丙可以要求甲或乙承担迟延交付的违约责任，如果丙要求乙支付 15000 元违约金的，乙应当向丙如数支付，支付后再向甲追偿。此外，共同承揽人对于责任的划分有约定的，该约定仅为内部约定，不得对抗定作人，除非定作人参与其中并同意各承揽人的约定对自己有约束力。

9. 承揽人的留置权

《民法典》第 783 条规定：“定作人未向承揽人支付报酬或者材料费等价款的，承揽人对完成的工作成果享有留置权或者有权拒绝交付，但是当事人另有约定的除外。”留置权是一种法定担保物权，根据《民法典》第 453 条的规定，承揽人与定作人应当约定留置财产后的债务履行期限；没有约定或者约定不明确的，承揽人应当给定作人六十日以上履行债务的期限，定作人逾期未履行的，承揽人可以与定作人协议以留置财产折价，也可以就拍卖、变卖留置财产所得的价款优先受偿，对不足部分定作人仍负清偿责任。但是承揽合同的标的是不动产的，承揽人不得行使留置权。

（二）对定作人的效力

1. 支付报酬义务

《民法典》第 782 条规定："定作人应当按照约定的期限支付报酬。对支付报酬的期限没有约定或者约定不明确，依据本法第五百一十条的规定仍不能确定的，定作人应当在承揽人交付工作成果时支付；工作成果部分交付的，定作人应当相应支付。"即结合《民法典》第 782 条与第 510 条的规定，定作人应当按照约定的期限支付报酬。对支付报酬的期限没有约定或者约定不明确，可以协议补充；不能达成补充协议的，按照承揽合同相关条款或者交易习惯确定。仍不能确定的，定作人应当在承揽人交付工作成果时支付；工作成果部分交付的，定作人应当相应支付。

2. 受领工作成果的义务

对承揽人完成并交付的工作成果，定作人应及时检验，对符合约定要求的，应接受该工作成果。定作人无正当理由拒绝受领或超过约定期限领取工作成果的，定作人应付负违约责任。需要注意的是，定作人的验收本身不能作为承揽人免除承担责任的理由。如果工作成果依其性质在短期内难以发现瑕疵，或是工作成果存在隐蔽瑕疵的，定作人仍可于验收后的相当期限内请求承揽人承担责任。

3. 协助工作的义务

《民法典》第 778 条规定："承揽工作需要定作人协助的，定作人有协助的义务。定作人不履行协助义务致使承揽工作不能完成的，承揽人可以催告定作人在合理期限内履行义务，并可以顺延履行期限；定作人逾期不履行的，承揽人可以解除合同。"一般而言，定作人的协助义务有及时提供图纸、技术要求资料、清理施工现场、答复等，这也是协助履行原则在承揽合同的进一步表现。

4. 按照约定提供材料的义务

依照《民法典》第 775 条的规定，定作人提供材料的，定作人应当按照合同约定的提供材料的时间、数量、质量、规格等要求履行义务。

5. 中途变更权

《民法典》第 777 条规定："定作人中途变更承揽工作的要求，造成承揽人损失的，应当赔偿损失。"中途是指承揽人已经按照定作人的要求开始制作定作物但尚未完成的这段时间。在定作物制作开始之前定作人提出变更要求的，一般不会对承揽人造成什么损失。在定作完成之后提出变更要求，对已经完成的定作物也不会产生影响。唯独在制作过程中定作人提出变更要求，会使承揽人为完成工作成果而投入的材料、智力、劳力等遭受影响或损失。考虑到承揽合同是为定作人获取特定物而订立，现如今定作人提出变更，如果无视定作人的变更请求继续合同的履行，难免会使合同订立的目的发生偏移。为此，法律认可了定作人的中途变更权，但是这种权利的行使以不影响承揽人利益为前提，承揽人一旦因此遭受损失的，定作人负有赔偿责任。

6. 任意解除合同的权利

《民法典》第 787 条规定："定作人在承揽人完成工作前可以随时解除合同，

造成承揽人损失的，应当赔偿损失。”承揽合同是为定作人利益而订立，因情势变更等原因，承揽工作对定作人没有实际意义时，为有效避免社会资源的浪费，应允许定作人解除合同，但应符合以下条件：①定作人应当在合同有效期内提出解除合同；②定作人应当通知承揽人，解除通知达到承揽人时，承揽合同终止。定作人行使解除权后，承揽人应当将已完成的部分工作交付定作人。定作人提供材料的，如有剩余，承揽人应返还给定作人。另外，为保护承揽人合法利益，造成承揽人损失的，应当赔偿损失。赔偿承揽人的损失并非是定作人的任意解除权的前提条件，而是解除合同的法律后果。这些损失主要包括承揽人已经完成的工作部分所应当获得的报酬、承揽人为完成这部分工作所支出的材料费（承揽人提供材料的情况下）以及承揽人因合同解除而受到的其他损失。

三、承揽合同的风险负担

承揽合同风险负担是指在承揽工作完成过程中，因不可归责于双方当事人的事由而造成原材料和工作成果的意外毁损、灭失，由此产生的损失由谁承担的法律制度。如果由承揽人负担风险，则承揽人不能向定作人请求报酬或者其他有关费用；若由定作人负担风险，则定作人在不能得到工作成果的情况下，仍应向承揽人支付报酬及有关费用。

（一）原材料的风险负担

原材料的风险负担应以遵循民法上标的物毁损、灭失风险承担的一般规则为标准，即由材料的所有人负担材料毁损、灭失的风险，但当事人另有约定的除外。在定作人尚未将材料交付承揽人时，由定作人承担；材料已交付承揽人时，在承揽人占有期间，因一切原材料、样品都在承揽人的占有和管理之下，承揽人负有保管的义务。所以，材料毁损、灭失的风险，由承揽人承担。但由于不可抗力造成的毁损、灭失，则由原材料所有人即定作人承担。承揽人应当采取积极措施，尽量减少损失，如果应当采取措施而未采取措施，使损失扩大的，不得就扩大的部分要求免责。

（二）工作成果的风险负担

1. 工作成果须实际交付的

若工作成果按时交付，承揽人完成工作并交付定作人之前毁损、灭失的风险，由承揽人承担；工作成果在交付之后毁损、灭失的风险，由定作人承担。若工作成果未按时交付或受领：①如果承揽人交付迟延，在迟延中发生的损失，由承揽人承担。②如果定作人受领迟延，在迟延中发生的损失，尽管工作成果扔在承揽人手中，也由定作人承担。如果双方对交付或受领的时间有变更约定的，从其约定。

2. 工作成果无须实际交付的

若工作成果无须实际交付，在工作完成之前发生的危险，由承揽人承担；在工作完成后发生的危险，则由定作人承担。例如，安装空调，在完成安装工作前空调因意外毁损、灭失的，不论承揽人实际完成的工作量为多少，均不能请求定作人支付报酬；若在安装工作完成后空调因意外毁损、灭失的，则定作人仍需向承揽人支付报酬。

四、承揽合同的终止

（一）承揽合同因一方行使解除权而终止

在有解除权的当事人一方行使解除权时，则承揽合同因解除而终止。当事人行使合同解除权的终止主要包括：①符合《民法典》第 563 条有关法定解除权的条件。例如，在履行期限届满之前，承揽人或定作人一方明确表示或者以自己的行为表明不履行主要债务；承揽人或定作人一方迟延履行主要债务，经催告后在合理期限内仍未履行；承揽人或定作人一方迟延履行债务或者有其他违约行为致使不能实现合同目的。②未经定作人同意，擅自将主要工作交由第三人承揽的。《民法典》第 772 条规定，承揽人将其承揽的主要工作交由第三人完成的，未经定作人同意的，定作人也可以解除合同。③定作人未尽到协助义务的。《民法典》第 778 条规定："承揽工作需要定作人协助的，定作人有协助的义务。定作人不履行协助义务致使承揽工作不能完成的，承揽人可以催告定作人在合理期限内履行义务，并可以顺延履行期限；定作人逾期不履行的，承揽人可以解除合同。"④定作人行使任意解除权。《民法典》第 787 条规定，定作人可以随时解除承揽合同，造成承揽人损失的，应当赔偿损失。

（二）承揽合同因当事人协议而终止

承揽合同因当事人双方的合意而成立，也可以因双方的合意而解除。在当事人双方协议解除合同时，承揽合同也即因解除而终止。

（三）承揽合同的法定终止

根据承揽合同的性质，承揽合同还可因下列事由而终止：①承揽人死亡或者失去工作能力。②定作人死亡，并且其继承人不需要该项工作。③承揽人或者定作人被宣告破产。

第二节　建设工程合同

一、建设工程合同的含义、特征、类型

（一）建设工程合同的含义

《民法典》第 788 条规定："建设工程合同是承包人进行工程建设，发包人支付价款的合同。建设工程合同包括工程勘察、设计、施工合同。"建设工程合同的

标的是建设工程，包括房屋、桥梁、道路、水利工程等各类建筑物、地下设施附属设施的建筑，以及对线路、管道、设备进行的安装建设。其中，在建设工程合同中负责工程勘察、设计、施工任务的一方当事人为承包人；在建设工程合同中委托承包人进行工程勘察、设计、施工任务的一方当事人为发包人。

（二）建设工程合同的特征

在传统民法上，建设工程合同属承揽合同之一种，属于承揽完成不动产工程项目的合同。考虑到建设工程具有建设周期长、投资规模大、技术要求高等特性，我国《民法典》规定了建设工程合同。建设工程合同除具有与一般承揽合同相同的特征，如均为诺成合同、双务合同、有偿合同外，还具有与一般承揽合同不同的特点：

1. 合同标的物仅限于基本建设工程

建设工程合同的标的物只能是基本建设工程而不能是其他物。这里所说的建设工程主要是指土木工程、建筑工程、线路管道和设备安装工程及装修工程，包括房屋、港口、矿井、水库、电站、桥梁涵洞、水利工程、铁路、机场、道路工程等。这些建设工程项目一般投资数额大、履行期限长，并且有较为严格的质量要求，对国家和社会具有重要意义。对于一些结构简单、价值较小的工程项目，如居民建造自住的住宅，企业建造的临时设施等，并不作为建设工程，不适用建设工程合同的有关规定，可适用承揽合同的相关规定。

2. 合同主体须为法人，并有相应的资质限制

这是建设工程合同在主体上不同于承揽合同的特点。承揽合同的主体资格没有特别限制，可以是自然人、法人或其他组织。建设工程一般具有投资大、周期长、专业性强、技术含量高等特点，且建设工程质量某种程度上会影响国计民生，因而其主体是有限制的，自然人基本上被排除在建设工程合同承包人的主体之外，只有经过批准的持有相应资质证书的勘察、设计、施工单位等企业法人才可以在其资质等级许可的范围内承揽工程，成为建设工程合同的承包主体。

《中华人民共和国建筑法》（以下简称《建筑法》）第 12 条规定："从事建筑活动的建筑施工企业、勘察单位、设计单位和工程监理单位，应当具备下列条件：（一）有符合国家规定的注册资本；（二）有与其从事的建筑活动相适应的具有法定执业资格的专业技术人员；（三）有从事相关建筑活动所应有的技术装备；（四）法律、行政法规规定的其他条件。"该法第 13 条进一步规定："从事建筑活动的建筑施工企业、勘察单位、设计单位和工程监理单位，按照其拥有的注册资本、专业技术人员、技术装备和已完成的建筑工程业绩等资质条件，划分为不同的资质等级，经资质审查合格，取得相应等级的资质证书后，方可在其资质等级许可的范围内从事建筑活动。"由此可见，依从事建筑活动的建筑施工企业、勘察单位、设计单位和工程监理单位应具备的条件，法律将其划分为不同的资质等级，只有取得相

应等级的资质证书后，才可在其资质等级许可的范围内从事建筑活动。这是法律的强制性规定，违反此规定的建设工程合同依法无效。

3. 建设工程合同具有较强的国家管理性

在我国，大量的建设工程的投资主体是国家或国有资本，而且建设工程项目一经投入使用，其质量将关系到公共安全和社会稳定，因此国家对建设工程合同实施了较为严格的干预。体现在立法上，就是除《民法典》外，还有大量的单行法律和法规，如《建筑法》《中华人民共和国城市规划法》《中华人民共和国招标投标法》及大量的行政法规和规章，对建设工程合同的订立和履行诸环节进行规制。

4. 建设工程合同具有程序性

由于建设工程合同的建设周期长，质量要求高、涉及的方面广，各阶段的工作之间有一定的严密顺序，因此，建设工程合同也就具有程序性强的特点。例如，一个工程项目的确定，首先要立项，即由有关业务主管部门和建设单位提出项目建议书，报经有关计划机关批准。立项后进行可行性研究，编制计划任务书，选定工程地址。只有在计划任务书被批准后，才可根据计划任务书签订勘察、设计的合同。只有在勘察、设计合同履行后，才能根据批准的初步设计、技术设计、施工图和总概等签订施工合同。

5. 建设工程合同具有要式性

《民法典》第 789 条规定："建设工程合同应当采用书面形式。" 建设工程合同必须采用书面形式是国家对建设工程进行监督管理的需要，也是建设工程合同的签订大多经过招标投标程序、履行经常需要发包方派驻工地代表、监理工程师和承包人会签文件等特点所需的。需要注意的是，实践中存在未采用书面形式订立建设工程合同，但当事人已经开始履行，其效力应如何判定？此时应根据《民法典》第 490 条第 2 款的规定："法律、行政法规规定或者当事人约定合同应当采用书面形式订立，当事人未采用书面形式但是一方已经履行主要义务，对方接受时，该合同成立。"

（三）建设工程合同的类型

1. 建设工程勘察合同

建设工程勘察合同是承包人进行工程勘察，发包人支付价款的合同。建设工程勘察单位称为承包人，建设单位或者有关单位称为发包人。建设工程勘察合同的标的是为建设工程需要而作的勘察成果。工程勘察是工程建设的第一个环节，也是保证建设工程质量的基础环节。为了确保工程勘察的质量，勘察合同的承包人必须具有法人资格，并且根据其拥有的注册资本、专业技术人员、技术装备和已完成的建筑工程业绩等资质条件，经资质审查合格，取得相应等级的资质证书后，方可在其资质等级许可的范围内从事建筑活动。根据《民法典》第 794 条的规定，勘察合同的内容一般包括提交有关基础资料和概预算等文件的期限、质量要求、费用以及其他协作条件等条款。

2. 建设工程设计合同

建设工程设计合同是承包人进行工程设计，发包人支付价款的合同。建设单位或有关单位为发包人，建设工程设计单位为承包人。建设工程设计合同为建设工程需要而作的设计成果。工程设计是工程建设的第二个环节，是保证建设工程质量的重要环节。根据《民法典》第794条的规定，设计合同的内容一般包括提交有关基础资料和概预算等文件的期限、质量要求、费用以及其他协作条件等条款。

同样，设计合同的承包人必须具有法人资格并在其资质等级许可的范围内承揽工程。

3. 建设工程施工合同

建设工程施工合同是工程建设单位与施工单位，也就是发包人与承包人以完成商定的建设工程为目的，明确双方相互权利义务的协议。建设工程施工合同是建设工程合同中最核心的合同。依据《民法典》第795条的规定，施工合同的内容一般包括工程范围、建设工期、中间交工工程的开工和竣工时间、工程质量、工程造价、技术资料交付时间、材料和设备供应责任、拨款和结算、竣工验收、质量保修范围和质量保证期、相互协作等条款。

司法实践中，建筑施工合同会出现违反法律、法规的强制性规定，不发生当事人期望的法律效力的情况，即建筑施工合同的无效。依据《最高人民法院关于审理建设工程施工合同纠纷案件适用法律问题的解释（一）》第1条的规定，建设工程施工合同具有承包人未取得建筑施工企业资质或者超越资质等级的、没有资质的实际施工人借用有资质的建筑施工企业名义的、建设工程必须进行招标而未招标或者中标无效的情形之一的，应认定无效。该解释第4条规定："承包人非法转包、违法分包建设工程或者没有资质的实际施工人借用有资质的建筑施工企业名义与他人签订建设工程施工合同的行为无效。"第5条规定："承包人超越资质等级许可的业务范围签订建设工程施工合同，在建设工程竣工前取得相应资质等级，当事人请求按照无效合同处理的，不予支持。"第7条规定："具有劳务作业法定资质的承包人与总承包人、分包人签订的劳务分包合同，当事人以转包建设工程违反法律规定为由请求确认无效的，不予支持。"另外，《最高人民法院关于审理建设工程施工合同纠纷案件适用法律问题的解释（二）》第2条第1款规定："当事人以发包人未取得建设工程规划许可证等规划审批手续为由，请求确认建设工程施工合同无效的，人民法院应予支持，但发包人在起诉前取得建设工程规划许可证等规划审批手续的除外。"

关于建设工程施工合同无效损失赔偿的认定，可以依照《最高人民法院关于审理建设工程施工合同纠纷案件适用法律问题的解释（二）》第3条的规定："建设工程施工合同无效，一方当事人请求对方赔偿损失的，应当就对方过错、损失大小、过错与损失之间的因果关系承担举证责任。损失大小无法确定，一方当事人请求参照合同约定的质量标准、建设工期、工程价款支付时间等内容确定损失大小的，人民法院可以结合双方过错程度、过错与损失之间的因果关系等因素作出裁判。”

（四）建设工程合同与一般承揽合同的区别

建设工程合同是承揽合同的一种特殊形态，二者均以完成一定的工作任务为合同标的，因而依照《民法典》第 808 条的规定，建设工程合同章节中没有规定的，适用承揽合同的有关规定。但建设工程合同多关系到国家的基础设施建设和国民经济的正常运转，建设工程的合同订立与履行更具复杂性和重要性，与一般的承揽合同相比，主要有以下几个方面的不同：

1. 合同的标的物不同

建设工程合同的标的物是建设工程，包括房屋、桥梁涵洞、公路、地下管道等各种建设工程，主要涉及的是不动产；而一般承揽合同的标的物一般是动产。

2. 合同主体不同

法律对建设工程合同承包人的主体资格有着严格的限制，承包人必须为具有从事勘察、设计、施工业务资格的法人，而且要具有相应的资质。自然人不能成为建设工程合同的承包人。而承揽合同则不然，承揽人既可以是具有相应资质的法人，也可以是其他组织或者自然人。

3. 合同的要式性不同

根据我国《民法典》第 789 条的规定，建设工程合同应当采用书面形式；而承揽合同为不要式合同，即其合同形式可以是书面的，也可以是口头的。

4. 国家对合同管理的程度不同

工程建设对国家和社会生活的影响很大，所以在建设工程合同的订立和履行上，具有强烈的国家干预的色彩，有《民法典》《建筑法》等法律、法规对建设工程合同法律关系予以调整。同时，住房城乡建设部、国家工商行政管理总局也印发了《建设工程施工合同（示范文本）》（GF-2017-0201）、《建设工程勘察合同（示范文本）》（GF-2016-0203）、《建设工程设计合同示范文本（房屋建筑工程）》（GF-2015-0209）、《建设工程设计合同示范文本（专业建设工程）》（GF-2015-0210）、《建设工程监理合同（示范文本）》（GF-2012-0202）等合同示范文本，以减少合同纠纷并确保良好的建设工程质量得以实现。而一般的承揽合同中，没有体现国家对其严格的监督与管理。

二、建设工程合同的订立

建设工程合同的订立首先须遵守国家规定的程序。各种建设工程合同的订立都要有一定的依据。例如，一个工程项目的确定，首先要立项，即由有关业务主管部门和建设单位提出项目建议书，报经有关的计划机关批准。立项后进行可行性研究，编制计划任务书，选定工程地址。只有在计划任务书批准后，才能根据计划任务书签订勘察、设计合同。只有在勘察、设计合同履行后，才能根据批准的初步设计、技术设计、施工图和总概算等签订施工合同。① 其次，建设合同的订立一般应采取招标投标的方式。《民法典》第790条规定："建设工程的招标投标活动，应当依照有关法律的规定公开、公平、公正进行。"

《民法典》第791条规定："发包人可以与总承包人订立建设工程合同，也可以分别与勘察人、设计人、施工人订立勘察、设计、施工承包合同。发包人不得将应当由一个承包人完成的建设工程支解成若干部分发包给数个承包人。总承包人或者勘察、设计、施工承包人经发包人同意，可以将自己承包的部分工作交由第三人完成。第三人就其完成的工作成果与总承包人或者勘察、设计、施工承包人向发包人承担连带责任。承包人不得将其承包的全部建设工程转包给第三人或者将其承包的全部建设工程支解以后以分包的名义分别转包给第三人。禁止承包人将工程分包给不具备相应资质条件的单位。禁止分包单位将其承包的工程再分包。建设工程主体结构的施工必须由承包人自行完成。"根据本条规定，订立建设工程合同可采用以下两种方式：

第一，订立总承包合同与订立分项承包合同。总承包合同是当事人双方就发包人将整个建设工程（勘察、设计、施工）承包给一个总承包人的协议。在这种承包方式中，订立建设工程的当事人是发包人和总承包人。分项承包合同是发包人将建设工程的勘察、设计、施工分别承包给勘察人、设计人、施工人而订立的勘察合同、设计合同、施工合同。发包人不得将应当由一个承包人完成的建设工程支解成若干部分发包给数个承包人。

第二，订立总包合同与订立分包合同。总包合同是发包人与总承包人或勘察人、设计人、施工人就整个建设工程或者建设工程的勘察、设计、施工工作订立的承包合同。分包合同是总承包人或者勘察、设计、施工承包人经发包人同意，可以将自己承包的部分工作交由第三人完成而达成的协议。这里的发包人就是总包合同的总承包人或者分项承包人（勘察人、设计人、施工人）。分包合同以总承包合同或分项承包合同的存在为前提，没有总承包合同或分项承包合同，就没有分包合同的存在可能。分包合同具有从属性，总承包合同或分项承包合同无效，则分包合同无效，但分包合同的效力不影响总承包合同或分项承包合同的效力。总包合同中的承包人不得将其承包的全部建设工程转包给第三人或者将其承包的全部建设工程支解以后以分包的名义分别转包给第三人。承包人不得将工程分包给不具备相应资质条件的单位，建设工程主体结构的施工必须由承包人自行完成。第三人即分包单位

① 魏振瀛：《民法》，北京大学出版社、高等教育出版社2010年版，第516页。

不得将其承包的工程再分包，并且就其完成的工作成果与总承包人或者勘察、设计、施工承包人向发包人承担连带责任。

此外，《民法典》第 792 条规定："国家重大建设工程合同，应当按照国家规定的程序和国家批准的投资计划、可行性研究报告等文件订立。"

三、建设工程合同的效力

建设工程合同属于承揽合同的特殊存在形式，应适用承揽合同的一般规定。同时，建设工程合同的效力还主要包括以下几个方面。

（一）对发包人的效力

1. 发包人的权利

（1）随时进行检查作业的权利。《民法典》第 797 条规定："发包人在不妨碍承包人正常作业的情况下，可以随时对作业进度、质量进行检查。"发包人可委托工地代表或监理人检查建设工程。工地代表或监理人若在检查中发现建设工程的设计、施工不符合发包人要求的，可以要求设计人或承包人改正。

（2）检查隐蔽工程的权利。隐蔽工程是指地基、电气管线、供水供热管线等需要覆盖、掩盖的工程。隐蔽工程一旦被覆盖，发包人再行检查必然会造成浪费。依据《民法典》第 798 条规定，隐蔽工程在隐蔽以前，承包人应当通知发包人检查，发包人有权利检查隐蔽工程。

（3）要求无偿修理或者返工、改建的权利。《民法典》第 801 条规定，因施工人的原因致使建设工程质量不符合约定的，发包人有权请求施工人在合理期限内无偿修理或者返工、改建。

2. 发包人的义务

（1）对工程验收的义务。《民法典》第 799 条中规定，建设工程竣工后，发包人应当根据施工图纸及说明书、国家颁发的施工验收规范和质量检验标准及时进行验收。所谓验收，是指建设工程全部完成后，承包人依约向发包人提供竣工验收报告，发包人、承包人会同勘察设计、质检、消防、公安、城建等诸多相关部门，依照国家有关规定及建设工程合同的约定，对工程进行检查验收，检验合格后，由发包人予以接受的工作。这里的建设工程验收的主体是发包人，验收的依据主要包括三项：①施工图纸及说明书。一项工程中，一般都需经过勘察、设计、施工几个阶段，建筑施工通常以设计的图纸为依据，但在施工过程中，往往会根据情况对设计图纸进行修改，则验收时应以最后确定的施工图纸为准。施工图纸和说明书是建设工程合同的有机组成部分，是对承包人施工条款的具体化，应作为工程验收的依据。②国家颁发的施工验收规范。③国家颁发的质量检验标准。

《最高人民法院关于审理建设工程施工合同纠纷案件适用法律问题的解释（一）》（以下简称《建设工程施工合同司法解释（一）》）第 14 条规定："当事

人对建设工程实际竣工日期有争议的，应按照以下情形分别处理：（一）建设工程经竣工验收合格的，以竣工验收合格之日为竣工日期；（二）承包人已经提交竣工验收报告，发包人拖延验收的，以承包人提交验收报告之日为竣工日期；（三）建设工程未经竣工验收，发包人擅自使用的，以转移占有建设工程之日为竣工日期。”

（2）支付价款的义务。依据《民法典》第 799 条的规定，建设工程竣工后，发包人验收合格的，发包人应当按照约定支付价款。支付工程价款是发包人应承担的主要合同义务，发包人应在对建设工程验收合格后，按照合同的约定，扣除一定保证金后，将剩余的价款按合同约定方式支付给承包人。《建设工程施工合同司法解释（一）》第 11 条规定："因承包人的过错造成建设工程质量不符合约定，承包人拒绝修理、返工或者改建，发包人请求减少支付工程价款的，应予支持。”第 16 条规定：“当事人对建设工程的计价标准或者计价方法有约定的，按照约定结算工程价款。因设计变更导致建设工程的工程量或者质量标准发生变化，当事人对该部分工程价款不能协商一致的，可以参照签订建设工程施工合同时当地建设行政主管部门发布的计价方法或者计价标准结算工程价款。建设工程施工合同有效，但建设工程经竣工验收不合格的，工程价款结算参照本解释第三条规定处理。”第 22 条规定：“当事人约定按照固定价结算工程价款，一方当事人请求对建设工程造价进行鉴定的，不予支持。”关于工程款的付款日期，该司法解释第 18 条规定：“当事人对付款时间没有约定或者约定不明的，下列时间视为应付款时间：（一）建设工程已实际交付的，为交付之日；（二）建设工程没有交付的，为提交竣工结算文件之日；（三）建设工程未交付，工程价款也未结算的，为当事人起诉之日。”

（3）接收建设工程的义务。依据《民法典》第 799 条的规定，发包人在对建设工程验收合格并按照约定支付价款后，应及时接收该建设工程。这里的交付使用是以建设工程验收合格为前提，未经验收或者验收不合格的，不得交付使用。至此，建设工程合同的主要条款即告履行完毕，风险自发包人接收建设工程之日起，即由承包人转移到发包人。

3. 发包人的责任

（1）发包人未按约定履行协助义务及提供不符合强制性标准资源的责任。《民法典》第 803 条的规定：“发包人未按照约定的时间和要求提供原材料、设备、场地、资金、技术资料的，承包人可以顺延工程日期，并有权请求赔偿停工、窝工等损失。”另外，《建设工程施工合同司法解释（一）》第 9 条规定：“发包人具有下列情形之一，致使承包人无法施工，且在催告的合理期限内仍未履行相应义务，承包人请求解除建设工程施工合同的，应予支持：（一）未按约定支付工程价款的；（二）提供的主要建筑材料、建筑构配件和设备不符合强制性标准的；（三）不履行合同约定的协助义务的。”

（2）因发包人的原因致使工程停建、缓建的责任。《民法典》第 804 条规定："因发包人的原因致使工程中途停建、缓建的，发包人应当采取措施弥补或者减少损失，赔偿承包人因此造成的停工、窝工、倒运、机械设备调迁、材料和构件积压等损失和实际费用。"据此，因发包人的原因致使工程中途停建、缓建的，发包人有义务采取措施弥补或者减少损失，以防止损失的扩大，尽量避免给自身造成不必要的损失。而承包人因此需要重新调整按合同约定投入的人员、物资，往往会造成停工、窝工、倒运、机械设备调迁、材料和构件积压等，给承包人带来损失和费用，发包人对实际损失予以赔偿。

（3）发包人对勘察人、设计人的责任。建设工程合同一旦签订，发包人应严格遵守合同约定，不得任意更改勘察、设计的内容，并按照合同约定，全面、适当的履行提供勘察、设计所需要的工作条件等协助义务。《民法典》第 805 条规定："因发包人变更计划，提供的资料不准确，或者未按照期限提供必需的勘察、设计工作条件而造成勘察、设计的返工、停工或者修改设计，发包人应当按照勘察人、设计人实际消耗的工作量增付费用。"

（4）发包人未按约定付款的责任。发包人未按约定付款，除应偿还价款本金外，还应支付利息。《建设工程施工合同司法解释（一）》第 17 条规定："当事人对欠付工程价款利息计付标准有约定的，按照约定处理；没有约定的，按照中国人民银行发布的同期同类贷款利率计息。"第 18 条规定："利息从应付工程价款之日计付。"

（5）关于使用未经验收或验收不合格的工程的责任。建设工程的质量事关国计民生，必须经过验收合格并由发包人正式接收后方可使用。工程的验收是发包人对承包人所承建工程的质量符合合同约定和法律规定的标准的认定。《民法典》第 799 条第 2 款规定："建设工程竣工经验收合格后，方可交付使用；未经验收或者验收不合格的，不得交付使用。"《建设工程施工合同司法解释（一）》第 13 条规定："建设工程未经竣工验收，发包人擅自使用后，又以使用部分质量不符合约定为由主张权利的，不予支持；但是承包人应当在建设工程的合理使用寿命内对地基基础工程和主体结构质量承担民事责任。"

（二）对承包人的效力

1. 承包人的权利

（1）请求支付价款的权利。依据《民法典》第 799 条的规定，建设工程竣工后，发包人验收合格的，发包人应当按照约定支付价款。相应地，建设工程竣工后，发包人验收合格的，承包人有权请求发包方及时支付价款。

（2）顺延工期的的权利。依据《民法典》第 803 条的规定，发包人未按照约定的时间和要求提供原材料、设备、场地、资金、技术资料的，承包人可以顺延工程日期。

（3）请求赔偿停工、窝工等损失的权利。根据《民法典》第 803 条、第 804 条规定，在因发包人未按照约定的时间和要求提供原材料、设备、场地、资金、技术资料的或因发包人的其他原因致使工程停建、缓建的情况下，承包人有权要求发包人赔偿其因此造成的停工、窝工、倒运、机械设备调迁、材料和构件积压等损失和实际费用。

（4）建设工程价款优先受偿权。建设工程竣工验收合格后，发包人有义务按照合同约定向承包人支付价款。但实践中，发包人经常会克扣或以种种理由延迟支付价款，侵害承包人一方的合法权益。《民法典》第 807 条规定："发包人未按照约定支付价款的，承包人可以催告发包人在合理期限内支付价款。发包人逾期不支付的，除根据建设工程的性质不宜折价、拍卖外，承包人可以与发包人协议将该工程折价，也可以请求人民法院将该工程依法拍卖。建设工程的价款就该工程折价或者拍卖的价款优先受偿。"该条规定确定了建设工程价款优先受偿权制度。实际上，建设工程价款优先受偿权不仅涉及发包人和承包人的利益，还涉及建设工程抵押权人、建筑工人等民事主体的利益。该权利制度的价值取向是保护农民工等建筑工人的利益，而非对建设工程施工合同当事人予以特别保护。①

建设工程价款优先受偿权，是指建设工程竣工后，发包人未按照合同约定支付工程价款，经承包人催告后仍未支付的，承包人可将建设工程折价或拍卖，并从所得价款中优先受偿的权利。行使建筑工程价款优先受偿权，需要注意以下几点：

第一，优先权的行使的主体。依据《最高人民法院关于审理建设工程施工合同纠纷案件适用法律问题的解释（二）》（以下简称《建设工程施工合同司法解释（二）》）第 17 条、18 条的规定，承包人是建设工程价款优先受偿权的主体。与发包人订立建设工程施工合同的承包人，请求其承建工程的价款就工程折价或者拍卖的价款优先受偿的，人民法院应予支持；装饰装修工程的承包人，请求装饰装修工程价款就该装饰装修工程折价或者拍卖的价款优先受偿的，人民法院应予支持，但装饰装修工程的发包人不是该建筑物的所有权人的除外。

第二，优先权的行使条件。建设工程价款债权的存在是承包人享有建设工程价款优先受偿权的前提，而建设工程价款债权原则上以建设工程质量合格为条件。如果建设工程质量不合格，也就无法对建设工程进行折价或者拍卖，也就无从实现建设工程价款优先受偿权。因此，建设工程价款优先受偿权行使的首要条件是建设工程质量合格。另外，行使建设工程价款优先受偿权是否应当以建设工程施工合同有效为前提条件？《民法典》第 793 条第 1 款规定："建设工程施工合同无效，但是建设工程经验收合格的，可以参照合同关于工程价款的约定折价补偿承包人。"

① 程新文、刘敏、谢勇：《〈关于审理建设工程施工合同纠纷案件适用法律问题的解释（二）〉的理解与适用》，载《人民司法》2019 年第 4 期，第 39 页。

《建设工程施工合同司法解释（二）》第19条规定："建设工程质量合格，承包人请求其承建工程的价款就工程折价或者拍卖的价款优先受偿的，人民法院应予支持。"以上两个条款的主旨是保护建筑工人的利益。建筑业是劳动密集型行业，如果建筑企业的建设工程价款债权得不到保障，建筑工人的合法权益往往也得不到有效保障。在确保建设工程质量的基础上，应在保护弱势方当事人合法权益的同时兼顾平衡各方当事人利益，维护市场秩序，坚持契约自由，保护诚实信用，促进建筑业健康发展，等等。因此，在建设施工合同无效但建设工程质量合格的情况下，保护建筑工人的利益就属于优先考虑的价值取向。这也符合《民法典》第807条的立法本意。① 因此，行使建设工程价款优先受偿权不应当以建设工程施工合同有效为前提条件。

第三，优先权行使的时间。发包人虽未按约定支付价款，承包人也不能立即行使优先权。发包人未按照约定支付价款的，承包人应向发包人发出催告，要求其在合理期限内支付价款，发包人逾期仍不支付的，承包人方可行使优先权。另外，依据《建设工程施工合同司法解释（二）》第22条的规定，承包人行使建设工程价款优先受偿权的期限为六个月，自发包人应当给付建设工程价款之日起算。

第四，优先权的行使方式。优先权的行使方式是将建设工程进行折价或拍卖。前者应通过发包人和承包人之间的协议，对建设工程进行折价，承包人在支付折价款和工程款的差额后，取得建设工程的所有权，进而实现自身债权。后者应在人民法院的主持下进行，防止承包人低价拍卖给发包人带来损害，由承包人在拍卖价款中优先受偿。

第五，优先受偿权的行使的限制。建筑工程承包人的优先受偿权优于其他民事主体的债权，也优于其他民事主体在建设工程上设定的抵押权所担保的债权。但其行使也受到一定的限制，依据《最高人民法院关于建设工程价款优先受偿权问题的批复》第2条规定："消费者交付购买商品房的全部或者大部分款项后，承包人就该商品房享有的工程价款优先受偿权不得对抗买受人。"

第六，优先受偿权的范围、处分。其一，关于优先受偿权的范围。《建设工程施工合同司法解释（二）》第21条规定："承包人建设工程价款优先受偿的范围依照国务院有关行政主管部门关于建设工程价款范围的规定确定。承包人就逾期支付建设工程价款的利息、违约金、损害赔偿金等主张优先受偿的，人民法院不予支持。"目前，国务院有关行政主管部门关于建设工程价款范围的规定主要有：住建部、财政部印发的《建筑安装工程费用项目组成》（建标〔2013〕44号）第1条第1款规定，建筑安装工程费用项目按费用构成要素组成划分为人工费、材料费、

① 程新文、刘敏、谢勇：《〈关于审理建设工程施工合同纠纷案件适用法律问题的解释（二）〉的理解与适用》，载《人民司法》2019年第4期，第40页。

施工机具使用费、企业管理费、利润、规费和税金；原建设部《建设工程施工发包与承包价格管理暂行规定》中规定建设工程价款包括三部分：成本（直接成本、间接成本）、利润和税金。其二，关于优先受偿权的处分。《建设工程施工合同司法解释（二）》第23条规定："发包人与承包人约定放弃或者限制建设工程价款优先受偿权，损害建筑工人利益，发包人根据该约定主张承包人不享有建设工程价款优先受偿权的，人民法院不予支持。"建设工程价款优先受偿权属于法定权利，承包人本可以自由处分该权利，包括放弃与限制，但承包人放弃或者限制其建设工程价款优先受偿权，可能会使其责任财产减少，进而无法向建筑工人支付工资，损害建筑工人的利益。所以，建设工程价款优先受偿权的处分应受一定限制。

2. 承包人的义务

（1）承包人接受检查监督的义务。根据《民法典》第797条的规定，发包人在不妨碍承包人正常作业的情况下，可以随时对作业进度、质量进行检查。即承包人有义务接受发包人在不妨碍承包人正常作业的情况下对工程作业进度、工程质量进行必要的检查与监督。当然，发包人不得滥用监督、检查的权利，若对承包人的正常作业产生了影响，承包人有权在说明理由的基础上予以拒绝。

（2）承包人的通知义务。根据《民法典》第798条规定，隐蔽工程在隐蔽以前，承包人应当通知发包人检查。发包人没有及时检查的，承包人可以顺延工程日期，并有权要求赔偿停工、窝工等损失。这里需要注意的是，即使发包人没有及时对隐蔽工程进行检查，承包人也不能自行检查后将工程隐蔽。因为隐蔽工程一旦覆盖后，发包人再要检查，则需要重新挖开，打开隐蔽工程上的覆盖物，势必造成不必要的浪费。因而，在发包人没有及时检查的情况下，承包人可以顺延工程日期，并可采取请求承包人赔偿停工、窝工等损失的救济措施，这样既保护了承包人的利益，也尽可能地保证隐蔽工程的质量，防止因发包人未对工程进行检查带来的工程隐患。

（3）按时保质完工并交付工程的义务。勘察人、设计人应当按照约定的期限，向发包人交付符合要求的勘察设计文件，并保证勘察、设计的质量符合要求。施工人应当按照约定，向发包人交付符合要求的已竣工的建设工程。

3. 承包人的责任

（1）违约责任。《民法典》第800条规定："勘察、设计的质量不符合要求或者未按照期限提交勘察、设计文件拖延工期，造成发包人损失的，勘察人、设计人应当继续完善勘察、设计，减收或者免收勘察、设计费并赔偿损失。"第801条规定："因施工人的原因致使建设工程质量不符合约定的，发包人有权请求施工人在合理期限内无偿修理或者返工、改建。经过修理或者返工、改建后，造成逾期交付的，施工人应当承担违约责任。"

（2）侵权责任。《民法典》第802条规定："因承包人的原因致使建设工程在合理使用期限内造成人身损害和财产损失的，承包人应当承担赔偿责任。”承包人的违约责任与侵权责任有时会产生竞合，可适用责任竞合规则予以处理。

四、实际施工人对发包人的建设工程价款给付请求权

目前，从事建筑行业的相当一部分人员是农民工。而建筑市场存在不规范的情形会损害农民工的权益。建筑市场中存在的第一个不规范体现为，实践中存在转包工程、违法分包工程、借用资质承包工程等违法现象。这导致建设工程施工合同关系中出现多个施工主体，产生多份施工合同，法律关系复杂。实际施工人在施工完毕后不能领取到价款。建筑市场中存在的第二个不规范体现为，实际施工人内部管理不规范，部分建筑工人尤其是大量农民工与实际施工人之间没有签订劳动合同，没有固定的劳动关系。农民工辛苦打工确得不到报酬。社会信用机制缺失进一步加剧了这一问题。正如最高人民法院民一庭负责人就《建设工程施工合同司法解释（二）》答记者问时提到：农民工工资权益不仅依赖于施工人的诚实守信，之前任何一个环节出现问题，农民工的工资权益都会受到损害。合同具有相对性，债权人只能向债务人主张行使债权。为保护农民工的合法权益，《建设工程施工合同司法解释（二）》突破了这一原则，为处于弱势地位的农民工的权益提供强有力的司法保护，进而实现实质意义的公平。该解释第24条规定：“实际施工人以发包人为被告主张权利的，人民法院应当追加转包人或者违法分包人为本案第三人，在查明发包人欠付转包人或者违法分包人建设工程价款的数额后，判决发包人在欠付建设工程价款范围内对实际施工人承担责任。”第25条规定：“实际施工人根据《合同法》第七十三条（现为《民法典》第535条）规定，以转包人或者违法分包人怠于向发包人行使到期债权，对其造成损害为由，提起代位权诉讼的，人民法院应予支持。”即规定发包人在欠付建设工程价款范围内对实际施工人承担责任，实际施工人有权向发包人提起代位权诉讼。

五、建设工程合同的解除

建设工程合同的当事人约定解除权产生的条件的，依其约定；无约定的，应当适用《民法典》562条、563条规定。另外，《民法典》第806条规定：“承包人将建设工程转包、违法分包的，发包人可以解除合同。发包人提供的主要建筑材料、建筑构配件和设备不符合强制性标准或者不履行协助义务，致使承包人无法施工，经催告后在合理期限内仍未履行相应义务的，承包人可以解除合同。合同解除后，已经完成的建设工程质量合格的，发包人应当按照约定支付相应的工程价款；已经完成的建设工程质量不合格的，参照本法第七百九十三条的规定处理。”《民法典》第793条第2款规定：“建设工程施工合同无效，且建设工程经验收不合格的，按照以下情形处理：（一）修复后的建设工程经验收合格的，发包人可以请求承包人

承担修复费用；（二）修复后的建设工程经验收不合格的，承包人无权请求参照合同关于工程价款的约定折价补偿。《建设工程施工合同司法解释（一）》作了更为详尽的规定，该解释第 8 条规定："承包人具有下列情形之一，发包人请求解除建设工程施工合同的，人民应予支持：（一）明确表示或者以行为表明不履行合同主要义务的；（二）合同约定的期限内没有完工，且在发包人催告的合理期限内仍未完工的；（三）已经完成的建设工程质量不合格，并拒绝修复的；（四）将承包的建设工程非法转包、违法分包的。"第 9 条规定："发包人具有下列情形之一，致使承包人无法施工，且在催告的合理期限内仍未履行相应义务，承包人请求解除建设工程施工合同的，人民应予支持：（一）未按约定支付工程价款的；（二）提供的主要建筑材料、建筑构配件和设备不符合强制性标准的；（三）不履行合同约定的协助义务的。"

☞ 案例导读评析

1.《民法典》第 777 条规定："定作人中途变更承揽工作的要求，造成承揽人损失的，应当赔偿损失。"据此，定作人何女士有权单方变更合同。何女士要求停止制作，即使承揽人家具厂认为何女士的要求不合理，也应当停止工作，而不能按原定式样加工衣柜，否则要赔偿给何女士造成的损失。

《民法典》第 781 条规定："承揽人交付的工作成果不符合质量要求的，定作人可以合理选择请求承揽人承担修理、重作、减少报酬、赔偿损失等违约责任。"因此，何女士不必支付全部报酬，不过仍然要按照约定向家具厂支付在要求停止制作之前的报酬。

2. 甲、乙签订的合同是建设工程合同，乙作为总承包人，在经发包人甲同意的情况下，可以将部分非主体工程分包给丙，因此，甲乙的建设工程合同、乙丙的分包合同都是有效的。丙作为分包人将其承包的工程再分包给丁，是不符合法律规定，双方的合同是无效的，法律可以收缴丙由于分包取得的非法所得。由于丁完成的建设工程不合格，由此，丙应就此向乙承担赔偿责任，并有权向丁公司追偿。《建设工程施工合同司法解释（一）》第 25 条规定："因建设工程质量发生争议的，发包人可以以总承包人、分包人和实际施工人为共同被告提起诉讼。"这就意味着发包人甲有权要求实际施工人丁承担赔偿责任。

☞ 本章思考题

1. 定作人的合同解除权有什么特点？
2. 承揽合同的风险负担规则是什么？

3. 承揽合同和建设工程合同的联系与区别是什么？

4. 什么是建设工程价款优先受偿权，它有什么行使条件？

☞ 案例分析习题

1. 2016 年 8 月 28 日，范某、姜某和湖南省绥宁县某花炮厂（至今尚未注册登记）签订了《承包某花炮厂工程合同书》，某花炮厂对其 1–91 号厂房（除办公楼、员工宿舍楼和住房外）以包工不包料的方式将建房的木工、泥瓦工制作承包给范某、姜某施工，每平方米 61 元。某花炮厂没有建房施工设计图纸和具体建房标准，范某、姜某按照某花炮厂的要求施工建房共 91 栋。工程完工后，经某花炮厂验收，双方于 2017 年 1 月 17 日就泥瓦工、木工的工资进行了结算。扣除预借的生活费，某花炮厂应付泥工工资 159953 元，木工工资 75286.5 元。经范某、姜某催收后，某花炮厂尚欠他们泥工、木工工资 125329 元未付。由此，双方产生纠纷。

问：本案属于承揽合同纠纷还是建设工程合同纠纷？为什么？

2. 甲公司有 300 立方米的木材要加工成家具，乙公司与丙公司一起找到甲公司，三方签订了合同。合同约定，乙公司与丙公司将 300 立方米的木材加工成家具，合同履行期为 50 天，价款为 60 万元。乙公司与丙公司也签订了一份合同，约定乙公司负责 200 立方米，丙公司负责 100 立方米，所取得的价款以及所承担的责任也照此比例处理。在加工过程中，因为乙公司工作人员抽烟，导致 60 立方米的木材被全部烧毁。合同履行期满后，乙公司与丙公司将全部木材加工成了家具，但乙公司交付的数量不足。甲公司要求乙公司与丙公司连带赔偿损失，丙公司拒绝承担责任。三方无法协商一致，甲公司要求丙公司交付家具，丙公司提出，甲公司不交付价款，自己便拒绝交付家具。甲公司索性便通知丙公司解除合同。

请回答下列问题：

（1）木材被烧毁，能否适用风险负担规则加以处理？为什么？

（2）乙公司与丙公司是否应当对甲公司承担连带责任？为什么？

（3）丙公司赔偿了甲公司的损失，是否可以向乙公司追偿？为什么？

（4）丙公司能否在甲公司交付价款之前拒绝交付家具？为什么？

（5）甲公司能否解除合同？为什么？

3. 甲建筑工程公司与乙学校签订了一份建筑 6 层综合实验楼的建设工程合同，约定：甲包工包料，乙在工程完工后支付工程款。合同订立后，甲将实验楼的施工任务包给了丙工程队，乙方驻工地代表发现后未加阻止。工程完工后，甲乙双方对实验楼进行验收，发现实验楼的多处水管漏水，很多房间没有接通电源，部分房间的地板出现裂缝。于是，乙要求甲返工，并赔偿损失。甲认为，实验楼已经包给丙施工，乙知道并未加制止，应视为同意。因此，实验楼质量不合格的责任应由丙工程队承担。同时，甲认为，工程已经完工，乙应当按照合同约定支付工程款，否则将拍卖该工程以行使优先受偿权。

请回答以下问题：

（1）甲将实验楼的施工任务包给丙的行为是何种性质的行为，是否合法？

（2）甲是否对实验楼的质量不合格承担责任？为什么？

（3）乙能否解除合同？为什么？

（4）若甲仅将实验楼的水电工程包给丙且经过了乙的同意，这种行为是否合法？在此情况下，实验楼的质量不合格的责任应由谁承担？

（5）甲能否就实验楼行使优先受偿权？为什么？

第十三章　技术合同

- **学习目标：**
  1. 了解技术合同的概念和特征；
  2. 掌握技术开发合同的效力及违约责任；
  3. 掌握技术开发合同的技术成果归属；
  4. 掌握技术转让合同的效力及违约责任；
  5. 掌握技术咨询合同与技术服务合同的概念、效力及违约责任。
- **案例导读：**

某大学李教授、刘教授与四海公司签订了技术委托开发合同。合同约定，由四海公司提供实验条件、经费并向两教授支付报酬，由两教授研制开发可溶塑料制品。某大学曾给四海公司开出这样的证明："李××、刘××是我校××专业教授。"后技术研发成功，四海公司认为其出了钱，应当由其申请专利。大学校长认为两教授是学校的人，其成果是职务技术成果，申请专利的权利应该归学校。两教授认为，开发的技术不是学校交付的任务，也没有利用学校的物质技术条件，不是职务技术成果；而在与四海公司签订的合同中，也没有规定申请专利的权利的归属。

请问：专利申请权归谁？

第一节　技术合同概述

一、技术合同的含义与特征

（一）技术合同的含义

《民法典》第843条规定："技术合同是当事人就技术开发、转让、咨询或者服务订立的确立相互之间权利和义务的合同。"技术合同是技术成果商品化和社会化的必然产物，同时也是技术进入交换市场的法律形式。技术合同包括技术开发合同、技术转让合同、技术咨询合同和技术服务合同。

（二）技术合同的特征

技术合同除了具有一般合同共有的法律特征外，还具有以下法律特征：

1. 技术合同的主体具有特定性

技术合同的主体即技术合同的当事人，是指依据技术合同享有权利和承担义务的自然人、法人或者其他组织。技术合同当事人，通常至少一方能够利用自己的技术力量从事技术开发、技术转让、技术服务或咨询。因而主体一方具有特定性。

2. 技术合同的标的具有复杂性

技术合同的标的与技术有紧密联系，技术合同的种类不同，其标的也就有所不同。例如，技术转让合同的标的是特定的技术成果，技术服务合同与技术咨询合同的标的是特定的技术行为。但无论哪一种技术合同，其标的都涉及无形财产，具有复杂性。

3. 技术合同的履行具有特殊性

技术合同的履行通常涉及与技术有关的其他权利的归属问题，如发明权、专利权、非专利技术使用权和转让权及其他技术权益。技术合同有其自身的履行原则，其他合同普遍适用实际履行原则，而技术合同因其标的成果的不确定性及技术开发的风险性，不宜强调适用实际履行原则。例如，技术开发合同中研究开发方遇到了难以克服的技术困难而无法履行合同义务。

4. 技术合同受多重法律调整

技术合同是技术领域中技术成果的交换和使用关系的反映，属于合同法调整的对象。但由于技术合同的标的与技术成果有关，因此技术合同还受其他与保护技术成果相关的法律规范的调整，主要受知识产权法的调整。此外，在使用技术成果方面，技术合同还要受《反不正当竞争法》的调整。

二、技术合同的内容

由于技术合同的交易具有较强的专业性，为了能够引导当事人正确、全面地设定权利义务，《民法典》第 845 条第 1 款对技术合同的主要条款做了示范性规定，一般包括下列内容：

（一）项目名称

项目名称一般要指明所要开发、转让的内容或者提供咨询、服务的内容。它是订立技术合同的前提，往往是区分不同类型技术合同的标志。所以，技术合同应当用简明、规范、专业和准确的语言界定项目名称，力求反映出来项目的技术特征和法律特征。

（二）标的的内容、范围和要求

这是技术合同的中心条款，是确定当事人权利和义务的依据。技术合同的标的是合同约定研究开发的技术成果，不同的技术合同标的，其技术范围、技术指标要求等各不相同。因此，技术合同不仅要明确标的，而且明确标的的具体内容、范围和要求，以便当事人履行。

（三）履行的计划、地点和方式

该条款实际上是力求准确地描述技术合同标的动态运行的时间、空间以及其所有或使用的主体情况。履行的计划是技术合同履行的具体安排，期限较长的技术合同还应载明总体计划、年度计划和执行步骤等内容；履行的地点是履行技术合同的具体地点和场所，即履行地；履行的方式是当事人履行技术合同，以达到技术合同标的所要求的技术指标和经济指标的具体方法。

（四）技术信息和资料的保密

这是技术合同的重要条款，它除可能涉及国家安全和重大利益的保密问题之外，还直接涉及了权利人的权利保护问题。技术合同应当对需要保密的技术信息和资料的事项、范围、期限、责任等按照有关保密法律规定和当事人的约定作出相应的规定。

（五）技术成果的归属和收益的分成办法

主要是明确提供现成技术成果及其使用收益的问题，并特别需要明确履行过程中所完成的技术成果的归属及其收益分配问题。对于前者，主要是为了取得一定的技术成果并进行使用，如技术开发合同的目的就是为了取得技术成果；对于后者，如在提供技术服务或咨询过程中产生新的技术成果，涉及其权利归属和使用收益的处置问题。对于这些问题，合同中都应加以约定。

（六）验收标准和方法

主要是明确技术合同的验收项目、验收方式、技术经济指标以及出现分歧时进行评价或鉴定的依据等具体内容。

（七）名词和术语的解释

技术合同具有很强的专业性，许多名词和术语都是专业名词和术语。为避免当事人对名词和术语的理解发生分歧，合同中应对名词和术语作出解释。

除上述条款外，《民法典》第 845 条第 2 款规定："与履行合同有关的技术背景资料、可行性论证和技术评价报告、项目任务书和计划书、技术标准、技术规范、原始设计和工艺文件，以及其他技术文档，按照当事人的约定可以作为合同的组成部分。"第 3 款规定："技术合同涉及专利的，应当注明发明创造的名称、专利申请人和专利权人、申请日期、申请号、专利号以及专利权的有效期限。"

此外，有些技术合同的常见条款通常也在合同中加以体现。例如：（1）风险责任的承担。在技术合同的履行过程中，合同所规定的内容可能会因无法克服的技术困难而不能实现或不能完全实现，特别是在技术开发合同中表现得尤为突出。因此，合同应载明研究开发风险的范围、风险责任的归责和负担方法，而且越明确越好。（2）价款、报酬或者使用费及其支付方式。技术合同是有偿合同，因此合同中应当对价款、报酬或者使用费及其支付方式作出约定。由于技术成果往往是无形的，其价值的确定受多种因素的影响，与有形商品相比较更为困难和复杂。该条款可由当事人自由约定，《民法典》明确了实践中技术合同当事人通常采用的几种支付方式，第 846 条规定："技术合同价款、报酬或者使用费的支付方式由当事人约定，可以采取一次总算、一次总付或者一次总算、分期支付，也可以采取提成支付或者提成支付附加预付入门费的方式。约定提成支付的，可以按照产品价格、实施专利和使用技术秘密后新增的产值、利润或者产品销售额的一定比例提成，也可以按照约定的其他方式计算。提成支付的比例可以采取固定比例、逐年递增比例或者逐年递减比例。约定提成支付的，当事人应当在合同中约定查阅有关会计账目的办法。"（3）违约金或者损失赔偿的计算方法。技术合同应当约定违约事项及其违约金额或计算方法。在当事人一方违反合同约定事项时，违约方应按约定的违约金或损失赔偿的计算方法承担违约责任。（4）解决争议的方法。合同履行往往会发生争议，一般来讲，应本着友好协商通过签订补充协议的方法加以解决。但是，也应明确友好协商不成时解决争议的办法，主要有诉讼和仲裁两种。特别是选择仲裁的，必须订立明确的仲裁条款。

三、技术成果的归属

《最高人民法院关于审理技术合同纠纷案件适用法律若干问题的解释》（以下简称《技术合同司法解释》）第 1 条规定："技术成果，是指利用科学技术知识、信息和经验作出的涉及产品、工艺、材料及其改进等的技术方案，包括专利、专利申请、技术秘密、计算机软件、集成电路布图设计、植物新品种等。"根据《民法典》的规定，技术成果分为职务技术成果与非职务技术成果两类。准确界定职务技术成果与非职务技术成果的范围、科学确认职务技术成果与非职务技术成果的权益归属，对保护单位的技术权益，同时鼓励发明人发明创造的积极性，以实现二者利益之间的平衡。

（一）职务技术成果

1. 职务技术成果的界定

《民法典》第 847 条第 2 款规定："职务技术成果是执行法人或者非法人组织的工作任务，或者主要是利用法人或者非法人组织的物质技术条件所完成的技术成果。"据此，《民法典》从两个标准认定职务技术成果：一是为执行法人或非法人组织的工作任务；二是主要利用法人或非法人组织的物质技术条件。符合任何一个标准的技术成果都属于职务技术成果。

《技术合同司法解释》第 2 条第 1 款规定："执行法人或者其他组织的工作任务，包括：（一）履行法人或者其他组织的岗位职责或者承担其交付的其他技术开发任务；（二）离职后一年内继续从事与其原所在法人或者其他组织的岗位职责或者交付的任务有关的技术开发工作，但法律、行政法规另有规定的除外。"第 2 款规定："法人或者其他组织与其职工就职工在职期间或者离职以后所完成的技术成果的权益有约定的，人民法院应当依约定确认。”这就意味着，某技术成果是职务还是非职务成果，法律允许研究开发人与其单位自由约定。

《技术合同司法解释》第4条规定：“主要利用法人或者其他组织的物质技术条件，包括职工在技术成果的研究开发过程中，全部或者大部分利用了法人或者其他组织的资金、设备、器材或者原材料等物质条件，并且这些物质条件对形成该技术成果具有实质性的影响；还包括该技术成果实质性内容是在法人或者其他组织尚未公开的技术成果、阶段性技术成果基础上完成的情形。但下列情况除外：（一）对利用法人或者其他组织提供的物质技术条件，约定返还资金或者交纳使用费的；（二）在技术成果完成后利用法人或者其他组织的物质技术条件对技术方案进行验证、测试的。”其中，何为“物质技术条件”？根据《技术合同司法解释》第3条的规定，包括资金、设备、器材、原材料、未公开的技术信息和资料等。

2. 职务技术成果的权利归属

《民法典》第847条第1款规定：“职务技术成果的使用权、转让权属于法人或者非法人组织的，法人或者非法人组织可以就该项职务技术成果订立技术合同。法人或者非法人组织订立技术合同转让职务技术成果时，职务技术成果的完成人享有以同等条件优先受让的权利。”

又因为，《技术合同司法解释》第2条第2款规定：“法人或者其他组织与其职工就职工在职期间或者离职以后所完成的技术成果的权益有约定的，人民法院应当依约定确认。”《专利法》第6条第3款规定：“利用本单位的物质技术条件所完成的发明创造，单位与发明人或者设计人订有合同，对申请专利的权利和专利权的归属作出约定的，从其约定。”因此，《民法典》第847条第1款并非强制性条款，当事人可以以特约排除它的适用，自己安排职务技术成果的权利归属，以贯彻意思自治原则。

此外，《技术合同司法解释》第5条规定：“个人完成的技术成果，属于执行原所在法人或者其他组织的工作任务，又主要利用了现所在法人或者其他组织的物质技术条件的，应当按照该自然人原所在和现所在法人或者其他组织达成的协议确认权益。不能达成协议的，根据对完成该项技术成果的贡献大小由双方合理分享。”

（二）非职务技术成果

1. 非职务技术成果的界定

非职务技术成果的范围非常广泛，只要不符合职务技术成果规定的技术成果，均属于非职务技术成果。一般而言，非职务技术成果必须同时具备以下两个条件：第一，该技术成果不是完成人在所在法人或者非法人组织承担的科学研究和技术开发课题，或者履行本岗位职责完成的技术成果，而是完成人自行研究开发的。第二，完成该技术成果的资金、设备、材料等物质条件主要不是由法人或者非法人组织所提供的，项目研究开发的全过程中没有采用法人或非法人组织未公开的技术情报资料。

2. 非职务技术成果的权利归属

《民法典》第 848 条规定："非职务技术成果的使用权、转让权属于完成技术成果的个人，完成技术成果的个人可以就该项非职务技术成果订立技术合同。"根据《技术合同司法解释》第 6 条第 1 款规定："完成技术成果的个人，包括对技术成果单独或者共同作出创造性贡献的人，也即技术成果的发明人或者设计人。人民法院在对创造性贡献进行认定时，应当分解所涉及技术成果的实质性技术构成。提出实质性技术构成并由此实现技术方案的人，是作出创造性贡献的人。"第 2 款规定："提供资金、设备、材料、试验条件，进行组织管理，协助绘制图纸、整理资料、翻译文献等人员，不属于完成技术成果的个人。"

3. 完成技术成果人的署名权和获得荣誉权

《民法典》第 849 条规定："完成技术成果的个人有在有关技术成果文件上写明自己是技术成果完成者的权利和取得荣誉证书、奖励的权利。"《民法典》关于完成技术成果人的署名权和取得荣誉权的规定，表明法律对完成技术成果人的人身权利的确认，根本目的在于鼓励创新。

四、技术合同的效力

（一）无效技术合同

《民法典》第 844 条规定了技术合同订立的原则，即"订立技术合同，应当有利于知识产权的保护和科学技术的进步，加速科学技术成果的研发、转化、应用和推广"。因此，根据技术合同的特点，除《民法典》规定的合同无效情形之外，第 850 条专门规定了"非法垄断技术、妨碍技术进步或者侵害他人技术成果的技术合同无效"。这是关于技术合同无效的一条特殊规定。

1. 非法垄断技术、妨碍技术进步

根据《技术合同司法解释》第 10 条的规定，主要指以下情形：

（1）限制当事人一方在合同标的技术基础上进行新的研究开发或者限制其使用所改进的技术，或者双方交换改进技术的条件不对等，包括要求一方将其自行改进的技术无偿提供给对方、非互惠性转让给对方、无偿独占或者共享该改进技术的知识产权；

（2）限制当事人一方从其他来源获得与技术提供方类似技术或者与其竞争的技术；

（3）阻碍当事人一方根据市场需求，按照合理方式充分实施合同标的技术，包括明显不合理地限制技术接受方实施合同标的技术生产产品或者提供服务的数量、品种、价格、销售渠道和出口市场；

(4) 要求技术接受方接受并非实施技术必不可少的附带条件，包括购买非必需的技术、原材料、产品、设备、服务以及接收非必需的人员等；

(5) 不合理地限制技术接受方购买原材料、零部件、产品或者设备等的渠道或者来源；

(6) 禁止技术接受方对合同标的技术知识产权的有效性提出异议或者对提出异议附加条件。

2. 侵害他人技术成果

侵害他人技术成果是指侵害另一方或者第三方的专利权、专利申请权、专利实施权、技术秘密的使用权和转让权或者发明权、发现权等的行为。

（二）可变更、可撤销的技术合同

《民法典》合同编通则中关于合同的撤销的规定当然适用于技术合同。此外，《技术合同司法解释》第 9 条规定：“当事人一方采取欺诈手段，就其现有技术成果作为研究开发标的与他人订立委托开发合同收取研究开发费用，或者就同一研究开发课题先后与两个或者两个以上的委托人分别订立委托开发合同重复收取研究开发费用的，受损害方依照合同法第五十四条第二款规定请求变更或者撤销合同的，人民法院应当予以支持。”

（三）技术合同无效或被撤销后的法律后果

1. 依报酬认定损失

《技术合同司法解释》第 11 条第 1 款规定：“技术合同无效或者被撤销后，技术开发合同研究开发人、技术转让合同让与人、技术咨询合同和技术服务合同的受托人已经履行或者部分履行了约定的义务，并且造成合同无效或者被撤销的过错在对方的，对其已履行部分应当收取的研究开发经费、技术使用费、提供咨询服务的报酬，人民法院可以认定为因对方原因导致合同无效或者被撤销给其造成的损失。”

2. 成果权益的归属

《技术合同司法解释》第 11 条第 2 款规定：“技术合同无效或者被撤销后，因履行合同所完成新的技术成果或者在他人技术成果基础上完成后续改进技术成果的权利归属和利益分享，当事人不能重新协议确定的，人民法院可以判决由完成技术成果的一方享有。”

3. 第三人的权利义务

(1) 善意取得技术秘密的。《技术合同司法解释》第 12 条第 1 款规定：“侵害他人技术秘密的技术合同被确认无效后，除法律、行政法规另有规定的以外，善意取得该技术秘密的一方当事人可以在其取得时的范围内继续使用该技术秘密，但应当向权利人支付合理的使用费并承担保密义务。”第 13 条第 1 款规定：“依照前条第一款规定可以继续使用技术秘密的人与权利人就使用费支付发生纠纷的，当事人任何一方都可以请求人民法院予以处理。继续使用技术秘密但又拒不支付使用费的，人民法院可以根据权利人的请求判令使用人停止使用。”第 2 款规定：“人民法院在确定使用费时，可以根据权利人通常对外许可该技术秘密的使用费或者使用人取得该技术秘密所支付的使用费，并考虑该技术秘密的研究开发成本、成果转化和应用程度以及使用人的使用规模、经济效益等因素合理确定。”第 3 款规定：“不论使用人是否继续使用技术秘密，人民法院均应当判令其向权利人支付已使用期间的使用费。使用人已向无效合同的让与人支付的使用费应当由让与人负责返还。”

（2）恶意取得技术秘密的。《技术合同司法解释》第 12 条第 2 款规定：“当事人双方恶意串通或者一方知道或者应当知道另一方侵权仍与其订立或者履行合同的，属于共同侵权，人民法院应当判令侵权人承担连带赔偿责任和保密义务，因此取得技术秘密的当事人不得继续使用该技术秘密。”

第二节　技术开发合同

一、技术开发合同的概念和特征

（一）技术开发合同的概念

《民法典》第 851 条第 1、2 款规定：“技术开发合同是指当事人之间就新技术、新产品、新工艺、新品种或者新材料及其系统的研究开发所订立的合同。技术开发合同包括委托开发合同和合作开发合同。”委托开发合同，是指当事人一方委托另一方进行技术研究开发所订立的合同。合作开发合同，是指当事人各方就共同进行技术研究开发所订立的合同。

此外，第 851 条第 4 款规定：“当事人之间就具有实用价值的科技成果实施转化订立的合同，参照适用技术开发合同的有关规定。”《技术合同司法解释》第 18 条对这类合同做了界定，是指当事人之间就具有实用价值但尚未实现工业化应用的科技成果包括阶段性技术成果，以实现该科技成果工业化应用为目标，约定后续试验、开发和应用等内容的合同。也就是说，技术转化合同虽不属于技术开发合同，但可参照技术开发合同的规定。

（二）技术开发合同的特征

技术开发合同除具备技术合同的一般特征外，还具有如下法律特征：

1. 技术开发合同的标的是具有创造性、新颖性的技术成果

“新技术、新产品、新工艺、新品种或者新材料及其系统”作为技术开发合同的标的，根据《技术合同司法解释》第 17 条的规定，包括当事人在订立技术合同时尚未掌握的产品、工艺、材料及其系统等技术方案，但对技术上没有创新的现有

产品的改型、工艺变更、材料配方调整以及对技术成果的验证、测试和使用除外。因此，这种技术成果应当具有创造性和新颖性，但这种创造性和新颖性应当是相对一定时间、空间和对象而言的，即相对的创造性和新颖性。

一般来说，创造性是指与原有的技术、产品、工艺、材料及其系统相比，有明显的技术进步或技术创新。新颖性是指作为技术开发合同研究标的的技术成果是在订立合同时尚不存在的成果，或者虽然可能存在但当事人尚未掌握的技术成果，而不是已有的科技成果或是当事人已经掌握或可能掌握的。技术开发合同中技术成果的新颖性比专利技术的新颖性要求要低很多，一般而言，即使是一项已经公开的技术，如果当事人不知道或者不掌握，仍然属于具有新颖性的技术成果，当事人仍然可以就此订立技术开发合同。

2. 技术开发合同的风险责任大

技术开发合同的技术成果是经过研究开发的创造活动可能取得的成果，而不是订立合同时已经确定一定能够取得的技术成果，因此技术开发合同的技术成果的取得具有一定的或然性。如果研究开发成果在现有技术水平下具有足够的难度或因不可预料的原因，很可能导致无法实现研发目的，最终不能获得追求的技术成果。因而，技术开发合同本身蕴含着较大的风险。

3. 技术开发合同是要式合同、双务合同、有偿合同、诺成合同

《民法典》第 851 条第 3 款规定："技术开发合同应当采用书面形式。"技术开发合同之所以为要式合同，是因为技术开发是一项长期的工作，当事人的权利义务关系比较复杂。为正确履行合同和合理解决合同纠纷，技术开发合同应采取书面形式。技术开发合同当事人双方均负有一定的义务，每一方从他方取得利益都须支付一定的代价，因此技术开发合同为双务、有偿合同。技术开发合同自双方当事人意思表示一致起即可成立，并不以交付实物为合同的成立生效条件，故其为诺成合同。

二、技术开发合同的效力

（一）委托开发合同的效力

1. 委托人的义务

《民法典》第 852 条规定："委托开发合同的委托人应当按照约定支付研究开发经费和报酬，提供技术资料，提出研究开发要求，完成协作事项，接受研究开发成果。"从上述法律规定可以看出，委托人的主要义务有如下几点：

（1）按照约定支付研究开发经费和报酬。研究开发经费是指完成研究开发工作所需要的成本。除合同另有约定外，委托人应当提供全部研究开发经费。报酬是指研究开发成果的使用费和研究开发人员的科研补贴。它是研究开发人员所获得的技术性收入，委托人应按时支付。

（2）按合同约定提供技术资料、原始数据。委托开发合同是研究开发人根据委托人的要求进行的，为了确保研究开发人顺利开展工作，委托人应按照合同约定的时间和要求向研究开发人提供技术资料、原始数据。委托人的该义务贯穿于委托开发合同的整个履行过程，即在研究开发过程中，研究开发人有权要求委托人补充必要的背景资料和数据，但不得超过履行合同所需要的范围。

（3）提出研究开发要求、完成协作事项。为了保证研究开发工作的顺利进行，实现预期目标，委托人应该提出准确的研究开发要求并对研究开发人的工作予以协助，这也是协助履行原则的进一步体现于要求。但是委托人的协助仅仅是为研究开发工作提供辅助性的帮助，没有参与研究开发的实质性工作。

（4）按期接受研究开发成果。按期接受研究开发成果既是委托人的一项权利，又是委托人的一项义务，委托人应当按照合同约定的期限，接受研究开发人完成的研究成果。

对于上述义务的违反情况，《民法典》第 854 条规定："委托开发合同的当事人违反约定造成研究开发工作停滞、延误或者失败的，应当承担违约责任。"

2. 研究开发人的义务

《民法典》第 853 条规定："委托开发合同的研究开发人应当按照约定制定和实施研究开发计划；合理使用研究开发经费；按期完成研究开发工作，交付研究开发成果，提供有关的技术资料和必要的技术指导，帮助委托人掌握研究开发成果。"从上述法律规定可以看出，委托人的主要义务有如下几点：

（1）按照约定制定和实施研究开发计划。研究开发是一项复杂的工作，研究开发计划是指导研究开发方实现委托开发合同确定的预期目标的指导性文件，是研究开发任务的具体步骤和方法。因此，研究开发方应该制定和实施研究开发计划。一般情况下，研究开发计划包括项目名称、现状及存在问题、现有技术基础和条件、国内外研究情况、主要任务、攻关的目标和内容（包括阶段性目标和最终目标）等内容。

（2）按照约定合理使用研究开发经费。研究开发从准备工作开始直至研究开发成功、交付新技术成果为止，一系列的创造性劳动都需要花费资金，但是对委托人给付的研究开发经费，研究开发人应该予以合理使用。也就是说，要尽可能地以最低的耗费获得最大的经济利益、专款专用、精打细算地保证研究开发工作顺利进行。

（3）按期完成研究开发工作，交付研究开发成果。研究开发方应当按照合同约定的条件按期完成研究开发工作，及时组织验收并将工作成果交付委托方。研究开发方在完成研究开发工作中不得擅自变更标的内容、形式和要求。

（4）研究开发方交付工作成果时，还应提供有关的技术资料，并给予必要的技术指导，帮助委托方掌握该项技术成果，使委托方在使用技术成果过程中能取得应有的技术效益。

对于上述义务的违反情况，《民法典》第 854 条规定："委托开发合同的当事人违反约定造成研究开发工作停滞、延误或者失败的，应当承担违约责任。

（二）合作开发合同的效力

《民法典》第 855 条规定："合作开发合同的当事人应当按照约定进行投资，包括以技术进行投资，分工参与研究开发工作，协作配合研究开发工作。"由此可见，合作开发合同的双方当事人有如下义务：

1. 按照约定进行投资，包括以技术进行投资

当事人共同出资是合作开发的一个重要条件。当事人的投资，可以是以资金、设备、材料、场地、实验条件的投入，也可以是技术情报资料、专利权、非专利技术成果等方式的投资。以资金之外的形式投资的，应当折算成相应的金额，明确当事人在投资中所占的比例。

2. 分工参与研究开发工作

根据《技术合同司法解释》第 19 条第 1 款规定："分工参与研究开发工作"，包括当事人按照约定的计划和分工，共同或者分别承担设计、工艺、试验、试制等工作。在分工参与研究开发工作中，合作开发各方均应通过提出技术构思、完成技术方案或者成果的方式，对研究开发课题作出实质性贡献。第 19 条第 2 款规定："技术开发合同当事人一方仅提供资金、设备、材料等物质条件或者承担辅助协作事项，另一方进行研究开发工作的，属于委托开发合同。"

3. 协作配合研究开发工作

合作开发合同的核心在于，合作各方以各自的技术力量创造性地共同完成一个研究开发项目，成败的关键是合作各方按合同约定协作配合的状况如何。因此，合作开发各方必须严格履行相互协作、互相配合的义务，以保证研究开发工作的顺利进行。

对于上述义务的违反情况，《民法典》第 856 条规定："合作开发合同的当事人违反约定造成研究开发工作停滞、延误或者失败的，应当承担违约责任。"

三、技术开发合同的几个特殊问题

1. 技术开发合同的解除

《民法典》第 857 条规定："作为技术开发合同标的的技术已经由他人公开，致使技术开发合同的履行没有意义的，当事人可以解除合同。"此处"技术已由他人公开"主要有以下情形：一是该技术已由他人申请了专利；二是该技术已由他人研究成功或从国外引进，并可以在技术市场作为商品进行转让；三是该技术已通过科技文献、展示会等方式向社会公布，成为共有技术。这几种情形对当事人双方而言属于不可归责于任何一方的事由，是技术开发合同中的固有风险。当事人可以

根据实际情况选择解除合同，由此给各方当事人造成损失的，关于损失的赔偿有约定时从约定，没有约定时则由各方合理分担。

2. 技术开发合同的风险承担

技术开发合同的风险，是指在合同履行过程中，因出现无法克服的技术困难，致使研究开发失败或者部分失败。技术开发合同的风险应符合两个条件：一是该研究开发项目在现有技术水平下具有相当的难度；二是研究开发人做了主观努力仍无法克服，并且该领域专家认为研究开发失败属于合理的失败。对于风险的承担，《民法典》第858条第1款规定：“在技术开发合同履行过程中，因出现无法克服的技术困难，致使研究开发失败或者部分失败的，该风险责任由当事人约定。没有约定或者约定不明确，依照本法第五百一十条的规定仍不能确定的，风险责任由当事人合理分担。”第2款规定：“当事人一方发现前款规定的可能致使研究开发失败或者部分失败的情形时，应当及时通知另一方并采取适当措施减少损失。没有及时通知并采取适当措施，致使损失扩大的，应当就扩大的损失承担责任。”

3. 技术开发合同中技术成果的权利归属

技术开发形式不同，技术成果属性不同，技术成果的权利归属亦有所不同：

（1）委托开发合同中，委托开发完成的是发明创造。《民法典》第859条规定：“委托开发完成的发明创造，除法律另有规定或者当事人另有约定外，申请专利的权利属于研究开发人。研究开发人取得专利权的，委托人可以依法实施该专利。”“研究开发人转让专利申请权的，委托人享有以同等条件优先受让的权利。”

（2）合作开发合同中，合作开发完成的是发明创造。《民法典》第860条规定：“合作开发完成的发明创造，申请专利的权利属于合作开发的当事人共有；当事人一方转让其共有的专利申请权的，其他各方享有以同等条件优先受让的权利。但是，当事人另有约定的除外。”“合作开发的当事人一方声明放弃其共有的专利申请权的，除当事人另有约定外，可以由另一方单独申请或者由其他各方共同申请。申请人取得专利权的，放弃专利申请权的一方可以免费实施该专利。”“合作开发的当事人一方不同意申请专利的，另一方或者其他各方不得申请专利。”

（3）委托开发或合作开发合同中，开发完成的是技术秘密。《民法典》第861条规定：“委托开发或者合作开发完成的技术秘密成果的使用权、转让权以及利益的分配办法，由当事人约定。没有约定或者约定不明确，依照本法第五百一十条的规定仍不能确定的，在没有相同技术方案被授予专利权前，当事人均有使用和转让的权利。但是，委托开发的研究开发人不得在向委托人交付研究开发成果之前，将研究开发成果转让给第三人。”

根据《技术合同司法解释》第20条规定，“当事人均有使用和转让的权利”，包括当事人均有不经对方同意而自己使用或者以普通使用许可的方式许可他人使用技术秘密，并独占由此所获利益的权利。当事人一方将技术秘密成果的转让权让与他人，或者以独占或者排他使用许可的方式许可他人使用技术秘密，未经对方当事人同意或者追认的，应当认定该让与或者许可行为无效。《技术合同司法解释》第21条规定：“技术开发合同当事人依照合同法的规定或者约定自行实施专利或使用技术秘密，但因其不具备独立实施专利或者使用技术秘密的条件，以一个普通许可方式许可他人实施或者使用的，可以准许。”

第三节　技术转让合同和技术许可合同

一、技术转让合同和技术许可合同的含义与特征

（一）技术转让合同和技术许可同的含义

《民法典》第862条规定：“技术转让合同是合法拥有技术的权利人，将现有特定的专利、专利申请、技术秘密的相关权利让与他人所订立的合同。技术许可合同是合法拥有技术的权利人，将现有特定的专利、技术秘密的相关权利许可他人实施、使用所订立的合同。”其中，交付一定的技术成果并获得报酬的一方称为让与人，接受技术成果并支付报酬的一方称为受让人。《民法典》第863条规定：“技术转让合同包括专利权转让、专利申请权转让、技术秘密转让等合同。技术许可合同包括专利实施许可、技术秘密使用许可等合同。”

（二）技术转让合同和技术许可合同的特征

1. 合同的标的具有特定性和现有性

这是技术转让合同、技术许可合同与其他类型的技术合同最根本的区别。这类合同的标的是在订立合同时就已经存在的技术，不同于技术开发合同中的技术成果尚不存在或尚未形成。不论这种技术本身是否完善，它都作为一种确定的东西存在，具有特定的技术指标、功能和适用范围。在合同履行过程中，让与人无须改变其原有的特定性，受让人也仅就该技术原有的确定性而付出代价。因而，它是特定的和现有的。凡是转让、许可的尚待开发的技术成果或者传授自己所有的知识、技术、经验、信息而订立的合同都不属于技术转让合同和技术开发合同。《民法典》第862条第3款规定：“技术转让合同和技术许可合同中关于提供实施技术的专用设备、原材料或者提供有关的技术咨询、技术服务的约定，属于合同的组成部分。”

2. 合同的履行表现为技术权益的转移

技术转让合同和技术许可合同从其表现形式上来说，是一种关于技术成果的买卖合同。但是与买卖合同不同，后者在商品出卖后，买房就丧失了对出卖物所有权。而技术转让合同只有在极少数情况下，当事人在合同中约定，让与人将技术的所有权一并转让给受让人，即“卖绝”。而技术许可合同则更加明显，对外许可使

用的只是技术成果的使用权、制造权或销售权，而并非所有权。让与人转让或者许可技术后，自己还有权使用甚至再转让、许可给第三人。

3. 是要式合同、双务合同、有偿合同、诺成合同

《民法典》第862条第3款规定："技术转让合同和技术许可合同应当采用书面形式。"有的还要求具备特定手续，故为要式合同。在技术转让合同和技术许可合同中，让与人和许可人负有转让、许可其技术成果、技术成果的使用权或专利申请权的全部或一部分的义务，受让人和被许可人负有向让与人、许可人支付价金或者使用费的义务，故技术转让合同和技术许可合同为双务合同。合同当事人任何一方取得利益均需支付相应的对价，故技术转让合同和技术许可合同为有偿合同。技术转让合同和技术许可合同并不以技术成果的实际交付为成立要件，而是当事人意思表示一致时即成立，故技术转让合同和技术许可合同又为诺成合同。

二、技术转让合同和技术许可合同的效力

（一）技术转让合同和技术许可合同的一般效力

1. 技术转让合同让与人和技术许可合同许可人的义务

（1）权利担保义务。《民法典》第870条规定："技术转让合同的让与人和技术许可合同的许可人应当保证自己是所提供的技术的合法拥有者，并保证所提供的技术完整、无误、有效，能够达到约定的目标。"这是技术转让合同中让与人和技术许可合同许可人的权利瑕疵担保义务和物的瑕疵担保义务的具体体现。

（2）按照约定转让和许可技术。《民法典》第872条第2款规定："许可人未按照约定许可技术的，应当返还部分或者全部使用费，并应当承担违约责任；实施专利或者使用技术秘密超越约定的范围的，违反约定擅自许可第三人实施该项专利或者使用该项技术秘密的，应当停止违约行为，承担违约责任；违反约定的保密义务的，应当承担违约责任。""让与人承担违约责任，参照适用前款规定。"

（3）遵守合同约定的保密事项。根据《民法典》第872条的规定，违反约定的保密义务，应当承担违约责任。

2. 技术转让合同受让人和技术许可合同被许可人的义务

（1）保密义务。《民法典》第871条规定："技术转让合同的受让人和技术许可合同的被许可人应当按照约定的范围和期限，对让与人、许可人提供的技术中尚未公开的秘密部分，承担保密义务。"在技术转让合同和技术许可合同中，让与人转让和许可人许可的技术，有的是尚未公开的，仍处于保密状态的技术，有的虽然技术已经公开，但是相关的背景资料、技术参数等尚未公开。这些技术及相关资料如果公开，可能对当事人的利益都会产生重要影响。《民法典》第873条规定："被许可人未按照约定支付使用费的，应当补交使用费并按照约定支付违约金；不补交使用费或者支付违约金的，应当停止实施专利或者使用技术秘密，交还技术资

料，承担违约责任；实施专利或者使用技术秘密超越约定的范围的，未经许可人同意擅自许可第三人实施该专利或者使用该技术秘密的，应当停止违约行为，承担违约责任；违反约定的保密义务的，应当承担违约责任。”“受让人承担违约责任，参照适用前款规定。”

（2）按照约定支付使用费。根据《民法典》第874条的规定，未按照约定支付使用费的，应当承担违约责任。

（二）专利实施许可合同的效力

专利实施许可合同，是指专利权人或者其授权人作为许可人授权被许可人在约定范围内实施专利，受让人支付使用费所订立的合同。专利实施许可合同转让的是专利权的使用权，许可人并不因此丧失专利权本身。按照专利实施许可范围的不同，《技术合同司法解释》第25条第1款将专利实施许可分为以下几种：①独占实施许可，是指让与人在约定许可实施专利的范围内，将该专利仅许可一个受让人实施，让与人依约定不得实施该专利；②排他实施许可，是指让与人在约定许可实施专利的范围内，将该专利仅许可一个受让人实施，但让与人依约定可以自行实施该专利；③普通实施许可，是指让与人在约定许可实施专利的范围内许可他人实施该专利，并且可以自行实施该专利。第2款则进一步规定：“当事人对专利实施许可方式没有约定或者约定不明确的，认定为普通实施许可。专利实施许可合同约定受让人可以再许可他人实施专利的，认定该再许可为普通实施许可，但当事人另有约定的除外。”

基于专利实施许可合同不同于一般技术转让合同和技术许可合同的特殊性，《民法典》在双方当事人的主要义务上有单独规定，具体如下：

1. 许可人的义务

（1）按照合同约定许可被许可人实施专利。《民法典》第866条规定：“专利实施许可合同的许可人应当按照约定许可被许可人实施专利，交付实施专利有关的技术资料，提供必要的技术指导。”

（2）在合同有效期内维持专利的有效性。《民法典》第865条规定：“专利实施许可合同仅在该专利权的存续期限内有效。专利权有效期限届满或者专利权被宣布无效的，专利权人不得就该专利与他人订立专利实施许可合同。”因此，《技术合同司法解释》第26条规定：“专利实施许可合同让与人负有在合同有效期内维持专利权有效的义务，包括依法缴纳专利年费和积极应对他人提出宣告专利权无效的请求，但当事人另有约定的除外。”

（3）在约定范围内，自己不得实施或许可第三人实施专利。根据《民法典》第872条的规定，实施专利超越约定的范围的，违反约定擅自许可第三人实施该项专利的，应当停止违约行为，承担违约责任。

2. 被许可人的义务

（1）按照合同约定的范围、方式实施专利，不得擅自许可第三人实施专利。《民法典》第 867 条规定：“专利实施许可合同的被许可人应当按照约定实施专利，不得许可约定以外的第三人实施该专利；并按照约定支付使用费。”第 873 条规定：“实施专利超越约定的范围的，未经让与人同意擅自许可第三人实施该专利的，应当停止违约行为，承担违约责任。”

（2）按照合同约定支付使用费。根据《民法典》第 873 条的规定，被许可人未按照约定支付使用费的，应当补交使用费并按照约定支付违约金。不补交使用费或者支付违约金的，应当停止实施专利，交还技术资料，承担违约责任。

（三）技术秘密转让合同和技术秘密使用许可合同的效力

技术秘密转让合同和技术秘密使用许可合同，又称为非专利技术转让、使用许可合同或专有技术转让、使用许可合同，是指双方当事人约定让与人、许可人将其拥有的技术秘密（非专利技术或专有技术）提供给受让人、被许可人所订立的合同。技术秘密的许可使用方式，可参照专利实施许可的方式。基于技术秘密许可合同不同于一般技术转让合同和技术许可合同的特殊性，《民法典》对双方当事人的主要义务做了单独规定，具体如下：

1. 让与人和许可人的义务

（1）按照约定进行技术转让。《民法典》第 868 条第 1 款规定：“技术秘密转让合同的让与人和技术秘密使用许可合同的许可人应当按照约定提供技术资料，进行技术指导，保证技术的实用性、可靠性，承担保密义务。”根据《民法典》第 872 条的规定，让与人使用技术秘密超越约定的范围的，应当停止违约行为，承担违约责任。

（2）保密义务。《民法典》第 868 条第 1 款规定：“前款规定的保密义务，不限制许可人申请专利，但是当事人另有约定的除外。”

（3）不得擅自许可第三人使用技术秘密。根据《民法典》第 872 条的规定，许可人违反约定擅自许可第三人实施使用该项技术秘密的，应当停止违约行为，承担违约责任。

2. 受让人和被许可人的义务

（1）按照合同约定使用技术秘密，承担保密义务，不得擅自许可第三人实施。《民法典》第 869 条规定：“技术秘密转让合同的受让人和技术秘密使用许可合同的被许可人应当按照约定使用技术，支付使用费，承担保密义务。”第 873 条规定：“使用技术秘密超越约定的范围的，未经让与人同意擅自许可第三人使用该技术秘密的，应当停止违约行为，承担违约责任。”

（2）按照合同约定支付使用费。《民法典》第 873 条规定：“被许可人未按照约定支付使用费的，应当补交使用费并按照约定支付违约金。不补交使用费或者支付违约金的，应当停止使用技术秘密，交还技术资料，承担违约责任。”

三、技术转让合同和技术许可合同的几个特殊问题

1. 技术转让合同和技术许可合同的订立原则

《民法典》第 864 条规定："技术转让合同和技术许可合同可以约定让与人和受让人实施专利或者使用技术秘密的范围，但不得限制技术竞争和技术发展。"根据《技术合同司法解释》第 28 条规定，"实施专利或者使用技术秘密的范围"包括实施专利或者使用技术秘密的期限、地域、方式以及接触技术秘密的人员等。当事人对实施专利或者使用技术秘密的期限没有约定或者约定不明确的，受让人实施专利或者使用技术秘密不受期限限制。

2. 技术转让合同和技术许可合同涉及侵权的问题

《民法典》第 874 条规定："受让人或者被许可人按照约定实施专利、使用技术秘密侵害他人合法权益的，由让与人或者许可人承担责任，但是当事人另有约定的除外。"

3. 后续改进技术成果的权益分配

后续改进的技术，是指在技术转让合同和技术许可合同有效期内，一方或双方对作为合同标的的专利技术或者技术秘密所做的革新和改良。后续改进技术离不开原有技术，这种超出了原有转让技术成果的新的改进或发展，直接关系到合同双方当事人的权益。《民法典》第 875 条规定："当事人可以按照互利的原则，在技术转让合同中约定实施专利、使用技术秘密后续改进的技术成果的分享办法；没有约定或者约定不明确，依照本法第五百一十条的规定仍不能确定的，一方后续改进的技术成果，其他各方无权分享。"

4. 相关知识产权的转让和许可合同的法律适用问题

《民法典》第 876 条规定："集成电路布图设计专有权、植物新品种权、计算机软件著作权等其他知识产权的转让和许可，参照适用本节的有关规定。"

5. 技术进出口合同及专利、专利申请合同的法律适用问题

《民法典》第 877 条规定："法律、行政法规对技术进出口合同或者专利、专利申请合同另有规定的，依照其规定。"

第四节　技术咨询与服务合同

一、技术咨询合同

（一）技术咨询合同的概念和特征

《民法典》第 878 条规定："技术咨询合同是当事人一方以技术知识为对方就特定技术项目提供可行性论证、技术预测、专题技术调查、分析评价报告等所订立

的合同。”根据《技术合同司法解释》第30条的规定，“特定技术项目”包括有关科学技术与经济社会协调发展的软科学研究项目，促进科技进步和管理现代化、提高经济效益和社会效益等运用科学知识和技术手段进行调查、分析、论证、评价、预测的专业性技术项目。

技术咨询合同具有以下特征：①合同的标的是提供咨询的行为。当事人订立技术咨询合同的目的不在于获取技术成果，而在于就特定的技术项目进行可行性论证、技术预测、专题技术调查等软科学研究活动，即提供咨询服务，其目的是受托人为委托人提出相关的建议、意见和方案等，供委托人在决策时参考。②技术咨询合同有其特殊的风险责任原则。《民法典》第881条第3款规定：“技术咨询合同的委托人按照受托人符合约定要求的咨询报告和意见作出决策所造成的损失，由委托人承担，但当事人另有约定的除外。”这一点不同于技术开发合同和技术转让合同。③技术咨询合同属于不要式合同。《民法典》对技术咨询合同的形式没有做任何要求的规定，形式种类取决于当事人的约定。

（二）技术咨询合同的效力

1. 委托人的义务

《民法典》第879条规定：“技术咨询合同的委托人应当按照约定阐明咨询的问题，提供技术背景材料及有关技术资料，接受受托人的工作成果，支付报酬。”第881条第1款规定：“技术咨询合同的委托人未按照约定提供必要的资料，影响工作进度和质量，不接受或者逾期接受工作成果的，支付的报酬不得追回，未支付的报酬应当支付。”

2. 受托人的义务

《民法典》第880条规定：“技术咨询合同的受托人应当按照约定的期限完成咨询报告或者解答问题；提出的咨询报告应当达到约定的要求。”第881条第2款规定：“技术咨询合同的受托人未按期提出咨询报告或者提出的咨询报告不符合约定的，应当承担减收或者免收报酬等违约责任。”

3. 其他义务

《技术合同司法解释》第31条第2款规定：“当事人对技术咨询合同委托人提供的技术资料和数据或者受托人提出的咨询报告和意见未约定保密义务，当事人一方引用、发表或者向第三人提供的，不认定为违约行为，但侵害对方当事人对此享有的合法权益的，应当依法承担民事责任。”

《技术合同司法解释》第32条规定：“技术咨询合同受托人发现委托人提供的资料、数据等有明显错误或者缺陷，未在合理期限内通知委托人的，视为其对委托人提供的技术资料、数据等予以认可。委托人在接到受托人的补正通知后未在合理期限内答复并予补正的，发生的损失由委托人承担。”

4. 技术咨询合同履行中产生的技术成果归属

《民法典》第 885 条规定：“技术咨询合同、技术服务合同履行过程中，受托人利用委托人提供的技术资料和工作条件完成的新的技术成果，属于受托人。委托人利用受托人的工作成果完成的新的技术成果，属于委托人。当事人另有约定的，按照其约定。”

二、技术服务合同

（一）技术服务合同的概念和特征

《民法典》第 878 条第 2 款规定：“技术服务合同是当事人一方以技术知识为对方解决特定技术问题所订立的合同，不包括承揽合同和建设工程合同。”根据《技术合同司法解释》第 33 条的规定，“特定技术问题”包括需要运用专业技术知识、经验和信息解决的有关改进产品结构、改良工艺流程、提高产品质量、降低产品成本、节约资源能耗、保护资源环境、实现安全操作、提高经济效益和社会效益等专业技术问题。第 34 条规定：“当事人一方以技术转让的名义提供已进入公有领域的技术，或者在技术转让合同履行过程中合同标的技术进入公有领域，但是技术提供方进行技术指导、传授技术知识，为对方解决特定技术问题符合约定条件的，按照技术服务合同处理，约定的技术转让费可以视为提供技术服务的报酬和费用，但是法律、行政法规另有规定的除外。依照前款规定，技术转让费视为提供技术服务的报酬和费用明显不合理的，人民法院可以根据当事人的请求合理确定。”

技术服务合同具有以下特征：①技术服务合同是以解决特定技术问题为目标而订立的合同。非以解决特定技术问题而订立的合同不是技术服务合同，例如，为了生产经营目的进行一般加工、定作等订立的合同属于承揽合同而不是技术服务合同。②技术服务合同属于不要式合同。《民法典》对技术服务合同的形式没有做任何要求的规定，形式种类取决于当事人的约定。

（二）技术服务合同的效力

1. 委托人的义务

《民法典》第 882 条规定：“技术服务合同的委托人应当按照约定提供工作条件，完成配合事项；接受工作成果并支付报酬。”第 884 条第 1 款规定：“技术服务合同的委托人不履行合同义务或者履行合同义务不符合约定，影响工作进度和质量，不接受或者逾期接受工作成果的，支付的报酬不得追回，未支付的报酬应当支付。”

2. 受托人的义务

《民法典》第 883 条规定：“技术服务合同的受托人应当按照约定完成服务项目，解决技术问题，保证工作质量，并传授解决技术问题的知识。”第 884 条第 2 款规定：“技术服务合同的受托人未按照合同约定完成服务工作的，应当承担免收报酬等违约责任。”

3. 技术服务合同履行中产生的技术成果归属

《民法典》第885条规定："技术咨询合同、技术服务合同履行过程中，受托人利用委托人提供的技术资料和工作条件完成的新的技术成果，属于受托人。委托人利用受托人的工作成果完成的新的技术成果，属于委托人。当事人另有约定的，按照其约定。"

☞ 案例导读评析

《民法典》第847条第2款规定："职务技术成果是执行法人或者非法人组织的工作任务，或者主要是利用法人或者非法人组织的物质技术条件所完成的技术成果。"

《民法典》第848条规定："非职务技术成果的使用权、转让权属于完成技术成果的个人，完成技术成果的个人可以就该项非职务技术成果订立技术合同。"

《民法典》第859条规定："委托开发完成的发明创造，除法律另有规定或者当事人另有约定的以外，申请专利的权利属于研究开发人。研究开发人取得专利权的，委托人可以依法实施该专利。研究开发人转让专利申请权的，委托人享有以同等条件优先受让的权利。"

据此，专利申请权应归两位教授。

☞ 思考题

1. 如何认定技术开发合同的风险责任？
2. 技术开发合同的权利如何归属？利益如何分配？
3. 技术转让合同有哪些效力？

☞ 案例分析习题

2009年4月，甲方与乙方签订了一个环境保护生物工程技术合同。双方开始着手公司的成立及项目开发事宜。因资金问题，公司一直未能成立，但双方一直保持合作关系。2009年5月，乙方在银行设立由双方共同管理的账户，注入一定资金。7月，乙租借某仓库为试验基地。10月，甲在其报告中设计双方合作关系以及有关技术内容。11月，双方开始进行以废弃物为原料的生物细菌剂产品的工业化生产技术的实验，并研制出一套设备，准备向专利局申请专利。12月，甲成立了生物研究所。

2010年5月，甲给乙去函，要求确认双方的协议早已自动终止，有关技术资料不得扩散。同日，乙给甲去函，要求澄清分歧，解决停止合作的事宜，甲未答复。8 月，乙得知甲将双方开发研制的设备的专利发明申请权转让给其他公司，遂引发纠纷。

请问：

（1）本案中的合同是合作开发合同还是委托开发合同？为什么？

（2）甲方的做法是否符合法律规定？为什么？

附：技术开发合同（示范文本）

技术开发（合作）合同

合同编号：____________

项目名称：____________________________

甲　　方：____________________________

乙　　方：____________________________

丙　　方：____________________________

签订时间：____________________________

签订地点：____________________________

有效期限：____________________________

中华人民共和国科学技术部印制

填 写 说 明

一、本合同为中华人民共和国科学技术部印制的技术开发（合作）合同示范文本，各技术合同认定登记机构可推介技术合同当事人参照使用。

二、本合同书适用于当事人各方就共同进行新技术、新产品、新工艺或者新材料及其系统的研究开发所订立的技术开发合同。

三、本合同书未尽事项，可由当事人附页另行约定，并可作为本合同的组成部分。

四、当事人使用本合同书时约定无需填写的条款，应在该条款处注明“无”等字样。

技术开发（合作）合同

甲方：____

住所地：____

法定代表人：______________________________________

项目联系人：____________________

联系方式：____________________

通讯地址：____________________

电话：__________ 传真：__________

电子信箱：____________________

乙方：____________________

住所地：____________________

法定代表人：____________________

项目联系人：____________________

联系方式：____________________

通讯地址：____________________

电话：__________ 传真：__________

电子信箱：____________________

丙方：____________________

住所地：____________________

法定代表人：____________________

项目联系人：____________________

联系方式：____________________

通讯地址：____________________

电话：__________ 传真：__________

电子信箱：____________________

本合同合作各方就共同参与研究开发______________________________项目事项，经过平等协商，在真实、充分地表达各自意愿的基础上，根据《中华人民共和国民法典》的规定，达成如下协议，并由合作各方共同恪守。

第一条　本合同合作研究开发项目的要求如下：

1. 技术目标：____________________。

2. 技术内容：____________________。

3. 技术方法和路线：____________________。

第二条　本合同合作各方在研究开发项目中，分工承担如下工作：

甲方：____________________

1. 研究开发内容：____________________。

2. 工作进度：____________________。

3. 研究开发期限：____________________。

4. 研究开发地点：____________________。

乙方：

1. 研究开发内容：____。

2. 工作进度：____。

3. 研究开发期限：____。

4. 研究开发地点：____。

丙方：

1. 研究开发内容：____。

2. 工作进度：____。

3. 研究开发期限：____。

4. 研究开发地点：____。

第三条　为确保本合同的全面履行，合作各方确定，采取以下方式对研究开发工作进行组织管理和协调：________________________。

第四条　合作各方确定，各自为本合同项目的研究开发工作提供以下技术资料和条件：

甲方：____。

乙方：____。

丙方：____。

本合同履行完毕后，上述技术资料和条件按以下方式处理：____。

第五条　合作各方确定，按如下方式提供或支付本合同项目的研究开发经费及其他投资：

甲方：

1. 提供或支付方式：______________________________________。

2. 支付或折算为技术投资的金额：__________________________。

3. 使用方式：____。

乙方：

1. 提供或支付方式：______________________________________。

2. 支付或折算为技术投资的金额：__________________________。

3. 使用方式：____。

丙方：

1. 提供或支付方式：______________________________________。

2. 支付或折算为技术投资的金额：__________________________。

3. 使用方式：____。

第六条　以提供技术为投资的合作方应保证其所提供技术不侵犯任何第三人的

合法权益。如发生第三人指控合作一方或多方因实施该项技术而侵权的，提供技术方应当________________________________。

第七条　本合同的变更必须由合作各方协商一致，并以书面形式确定。但有下列情形之一的，合作一方或多方可以向其他合作方提出变更合同权利与义务的请求，其他合作方应当在____日内予以答复；逾期未予答复的，视为同意：

1. ____；

2. ____；

3. ____；

4. ____。

第八条　未经其他合作方同意，合作一方或多方不得将本合同项目部分或全部研究开发工作转让给第三人承担。但有下列情况之一的，合作一方或多方可以不经其他合作方同意，将本合同项目部分或全部研究开发工作转让给第三人承担：

1. ____；

2. ____；

3. ____。

合作一方或多方可以转让的具体内容包括：____________________________。

第九条　在本合同履行中，因出现在现有技术水平和条件下难以克服的技术困难，导致研究开发失败或部分失败，并造成合作一方或多方损失的，合作各方约定按以下方式承担风险损失：

1. ____；

2. ____；

3. ____。

合作各方确定，本合同项目的技术风险按________________________________

方式认定。认定技术风险的基本内容应当包括技术风险的存在、范围、程度及损失大小等。认定技术风险的基本条件是：

1. 本合同项目在现有技术水平条件下具有足够的难度；

2. 乙方在主观上无过错且经认定研究开发失败为合理的失败。

一方发现技术风险存在并有可能致使研究开发失败或部分失败的情形时，应当在______日内通知其他合作方并采取适当措施减少损失。逾期未通知并未采取适当措施而致使损失扩大的，应当就扩大的损失承担赔偿责任。

第十条　在本合同履行过程中，因作为研究开发标的的技术已经由他人公开（包括以专利权方式公开），合作一方或多方应在__________

日内通知其他合作方解除合同。逾期未通知并致使其他合作方产生损失的，其他合作方有权要求予以赔偿。

第十一条　合作各方确定因履行本合同应遵守的保密义务如下：

甲方：

1. 保密内容（包括技术信息和经营信息）：______________。

2. 涉密人员范围：______________。

3. 保密期限：______________。

4. 泄密责任：______________。

乙方：

1. 保密内容（包括技术信息和经营信息）：______________。

2. 涉密人员范围：______________。

3. 保密期限：______________。

4. 泄密责任：______________。

丙方：

1. 保密内容（包括技术信息和经营信息）：______________。

2. 涉密人员范围：______________。

3. 保密期限：______________。

4. 泄密责任：______________。

第十二条　合作各方确定按以下方式交付研究开发成果：

甲方：

1. 研究开发成果交付的形式及数量：______________。

2. 研究开发成果交付的时间及地点：______________。

乙方：

1. 研究开发成果交付的形式及数量：______________。

2. 研究开发成果交付的时间及地点：______________。

丙方：

1. 研究开发成果交付的形式及数量：______________。

2. 研究开发成果交付的时间及地点：______________。

第十三条：合作各方确定，按以下标准及方法对合作一方完成的研究开发工作成果进行验收：

甲方：______________。

乙方：______________。

丙方：______________。

第十四条：合作各方确定，按以下标准及方法对本合同最终完成的研究开发工作成果进行验收：______________。

第十五条：合作各方确定，因履行本合同所产生、并由合作各方分别独立完成的阶段性技术成果及其相关知识产权权利归属，按第____种方式处理：

1. ____________（完成方、合作各方）方享有申请专利的权利。

专利权取得后的使用和有关利益分配方式如下：____________。

2. 按技术秘密方式处理。有关使用和转让的权利归属及由此产生的利益按以下约定处理：

（1）技术秘密的使用权：____

（2）技术秘密的转让权：____

（3）相关利益的分配办法：____；

合作各方对因履行本合同所产生、并由合作各方分别独立完成的阶段性技术成果及其相关知识产权权利归属，特别约定如下：____。

第十六条：合作各方确定，因履行本合同所产生的最终研究开发技术成果及其相关知识产权权利归属，按第______种方式处理：

1. __________方享有申请专利的权利。

专利权取得后的使用和有关利益分配方式如下：________________________。

2. 按技术秘密方式处理。有关使用和转让的权利归属及由此产生的利益按以下约定处理：

（1）技术秘密的使用权：____

（2）技术秘密的转让权：____

（3）相关利益的分配办法：____；

合作各方对因履行本合同所产生的最终研究开发技术成果及其相关知识产权权利归属，特别约定如下：______________________。

第十七条　合作各方分别独立完成并与履行本合同有关的阶段性技术成果的研究开发人员，享有在有关此阶段性技术成果文件上写明技术成果完成者的权利和取得有关荣誉证书、奖励的权利。

合作各方应以协商方式确定最终研究成果的完成人员名单。此完成人员享有在有关最终技术成果文件上写明技术成果完成者的权利和取得有关荣誉证书、奖励的权利。

第十八条　合作一方或多方利用共同投资的研究开发经费所购置与研究开发工作有关的设备、器材、资料等财产，归________方所有。

第十九条　合作各方确定：任何一方或多方违反本合同约定义务，造成其他合作方研究开发工作停滞、延误或失败的，应当按以下约定承担违约责任：

甲方：

1. 违反本合同第______条约定，应当____________________________________
__________________________________（支付违约金或损失赔偿额的计算方法）。

2. 违反本合同第______条约定，应当____（支付违约金或损失赔偿额的计算方法）。

3. 违反本合同第______条约定，应当____（支付违约金或损失赔偿额的计算方法）。

乙方：

1. 违反本合同第______条约定，应当____（支付违约金或损失赔偿额的计算方法）。

2. 违反本合同第______条约定，应当____（支付违约金或损失赔偿额的计算方法）。

3. 违反本合同第______条约定，应当____（支付违约金或损失赔偿额的计算方法）。

丙方：

1. 违反本合同第______条约定，应当____（支付违约金或损失赔偿额的计算方法）。

2. 违反本合同第______条约定，应当____（支付违约金或损失赔偿额的计算方法）。

3. 违反本合同第______条约定，应当____（支付违约金或损失赔偿额的计算方法）。

第二十条　合作各方确定，任何一方有权利用本合同项目研究开发所完成的技术成果，进行后续改进。由此产生的具有实质性或创造性技术进步特征的新的技术成果，归________（完成方、合作各方）方所有。具体相关利益的分配办法如下：____。

第二十一条　为有效履行本合同，合作各方确定，在本合同有效期内，甲方指定____________为甲方项目联系人，乙方指定____

为乙方项目联系人，丙方指定__________为丙方项目联系人。项目联系人承担以下责任：

1. ____

2. ____

3. ____

一方变更项目联系人的，应当及时并以书面形式通知其他合作各方。未及时通知并影响本合同履行或造成损失的，应承担相应的责任。

第二十二条　合作各方确定，出现下列情形，致使本合同的履行成为不必要或不可能的，可以解除本合同；

1. 因发生不可抗力和技术风险；

2. ______

3. ______

第二十三条　合作各方因履行本合同而发生的争议，应协商、调解解决。协商、调解不成的，确定按以下第______种方式处理：

1. 提交______仲裁委员会仲裁；

2. 依法向人民法院起诉。

第二十四条：合作各方确定：本合同及相关附件中所涉及的有关名词和技术术语，其定义和解释如下：

1. ______

2. ______

3. ______

4. ______

5. ______

第二十五条：与履行本合同有关的下列技术文件，经合作各方确认后，______为本合同的组成部分：

1. 技术背景资料：______；

2. 可行性论证报告：______；

3. 技术评价报告：______；

4. 技术标准和规范：______；

5. 原始设计和工艺文件：______；

6. 其他：______；

______。

第二十六条　合作各方约定本合同其他相关事项为：______

______。

第二十七条　本合同一式____份，具有同等法律效力。

第二十八条　本合同经合作各方签字盖章后生效。

甲方：______（盖章）

法定代表人/委托代理人：______（签名）

年　　月　　日

乙方：______（盖章）

法定代表人/委托代理人：______（签名）

年　　月　　日

丙方：________________________________（盖章）
法定代表人/委托代理人：________________（签名）
年　月　日
印花税票粘贴处：

（以下由技术合同登记机构填写）
合同登记编号：

1. 申请登记人：________________
2. 登记材料：（1）________________
（2）________________
（3）________________
3. 合同类型：________________
4. 合同交易额：________________
5. 技术交易额：________________

技术合同登记机构（印章）
经办人：
年　月　日

附：技术服务合同（示范文本）

技术服务合同

合同编号：__________

项目名称：________________
委托方（甲方）：________________
受托方（乙方）：________________
签订时间：________________
签订地点：________________
有效期限：________________

中华人民共和国科学技术部印制

填写说明

一、本合同为中华人民共和国科学技术部印制的技术服务合同示范文本，各技术合同登记机构可推介技术合同当事人参照使用。

二、本合同书适用于一方当事人（受托方）以技术知识为另一方（委托方）解决特定技术问题所订立的合同。

三、签约一方为多个当事人的，可按各自在合同关系中的作用等，在“委托方”“受托方”项下（增页）分别排列为共同委托人或共同受让人。

四、本合同未尽事项，可由当事人附页另行约定，并作为本合同的组成部分。

五、当事人使用本合同书时约定无需填写的条款，应在该条款处注明“无”等字样。

技术服务合同

委托方（甲方）：________________________

住所地：________________________

法定代表人：________________________

项目联系人：________________________

联系方式

通讯地址：________________________

电话：____________ 传　真：____________

电子信箱：________________________

受托方（乙方）：________________________

住所地：________________________

法定代表人：________________________

项目联系人：________________________

联系方式

通讯地址：________________________

电话：____________ 传　真：____________

电子信箱：________________________

本合同甲方委托乙方就________________________项目进行________________________的专项技术服务，并支付相应的技术服务报酬。双方经过平等协商，在真实、充分地表达各自意愿的基础上，根据《中华人民共和国民法典》的规定，达成如下协议，并由双方共同恪守。

第一条　甲方委托乙方进行技术服务的内容如下：

1. 技术服务的目标：________________________。

2. 技术服务的内容：________________________。

3. 技术服务的方式：________________________。

第二条　乙方应按下列要求完成技术服务工作：

1. 技术服务地点：____;
2. 技术服务期限：____;
3. 技术服务进度：____;
4. 技术服务质量要求：____________________________________;
5. 技术服务质量期限要求：________________________________。

第三条　为保证乙方有效进行技术服务工作，甲方应当向乙方提供下列工作条件和协作事项：

1. 提供技术资料：

(1) ____;
(2) ____;
(3) ____;
(4) ____;

2. 提供工作条件：

(1) ____;
(2) ____;
(3) ____;
(4) ____;

3. 其他：____。

4. 甲方提供上述工作条件和协作事项的时间及方式：________________。

第四条　甲方向乙方支付技术服务报酬及支付方式为：

1. 技术服务费总额为：________________________________;
2. 技术服务费由甲方________________（一次或分期）支付乙方。

具体支付方式和时间如下：

(1) ____;
(2) ____;
(3) ____;
(4) ____。

乙方开户银行名称、地址和账号为：

开户银行：____

地址：____

账号：____

第五条　双方确定因履行本合同应遵守的保密义务如下：

甲方：

1. 保密内容（包括技术信息和经营信息）：________________。
2. 涉密人员范围：____。

3. 保密期限：____。

4. 泄密责任：____。

乙方：

1. 保密内容（包括技术信息和经营信息）：______________________。

2. 涉密人员范围：____。

3. 保密期限：____。

4. 泄密责任：____。

第六条　本合同的变更必须由双方协商一致，并以书面形式确定。但有下列情形之一的，一方可以向另一方提出变更合同权利与义务的请求，另一方应当在____日内予以答复；逾期未予答复的，视为同意：

（1）____；

（2）____；

（3）____；

（4）____。

第七条　双方确定以下列标准和方式对乙方的技术服务工作成果进行验收：

1. 乙方完成技术服务工作的形式：______________________________。

2. 技术服务工作成果的验收标准：______________________________。

3. 技术服务工作成果的验收方法：______________________________。

4. 收的时间和地点：____。

第八条　双方确定：

1. 在本合同有效期内，甲方利用乙方提交的技术服务工作成果所完成的新的技术成果，归______________（甲、双）方所有。

2. 在本合同有效期内，乙方利用甲方提供的技术资料和工作条件所完成的新的技术成果，归______________（乙、双）方所有。

第九条　双方确定，按以下约定承担各自的违约责任：

1. ____________方违反本合同第________条约定，应当____________________________________（支付违约金或损失赔偿额的计算方法）。

2. ____________方违反本合同第________条约定，应当____________________________________（支付违约金或损失赔偿额的计算方法）。

3. ____________方违反本合同第________条约定，应当____________________________________（支付违约金或损失赔偿额的计算方法）。

4. ____________方违反本合同第________条约定，应当____________________________________（支付违约金或损失赔偿额的计算方法）。

第十条　双方确定，在本合同有效期内，甲方指定____________________为甲方项目联系人，乙方指定________________________为乙方项目联系人。项目联系人承担以下责任：

1. ____；

2. ____；

3. ____；

一方变更项目联系人的，应当及时以书面形式通知另一方。未及时通知并影响本合同履行或造成损失的，应承担相应的责任。

第十一条　双方确定，出现下列情形，致使本合同的履行成为不必要或不可能，可以解除本合同：

1. 发生不可抗力；

2. ____；

3. ____。

第十二条　　双方因履行本合同而发生的争议，应协商、调解解决。协商、调解不成的，确定按以下第__________种方式处理：

1. 提交______________________________仲裁委员会仲裁；

2. 依法向人民法院起诉。

第十三条　双方确定：本合同及相关附件中所涉及的有关名词和技术术语，其定义和解释如下：

1. ____；

2. ____；

3. ____；

4. ____；

5. ____。

第十四条　与履行本合同有关的下列技术文件，经双方以______________方式确认后，为本合同的组成部分：

1. 技术背景资料：______________________________；

2. 可行性论证报告：____________________________；

3. 技术评价报告：______________________________；

4. 技术标准和规范：____________________________；

5. 原始设计和工艺文件：________________________；

6. 其他：______________________________________。

第十五条　双方约定本合同其他相关事项为：__________________________。

第十六条　本合同一式________份，具有同等法律效力

第十七条　本合同经双方签字盖章后生效。

甲方：______________________________________（盖章）

法定代表人/委托代理人：________________________（签名）

年　　月　　日

乙方：________________________（盖章）

法定代表人/委托代理人：________________________（签名）

年　　月　　日

印花税票粘贴处：

（以下由技术合同登记机构填写）

1. 申请登记人：________________________
2. 登记材料：（1）________________________

（2）________________________

（3）________________________

3. 合同类型：________________________
4. 合同交易额：________________________
5. 技术交易额：________________________

技术合同登记机构（印章）

经办人：

年　　月　　日

第十四章　运输合同、保管与仓储合同

● **学习目标：**

1. 掌握运输合同的一般效力、客运合同的效力、货运合同的效力；

2. 掌握保管合同的特征、效力；

3. 掌握仓储合同的特征、效力；

4. 能运用理论知识和现行法律规定分析运输合同、保管合同和仓储合同纠纷案件。

● **案例导读：**

某商店与某运输公司签订了一份运输合同，由运输公司将一批瓷器从唐山运往北京，商店派一名押运员同行。途中停车吃饭，司机与押运员两人喝了一瓶酒，饭后继续上路。由于饮酒及劳累，司机要求押运员代其开车，押运员亦没有推辞。在一个转弯处，由于车速较快，不慎翻车，车上的瓷器全部毁损。

请问：

对于该瓷器毁损，应当由谁承担责任？为什么？

第一节　运 输 合 同

一、运输合同概述

（一）运输合同的概念与特征

运输合同是承运人将旅客或者货物从起运地点运输到约定地点，旅客、托运人或者收货人支付票款或者运输费用的合同。运输合同的当事人一方为承运人，另一方为旅客或托运人，在货运合同中还涉及作为第三人的收货人。

运输合同作为一种有名合同，具有以下特征：

1. 运输合同的标的是运输行为

运输合同是提供劳务的合同，承运人以承运旅客或货物为营业，将旅客或货物从起运地点运输到约定地点，以实现人或物的空间转移。承运人应为的行为是运输，运输合同的标的是运输行为。

2. 运输合同一般为双务有偿合同

运输合同成立后，当事人双方均负有义务，承运人须将旅客或者货物运输到约定地点，旅客、托运人或者收货人应向承运人支付票款或者运输费用，承运人承担运输义务并换取运费，合同当事人一方获得利益须支付相应的代价，所以运输合同为双务、有偿合同。但也存在例外，例如 1.2 米以下儿童免票乘火车即为无偿运输。

3. 运输合同一般为格式合同

运输合同一般由承运人为了重复使用而预先拟定，并在订立合同时未与对方协商，客票、货运单、提单均统一印制，运费一般也执行统一的规定。所以运输合同一般为格式合同，但也可以由当事人双方协商确定其内容、条款。

4. 运输合同为诺成合同

除当事人另有约定或者另有交易习惯的以外，客运合同自承运人向旅客交付客票时成立，货运合同自托运人与承运人达成运输协议时成立，运输合同不以交付运输对象为成立条件，客票、单据等均不是作为标的物的交付出现的，所以运输合同为诺成合同。

（二）运输合同的分类

运输合同范围广泛，种类繁多，采用不同的标准可作不同分类：

1. 以运输对象为标准

可将运输合同分为旅客运输合同、货物运输合同。

2. 以运输工具为标准

可将运输合同分为铁路运输合同、公路运输合同、航空运输合同、水上运输合同、海上运输合同、管道运输合同。

3. 以承运人多少为标准

可将运输合同分为单一运输合同、联合运输合同。联合运输合同又分为单式联合运输合同和多式联合运输合同。

（三）运输合同的一般效力

1. 承运人的一般性义务

承运人的一般性义务，是指无论是客运合同的承运人还是货运合同的承运人，无论是何种运输方式的承运人，都必须履行的法定义务。具体包括以下三项：

（1）合同订立时的强制性承诺义务。通常情况下，合同的订立遵循自由、自愿原则，但为了平衡作为弱者的社会公众与往往处于垄断地位的公用事业单位的利益，各国法律会对这类合同的订立进行干预。《民法典》第 810 条规定："从事公共运输的承运人不得拒绝旅客、托运人通常、合理的运输要求。"这表明，我国法律为从事公共运输的承运人设定了强制性承诺义务，限制了公共承运人的自由选择权利。所谓旅客、托运人通常、合理的运输要求，是指旅客、托运人提出的运输要求没有超出承运人的营业范围，承运人尚有剩余的承运空间。违反该项义务的公共承运人要承担相应的法律责任。

（2）在约定期间或者合理期间内将旅客、货物安全运输到约定地点的义务。《民法典》第 811 条规定："承运人应当在约定期限或者合理期限内将旅客、货物安全运输到约定地点。"所谓约定期间，是指承运人和旅客或托运人约定的运输开始时间和运输到达目的地的时间，该约定一般在旅客客票、货物单据或运输合同中载明。因天气、意外事故等正当原因不能在约定期间内运输的，应当在合理期间内履行运输义务，至于何为合理期间，需要根据具体情况加以确定。所谓约定地点，是指运输合同中明确规定的、旅客或托运人指定的、承运人认可的运输目的地，该约定一般在旅客客票、货物单据或运输合同中载明。在运输中，承运人必须保证旅客的安全、妥善保管货物，并将货物交给收货人。

（3）按照约定的或者通常的运输路线运输旅客、货物的义务。《民法典》第 812 条规定："承运人应当按照约定的或者通常的运输路线将旅客、货物运输到约定地点。"运输路线是承运人进行运输活动所需经过的路线。通常的运输路线一般具有安全、快速、经济的特点，能最大限度地满足人员、物质安全快速流动的要求。《民法典》第 813 条规定："承运人未按照约定路线或者通常路线运输增加票款或者运输费用的，旅客、托运人或者收货人可以拒绝支付增加部分的票款或者运输费用。"

2. 旅客、托运人或者收货人的一般性义务

运输合同一般为双务有偿合同，承运人提供运输服务以获取对价，这是承运人签订运输合同的目的，所以支付票款或者运输费用是旅客、托运人或者收货人的一般性义务。旅客、托运人或者收货人应当支付票款或者运输费用。

二、客运合同

（一）客运合同的概念与特征

客运合同，即旅客运输合同，是指承运人与旅客签订的，由承运人将旅客及其行李安全运输到目的地，由旅客支付票款的合同。客运合同自承运人向旅客出具客票时成立，但是当事人另有约定或者另有交易习惯的除外。

客运合同作为运输合同的一种，除具有运输合同的特征外，还具有下列特征：

（1）客运合同的标的是运输旅客的行为。承运人将旅客从起运地点运输到约定地点，旅客通过承运人的运输行为实现空间转移，所以客运合同的标的是运输旅客的行为。

（2）客运合同包括对旅客行李的运输。旅客行李的运输附属于旅客的运输，按照我国现行各种客运规程的规定及交易习惯，旅客可以随身免费携带一定重量的行李和一名一定高度以下的儿童。

（3）客运合同采用票证形式。票证的表现形式为车票、船票、机票等。客票一般载明承运人名称、车次（航次）、日期、始发地、目的地、客票等级、票价等信息。

（二）客运合同的效力

旅客、承运人除承担运输合同中的一般性义务外，还要承担以下义务：

1. 旅客的主要义务

（1）持有效客票乘运的义务。客票是表明承运人对其持有人有运送义务的书面凭证，是承运人收到旅客运输费用的收据。《民法典》第 815 条规定："旅客应当按照有效客票记载的时间、班次和座位号乘坐。旅客无票乘坐、超程乘坐、越级乘坐或者持不符合减价条件的优惠客票乘坐的，应当补交票款，承运人可以按照规定加收票款；旅客不支付票款的，承运人可以拒绝运输。实名制客运合同的旅客丢失客票的，可以请求承运人挂失补办，承运人不得再次收取票款和其他不合理费用。"关于客票失效，《民法典》第 816 条规定："旅客因自己的原因不能按照客票记载的时间乘坐的，应当在约定的期限内办理退票或者变更手续；逾期办理的，承运人可以不退票款，并不再承担运输义务。"

（2）限量携带行李的义务。旅客行李的运输附属于旅客的运输，旅客可以随身免费携带行李，但应受到一定的限制。《民法典》第 817 条规定："旅客随身携带行李应当符合约定的限量和品类要求；超过限量或者违反品类要求携带行李的，应当办理托运手续。"

（3）不得携带或夹带违禁物品的义务。《民法典》第 818 条规定："旅客不得随身携带或者在行李中夹带易燃、易爆、有毒、有腐蚀性、有放射性以及可能危及运输工具上人身和财产安全的危险物品或者违禁物品。旅客违反前款规定的，承运人可以将危险物品或者违禁物品卸下、销毁或者送交有关部门。旅客坚持携带或者夹带危险物品或者违禁物品的，承运人应当拒绝运输。"这是为了保证运输安全和公共安全，法律赋予旅客应当遵守的特定义务。旅客携带或者夹带违禁物品的，还可能承担行政责任甚至刑事责任。

2. 承运人的主要义务

（1）告知义务。《民法典》第 819 条规定："承运人应当严格履行安全运输义务，及时告知旅客安全运输应当注意的事项。旅客对承运人为安全运输所作的合理安排应当积极协助和配合。"所谓安全运输应当注意的事项，是指在运输中为保障旅客的人身、财产安全，需要提醒旅客注意的事项。

（2）按照客票载明的时间和班次运输旅客的义务。《民法典》第 820 条规定："承运人应当按照有效客票记载的时间、班次和座位号运输旅客。承运人迟延运输或者有其他不能正常运输情形的，应当及时告知和提醒旅客，采取必要的安置措施，并根据旅客的要求安排改乘其他班次或者退票；由此造成旅客损失的，承运人应当承担赔偿责任，但是不可归责于承运人的除外。”第 821 条规定：“承运人擅自降低服务标准的，应当根据旅客的请求退票或者减收票款；提高服务标准的，不得加收票款。”

（3）救助义务。《民法典》第 822 条规定：“承运人在运输过程中，应当尽力救助患有急病、分娩、遇险的旅客。”这就明确规定了承运人对处于特殊情况的旅客负有救助的附随义务，这是为了强化对旅客的保护。

3. 承运人的赔偿责任

（1）承运人对运输过程中旅客伤亡的赔偿责任。客运合同生效后，承运人负有将旅客安全送达目的地的义务，在运输过程中应当保证旅客的人身安全，对旅客在运输过程中发生的伤亡应承担损害赔偿责任。《民法典》第 823 条规定：“承运人应当对运输过程中旅客的伤亡承担赔偿责任；但是，伤亡是旅客自身健康原因造成的或者承运人证明伤亡是旅客故意、重大过失造成的除外。前款规定适用于按照规定免票、持优待票或者经承运人许可搭乘的无票旅客。”这里规定了承运人对旅客伤亡应承担无过错责任，以及旅客伤亡赔偿责任的免责事由以及适用人员范围。

（2）承运人对运输过程中旅客物品的赔偿责任。《民法典》第 824 条规定：“在运输过程中旅客随身携带物品毁损、灭失，承运人有过错的，应当承担赔偿责任。旅客托运的行李毁损、灭失的，适用货物运输的有关规定。”所谓旅客随身携带物品，是指旅客在运输过程中按照约定的限量随身携带的物品。在运输过程中，承运人负有安全运输义务，对旅客随身携带物品毁损、灭失承担过错责任。但对于旅客托运行李的毁损、灭失适用货物运输的有关规定，也就是说旅客托运的行李视为一般货物。

三、货运合同

（一）货运合同的概念与特征

货运合同，即货物运输合同，是指承运人与托运人签订的，由承运人将托运人交付的货物运输到约定的地点，由托运人或者收货人支付运费的合同。

货运合同作为运输合同的一种，除具有运输合同的特征外，还具有下列特征：

1. 货运合同往往涉及第三人

货运合同的订约当事人是承运人和托运人，但是在托运人与收货人不一致的情况下，合同就涉及第三人。收货人虽不是订立货运合同的当事人，但享有合同约定的权利并承担合同约定的义务，例如收货人应当及时提货、支付费用等。

2. 货运合同以承运人将货物交付给收货人为履行完毕的标准

承运人将承运的货物运输到约定的地点后，还需要将货物交付给收货人，才算履行完毕。

(二) 货运合同的效力

1. 托运人的主要义务

(1) 提供货物的义务。托运人应当按照约定的时间、地点将货物交付承运人，这是承运人提供运输服务的前提。

(2) 如实申报的义务。托运人在办理货物运输时应当将货物、收货相关的必要情况如实告知承运人，以便于承运人准确、安全地进行运输。《民法典》第825条规定：“托运人办理货物运输，应当向承运人准确表明收货人的姓名、名称或者凭指示的收货人，货物的名称、性质、重量、数量，收货地点等有关货物运输的必要情况。因托运人申报不实或者遗漏重要情况，造成承运人损失的，托运人应当承担赔偿责任。”

(3) 办理审批等手续的义务。《民法典》第826条规定：“货物运输需要办理审批、检验等手续的，托运人应当将办理完有关手续的文件提交承运人。”因托运人办理有关手续、单证不及时、不完备、不正确而使承运人遭受损失的，托运人应承担损害赔偿等违约责任。

(4) 妥善包装的义务。《民法典》第827条规定：“托运人应当按照约定的方式包装货物。对包装方式没有约定或者约定不明确的，适用本法第六百一十九条的规定。托运人违反规定的，承运人可以拒绝运输。”

(5) 托运危险品的特殊义务。危险品运输的安全要求比一般物品要高，为使承运人能有针对性地采取安全防范措施，《民法典》第828条规定：“托运人托运易燃、易爆、有毒、有腐蚀性、有放射性等危险物品的，应当按照国家有关危险物品运输的规定对危险物品妥善包装，做出危险物品标志和标签，并将有关危险物品的名称、性质和防范措施的书面材料提交承运人。托运人违反前款规定的，承运人可以拒绝运输，也可以采取相应措施以避免损失的发生，因此产生的费用由托运人负担。”

(6) 支付运费的义务。托运人应当按照约定及时支付应由其承担的运费等各项费用。《民法典》第836条规定：“托运人或者收货人不支付运费、保管费或者其他费用的，承运人对相应的运输货物享有留置权，但是当事人另有约定的除外。”但是也有例外情况，《民法典》第835条规定：“货物在运输过程中因不可抗力灭失，未收取运费的，承运人不得请求支付运费；已经收取运费的，托运人可以请求返还。法律另有规定的，依照其规定。”

2. 承运人的主要义务

(1) 按照约定接受托运人提供的货物并交付运输单证。托运人交付货物时承运人应当按照约定予以接受，并向托运人填发提单或者其他运输单证。

(2) 遵从托运人中止运输等要求。《民法典》第829条规定：“在承运人将货物交付收货人之前，托运人可以要求承运人中止运输、返还货物、变更到达地或者将货物交给其他收货人，但是应当赔偿承运人因此受到的损失。”在货运合同成立后货物交付收货人之前，托运人享有单方变更、解除合同的权利，对托运人在承运人将货物交付收货人之前提出的中止运输、返还货物、变更到达地、将货物交给其他收货人等要求，承运人应当遵从，但是因此给承运人造成的损失应由托运人承担。

（3）通知收货人、托运人并交付货物。货物运输到达约定地点后，承运人知道收货人的，应当及时通知收货人，以便于收货人及时提货。《民法典》第 837 条规定：“收货人不明或者收货人无正当理由拒绝受领货物的，承运人依法可以提存货物。”

（4）安全运输货物。承运人应采取各种措施妥善运输货物，将货物安全运输到约定地点，承运人未尽到该项义务的，《民法典》第 832 条规定：“承运人对运输过程中货物的毁损、灭失承担损害赔偿责任。但是，承运人证明货物的毁损、灭失是因不可抗力、货物本身的自然性质或者合理损耗以及托运人、收货人的过错造成的，不承担赔偿责任。”第 833 条规定：“货物的毁损、灭失的赔偿额，当事人有约定的，按照其约定；没有约定或者约定不明确，依据本法第五百一十条的规定仍不能确定的，按照交付或者应当交付时货物到达地的市场价格计算。法律、行政法规对赔偿额的计算方法和赔偿限额另有规定的，依照其规定。”另外，《民法典》第 834 条规定：“两个以上承运人以同一运输方式联运的，与托运人订立合同的承运人应当对全程运输承担责任。损失发生在某一运输区段的，与托运人订立合同的承运人和该区段的承运人承担连带责任。”

3. 收货人的义务

（1）及时提货的义务。在接到承运人通知后，收货人应当及时提货，收货人逾期提货的，应当向承运人支付保管费等费用。

（2）及时检验货物的义务。收货时检验货物的目的在于明确货物是否符合约定以及有关各方对货物毁损、灭失的责任，检验货物既是收货人的义务，也是收货人的权利。《民法典》第 831 条规定：“收货人提货时应当按照约定的期限检验货物。对检验货物的期限没有约定或者约定不明确，依据本法第五百一十条的规定仍不能确定的，应当在合理期限内检验货物，收货人在约定的期限或者合理期限内对货物的数量、毁损等未提出异议的，视为承运人已经按照运输单证的记载交付的初步证据。”所谓初步证据，意思是说如果收货人能够提出充分的证据，证明实际收到的货物与运输单证上记载的不同，则可以否定运输单证记载内容的效力，否则不能推翻运输单证的记载。

（3）支付运费的义务。收货人应当按照托运人与承运人的货运合同约定及时支付应由其承担的运费、保管费以及其他运输费用。

四、多式联运合同

（一）多式联运合同的概念

联运合同，即联合运输合同，是指两个以上的承运人作为合同一方当事人，通过衔接运送，用同一凭证将旅客、货物安全运送到约定的地点，旅客、托运人或收货人支付运输费用而订立的协议。联运合同可分为单式联运合同和多式联运合同，单式联运合同是指两个以上的承运人以同一运输方式联合运输的联运合同，多式联运合同是指两个以上的承运人以两种以上的不同运输方式联合运输的联运合同。

多式联运是实行“一次托运、一次收费、一票到底、一次保险、全程负责”的“一条龙”服务的综合性运输，具有统一化、简单化的特点，有独特的优越性。多式联运合同是该种交易形式的法律体现，联运经营人作为联运合同的一方当事人对全程运输负责。

（二）多式联运经营人的权利义务

1. 负责履行或者组织履行多式联运合同

作为联运合同的一方当事人，联运经营人享有全程运输的全部权利，履行全部义务并承担全部责任。《民法典》第 838 条规定：“多式联运经营人负责履行或者组织履行多式联运合同，对全程运输享有承运人的权利，承担承运人的义务。”第 839 条规定：“多式联运经营人可以与参加多式联运的各区段承运人就多式联运合同的各区段运输约定相互之间的责任；但是，该约定不影响多式联运经营人对全程运输承担的义务。”

2. 应当签发多式联运单据

所谓多式联运单据，是指证明多式联运合同存在及多式联运经营人接管货物并按合同条款提交货物的证据，是确认当事人权利、义务的重要依据。多式联运单据通常记载以下事项：货物品种、标志、数量、重量，货物的外表状况，多式联运经营人的名称、营业地，托运人的名称，收货人的名称，接管货物的时间、地点，交货的地点、时间或期间，运输费用和支付的货币，运输方式和转运地点，以及其他事项。《民法典》第 840 条规定：“多式联运经营人收到托运人交付的货物时，应当签发多式联运单据。按照托运人的要求，多式联运单据可以是可转让单据，也可以是不可转让单据。”据此，对于经营人签发的多式联运单据是否可以转让，托运人享有选择权。

可转让的多式联运单据在依法转让后，受让人即取得托运人的权利义务。但是，《民法典》第 841 条规定：“因托运人托运货物时的过错造成多式联运经营人损失的，即使托运人已经转让多式联运单据，托运人仍然应当承担赔偿责任。”

3. 对货物的毁损、灭失承担损害赔偿责任

《民法典》第 842 条规定："货物的毁损、灭失发生于多式联运的某一运输区段的，多式联运经营人的赔偿责任和责任限额，适用调整该区段运输方式的有关法律规定；货物毁损、灭失发生的运输区段不能确定的，依照本章规定承担赔偿责任。"当然，多式联运经营人在承担赔偿责任后，可以按照法律规定或者其与参加多式联运的各区段承运人关于多式联运合同各区段运输相互之间责任的约定，向应承担责任的区段承运人追偿。

第二节 保管合同

一、保管合同的概念与特征

（一）保管合同的概念

《民法典》第 888 条规定："保管合同是保管人保管寄存人交付的保管物，并返还该物的合同。"其中保管物品的当事人一方为保管人，交付物品的当事人一方为寄存人，交付保管的物品为保管物。根据规定，寄存人到保管人处从事购物、就餐、住宿等活动，将物品存放在指定场所的，视为保管，但是当事人另有约定或者另有交易习惯的除外。

广义的保管合同包括一般保管合同和仓储保管合同，《民法典》合同编第二十一章、第二十二章将保管合同、仓储合同分别作为典型合同予以规范，故保管合同通常仅指一般保管合同，本节内容亦在此意义上讨论保管合同，有关仓储合同的内容在本章第三节予以探讨。

（二）保管合同的特征

1. 保管合同一般为实践性合同

寄存人将保管物交付给保管人是保管合同成立的条件。《民法典》第 890 条规定："保管合同自保管物交付时成立，但是当事人另有约定的除外。"

2. 保管合同以物品的保管为直接目的

所谓保管，是指占有保管物，提供劳务加以照管保护，而维持其原状。保管仅限于保存行为，不包括利用行为、改良行为，该特点使保管区别于管理、租赁、借用。

3. 保管合同须移转标的物的占有，但不移转所有权

保管合同的成立须寄存人将保管物交付给保管人进行保管，若不移转占有，保管人无法履行保管义务。但保管物的交付只移转标的物的占有，并不发生标的物所有权的移转，保管合同终止时保管人应当将保管物及时返还给寄存人。

4. 保管合同可以为无偿合同，也可以为有偿合同

保管合同多为社会成员相互提供帮助或者服务部门为他人提供服务的一种形式，通常表现为无偿合同。但是，在车站、码头等场所开设的寄存处多以营利为目的，其

保管通常是有偿的。判断保管合同有偿还是无偿，首先看当事人双方的约定，当事人没有约定或者约定不明确的，双方可以达成补充协议予以确定，不能达成补充协议的，按照合同相关条款或者交易习惯确定，若仍不能确定，则视为无偿保管。

5. 保管合同是继续性合同

保管人必须在保管合同约定的保管期间或者其他方式确定的一段时间内持续的提供保管服务，照管保护保管物并维持其原状。

二、保管合同的效力

（一）保管人的义务

1. 保管凭证的给付义务

《民法典》第 891 条规定："寄存人向保管人交付保管物的，保管人应当出具保管凭证，但是另有交易习惯的除外。"保管凭证是证明保管合同关系存在的证据，也是寄存人领取保管物时的有效凭据。不过，保管凭证并非保管合同成立的条件，也不是保管合同的书面形式。

2. 妥善保管保管物的义务

在保管合同中，对保管物进行保管是保管人的主要义务，保管人在保管时应尽到一定的注意义务。《民法典》第 892 条规定："保管人应当妥善保管保管物，当事人可以约定保管场所或者方法，除紧急情况或者为了维护寄存人利益外，不得擅自改变保管场所或者方法。"

保管人未尽到妥善保管义务造成保管物毁损、灭失的，保管人应当承担损害赔偿责任，但是对于无偿保管和有偿保管中保管人的保管义务应作出区分。有偿保管作为一种商业行为，从商业道德的角度出发，应对保管人提出更高的要求，保管人应尽到善良管理人的注意义务，对其保管不善的过错行为均承担责任。而无偿保管主要是社会成员之间的相互协作行为，保管人对其轻微过失或者一般过失可以免责，仅应对其故意或重大过失承担责任。对此，《民法典》第 897 条规定："保管期内，因保管人保管不善造成保管物毁损、灭失的，保管人应当承担损害赔偿责任。但是，无偿保管人证明自己没有故意或者重大过失的，不承担赔偿责任。"

3. 亲自保管保管物的义务

保管人应亲自为保管行为，除另有约定以外，不得将保管义务转托给他人。保管人擅自让第三人代为保管的，转保管行为违法，由此发生的法律后果由保管人承担。《民法典》第 894 条规定："保管人不得将保管物转交第三人保管，但是当事人另有约定的除外。保管人违反前款规定，将保管物转交第三人保管，造成保管物损失的，应当承担赔偿责任。"保管合同具有一定的人身性，寄存人选择保管人往往具有一定的人身信任性，特别是对无偿保管以及非经营性保管人的选择更是如此。因此，保管人应亲自保管，除非当事人另有约定。当事人有约定，保管人让第三人代为保管的，保管人应就对第三人的选任和指示负责。

4. 保管人不得使用保管物

基于保管的需要，保管人得占有保管物，且仅以占有为必要，故保管人对保管物通常不得为利用、改良等保管以外的行为。《民法典》第895条规定："保管人不得使用或者许可第三人使用保管物，但是当事人另有约定的除外。"保管人擅自使用的，应向寄存人支付相当的报酬以资补偿或按合同约定承担相应的违约责任。

5. 危险通知义务

此处所谓的危险，是指因第三人的原因或者自然原因，可能导致保管人无法返还保管物、寄存人会失去保管物的情形。此时，保管人应当将有关事项及时通知寄存人以使寄存人及时采取措施维护其利益，而保管人仍负有向寄存人返还保管物的义务。《民法典》第896条第2款规定："第三人对保管人提起诉讼或者对保管物申请扣押的，保管人应当及时通知寄存人。"依据诚信原则，在保管物收到意外毁损、灭失或保管物的危险程度增大时，保管人也应及时将有关情况通知寄存人。

6. 返还保管物的义务

保管合同仅移转标的物的占有，而不移转所有权，故保管人负有返还保管物的义务。不论有偿合同还是无偿合同，不论当事人是否约定了保管期间，寄存人均可以随时要求保管人返还保管物。相应地，保管人负有应寄存人的请求随时返还保管物的义务。《民法典》第899条第2款规定："当事人对保管期限没有约定或者约定不明确的，保管人可以随时请求寄存人领取保管物；约定保管期限的，保管人无特别事由，不得请求寄存人提前领取保管物。"第899条第1款规定："第三人对保管物主张权利的，除依法对保管物采取保全或者执行措施外，保管人应当履行向寄存人返还保管物的义务。"

保管人返还的物品通常应为原物，但保管物是可替代物的，返还的可以不是原物，原物生有孳息的，应当在返还原物时将孳息一并予以返还。《民法典》第900条规定："保管期限届满或者寄存人提前领取保管物的，保管人应当将原物及其孳息归还寄存人。"第901条规定："保管人保管货币的，可以返还相同种类、数量的货币；保管其他可替代物的，可以按照约定返还相同种类、品质、数量的物品。"关于返还地点，保管合同有约定的，按合同的约定，保管合同没有约定的，应在保管地返还，保管人不负送交的义务。

（二）寄存人的义务

1. 支付保管费和其他费用的义务

在有偿保管中，寄存人应当按照约定的数额、期限支付保管费，该保管费为当事人约定的保管人应收取的报酬和保管费用。《民法典》第889条规定："寄存人应当按照约定向保管人支付保管费。当事人对保管费没有约定或者约定不明确，依据本法第五百一十条的规定仍不能确定的，视为无偿保管。"关于保管费的支付期限，第 902 条规定："有偿的保管合同，寄存人应当按照约定的期限向保管人支付保管费。当事人对支付期限没有约定或者约定不明确，依据本法第五百一十条的规定仍不能确定的，应当在领取保管物的同时支付。"

在无偿保管中，寄存人不承担支付保管费的义务，但对保管人因保管行为所支出的其他费用，寄存人应予以偿还。所谓其他费用，是指为能维持保管物的原状而必须支出的必要而合理的费用，例如重新包装、防腐、防火费用，修缮费、饲养费、治疗费等。该项费用是为保管物支出的，目的是保护寄存人的利益，理应由寄存人负担。在有偿保管中，寄存人也应当负担保管人支付的其他费用，但按照约定已经包含或者应当包含在寄存人支付的保管费中的其他费用除外。为保护保管人的合法权益，《民法典》第 903 条规定："寄存人未按照约定支付保管费或者其他费用的，保管人对保管物享有留置权，但是当事人另有约定的除外。"

2. 特殊情况的告知义务

《民法典》第 893 条规定："寄存人交付的保管物有瑕疵或者根据保管物的性质需要采取特殊保管措施的，寄存人应当将有关情况告知保管人。寄存人未告知，致使保管物受损失的，保管人不承担赔偿责任；保管人因此受损失的，除保管人知道或者应当知道且未采取补救措施外，寄存人应当承担赔偿责任。"所谓保管物本身的瑕疵，是指保管物自身存有破坏性缺陷的情形。所谓保管物本身的性质，是指保管物为易燃、易爆、有毒、有放射性等危险物品或易腐物品的情形。保管人负有告知义务但未尽告知义务的，应承受相应的法律后果。

3. 寄存贵重物品的声明义务

《民法典》第 898 条规定："寄存人寄存货币、有价证券或者其他贵重物品的，应当向保管人声明，由保管人验收或者封存；寄存人未声明的，该物品毁损、灭失后，保管人可以按照一般物品予以赔偿。"

4. 领取保管物的义务

保管期间届满时，寄存人应当及时领取保管物，但在约定的保管期间届满前，保管人无特别事由，不得要求寄存人提前领取保管物。当事人对保管期间没有约定或者约定不明确的，保管人可以随时要求寄存人领取保管物，但应给予寄存人合理的准备时间。寄存人未及时领取保管物的，应承担延期受领的违约责任。

第三节　仓储合同

一、仓储合同的概念与特征

（一）仓储合同的概念

《民法典》第 904 条规定："仓储合同是保管人储存存货人交付的仓储物，存货人支付仓储费的合同。”仓储合同在性质上属于商事合同，合同当事人一方为保管人，也称为仓库营业人，另一方为存货人。

仓储合同又称为仓储保管合同，是随着仓库营业的出现和发展而产生和发展起来的一类合同。仓库营业是一种专为他人储藏、保管货物的商业性营业活动，现已成为社会化大生产和国际、国内商品流转过程中一个不可或缺的环节。仓储合同是不同于一般保管合同的一类独立的合同，《民法典》合同编第二十二章对仓储合同予以确认并作出了具体规定。仓储合同与保管合同虽为性质不同的两类有名合同，但毕竟都以保管行为为标的，所以《民法典》第918条规定：“本章没有规定的，适用保管合同的有关规定。”也就是说，关于仓储合同，应当首先适用《民法典》合同编第二十二章的规定，如果《民法典》合同编第二十二章没有作出明确规定，那么适用《民法典》合同编第二十一章保管合同的有关规定。

（二）仓储合同的特征

仓储合同具有以下主要特征：

1. 仓储合同的保管人须为有仓储设备并专事仓储保管业务的主体

这是仓储合同主体上的重要特征。所谓仓储设备，是指能够满足储藏和保管货物需要的设施，例如房屋、空地等。保管人储存易燃、易爆、有毒、有腐蚀性、有放射性等危险物品的，应当具备相应的保管条件。所谓专事仓储保管业务，是指经过仓储营业登记专营或兼营仓储保管业务。

2. 仓储合同的标的物须为动产

堆置和储藏的仓储方式决定了仓储的对象仅限于动产，不动产无法堆藏，不得作为仓储合同的标的物。当事人不得以不动产为保管对象订立仓储合同。

3. 仓储合同为诺成性合同

仓储合同在性质上属于商事合同，保管人是专门从事仓储保管业务的民事主体，其营业目的就是从仓储保管业务中谋取利润，存货人一般也是营利性法人，若将仓储合同定性为实践性合同，不利于保护当事人的合法权益，也不利于仓储交易的正常秩序和市场经济的健康发展，所以，《民法典》第905条规定：“仓储合同自保管人和存货人意思表示一致时成立。”

4. 仓储合同为双务、有偿、不要式合同

仓储合同成立后，当事人双方互负对待给付义务：保管人提供仓储服务，存货人支付仓储费，所以仓储合同为双务、有偿合同。保管人接受仓储物时向存货人给付的仓单并非仓储合同，也不是仓储合同的成立条件，《民法典》没有规定仓储合同应当采用书面形式，故仓储合同为不要式合同。

5. 存货人主张货物已交付或行使返还请求权应以仓单为凭证

《民法典》第908条规定：“存货人交付仓储物的，保管人应当出具仓单、入库单等凭证。”第915条规定：“储存期限届满，存货人或者仓单持有人应当凭仓单、入库单等提取仓储物。”

仓单，是仓储合同的保管人于接受存货人交付的仓储物时填发给存货人的收据，是保管人收到货物的证明，也是存货人提取货物的凭证。按照《民法典》第909条规定：“保管人应当在仓单上签名或者盖章，仓单包括下列事项：(一) 存货人的姓名或者名称和住所；(二) 仓储物的品种、数量、质量、包装及其件数和标记；(三) 仓储物的损耗标准；(四) 储存场所；(五) 储存期限；(六) 仓储费；(七) 仓储物已经办理保险的，其保险金额、期间以及保险人的名称；(八) 填发人、填发地和填发日期。”第910条规定：“仓单是提取仓储物的凭证，存货人或者仓单持有人在仓单上背书并经保管人签名或者盖章的，可以转让提取仓储物的权利。”可见，仓单在性质上是一种可转让的记名有价证券，仓单上所载明的权利与仓单不可分离，仓单具有受领仓储物、移转仓储物两个方面的效力。

二、仓储合同的效力

(一) 保管人的义务

1. 验收仓储物的义务

对于存货人交付的货物，保管人在入库之前应当予以验收，并对其疏于履行验收义务所产生的后果负责。《民法典》第907条规定：“保管人应当按照约定对入库仓储物进行验收，保管人验收时发现入库仓储物与约定不符合的，应当及时通知存货人，保管人验收后，发生仓储物的品种、数量、质量不符合约定的，保管人应当承担赔偿责任。”

2. 给付仓单的义务

保管人接受存货人交付的仓储物时，应当出具仓单、入库单等凭证给存货人，并在仓单上签名或者盖章。存货人可以据此证明保管人收到货物，也可以据此提取货物或者将提取仓储物的权利予以转让。

3. 妥善保管义务

储存期间，保管人应当按照合同约定的保管条件和保管要求，妥善保管仓储物，保管人应尽到善良管理人的注意义务，并对其保管不善的过错行为承担责任。《民法典》第917条规定：“储存期内，因保管人保管不善造成仓储物毁损、灭失的，保管人应当承担赔偿责任，因仓储物本身的自然性质、包装不符合约定或者超过有效储存期造成仓储物变质、损坏的，保管人不承担赔偿责任。”

4. 危险通知义务

保管人应当及时发现仓储物是否发生变质、减少、损坏等危险情况，如有发生，应尽到及时通知、催告的义务，以使存货人或仓单持有人及时了解、知悉仓储物的情况并及时采取相应措施。《民法典》第912条规定：“保管人发现入库仓储物有变质或者其他损坏的，应当及时通知存货人或者仓单持有人。”第913

条规定："保管人发现入库仓储物有变质或者其他损坏，危及其他仓储物的安全和正常保管的，应当催告存货人或者仓单持有人作出必要的处置，因情况紧急，保管人可以作出必要的处置；但是，事后应当将该情况及时通知存货人或者仓单持有人。"所谓必要的处置，是指保管人对已发生变质或者其他损坏的仓储物进行的处置，应以能够确保其他仓储物的安全和正常的保管为限，保管人不得随意扩大处置范围。

对于外包装、仓储物标记上标明或合同中申明了有效期的仓储物，保管人应当于仓储物临近失效期前通知存货人或仓单持有人。第三人就仓储物对保管人提起诉讼或对仓储物申请扣押时，保管人也应及时将情况通知存货人或仓单持有人。

5. 容忍义务

存货人将货物存置于保管人的仓库后，有权对仓储物的安全状况及保管人的保管行为进行监督。存货人转让仓单后，受让人成为新的仓单持有人，依仓单的记载承受仓储合同中存货人的权利和义务。《民法典》第 911 条规定："保管人根据存货人或者仓单持有人的要求，应当同意其检查仓储物或者提取样品。"保管人应当为存货人或仓单持有人检查仓储物、提取样品提供便利。

6. 返还仓储物的义务

储存期间届满，存货人或者仓单持有人凭仓单提取仓储物时，保管人应当及时返还仓储物。当事人对储存期间没有约定或者约定不明确的，存货人或者仓单持有人可以随时提取仓储物。保管人在返还仓储物时应以仓单持有人为相对人，但在仓单出质时，保管人不得提前将仓储物单独返还给持有出质仓单的质权人。

（二）存货人或仓单持有人的义务

1. 存货人交付货物的义务

仓储合同是诺成性合同，自成立时生效。合同成立后，存货人应将符合合同约定品种、数量、质量、包装的货物以及验收资料等按照约定的时间、地点交付给保管人，经保管人验收后入库储存。

2. 存货人的危险说明义务

《民法典》第 906 条第 1 款规定："储存易燃、易爆、有毒、有腐蚀性、有放射性等危险物品或者易变质物品的，存货人应当说明该物品的性质，提供有关资料。存货人违反前款规定的，保管人可以拒收仓储物，也可以采取相应措施以避免损失的发生，因此产生的费用由存货人承担。保管人储存易燃、易爆、有毒、有腐蚀性、有放射性等危险物品的，应当具备相应的保管条件。"存货人应当在订立合同时说明储存物品的性质并提供有关资料，以使保管人判断自己是否具备相应的保管条件，或者为储存物品做好必要的准备。存货人违反说明义务，保管人在入库验收时发现是危险物品或者易变质物品的，保管人可以拒收仓储物，也可以采取相应措施以避免损失的发生，因此产生的费用由存货人承担。

3. 支付仓储费及其他必要费用的义务

仓储合同是有偿合同，保管人履行保管义务的同时，有权收取仓储费。其他必要费用，是指保管人因储存、保管仓储物所支出的必要费用，包括运费、修缮费、保险费、转仓费等。这些费用是为存货人的利益而发生的，应由存货人负担，但保管人已为其支出，所以存货人应向保管人支付。保管人请求存货人支付上述费用时，应出示有关清单和登记簿。但是对于仓储合同约定的仓储费中已经包括的必要费用项目及金额，存货人不必再行支付，否则属于重复承担。

4. 按照约定时间及时提取仓储物的义务

存货人或者仓单持有人享有提取仓储物的权利，提取仓储物时应向保管人提示仓单、交回仓单，提交有关材料、文件，并按照合同约定或法律要求的时间进行。《民法典》第 915 条规定："储存期限届满，存货人或者仓单持有人应当凭仓单、入库单等提取仓储物。存货人或者仓单持有人逾期提取的，应当加收仓储费；提前提取的，不减收仓储费。"第 916 条规定："储存期限届满，存货人或者仓单持有人不提取仓储物的，保管人可以催告其在合理期限内提取；逾期不提取的，保管人可以提存仓储物。"《民法典》第 914 条规定："当事人对储存期限没有约定或者约定不明确的，存货人或者仓单持有人可以随时提取仓储物，保管人也可以随时请求存货人或者仓单持有人提取仓储物，但是应当给予必要的准备时间。"

☞ 案例导读评析

该瓷器毁损应当由运输公司承担责任。《民法典》第 311 条规定："承运人对运输过程中货物的毁损、灭失承担损害赔偿责任，但承运人证明货物的毁损、灭失是因不可抗力、货物本身的自然性质或者合理损耗以及托运人、收货人的过错造成的，不承担损害赔偿责任。"本题中不存在例外情形的免责事由，所以承运人要承担损害赔偿责任。需要指出的是，运输合同的履行是运输公司的合同义务，不因公司工作人员的个人行为而转移。

☞ 本章思考题

1. 试述运输合同的一般效力。
2. 试述保管合同的效力。
3. 试述仓储合同的效力。
4. 请比较保管合同与仓储合同的异同。
5. 试述公共运输承运人的强制性承诺义务有哪些。
6. 试述多式联运合同中的损害赔偿责任是什么。

☞ 案例分析习题

1. 旅客韩某投宿某酒店，办好入住手续后，将一只装有 2 万元现金和其他物品的密码箱寄存在酒店的服务总台，寄存时密码箱处于锁闭状态。第二天，韩某去取密码箱时，发现已被他人领走，韩某要求酒店赔偿全部损失，酒店拒绝。

请问：酒店是否应当赔偿韩某的损失？为什么？

2. 某贸易公司与某储运公司订立了一份仓储合同约定：储运公司为贸易公司仓储保管真皮皮鞋一批，时长 6 个月，保管费 2 万元，20 天后入库。合同订立后，储运公司为履行合同积极准备仓库，进行了腾空和清理打扫工作，并专门为储存真皮皮鞋采取了一些必要的措施。10 天后贸易公司向储运公司发来紧急电报，声称由于皮鞋供货商违约，原定储存的皮鞋无法采购入库，因此不再需要储运公司提供仓库保管货物了。储运公司要求赔偿损失，贸易公司认为没有将货物入库予以拒绝。

请问：贸易公司是否应当赔偿储运公司的损失？为什么？

附：运输合同（示范文本）

水陆联运货物运单

经由站名及线名：＿＿＿＿＿＿＿＿　　　　国家计划＿＿＿＿＿＿号

货物准于＿＿月＿＿日搬入　　　　承运人→起运站港→到达站港→收货人

运单（　　）字第＿＿号　地点

指定于＿＿月＿＿日装车或船　　　　换装清单顺序号码：

<table>
<tr><td>车种</td><td>车号</td><td>标记
载重</td><td>整车或
零担</td><td>承运
船名</td><td></td><td>第一转
出船名</td><td></td><td>第二转
出船名</td><td></td></tr>
<tr><td></td><td></td><td></td><td></td><td></td><td></td><td></td><td></td><td></td><td></td></tr>
<tr><td></td><td></td><td></td><td></td><td></td><td></td><td></td><td></td><td></td><td></td></tr>
</table>

<table>
<tr><td rowspan="2">发站
（局）或
起运港</td><td rowspan="2"></td><td rowspan="2">到站
（局）或
到达港</td><td rowspan="2"></td><td rowspan="2">第一
换装
地点</td><td>港名</td><td rowspan="2">第二
换装
地点</td><td>港名</td><td rowspan="2">第三
换装
地点</td><td>港名</td></tr>
<tr><td>站名</td><td>站名</td><td>站名</td></tr>
</table>

<table>
<tr><td rowspan="2">托运人</td><td>名称</td><td></td><td>开户银行</td><td></td><td rowspan="4">换装站、
港日期戳</td><td rowspan="4">换装站、
港日期戳</td><td rowspan="4">换装站、
港日期戳</td></tr>
<tr><td>地址电话</td><td></td><td>账号</td><td></td></tr>
<tr><td rowspan="2">收货人</td><td>名称</td><td></td><td>开户银行</td><td></td></tr>
<tr><td>地址电话</td><td></td><td>账号</td><td></td></tr>
</table>

续表

托运人标记	货运名称	包装	件数	货物重量	计费重量			费率记载							
				托运人	承运人	铁路	水路	铁路		水果					
				公斤	公斤	公斤	公斤	运价号	费率	等级	费率海	等级	费率江	等级	费率(河)

合计件数		合计重量		货物分次搬入记载						费用项目		铁路 公里	海运 海里	江河 公里	河运 公里
承运人记载事项				月	日	货名	件数	重量	经办人签章	承运时核收	运费				
											装(卸)费				
											换装费				
											港务费				
运单提出时间 年　月　日 发货人(盖章											合计				
承运人记载事项										交付时核收	运费				
											装(卸)费				

货物变更运输记载			货物分次交付记载							交付时核收	费用项目				
	受理站港										换装费				
	电报挂号		月	日	时	货名	件数	重量	经人章		港务费				
	变更事项														
	费用处理														
	处理站港日期	经办人签									合计				

续表

记录事项	编制港站								货物于　　月　　日到达	货物交付日期（戳）
	记录号码								货物于　　月　　日卸下	
	内容摘要								货物于　　月　　日通知	

注意事项：1. 本运单应用钢笔、毛笔填写或加盖戳记代替、不使用铅笔填写；

2. 粗线内各栏由托运人填写。

水陆联运货物承运收据

________局　　　　　　　　　　　　　　　　　　　　起运港站-托运人

运单　（　　）字　第　　号

发站或起运港			托运人名称		到站或到达港		收货人名称		
货物名称	种类	件数	重　量		费用项目	铁路	海运	江运	河运
			实际重量	计费重量		公里	海里	公里	公里
					运　费				
					装(卸)费				
					换装费				
					港务费				
合　计									
承运时核收									
支票　号　收款人　（盖章）					合　计				

附：仓储合同（示范文本）

仓储合同

合同编号：__________

保管人：____________________

存货人：____________________

签订地点：______________________

签订时间：__________年____月____日

第一条　仓储物

品名	品种规格	性质	数量	质量	包装	件数	标记

（注：空格如不够用，可以另接）

第二条　储存场所、储存物占用仓库位置及面积：

第三条　仓储物（是/否）有瑕疵。瑕疵是：

第四条　仓储物（是/否）需要采取特殊保管措施。特殊保管措施是：

第五条　仓储物入库检验的方法、时间与地点：

第六条　存货人交付仓储物后，保管人应当给付仓单。

第七条　储存期限：从____年____月____日至____年____月____日。

第八条　仓储物的损耗标准及计算方法：

第九条　保管人发现仓储物有变质或损坏的，应及时通知存货人或仓单持有人。

第十条　仓储物（是/否）已办理保险，险种名称：________；保险金额：________；保险期限：________；保险人名称：________。

第十一条　仓储物出库检验的方法与时间：

第十二条　仓储费（大写）：________元。

第十三条　仓储费结算方式与时间：

第十四条　存货人未向保管人支付仓储费的，保管人（是/否）可以留置仓储物。

第十五条　违约责任：

第十六条　合同争议的解决方式：本合同在履行过程中发生的争议，由双方当事人协商解决；也可由当地工商行政管理部门调解；协商或调解不成的，按下列第____种方式解决：

（一）提交________仲裁委员会仲裁；

（二）依法向双方所在地或合同签订地人民法院提起诉讼。

第十七条　其他约定事项：

存货人	保管人	鉴（公）证意见：
存货人（章）： 住所： 法定代表人： 委托代理人： 电话： 开户银行： 账号： 邮政编码：	保管人（章）： 住所： 法定代表人： 委托代理人： 电话： 开户银行： 账号： 邮政编码：	鉴（公）证机关（章） 经办人： 年　月　日

监制部门：　　　　　　　　　　印制单位：

第十五章　委托合同、物业服务合同、行纪合同与中介合同

- **学习目标：**

  1. 区分委托合同、行纪合同与中介合同的联系和区别；
  2. 掌握物业服务合同的概念和特点；
  3. 掌握委托合同、行纪合同与中介合同的概念、特点和效力问题。

- **案例导读：**

  甲将自己的一块手表委托乙寄卖行以 1000 元价格出卖。乙寄卖行与丙方协商后以 1500 元成交。

  请问：

  甲与乙寄卖行之间属于什么合同关系？乙寄卖行可否自行收取多出的 500 元利益？

第一节　委托合同

一、委托合同的含义与特征

1. 委托合同的含义

委托合同又称委任合同，是当事人双方就受托人处理委托人的事务而达成的协议。委托他方处理事务者称为委托人，允诺为他方处理事务者成为受托人。受托人可以是一人也可以是数人，受托人为数人时对委托人承担连带责任。委托合同的双方当事人可以是自然人也可以是法人。如果双方都是自然人，受托人应当是具有完全行为能力的人，委托人可以是无行为能力人或者限制行为能力人，其委托权由法定代理人行使。

2. 委托合同的特征

委托合同具有以下法律特征：

(1) 委托合同建立在委托人与受托人相互信任的基础之上。委托人之所以选定某人作为受托人，是对受托人的办事能力和信誉有所了解，相信受托人能够处理好委托的事项。而受托人之所以接受委托，也是出于愿意为委托人服务，能够完成

受托事务的自信。因此，受托人应亲自处理合同事务，不能将受托事务擅自转委托给第三人处理，除非已经征得委托人的同意。没有相互信任和了解，委托合同关系难以成立。即使建立了委托关系，也难以巩固。在委托关系成立后，如果一方对另一方产生了不信任，可随时终止委托合同。

（2）委托合同的标的是处理委托事务。在委托合同中，受托人依据委托人的授权和指示为委托人提供特定方式的劳务。受托人处理委托事项的范围没有特别限制，可以是法律行为，如订立合同；也可以是事实行为，如管理财产；甚至并不一定与委托人有经济利益上的关联，例如代为慰问、代写家书等。因此，委托事务只要是委托人从自身需要出发，认为有必要完成的事务均可。但是必须由委托人亲自处理的委托事务，不得委托，并且委托事务不得违反法律的强制性规定，违反公共利益或社会公共道德。

（3）受托人以委托人的名义和费用处理委托事务。受托人处理委托事务，除法律另有规定外，不是以自己的名义和费用，而是以委托人的名义和费用进行的。因此，委托合同的受托人处理受托事务的后果，直接归委托人承受。这是委托合同与行纪合同、承揽合同、居间合同等类似合同的重要区别。

（4）委托合同可以是有偿合同，也可以是无偿合同。委托合同是否有偿，由当事人双方约定。如约定收取报酬，则为有偿合同。如法律没有另外规定，当事人双方又没有约定给付受托人报酬的，则为无偿合同。在商务合同中，委托的事务大多是交易行为，受托人提供的往往是有偿服务，遵循了等价有偿的市场经济一般原则，当然也不排除当事人之间约定无偿服务的情形。自然人之间的民事委托合同一般推定为无偿合同。

（5）委托合同是诺成、不要式合同。委托合同自当事人双方达成一致协议时即成立，不以物的交付或者当事人的实际履行行为作为合同成立的要件，因此委托合同为诺成合同。委托合同是不要式合同，当事人可以根据实际情况选择适当的形式，书面、口头形式均可。除非法律规定必须采用书面形式，比如委托拍卖合同，建设工程实行建立的委托监理合同等。

（6）委托合同是双务合同。委托合同无论是否有偿，均为双务合同。即使是无偿的委托合同，委托人虽无需支付报酬，但也负有支付费用、接受委托事务结果等义务。《民法典》第921条规定："委托人应当预付处理委托事务的费用。受托人为处理委托事务垫付的必要费用，委托人应当偿还该费用及其利息。"

二、委托合同的分类

1. 概括委托与特别委托

根据受托人的权限范围，委托合同分为特别委托和概括委托。特别委托是指委托人委托受托人处理一项或数项事务的委托；概括委托是指委托人委托受托人处理一切事务的委托。《民法典》第920条规定："委托人可以特别委托受托人处理一项或者数项事务，也可以概括委托受托人处理一切事务。"

2. 单独委托与共同委托

根据受托人的人数，委托合同分为单独委托和共同委托。单独委托是指受托人为一人的委托，共同委托是指受托人为两人或两人以上的委托。《民法典》第932条规定："两个以上的受托人共同处理委托事务的，对委托人承担连带责任。"

3. 直接委托与转委托

根据受托人产生的不同，委托合同分为直接委托与转委托。直接委托是指由委托人直接选任受托人的委托，转委托是指受托人为委托人再选任受托人的委托。受托人为委托人进行转委托，除了紧急情况下受托人为维护委托人利益之必需以外，均需征得委托人的同意或者追认。《民法典》第923条规定："受托人应当亲自处理委托事务。经委托人同意，受托人可以转委托。转委托经同意或者追认的，委托人可以就委托事务直接指示转委托的第三人，受托人仅就第三人的选任及其对第三人的指示承担责任。转委托未经同意或者追认的，受托人应当对转委托的第三人的行为承担责任；但是，在紧急情况下受托人为了维护委托人的利益需要转委托第三人的除外。"

三、委托合同的效力

（一）受托人的义务

1. 按照委托人的指示处理委托事务的义务

在委托合同中，受托人的基本义务是必须依照委托人的指示处理委托事务。委托合同以双方的互信为基础，委托人将事务交由受托人处理，受托人应忠实地遵照委托人的意愿为之，这即是受托人的忠实义务。委托人的指示是委托合同的重要条款，委托人与受托人应在委托合同中约定出明确的委托范围。受托人办理委托事务不能违背委托人的指示，不能超出委托人委托的权限范围。《民法典》第922条规定："受托人应当按照委托人的指示处理委托事务。需要变更委托人指示的，应当经委托人同意；因情况紧急，难以和委托人取得联系的，受托人应当妥善处理委托事务，但是事后应当将该情况及时报告委托人。"

2. 受托人亲自处理委托事务的义务

由于委托合同的当事人之间存在互信关系，受托人应当亲自处理合同事务，在经过委托人同意或者紧急情况下为维护委托人的利益之考虑，也可以再将委托事务转托他人处理。转委托是指受托人在满足相应条件的情况下，将委托人的事务全部或者部分转由第三人处理，第三人由受托人选定，该被委托的第三人称为次受托人。受托人有义务向委托人披露次受托人，也应向次受托人披露委托人。转委托的内容，应依照原委托的内容。转委托后，委托人、受托人、次受托人的关系应按照实际情况进行处理：

（1）经委托人同意，受托人转委托。委托人与次受托人之间直接产生权利义务关系。委托人可以直接向次受托人发出指示，次受托人接受指示后对委托人直接负责。次受托人就需要变更指示的情况向委托人发出通知，委托事务处理的整个过程均需向委托人履行报告义务。委托人直接向次受托人预付和偿还费用，并支付报酬。受托人不再介入事务中，但由于受托人选任了次受托人，如果次受托人处理事务的能力有欠缺，或者有其他原因无法完成委托事项的，受托人要对次受托人的选任及对委托人的指示承担责任。

（2）未经委托人同意的转委托。未经委托人同意，则委托人与次受托人之间不直接产生权利义务关系。受托人对次受托人发出指示，次受托人只对受托人负责并可主张报酬。如因为次受托人原因对委托事项处理不当的，委托人只能对受托人要求赔偿，受托人对次受托人的行为承担责任，无论受托人是否自己有过错，都应当先赔付委托人，再对次受托人进行追偿。特殊情况下，也可能发生受托人先转委托次受托人，委托人再对转委托进行追认，或以实际行为表示追认，比如知晓转委托事实后不做否认表示、向次受托人指示、接受次受托人给付的，亦可视为委托人已经追认了转委托事实。在紧急的情况下，为了维护委托人的利益，受托人可能来不及通知委托人而进行转委托，在法律效果上应当视同经委托人同意的转委托，但受托人事后仍应及时将这一情形告知委托人。

3. 及时报告委托事务办理情况的义务

在委托合同中，委托事项的处理与委托人的利益息息相关。为了便于委托人了解委托事务的实施情况，受托人有义务按照委托人的要求及时报告委托事务办理情况。《民法典》第 924 条规定：“受托人应当按照委托人的要求，报告委托事务的处理情况。委托合同终止时，受托人应当报告委托事务的结果。”据此，受托人应当按照委托人的要求，定期或随时进行报告，并提交相应的证明文件和材料。当委托事务终了之时，受托人应当将处理委托事项的始末和处理结果报告给委托人，并提交证明文件，包括账目、凭据、收支统计情况等。

4. 向委托人转移权利和权益的义务

基于受托人忠实义务和诚信原则的要求，受托人为委托人利益处理委托事务且相应费用由委托人支付，所以受托人在办理委托事务中收取的金钱、物品及孳息等财物，无论是以委托人名义还是受托人名义取得的，也无论是以次受托人名义取得还是受托人自己直接取得的，均应交付委托人。《民法典》第 927 条规定：“受托人处理委托事务取得的财产，应当转交给委托人。”

5. 向委托人赔偿损失的义务

受托人在办理委托事务中，应尽必要的注意义务。《民法典》第 929 条规定：“有偿的委托合同，因受托人的过错造成委托人损失的，委托人可以请求赔偿损失。无偿的委托合同，因受托人的故意或者重大过失造成委托人损失的，委托人可以请求赔偿损失。受托人超越权限造成委托人损失的，应当赔偿损失。”例如，受托人为了自己的利益，使用本应交付给委托人的金钱或者是使用本应为委托人利益而使用的金钱的，受托人应支付相应的利息，由此给委托人造成损失的，应赔偿损失。

（二）委托人的义务

1. 支付处理委托事务费用的义务

受托人在以委托人的名义为委托人处理委托事务的过程中，一般会涉及费用的支出，由于此费用是因委托人的利益而花费的，因此无论委托合同是有偿合同还是无偿合同，委托人都应向受托人支付处理事务的费用，费用可以分为预付费用和偿还费用。《民法典》第 921 条规定：“委托人应当预付处理委托事务的费用。受托人为处理委托事务垫付的必要费用，委托人应当偿还该费用及其利息。”预付费用的数额及支付的时间、地点、方式均由委托人与受托人根据委托事项的具体需要而确定。预付费用与委托事务的处理并无对价关系，因此两者之间不存在同时履行抗辩权的问题，如果委托人不预先支付的，受托人不能要求强制履行。委托人和受托人均有解除合同的权利，委托人解除合同的可以免除自己预付费用的义务，受托人也可以解除合同对抗委托人不预付费用的行为。所以若经受托人请求之后，委托人不予预付相应费用的，即使受托人因此不履行处理委托事务的义务，也不承担履行迟延或者拒绝履行的责任。但在委托合同为有偿合同的情况下，如果委托人拒绝预付费用而导致影响受托人基于履行委托合同而应获得的收益或者有其他损失时，受托人有权请求赔偿。

至于偿还费用，受托人在无约定的情况下，没有为委托人垫付费用的义务。若受托人为委托人垫付费用，得以请求偿还，委托人有偿还的义务。委托人偿还费用的范围主要包括受托人为完成委托事务必要支出及其利息，如差旅费、手续费等。对于明显不当的费用，委托人不应支付，受托人应基于诚实信用的原则请求相应费用。双方就必要费用发生争议时，对争议部分费用的举证责任应该由委托人承担，以便平衡双方之间的利益。偿还费用亦需要支付相应的利息，利息从受托人代为垫付之日起算。利息额度有约定从约定，无约定按照法定存款利率计算。

2. 支付报酬的义务

委托合同以有偿为原则，无偿为例外。如果委托合同是有偿的，则委托人有向受托人支付报酬的义务。委托人支付报酬的数额和方式，应以委托合同的约定为准。没有合同约定，依照习惯或者委托性质应当由委托人支付报酬的，委托人也应支付相应报酬。《民法典》第 927 条规定：“受托人完成委托事务的，委托人应当按照约定向其支付报酬。因不可归责于受托人的事由，委托合同解除或者委托事务不能完成的，委托人应当向受托人支付相应的报酬。当事人另有约定的，按照其约定。”依据该规定，委托事务尚未处理完毕而委托合同即终止的情况下，如果非因受托人的责任而委托合同解除或者委托事务不能完成的，委托人仍应依约向受托人支付相应的报酬，报酬应当与完成的部分委托事务相适应。如果是因为受托人的责任导致委托合同解除或者委托事务不能完成的，受托人无报酬的请求权。

3. 赔偿的义务

委托人因受托人处理委托事务而获利，自然也承担相应的风险。受托人在处理委托事务过程中蒙受损失的，只要不是受托人自身的过错所导致，由委托人承担赔偿责任。委托人如因指示或其他过错导致受托人蒙受损失的，也应予以赔偿。如因第三人加害造成的损失，受托人既可以请求第三人赔偿，也可以请求委托人赔偿。受托人请求委托人赔偿，委托人在赔偿受托人的损失之后，可以向第三人主张相应的损害赔偿请求权。《民法典》第 930 条规定：“受托人处理委托事务时，应不可归责于自己的事由受到损失的，可以向委托人要求赔偿损失。”第 931 条规定：“委托人经受托人同意，可以在受托人之外委托第三人处理委托事务。因此给受托人造成损失的，受托人可以向委托人要求赔偿损失。”

（三）委托人以自己名义与第三人订立合同的效力

受托人为完成委托人交付的法律事务，有时以自己的名义与第三人产生民事法律关系。受托人与第三人之间的民事法律关系终结之后，受托人将委托事项的结果交付委托人，并获得相应佣金。《民法典》对受托人以自己名义与第三人订立合同的效力进行了规定。

1. 第三人知道委托人与受托人之间的代理关系时合同的效力

《民法典》第 925 条规定：“受托人以自己的名义，在委托人的授权范围内与第三人订立的合同，第三人在订立合同时知道受托人与委托人之间的代理关系的，该合同直接约束委托人和第三人，但是，有确切证据证明该合同只约束受托人和第三人的除外。”该条规定就是受托人公开代理关系而订立合同的效力问题。受托人与第三人订立民事法律行为，产生民事权利义务的时候，第三人已经清楚知道受托人是在为委托人从事交易。比如甲委托乙向丙购买机器设备，乙向丙发出要约称：“我受甲委托，向贵方购买机器设备。”如果乙与丙签订合约，则构成间接委托。

关于第三人“知道”的要求，必须具备以下条件：①在订约时候知道代理关系而非在订约之后履约之时才知道，②知道具体的委托人是谁，③知道委托授权的内容和期限。实务之中，受托人在与第三人订立合同之时，可以直接在条款中列明委托人的姓名或名称，并由委托人签章，或者委托人、受托人与第三人的信函、备忘录、会谈记录等都可以作为第三人在订立合同时知道受托人与委托人之间代理关系的证据。在这种情况下，受托人与第三人之间的民事法律关系直接约束委托人和第三人，委托人可以对受托人与第三人订立的合同直接享有权利并直接承担义务，并承担相应责任。

必须注意的是，受托人必须在“委托人的授权范围内”与第三人订立的合同，如果受托人超越授权范围订立合同，或者在委托人的授权范围内为了受托人自身的利益订立合同，则合同均不能约束委托人。所以《民法典》第 925 条有除外规定：“有确切证据证明该合同只约束受托人和第三人的除外。”

2. 第三人不知道委托人与受托人之间代理关系时合同的效力

《民法典》第 926 条第 1 款规定：“受托人以自己的名义与第三人订立合同时，第三人不知道受托人与委托人之间的代理关系的，受托人因第三人的原因对委托人不履行义务，受托人应当向委托人披露第三人，委托人因此可以行使受托人对第三人的权利。但是，第三人与受托人订立合同时如果知道该委托人就不会订立合同的除外。”第 2 款规定：“受托人因委托人的原因对第三人不履行义务，受托人应当向第三人披露委托人，第三人因此可以选择受托人或者委托人作为相对人主张其权利，但是第三人不得变更选定的相对人。”第 3 款规定：“委托人行使受托人对第三人的权利的，第三人可以向委托人主张其对受托人的抗辩。第三人选定委托人作为其相对人的，委托人可以向第三人主张其对受托人的抗辩以及受托人对第三人的抗辩。”该条规定了第三人不知道委托人与受托人之间代理关系时合同的效力问题，具体规则如下：

（1）委托人的介入权。当受托人因为第三人的原因导致无法履行对委托人的义务时，受托人应当向委托人披露第三人，委托人可以行使受托人对第三人的权利，即介入受托人与第三人之间的合同关系。介入权的行使有三个前提：一是受托人以自己的名义与第三人订立合同，第三人亦不知受托人与委托人之间的代理关系。例外情况是受托人与第三人在合同订立时，不存在如果知道该委托人就不能订立合同的情形。二是受托人因为第三人的原因无法对委托人履行义务，而非因受托人自身的过错不能履行。三是受托人向委托人披露第三人，指出其不履行合同的事实。如果不披露，委托人也无从主张权利。

委托人的介入权是一种形成权，可以基于自己的判断决定是否行权，而无需征得受托人或者第三人的同意。委托人如果行使介入权，则取代受托人的地位，产生了直接代理的后果。

（2）第三人的选择权。当受托人因委托人的原因对第三人不履行义务时，受托人有义务向第三人披露委托人。第三人在受托人披露委托人后，可以选择受托人或委托人作为合同的相对人主张其权利。但此种选择一旦做出，即便相对人的债务履行能力发生重大变化也不得变更，以保证合同的稳定性。选择权的成立有如下四个条件：一是受托人以自己的名义与第三人订立合同；二是第三人在订立合同之时不知道受托人与委托人之间的代理关系；三是受托人因委托人的原因对第三人不履行义务；四是受托人应该向第三人披露委托人，如果不披露，第三人无从行使选择权。

第三人的选择权亦是形成权，行权与否取决于第三人的意愿。选择了委托人作为相对人的，构成直接代理的后果；选择受托人作为相对人的，仍然执行原来的合同关系。

四、委托合同的终止

（一）委托合同终止的特殊原因

委托合同终止的一般原因，是指一般合同普遍适用的终止原因，即《民法典》第557条规定的情形。但是，委托合同终止有两个特殊原因：一个是解除终止；一个是因为主体资格丧失而终止。

1. 当事人一方解除委托合同

委托合同的基础在于委托人和受托人之间的互信关系，一旦信赖关系动摇，即使勉强维系委托关系，也将影响当事人订立委托合同的目的实现，所以，法律赋予委托合同双方当事人都享有任意解除权。无论委托合同是有偿还是无偿，定期还是未定期，当事人在主观上有无过错，委托事项进展的程度均在所不问。但仍需注意两点要求：一是应当在委托合同成立后，没有履行或者履行完毕之前解除。委托事务已经全部处理完毕的情况下，委托目的已经实现，再主张合同解除没有意义。二是任一方当事人解除合同的，需要以明示的方式向对方发出通知，通知到达对方处生效，且通知一经生效不可撤销。《民法典》第557条规定："合同解除的，该合同的权利义务关系终止。"

2. 当事人一方死亡、丧失民事行为能力或破产

《民法典》第934条规定："委托人或者受托人死亡、丧失民事行为能力或者破产的，委托合同终止，但当事人另有约定或者根据委托事务的性质不宜终止的除外。"

委托人死亡，无法再指示委托事务的处理，其结果已无意义。受托人死亡，也无法继续处理委托事务。委托合同主体的一方或者双方主体不存在，而由于信任基础的丧失也不可能产生继承的问题，因此委托合同终止。死亡可以扩大理解，包括自然人的死亡及法人的注销。

委托人丧失行为能力，其事务应当由其法定代理人处理或者由其法定代理人重新或者另行委托，原委托合同终止；若受托人丧失民事行为能力后，受托人无法继续完成委托事项，原委托合同也应当终止。如果是企业法人作为委托合同当事人，被宣告破产后权利能力受限，仅限于清算事务范围，故原委托合同关系也应终止。

但该法律规定可因当事人的约定或者委托事务的性质予以排除适用。比如当事人可约定委托人死亡的，委托关系继续存在，而由委托人的继承人或其他人继承委托人的地位及权利义务关系，受托人继续履行委托事项。

（二）委托合同终止的法律后果

1. 当事人任意解除委托合同

《民法典》第933条规定："委托人或者受托人可以随时解除委托合同。因解除合同造成对方损失的，除不可归责于该当事人的事由外，无偿委托合同的解除方应当赔偿因解除时间不当造成的直接损失，有偿委托合同的解除方应当赔偿对方的直接损失和合同履行后可以获得的利益。"这一规定虽然赋予了委托合同当事人对于双方缔结的委托合同享有任意解除权，但是，当事人行使这一权利给对方造成损失的应当承担赔偿责任，并根据委托合同的有偿和无偿而有所区别。

2. 因当事人一方的原因而终止委托合同

《民法典》第935条规定："因委托人死亡或者被宣告破产、解散，致使委托合同终止将损害委托人利益的，在委托人的继承人、遗产管理人或者清算人承受委托事务之前，受托人应当继续处理委托事务。"由于委托事务的连续性，如果委托合同终止，受托人立即停止处理委托事务就会使得委托人利益受损。在此情况下，受托人应当继续处理受托事务并有权主张支付费用，委托人的继承人或者法定代理人或清算组织也有要求受托人按指示进行报告及移交相应财产的权利。

《民法典》第936条规定："因受托人死亡、丧失民事行为能力或者被宣告破产、解散，致使委托合同终止的，受托人的继承人、遗产管理人、法定代理人或者清算人应当及时通知委托人。因委托合同终止将损害委托人利益的，在委托人作出善后处理之前，受托人的继承人、遗产管理人、法定代理人或者清算人应当采取必要措施。"基于诚信原则，受托人的继承人、遗产管理人、法定代理人或者清算人需要及时地通知委托人，使委托人采取必要的措施防止损失扩大。但是，受托人的继承人、遗产管理人、法定代理人或者清算人并不继受委托合同的义务，所以无需继续处理委托事务。

第二节 物业服务合同

物业服务合同是《民法典》规定的19种典型合同之一，也是新增的有名合同。《民法典》第二十四章共有14个条文，对物业服务合同的定义、合同形式、合同内容、合同效力、合同续聘、解聘和终止的条件以及合同主体的权利和义务等内容做出了具体规定。

一、物业服务合同的含义与特征

（一）物业服务合同的含义

《民法典》第937条规定："物业服务合同是物业服务人在物业服务区域内，为业主提供建筑物及其附属设施的维修养护、环境卫生和相关秩序的管理维护等物业服务，业主支付物业费的合同。物业服务人包括物业服务企业和其他管理人。”物业服务合同即物业服务人提供约定的服务，业主支付报酬的合同。业主将物业的管理业务全部或者部分委托给物业服务人进行管理，以便实现全体业主的最大利益。

（二）物业服务合同的特征

1. 物业服务合同是双务合同、有偿合同。

双务合同是指业主的给付和物业服务人的给付之间互为条件、互为因果。一方得以要求对方为或者不为一定行为。一方不按照合同适当履行，应承担违约责任。物业服务合同涉及全体业主的共有部分及共同利益，受益主体是全体业主，业主是物业服务合同中权利义务的实际享有者和承担者。实务中，业主大会通过表决多数意见选聘物业服务人后，业主委员会代表业主大会与物业服务人签约，但业主才是物业服务合同中物业费缴纳的义务人，要支付物业服务合同约定的物业费。

2. 物业服务合同是继续性合同

继续性合同主要指以物业继续性服务作为义务内容，供用行为将随着时间的经过在当事人之间不断地产生新的权利义务。而物业服务合同的解除也一般不发生对已经履行的部分相互返还的效果，而只是发生向将来消灭债权债务的效果。在继续性服务合同中，如果没有约定履行期限，任何一方当事人都可以以预告通知的方式解除合同。

3. 物业服务合同具有强制性

物业服务合同具有一定的公共服务特征，虽以双方平等协商为基础，但关系到业主的居住权利、生活质量。国家为解决物业服务的公共服务特征与各业主意志多样性的矛盾，在《物业管理条例》等法律法规中为业主行使权利提供了法律保障，因此物业服务合同中不得违反强制性的规定，即使当事人在合同中未作约定，也对物业服务合同中的当事人具有拘束力。譬如《最高人民法院关于审理物业服务纠纷案件具体应用法律若干问题的解释》（以下简称《物业服务纠纷司法解释》）第3条第2款规定：“物业服务企业公开作出的服务承诺及制定的服务细则，应当认定为物业服务合同的组成部分。”物业管理中的环境管理、消防管理、治安管理和车辆管理等事项均受行政主管部门的监督指导。

物业服务企业的强制性义务有：不得将义务全部转委托；不得挪用专项维修基金；不得擅自利用共用部位、共用设施进行经营等。业主的强制性义务有：使用物业不得损害业主的共同利益；缴纳管理费及专项维修基金；业主对物业装饰装修和使用等不得违反有关法律、法规的规定等。

4. 物业服务合同为要式合同

《民法典》第938条第2款规定：“物业服务合同应当采用书面形式。”由于物业服务合同有履行时间长、权利义务复杂的特点，法律强制要求采用书面形式便于留存证据，厘清责任，也便于留存主管机关备案。

（三）物业服务合同与委托合同的区别

物业服务合同与委托合同有一定的相似之处，《民法典》第284条规定："业主可以自行管理建筑物及其附属设施，也可以委托物业服务企业或者其他管理人管理。对建设单位聘请的物业服务企业或者其他管理人，业主有权依法更换。"因此物业服务合同与有偿委托合同具有一定的相似之处。第一，全体业主经过投票后基于信赖关系与物业服务人签订物业服务合同。第二，全体业主类似委托人的地位、而物业服务人类似于受托人，接受委托对小区进行物业管理。第三，物业服务合同的当事人在合同约定期限之前可依照法定程序，根据单方面意志共同决定解聘物业服务人。

但物业服务合同与委托合同的区别也十分明显：①委托合同的受托人应按照委托人的授权和指示处理委托事务。而物业服务人虽然类似受托人，但基于物业服务内容较强的专业性，其处理物业事务虽然要尽量按照业主指示办理，但同时主要是按照物业服务合同中约定的标准和要求进行。②受托人行为时的名义和后果不同。受托人既可用自己的名义从事委托活动，也可用委托人的名义从事委托活动。受托人在委托范围内实施委托行为产生的法律后果，由委托人承担。且受托人处理事务时，因不可归责于自己的事由受到损失的，可以向委托人要求赔偿。而在物业服务合同中，物业服务人以自己的名义提供物业服务，法律后果由物业服务人承担。① 物业服务人因履行合同受到损失，如果不能归责于业主，物业服务人自行承担。③归责原则不同。有偿委托合同的受托人处理事务时，因过错给委托人造成损失的，受托人应当承担赔偿责任。物业服务合同采无过错责任原则，物业服务人提供的物业服务不符合合同所要求的质量或者标准，应当承担法律责任。②

（四）物业服务合同的内容、效力、期限问题

1. 物业服务合同的内容

《民法典》第938条规定："物业服务合同的内容一般包括服务事项、服务质量、服务费用的标准和收取办法、维修资金的使用、服务用房的管理和使用、服务期限、服务交接等条款。物业服务人公开作出的有利于业主的服务承诺，为物业服务合同的组成部分。"物业服务合同所必须的内容条款在条文中都有反映。服务事项即物业管理人具体管理事项，由物业服务合同和主管部门规定的要求来确定，超过服务范围的事项可能需要另外收费。服务质量即物业服务达到的标准。物业服务合同双方当事人可协商确定物业服务等级、约定物业服务项目、内容与标准以及测算物业服务价格。服务费用的标准和收取办法是物业服务人提供服务的对价，可以

① 王利明：《物业服务合同立法若干问题探讨》，载《财经法学》2018年第3期。

② 赵惠：《解析物业服务合同的性质及其解除》，载《法律适用》2010年第11期。

采取包干制或者酬金制。维修资金的使用，一般由物业服务人提供使用建议和使用方案，经过符合规定比例的业主讨论通过后进行使用。服务用房是指物业服务人为管理整个小区的物业而使用的房屋。依据《民法典》第274条规定："物业管理用房的所有权依法属于业主。未经业主大会同意，物业服务企业不得改变物业管理用房的用途。"服务期限即物业服务合同的起止时间，服务期限届满，物业服务合同终止。服务交接即是物业服务合同开始履行和终止后涉及交接问题，当事人应对期限、方式、交接材料等予以约定。

此外，物业服务人从有利于业主及房屋实际使用人，提高服务管理和社区生活品质及自律行为的角度考虑，作出的单方服务承诺，同样作为物业服务合同的组成部分，约束或限制业主的要求则不予认定。

2. 物业服务合同的效力

《民法典》第939条规定："建设单位依法与物业服务人订立的前期物业服务合同，以及业主委员会与业主大会依法选聘的物业服务人订立的物业服务合同，对业主具有法律约束力。"根据《民法典》第278条之规定："下列事项由业主共同决定：(四) 选聘和解聘物业服务企业或者其他管理人；业主共同决定事项，应当由专有部分面积占比三分之二以上的业主且人数占比三分之二以上的业主参与表决。应当经参与表决专有部分面积过半数的业主且参与表决人数过半数的业主同意。"因此，经过合法召集业主大会、按照法律规定的表决程序且未侵害业主个人的合法权益，在此集体签订的物业服务合同效力及于所有成员，任何成员不得以其本人未同意选聘物业服务人为由，主张物业服务合同对其不具有拘束力。

3. 物业服务合同期限

《民法典》第940条规定："建设单位依法与物业服务人订立的前期物业服务合同约定的服务期限届满前，业主委员会或者业主与新物业服务人订立的物业服务合同生效的，前期物业服务合同终止。"《民法典》中对合同解除的规定同样适用于前期物业服务合同。比如在前期物业服务合同中约定解除条件，或前期物业服务合同履行过程中经合同当事人协商一致解除。前期物业服务合同在期限未满时，如果业主成立业主大会，选聘物业服务人，签订普通物业服务合同，前期物业服务合同终止，终止时间以业主委员会与物业服务人签订的物业服务合同生效时间为准，且不需另行赔偿。

对于不定期物业服务合同，《民法典》第948条规定："物业服务期限届满后，业主没有依法作出续聘或者另聘物业服务人的决定，物业服务人继续提供物业服务的，原物业服务合同继续有效，但是服务期限为不定期。当事人可以随时解除不定期物业服务合同，但是应当提前六十日书面通知对方。"本条明确了在物业服务期限届满后符合一定条件的情况下，在业主和原物业服务人之间成立不定期物业服务合同，作为原物业服务合同的延续。通过明确的法律规定为物业服务人设定了继续提供物业服务的权利和义务。

《民法典》第946条规定："业主依照法定程序共同决定解聘物业服务人的，可以解除物业服务合同。决定解聘的，应当提前六十日书面通知物业服务人，但是合同对通知期限另有约定的除外。"业主行使单方解除权必须履行内部决定程序，即《民法典》第278条规定之程序，方能产生单方解除物业服务合同的效果。法条关于提前六十日的起算期没有具体规定，但实务中以物业服务人收到通知之日起计算更加合理。因此，单一业主及物业服务人则不享有物业服务合同的单方解除权。

《民法典》第947条规定："物业服务期限届满前，业主依法共同决定续聘的，应当与原物业服务人在合同期限届满前续订物业服务合同。物业服务期限届满前，物业服务人不同意续聘的，应当在合同期限届满前九十日书面通知业主或者业主委员会，但是合同对通知期限另有约定的除外。"因此，业主续聘物业服务人员同样需要按照法定程序作出决定并履行必要的手续。此外，物业服务人在不同意续聘时的通知义务属于法定义务，需要在合同期限届满之日前的法定90日内或约定通知期限内以书面方式通知业主或业主委员会。

（五）物业服务合同中业主的义务

1. 按约缴纳物业费义务

《民法典》第944条规定："业主应当按照约定向物业服务人支付物业费。物业服务人已经按照约定和有关规定提供服务的，业主不得以未接受或者无需接受相关物业服务为由拒绝支付物业费。业主违反约定逾期不支付物业费的，物业服务人可以催告其在合理期限内支付；合理期限届满仍不支付的，物业服务人可以提起诉讼或者申请仲裁。"实务中，业主因对物业服务人提供服务不满而拒绝支付物业费的现象频发，但是否能减免物业服务费需要根据实际情况和合同条款，个案裁量。

2. 告知、协助义务

《民法典》的945条规定："业主装饰装修房屋的，应当事先告知物业服务人，遵守物业服务人提示的合理注意事项，并配合其进行必要的现场检查。业主转让、出租物业专有部分、设立居住权或者依法改变共有部分用途的，应当及时将相关情况告知物业服务人。"因此业主在装饰装修房屋时以及转让、出租物业专有部分、设立居住权或者依法改变共有部分用途时具有告知义务。

3. 赔偿损失的义务

《民法典》第946条第2款规定："依据前款规定解除合同造成物业服务人损失的，除不可归责于业主的事由外，业主应当赔偿损失。"物业服务合同的解除可能导致业主赔偿损失的义务。《民法典》第566条及第584条规虽然定了合同解除后的赔偿问题，但本条款在实务中如何操作，仍有赖于进一步的讨论和实践。

（六）物业服务合同中物业服务人的义务

1. 提供良好物业服务义务

《民法典》第942条规定："物业服务人应当按照约定和物业的使用性质，妥善维修、养护、清洁、绿化和经营管理物业服务区域内的业主共有部分，维护物业服务区域内的基本秩序，采取合理措施保护业主的人身、财产安全。对物业服务区域内违反有关治安、环保、消防等法律法规的行为，物业服务人应当及时采取合理措施制止、向有关行政主管部门报告并协助处理。"物业服务人提供相应的物业服务是合同的核心内容，大体上可以分为维护养护义务、环境管理义务、经营管理义务、秩序维护义务、安全保护义务、制止违法行为并报告协助处理义务等。

2. 信息公开义务

《民法典》第943条规定："物业服务人应当定期将服务的事项、负责人员、质量要求、收费项目、收费标准、履行情况，以及维修资金使用情况、业主共有部分的经营与收益情况等以合理方式向业主公开并向业主大会、业主委员会报告。"《民法典》规定了物业服务人服务信息、维修资金、共有部分经营收益的强制公开和强制报告制度，对于规范物业服务人对资金的使用、提高资金使用效益、增强业主认同感具有重要意义。① 这些稳定的公开制度和明确的公开内容有助于保证业主的知情权。

3. 交接义务

《民法典》第949条规定："物业服务合同终止的，原物业服务人应当在约定期限或者合理期限内退出物业服务区域，将物业服务用房、相关设施、物业服务所必需的相关资料等交还给业主委员会、决定自行管理的业主或者其指定的人，配合新物业服务人做好交接工作，并如实告知物业的使用和管理状况。原物业服务人违反前款规定的，不得请求业主支付物业服务合同终止后的物业费；造成业主损失的，应当赔偿损失。"如物业服务人违反该项义务，不但要承担相应的赔偿责任，还可能导致行政处罚。此外，即便物业服务人与业主之间存在物业费的支付纠纷，也应在完成交接义务后通过诉讼或仲裁予以解决。

4. 禁止转委托义务

《民法典》第941条规定："物业服务人将物业服务区域内的部分专项服务事项委托给专业性服务组织或者其他第三人的，应当就该部分专项服务事项向业主负责。物业服务人不得将其应当提供的全部物业服务转委托给第三人，或者将全部物业服务支解后分别转委托给第三人。"《民法典》认可物业服务人可以对外委托，但不得将全部物业服务一并委托。

---

① 最高人民法院民法典贯彻实施工作领导小组：《中华人民共和国民法典合同编理解与适用》，2020年版，第2595页。

5. 后合同义务

《民法典》第950条规定："物业服务合同终止后，在业主或者业主大会选聘的新物业服务人或者决定自行管理的业主接管之前，原物业服务人应当继续处理物业服务事项，并可以请求业主支付该期间的物业费。"合同关系消灭后，原物业服务人仍然承担这些后合同义务，避免物业的管理陷入停滞状态。原物业服务人掌握交接过程中事实上的管理权，对原物业服务人及业主的利益都有保障，更加有利于顺利交接。

第三节 行纪合同

一、行纪合同的含义与特征

（一）行纪合同的含义

《民法典》第951条规定："行纪合同是行纪人以自己的名义为委托人从事贸易活动，委托人支付报酬的合同。"其中，接受委托并以自己的名义从事贸易活动的一方称为行纪人，委托他人从事贸易活动并支付报酬的一方称为委托人。

（二）行纪合同的特征

行纪合同具有以下法律特征：

1. 行纪人应该是经营行纪业务的人

行纪人是以自己的名义，以营利为目的为他人从事交易活动的人。虽然《民法典》并未对行纪人的资格加以明确的限制性规定，但是在我国现有的一些单行法律和法规中却有对此明确的限制。例如，《证券法》第122条规定："未经国务院证券监督管理机构批准，任何单位和个人不得经营证券业务。"《保险法》第118条规定："保险经纪人是基于投保人的利益，为投保人与保险人订立保险合同提供中介服务，并依法收取佣金的机构。"第119条规定："保险代理机构、保险经纪人应当具备国务院保险监督管理机构规定的条件，取得保险监督管理机构颁发的经营保险代理业务许可证、保险经纪业务许可证。"

2. 行纪合同的标的是为委托人从事贸易活动

行纪合同是行纪人为委托人提供劳务的合同，能够成为合同标的的劳务必须是与第三人进行贸易行为。所谓贸易行为一般是具有交易性质的法律行为，事实行为不能成为行纪合同的标的，涉及人身属性的事务亦不得成为行纪合同的标的。例如，动产交易、有价证券买卖及期货等具有商业交易性质的行为可包含在行纪合同标的之内，而身份行为、赠与、少量的生活必需品的买卖等则不属于行纪合同的标的。

3. 行纪人以自己的名义处理委托事务

行纪人在接受委托办理业务时，须以自己的名义与第三人订立合同，并且对该合同直接享有权利、承担义务。《民法典》第958条规定："行纪人与第三人订立合同的，行纪人对该合同直接享有权利、承担义务。第三人不履行义务致使委托人受到损害的，行纪人应当承担赔偿责任，但是行纪人与委托人另有约定的除外。"

4. 行纪人为委托人的利益办理事务

行纪人虽然以自己的名义与第三人产生权利义务关系，但行纪人毕竟并非为自己的利益办理事务。行纪人在从事委托事务的过程中应考虑委托人的利益，严格按照委托人的指示办理，不得从事损害委托人利益的行为。委托事务所涉及的价款、价金或购销的物品，虽然在行纪人的支配之下，但所有权归于委托人，如非因行纪人的原因导致发生了毁损、灭失的情况，其后果由委托人承担。

5. 行纪合同是双务合同、有偿合同、诺成合同、不要式合同

行纪合同中行纪人负有为他人办理买卖或其他商事交易的义务，委托人则需要支付相应报酬，双方义务互相对应，互为对价，因此属于双务合同。行纪本身是一种营业行为，委托人依据行纪合同向行纪人支付报酬，因此行纪合同是有偿合同。行纪合同因委托人和行纪人的意思表示一致而成立，不以标的物的交付作为成立要件，因此是诺成合同。行纪合同的形式在《民法典》中未有相关规定，除非相关法律法规另有要求，可采用口头或书面形式，故行纪合同属于不要式合同。

（三）行纪合同与其他类似合同的区别

1. 行纪合同与信托合同

信托是委托人基于对受托人的信任，将其财产委托给受托人，由受托人按委托人的意愿以自己的名义，为受益人的利益或者特定目的，进行管理或者处分的行为。信托制度源于英国中世纪的用益物权制度，实际上是一种财产管理制度。在我国的经济生活中，行纪和信托常被混用。但是在严格意义上，行纪和信托是两种不同的法律制度。

两者的主要差异是：①法律关系的主体不同。在信托中，存在信托人、受托人和受益人三方主体，受托人为受益人的利益服务；而在行纪合同中，只有委托人和行纪人，无受益人，行纪人为委托人的利益服务。②受托人处理的事务范围不同。行纪人仅能从事贸易活动；而信托中的受托人可从事财产处分和管理的一切行为，不限于贸易活动。③财产所有权不同。在信托中，信托财产的所有权在受托人名下，所以信托合同产生一种财产权关系；而行纪合同产生的只是一种债权债务关系。④行纪合同是诺成合同，不以财产交付作为成立要件，行纪合同的利益归于委托人。而信托以财产交付给受托人为成立要件，且财产管理的利益归于受益人。⑤法律责任不同。违反行纪合同承担违约责任，而违反信托制度者承担并不同于违约责任和侵权责任的信托责任。

2. 行纪合同与委托合同

行纪合同和委托合同均为提供服务的合同，均以当事人双方的相互信任为基础，均以处理一定事务为目的，二者存在许多相似之处。因此，《民法典》第960条规定："本章没有规定的，参照适用委托合同的有关规定。"但行纪合同和委托合同作为两种独立的有名合同，两者的区别在于：①行纪合同所指事务是特定的，限于买卖、寄售等商事交易活动，而委托合同中的事务不特定，不以商事交易为限，范围较行纪合同为广。②行纪合同是有偿合同，而委托合同可以是有偿合同，也可以是无偿合同。③行纪人通常有资格的限制，而受委托人则无此资格的要求。④行纪合同中，行纪人只能以自己的名义实施法律行为，行纪人与第三人签订的合同并不能直接对委托人发生效力；而委托合同的受托人处理委托事务，可以以委托人名义进行，也可以以自己的名义进行。当受托人以委托人的名义对外活动时，其与第三人订立的合同可以直接对委托人产生法律效力。

二、行纪合同的效力

（一）委托人的义务

1. 支付报酬

《民法典》第959条规定："行纪人完成或者部分完成委托事务的，委托人应当向其支付相应的报酬。委托人逾期不支付报酬的，行纪人对委托物享有留置权；但当事人另有约定的除外。"行纪是以营利为目的的营业活动，合同约定的报酬是行纪人为行纪行为的相应对价，其支付的数额、时间、地点均由双方当事人约定。合同没有约定的，按习惯确定。行纪人行使报酬请求权需以完成委托事务为条件；因不可归责于行纪人的事由导致行纪人未能完成行纪事务的，如果行纪人已经完成了部分履行且部分履行相对于委托事项是可以独立分割的，则委托人有义务就行纪人已经履行的部分支付相应的报酬。

2. 及时受领行纪人交付的委托事务的后果

《民法典》第957条规定："行纪人按照约定买入委托物，委托人应当及时受领。经行纪人催告，委托人无正当理由拒绝受领的，行纪人依法可以提存委托物。委托物不能卖出或者委托人撤回出卖，经行纪人催告，委托人不取回或者不处分该物的，行纪人依法可以提存委托物。"因此，委托人应当及时受领行纪人所交付的实施行纪事务的后果，如行纪人代为买入的商品或者有价证券、取得的权利义务关系等，并及时按合同规定验收，将验收后果通知行纪人，否则行纪人对标的物的瑕疵不承担责任。委托人不得无故拒绝受领或者延迟受领，如果委托人逾期提取委托物品的，应当承担相应的保管费用，并对逾期受领期间标的物意外灭失的风险承担责任。委托人因延迟受领给行纪人造成损失的，还应当承担赔偿责任。

（二）行纪人的义务

1. 依委托人指示处理委托事务

行纪人为委托人的利益服务，应当遵从委托人的意愿，按委托人的指示处理委托事务。委托人的指示包括了标的物的种类、数量、价格等要素。其中，价格要素是诸多指示要素的重点。《民法典》第 955 条规定：“行纪人低于委托人指定的价格卖出或者高于委托人指定的价格买入的，应当经委托人同意；未经委托人同意，行纪人补偿其差额的，该买卖对委托人发生效力。行纪人高于委托人指定的价格卖出或者低于委托人指定的价格买入的，可以按照约定增加报酬；没有约定或者约定不明确，依据本法第五百一十条的规定仍不能确定的，该利益属于委托人。委托人对价格有特别指示的，行纪人不得违背该指示卖出或者买入。”

2. 负担行纪费用

行纪费用是在处理委托事务时所支出的费用。《民法典》第 952 条规定：“行纪人处理委托事务支出的费用，由行纪人负担，但是当事人另有约定的除外。”这是因为，行纪活动是营利活动，行纪人处理委托事务支出的费用相当于其营业成本，原则上由行纪人负担。如果行纪人支出的费用较高，导致利润偏低，也是应由行纪人自行承担的商业风险。

3. 妥善保管委托物

《民法典》第 953 条规定：“行纪人占有委托物的，应当妥善保管委托物。”所谓委托物，是指行纪人为委托人买进或卖出的物品。行纪合同是有偿合同，因为行纪人在占有委托物期间，对委托物的保管应尽善良管理人的注意义务。对委托物的保管费用属于行纪人的成本费用，由行纪人承担，当事人另有约定的除外。未经委托人同意，行纪人不得擅自使用委托物。因行纪人的过错导致委托物毁损、灭失等，应依法承担赔偿责任。

4. 合理处分委托物

《民法典》第 954 条规定：“委托物交付给行纪人时有瑕疵或者容易腐烂、变质的，经委托人同意，行纪人可以处分该物；不能与委托人及时取得联系的，行纪人可以合理处分。”这是《民法典》中唯一规定可以合理处分他人财产的条款，表面看是一个权利，从立法本旨看，其实是诚信义务、减损义务的体现。行纪人怠于通知委托人或未经委托人同意而擅自处分委托物，因此给委托人造成损失的，委托人有权要求赔偿。

（三）行纪人的权利

1. 报酬请求权

行纪合同为有偿合同，行纪人为委托人办理委托事务，可请求委托人支付报酬。对于报酬额，按合同约定，无约定的可以依据国家或者行业标准或者商业习惯确定。即便在行纪人自己担任买受人或者出卖人，在不损害委托人的利益的前提下，行纪人也有请求支付报酬的权利。《民法典》第 956 条规定：“行纪人卖出或者买入具有市场定价的商品，除委托人有相反的意思表示的以外，行纪人自己可以作为买受人或者出卖人。行纪人有前款规定情形的，仍然可以要求委托人支付报酬。”

2. 提存权

《民法典》第957条规定：“行纪人按照约定买入委托物，委托人应当及时受领。经行纪人催告，委托人无正当理由拒绝受领的，行纪人依法可以提存委托物。委托物不能卖出或者委托人撤回出卖，经行纪人催告，委托人不取回或者不处分该物的，行纪人依法可以提存委托物。”提存正是因为委托人的原因导致行纪人无法向其交付委托物，行纪人便有权将该委托物交付给提存部门，从而消灭行纪合同的权利义务关系。

3. 留置权

《民法典》第959条规定：“委托人逾期不支付报酬的，行纪人对委托物享有留置权，但是当事人另有约定的除外。”该条规定了行纪人的留置权。行纪人享有留置权的委托物可以是委托人交付给行纪人的，也可以是从第三人处收取应转交给委托人的物。行使留置权以后，行纪人可以依照法律的规定以委托物抵扣其应得报酬或者从拍卖、变卖该财产所得价款中优先受偿。

4. 介入权

《民法典》第956条规定：“行纪人卖出或者买入具有市场定价的商品，除委托人有相反的意思表示外，行纪人自己可以作为买受人或者出卖人。行纪人有前款规定情形的，仍然可以要求委托人支付报酬。”此款规定在理论上成为行纪人的介入权。行纪人的介入权又叫做自约权，是指行纪人接受委托买卖有市场定价的证券或者其他商品时，在不损害委托人的利益情况下，行纪人可以自为买受人或者作为出卖人的一种权利。

行纪人行使介入权需符合一定的条件：第一，须为买卖有市场定价的证券或其他商品。这是行纪人介入的前提条件，也是判断行纪人是否以不利于委托人的方式介入并需承担赔偿责任的标准。市场定价是指交易商品在市场上有公示的统一价格，单个交易者之间不能通过个别协商另行确定商品的交易价格，这是为了避免行纪人行使介入权从中获得不正当利益。第二，行纪人须按照委托人的指示进行商品买卖。否则，行纪人不能行使介入权。第三，须委托人没有相反的意思表示。当事人可以在行纪合同中约定禁止行纪人介入。如果当事人在订立行纪合同时没有这样的约定，委托人在其后也没有作出排除行纪人介入权的意思表示，就视为委托人同意行纪人享有介入权。第四，行纪人须未对第三人卖出或买进。如果行纪人已经对第三人卖出或买进，则交易的相对人已经确定，行纪人就没有介入的可能，只能为委托人的利益妥善行使对第三人的权利，履行对第三人的义务。

行纪人行使介入权后，兼有行纪人和交易相对人（买受人或者出卖人）的两种身份，两者都是独立的有效的关系，互不影响各自的效力。行纪人介入权并不影响其报酬请求权的行使。当符合报酬请求权的条件时，仍然可以请求委托人支付相应的报酬。

第四节　中 介 合 同

一、中介合同的含义与特征

（一）中介合同的含义

《民法典》第961条规定："中介合同是中介人向委托人报告订立合同的机会或者提供订立合同的媒介服务，委托人支付报酬的合同。" 其中，报告订立合同机会或者提供订立合同的媒介服务的一方为中介人，支付报酬的一方为委托人。从概念来看，中介合同分为两类：一是报告中介，即由中介人向委托人报告订立合同机会；二是媒介中介合同，即由中介人为委托人提供订约媒介服务，在委托人和第三人之前周旋、促使双方订立合同。两类合同的区别主要通过中介人的不同活动内容来区别，也可以根据报酬的支付来进行判断。比如指示中介人的报酬由委托人支付，而媒介中介人的报酬由订立合同的当事人分担。

（二）中介合同的特征

1. 中介合同的标的是中介劳务

中介人所提供的劳务是中介劳务，也就是向委托人报告订约机会和充当订约媒介。中介人的中介活动内容就是使委托人能够与第三方订立合同。

2. 中介合同仅提供有关订立合同的服务，不作订立合同的意思表示

中介人不以自己的名义或者以委托人的名义与第三人订立合同，因此不作为委托人与第三人合同关系之间的当事人，也不介入合同的权利义务关系，只是按照委托人的指示和要求从事中介活动，有时候中介人甚至可以就同一事项同时接受双方的委托。这一点也使得中介合同与委托合同、行纪合同区别开来。

3. 中介合同是双务、有偿合同

中介行为是典型的商行为，中介人为委托人提供劳务，委托人向中介人支付报酬，两者互为对价，因此中介合同是双务、有偿合同。

4. 中介合同是诺成合同、不要式合同

中介合同只需当事人意思表示一致即可成立，无须以标的物的交付作为要件，因此中介合同是诺成合同。中介合同的形式由双方当事人自行议定，可采取口头形式或书面形式，因此中介合同是不要式合同。

5. 中介合同中委托人的给付义务具有不确定性

在中介合同中，只有中介人的活动实现中介目的后，委托人才负给付报酬的义务。而中介人的活动是否达到目的，委托人与第三人能否交易成功，具有不确定

性，不能完全由中介人的意志所决定。因而，委托人是否付给中介人报酬，也就具有不确定性。

（三）中介合同与委托合同、行纪合同的区别

中介合同与委托合同、行纪合同的都是一方接受他人委托办理一定事务的合同，都属于提供服务的合同，但是三者之间存在着显著区别。

第一，中介合同中，中介人的行为仅限于报告订约机会或者充当订约媒介。而在委托合同中，受托人为委托人办理的事务则十分广泛，既可以是法律行为，也可以是事实行为。在行纪合同中，行纪人为委托人办理的事务是贸易活动。

第二，中介合同中，中介人不以委托人的名义，也不以自己的名义与第三人订立合同，中介人不参与委托人与第三人的关系。在委托合同中，受托人可以以委托人的名义或自己的名义与第三人订立合同，并参与该合同关系。在行纪合同中，行纪人可以以自己的名义与第三人订立合同，与第三人直接产生权利义务关系。

第三，中介合同为有偿合同，但只有中介人的活动达到中介目的，委托人才负给付报酬的义务，并且在媒介中介合同中，即使只受一方当事人委托，中介人也可以向委托人和第三人同时请求报酬。而委托合同可以是有偿合同，也可以是无偿合同。因不可归责于受托人的事由导致委托事务不能完成的，受托人仍可请求委托人支付相应的报酬，但只能向委托人一方请求支付报酬。行纪合同虽为有偿合同，行纪人仅从委托人一方取得报酬，风险和费用均由行纪人自己承担。

二、中介合同的效力

（一）中介人的义务

1. 如实报告的义务

《民法典》第962条规定：“中介人应当就有关订立合同的事项向委托人如实报告。中介人故意隐瞒与订立合同有关的重要事实或者提供虚假情况，损害委托人利益的，不得要求支付报酬并应当承担损害赔偿责任。”中介人应该将自己所知道的有关订立合同的信息报告给委托人，不隐瞒、不弄虚作假，不欺诈当事人。中介人的报告应当是真实、及时、全面的，从而确保委托人据此作出决断。中介人违背如实报告义务的，不得请求报酬；造成委托人损害的，委托人可请求中介人承担违约损害赔偿责任。

2. 勤勉义务

依据诚实信用原则，中介人应负有尽力的义务。中介人接委托后，应从维护委托人利益出发，尽力提供有关机会和商业信息，促使合同成立，而不是随意地、消极地对待所接受的中介事务。

3. 保密义务

在中介合同中，中介人对完成中介活动中获悉的委托人的有关商业秘密以及委托人提供的其他各种信息，例如名称或姓名、商号等，中介人负有保密义务，不得向第三人告知或泄漏。违反保密义务给委托人造成损失的，中介人应承担赔偿责任。

4. 负担中介费用

中介人为委托人了解相关信息和订约情况，必然涉及费用的支出。中介活动的费用已作为成本计算在报酬之内，一般由中介人承担，但当事人另有约定的除外。中介人没有促成合同订立，不得要求支付报酬，但可以要求委托人支付从事中介活动所支出的必要费用。

（二）委托人的义务

1. 支付报酬

《民法典》第963条规定："中介人促成合同成立的，委托人应当按照约定支付报酬。对中介人的报酬没有约定或者约定不明确，依据本法第五百一十条的规定仍不能确定的，根据中介人的劳务合理确定。因中介人提供订立合同的媒介服务而促成合同成立的，由该合同的当事人平均负担中介人的报酬。中介人促成合同成立的，中介活动的费用，由中介人负担。"

据此可知，委托人的报酬支付义务以中介人促成合同成立为前提条件。促成合同成立就是委托人与第三人订立了合同，至于订立的合同是否有效或者嗣后被撤销均不影响中介人的报酬请求权。

2. 支付必要的费用

《民法典》第964条规定："中介人未促成合同成立的，不得请求支付报酬；但是，可以按照约定请求委托人支付从事中介活动支出的必要费用。"中介费用与中介报酬是不同的概念。中介报酬是中介人服务成果的对价，除当事人另有约定外，中介人没有促成合同成立，则不得请求报酬。而中介费用是中介人在从事中介活动过程中的花费，不是中介人的收益，不适用中介报酬的规则。由于中介人是为委托人的利益而从事中介服务的，在中介活动失败时，中介人也不具有报酬请求权。基于当事人利益平衡的原则，委托人应当支付中介活动的必要费用，但是当事人另有约定的除外。

☞ 案例导读评析

行纪合同是行纪人以自己的名义为委托人从事贸易活动，委托人支付报酬的合同。行纪营业一般属于特殊行业，在案例中，甲与乙寄卖行之间一般被认为成立行纪合同关系。《民法典》第955条规定："行纪人低于委托人指定的价格卖出或者高于委托人指定的价格买入的，应当经委托人同意；未经委托人同意，行纪人补偿其差额的，该买卖对委托人发生效力。行纪人高于委托人指定的价格卖出或者低于委托人指定的价格买入的，可以按照约定增加报酬；没有约定或者约定不明确，依据本法第五百一十条的规定仍不能确定的，该利益属于委托人。委托人对价格有特别指示的，行纪人不得违背该指示卖出或者买入。”因此乙寄卖行以高于甲指定的价格卖出手表，在没有特别约定的情况下，甲应当收取1500元。如双方对报酬有约定，乙寄卖行有权按约定要求增加报酬。

☞ 思考题

1. 委托合同中委托人与受托人之间的权利义务关系？
2. 委托合同终止的原因？
3. 行纪合同中行纪人的权利义务？
4. 中介合同与委托合同、行纪合同的区别？

☞ 案例分析习题

王某是北京经销水果的个体工商户，2020年10月份，王某想趁北方水果淡季去广西某市，向与其有长期合作关系的A农场采购热带水果。临行前突然生病，医院说至少要半个月才能痊愈。王某便只好打电话给其在广西的朋友李某，委托李某去广西代其与A农场签订一份水果购销合同，同时告知品种数量、质量和大致的价格，并委托其办完后迅速用火车将水果托运至北京，所花的一切费用由王某承担，并另有重谢。随后李某奔赴某市，谁知到后该市下起大雨，一连几天没有停的迹象。李某便电告王某该情况，要其做好准备。王某凭经验认为雨最多下个四五天，因此还是坚持与B商场签订了供货合同，约定15天后交货。某市的雨果然5天后就停了，李某便急忙去A农场，商谈签合同事宜。虽然李某说明是受王某委托，但A农场虽然相信李某是受王某委托，但还是坚持让李某用自己名义签合同，李某觉得反正是为朋友办事，便同意了。合同签订后，李某由于经验不足，轻信了某快运公司“4天将货送到北京，绝对比你自己用火车托运又快又省事”的保证，将水果交给该快运公司，结果该快运公司10天后才将水果运至北京，导致王某对B商场违约。

请根据有关法律回答：

（1）王某可否请求李某承担其对B商场违约所造成的损失？

（2）设李某认为某市下完雨后道路泥泞，不愿再去A农场，请问李某是否可以解除委托合同？

（3）设本案中李某与A农场签完合同后，A农场又拒绝交付水果，则王某能否直接请求A农场交付水果，为什么？

（4）设本案中李某与A农场签订合同时，未告知对方自己与王某之间的委托关系，后王某拒收水果，A农场应如何主张自己的权利？李某对A农场负有什么义务？

（5）设本案中王某按时收到水果，但B商场却已分立为两个公司，而未通知王某，王某应如何履行合同义务？

（6）设李某在本次买卖活动中共花费1000元，全部由自己垫付，则李某可向王某主张什么权利？

附：委托合同、行纪合同、居间合同（示范文本）

委托合同

合同编号：____________________

委托人：____________________

受托人：____________________

签订地点：__________________

签订时间：____年____月____日

第一条　委托人委托受托人处理________________事务。

第二条　受托人处理委托事务的权限与具体要求：________________

第三条　委托期限自____年____月____日至____年____月____日止。

第四条　委托人（是/否）允许受托人把委托处理的事务转委托给第三人处理。

第五条　受托人有将委托事务处理情况向委托方报告的义务。

第六条　受托人将处理委托事务所取得的财产转交给委托人的时间、地点及方式：

第七条　委托人支付受托人处理委托事务所付费用的时间、方式：____

第八条　报酬及支付方式：__________________

第九条　本合同解除的条件：________________

第十条　违约责任：______________________

第十一条　合同争议的解决方式：本合同在履行过程中发生争议，由双方当事人协商解决；也可由当地工商行政管理部门调解；协商或调解不成的，按下列第____种方式解决：

（一）提交________________仲裁委员会仲裁；

（二）依法向人民法院起诉。

第十二条　其他约定事项：____________________

第十三条　本合同未作规定的，按《中华人民共和国民法典》的规定执行。

委托人（章）： 住所： 法定代表人（签字）： 电话： 开户银行： 账号： 邮政编码：	受托人（章）： 住所： 法定代表人（签字）： 电话： 开户银行： 账号： 邮政编码：

监制部门：　　　　　　　　　　　　印制单位：

行纪合同

合同编号：____________________

行纪人：______________________

委托人：______________________

签订地点：____________________

签订时间：____年____月____日

第一条　委托人委托行纪人买入（卖出）的货物、数量、价格：

货物名称	商标或品牌	规格型号	生产厂家	计量单位	数量	单价	金额	质量标准	包装要求
合计人民币金额（大写）：									

（注：空格如不够用，可以另接）

第二条　委托人将委托卖出的货物交付行纪人的时间、地点、方式及费用负担：____________

第三条　行纪人将买入的货物交付给委托人的时间、地点、方式及费用负担：____________

第四条　委托人与行纪人结算货款的方式、地点及期限：____________

第五条　报酬的计算方式及支付期限：____________

第六条　行纪人以高于委托人指定的价格卖出货物时，报酬的计算方法：________行纪人以低于委托人指定的价格买入货物时，报酬的计算方法：________

第七条　委托人委托行纪人处理委托事务的期限为：____________

第八条　本合同解除的条件：____________

第九条　委托人未向行纪人支付报酬或货物的，行纪人（是/否）可以留置货物。

第十条　违约责任：____________

第十一条　合同争议的解决方式：本合同在履行过程中发生的争议，由双方当事人协商解决；也可由当地工商行政管理部门调解；协商或调解不成的，按下列第________种方式解决：

（一）提交________仲裁委员会仲裁；

（二）依法向人民法院起诉。

第十二条　其他约定事项：________

第十三条　本合同未作规定的，按《中华人民共和国民法典》的规定执行。

委托人	行纪人	鉴（公）证意见：
委托人（章）： 住所： 法定代表人： 居民身份证号码： 委托代理人： 电话： 开户银行： 账号： 邮政编码：	行纪人（章）： 住所： 法定代表人： 居民身份证号码： 委托代理人： 电话： 开户银行： 账号： 邮政编码：	鉴（公）证机关（章） 经办人： 年　月　日

监制部门：　　　　　　　　印制单位：

居间合同

合同编号：__________________

委托人：__________________

居间人：__________________

签订地点：__________________

签订时间：____年____月____日

第一条　委托事项及具体要求：________

第二条　居间期限：从____年____月____日至____年____月____日。

第三条　报酬及支付期限：居间人促成合同成立的，报酬为促成合同成立金额的________%或者（大写）________元。委托人应在合同成立后的____日内支付报酬。未促成合同成立的，居间人不得要求支付报酬。

第四条　居间费用的负担：居间人促成合同成立的，居间活动的费用由居间人负担；未促成合同成立的，委托人应向居间人支付必要费用（大写）________元。

第五条　本合同解除的条件

1. 当事人就解除合同协商一致；

2. 因不可抗力致使不能实现合同目的；

3. 在委托期限届满之前，当事人一方明确表示或者以自己的行为表明不履行主要义务；

4. 当事人一方迟延履行主要义务，经催告后在合理期限内仍未履行；

5. 当事人一方迟延履行义务或者有其他违约行为致使不能实现合同目的。

第六条　委托人的违约责任：________________________________

第七条　居间人的违约责任：________________________________

第八条　合同争议的解决方式：本合同在履行过程中发生的争议，由双方当事人协商解决；也可由当地工商行政管理部门调解；协商或调解不成的，按下列第________种方式解决：

（一）提交________仲裁委员会仲裁；

（二）依法向人民法院起诉。

第九条　其他约定事项：________________________________

第十条　本合同未作规定的，按《中华人民共和国民法典》的规定执行。

委托人（章）： 住所： 法定代表： 居民身份证号码： 委托代理人： 电话： 开户银行： 账号： 邮政编码：	委托人（章）： 住所： 法定代表： 居民身份证号码： 委托代理人： 电话： 开户银行： 账号： 邮政编码：	鉴（公）证意见： 鉴（公）证机关（章） 经办人： 年　月　日

监制部门：　　　　　　　　　　印制单位：

第十六章　合伙合同

● **学习目标：**

1. 了解合伙的概念、特征与基本类型；
2. 掌握合伙合同的概念、特征；
3. 重点掌握合伙合同内容，即合伙人的权利、义务与民事责任。

● **案例导读：**

兴隆白酒厂是由李大宝与江城粮油加工厂（王铁个人独资企业）各出资50%设立的普通合伙企业，欠洪山贸易公司货款50万元。由于经营不善，兴隆白酒厂全部资产仅剩20万元。现所欠货款到期，相关各方因货款清偿发生纠纷。

请问：

洪山贸易公司的货款应由谁承担？为什么？

第一节　合伙概述

一、合伙的概念与特征

（一）合伙的概念

改革开放以来，我国立法对合伙的规定主要有三种类型。

1. 个人合伙

1986年《民法通则》第30条规定：“两个以上公民按照协议，各自提供资金、实物、技术等，共同经营、共同劳动。”该规定是以自然人为基础的合作，要求合伙人是自然人，属于个人合伙，不是组织。《民法通则》要求合伙人之间就投资数额、盈余分配、债务承担、入伙、退伙、合伙终止等事项，订立书面协议。合伙可以起字号，依法经核准登记，领取营业执照。合伙人对合伙的债务承担连带责任，法律另有规定的除外。偿还合伙债务超过自己应当承担数额的合伙人，有权向其他合伙人追偿。

2. 合伙型联营

《民法通则》第 52 条规定："企业之间或者企业、事业单位之间联营，共同经营、不具备法人条件的，由联营各方按照出资比例或者协议的约定，以各自所有的或者经营管理的财产承担民事责任。依照法律的规定或者协议的约定负连带责任的，承担连带责任。"该规定要求合伙人具有组织身份，对合伙人没有限于企业，事业单位也允许享有合伙人身份。作为合伙人身份的组织可以是法人，也可以是非法人组织，但组成的联合体本身不具有法人资格。合伙型联营的债务由合伙人按照出资比例或按照协议约定承担，依照法律的规定或协议的约定，负连带责任的承担连带责任。

3. 合伙企业

1997 年《合伙企业法》第 2 条规定："本法所称合伙企业，是指自然人、法人或其他组织依照本法在中国境内设立的由各合伙人订立合伙协议，共同出资、合伙经营、共同受益、共担风险，并对合伙企业的债务承担无限连带责任的营利性组织。"合伙企业，包括普通合伙企业与有限合伙企业。《合伙企业法》于 2006 年修改。普通合伙企业的债务，先由合伙企业承担，不足部分由合伙人按照协议约定承担，或出资比例承担，或平均承担责任，合伙人之间承担连带清偿责任。有限合伙企业中的普通合伙人承担无限连带责任，特殊合伙人承担有限责任。

（二）合伙的特征

（1）合伙具有团体属性，为非法人组织。不管自然人合伙、组织合伙还是自然人与组织之间的合伙，作为合伙后组成的联合体都不再是自然人，而是组织，这种团体属性是与个体工商户的主要区别；另一方面，合伙虽为组织，但基于其在组织、财产和责任三方面均不具有独立性，故不是法人，这是合伙企业与公司法人的主要区别。

（2）合伙为营利性组织。作为组织体，成立一定有目的性，营利是成立合伙组织的主要目的。这个目的与公司法人成立目的相同，而与公益性社会团体有别。

（3）合伙人对合伙债务承担无限连带责任。合伙因不具有组织与财产的独立性，故不能独立承担民事责任。合伙的债务首先由合伙财产清偿，当合伙财产不足以请尝时，则由所有合伙人按照约定的份额或出资额比例或平均清偿，某合伙人无力清偿债务的，有能力的合伙人要代其清偿，并在代为清偿范围内取得求偿权。这是与公司股东承担债务的主要区别。公司股东对公司债务承担有限责任，合伙人则是承担无限连带责任。

二、合伙合同的概念与特征

（一）合伙合同的概念

《民法典》第967条规定："合伙合同是两个以上合伙人为了共同的事业目的，订立的共享利益、共担风险的协议。"

（二）合伙合同的特征

（1）合伙合同是合伙人基于共同意思表示形成的协议。与其他典型合同不同，合伙人之间的权利、义务不是对待债权债务，而是合伙人的共同权利、义务；

（2）合伙人的数量为两人或两人以上。《民法典》对合伙的人数仅规定了下限，没有规定上限；

（3）合伙合同的内容是合伙人共享利益与共担风险；

（4）合伙人与第三人的关系是不特定关系。

第二节　合伙合同的效力

一、合伙人的权利

1. 合伙事务执行权

根据《民法典》第970条的规定："合伙人就合伙事务作出决定的，除合伙合同另有约定外，应当经全体合伙人一致同意。合伙事务由全体合伙人共同执行。按照合伙合同的约定或者全体合伙人的决定，可以委托一个或者数个合伙人执行合伙事务；其他合伙人不再执行合伙事务，但是有权监督执行情况。合伙人分别执行合伙事务的，执行事务合伙人可以对其他合伙人执行的事务提出异议；提出异议后，其他合伙人应当暂停该项事务的执行。"

2. 利润分配权

根据《民法典》第972条的规定："合伙的利润分配，按照合伙合同的约定办理；合伙合同没有约定或者约定不明确的，由合伙人协商决定；协商不成的，由合伙人按照实缴出资比例分配；无法确定出资比例的，由合伙人平均分配。"

利润分配权是合伙人的主要财产权利，得到分配利润也是合伙人投资的目的。根据《民法典》的规定，合伙人利润分配的多少，首先是看合同约定，合同没有约定或约定不明确，协商解决；协商不成的按照实缴出资比例分配；无法确定出资比例的，平均分配。

3. 合伙财产为合伙人共有

《民法典》第 969 条规定:“合伙人的出资、因合伙事务依法取得的收益和其他财产，属于合伙财产。合伙合同终止前，合伙人不得请求分割合伙财产。”根据该规定，合伙人基于其身份，在合伙组织终止前，合伙财产为合伙人共有。

4. 财产分割权

《民法典》第 978 条规定:“合伙合同终止后，合伙财产在支付因终止而产生的费用以及清偿合伙债务后有剩余的，依据本法第九百七十二条的规定进行分配。”

5. 合伙人转让合伙财产通常须经其他合伙人一致同意

《民法典》第 974 条规定:“除合伙合同另有约定外，合伙人向合伙人以外的人转让其全部或者部分财产份额的，须经其他合伙人一致同意。”

二、合伙人的义务

1. 合伙人出资义务

《民法典》第 968 条规定:“合伙人应当按照约定的出资方式、数额和缴付期限，履行出资义务。”

2. 合伙人不能因执行合伙事务而请求支付报酬

《民法典》第 971 条规定:“合伙人不得因执行合伙事务而请求支付报酬，但是合伙合同另有约定的除外。”

3. 合伙人亏损分担义务

根据《民法典》第 972 条的规定，合伙的亏损分担，按照合伙合同的约定办理；合伙合同没有约定或者约定不明确的，由合伙人协商决定；协商不成的，由合伙人按照实缴出资比例分担；无法确定出资比例的，由合伙人平均分担。

三、合伙人的民事责任

1. 合伙人对合伙债务承担连带责任

《民法典》第 973 条规定:“合伙人对合伙债务承担连带责任。清偿合伙债务超过自己应当承担份额的合伙人，有权向其他合伙人追偿。”

2. 对债权人行使代位权的限制

《民法典》第 975 条规定:“合伙人的债权人不得代位行使合伙人依照本章规定和合伙合同享有的权利，但是合伙人享有的利益分配请求权除外。”

☞ 案例导读评析

根据《民法典》第 972 条的规定，合伙的亏损分担，应由合伙人按照实缴出资比例分担。第973条规定，合伙人对合伙债务承担连带责任。洪山贸易公司的50万元货款首先应由兴隆白酒厂承担。兴隆白酒厂清偿后债务余额30万元应由其合伙人李大宝与江城粮油加工厂各分担15万元债务，负连带清偿责任。

☞ 本章思考题

合伙合同的概念与特征？

合伙人对合伙债务如何承担责任？

☞ 案例分析习题

甲、乙、丙三人签订合伙协议并开始经营，但未取字号，未登记，也未推举负责人。其间，合伙人与顺利融资租赁公司签订融资租赁合同，租赁淀粉加工设备一台，约定租赁期限届满后设备归承租人所有。合同签订后，出租人按照承租人的选择和要求向设备生产商丁公司支付了价款。

请回答第（1）~（3）题。

（1）如果承租人不履行支付价款的义务，出租人起诉，适格被告是：(不定项选择题)

A. 合伙企业

B. 甲、乙、丙全体

C. 甲、乙、丙中的任何人

D. 丁公司

（2）乙在经营期间发现风险太大，提出退伙，甲、丙表示同意，并通知了出租人，但出租人表示反对，认为乙退出后会加大合同不履行的风险。下列说法正确的是：(不定项选择题)

A. 经出租人同意，乙可以退出

B. 乙可以退出，无需出租人同意

C. 乙必须向出租人提供有效担保后才能退出

D. 乙退出后对合伙债务不承担责任

（3）如租赁期间因设备自身原因停机，造成承租人损失。下列说法正确的是：(不定项选择题)

A. 出租人应减少租金

B. 应由丁公司修理并赔偿损失

C. 承租人向丁公司请求承担责任时，出租人有协助义务

D. 出租人与丁公司承担连带责任

附：合伙合同（示范文本）

合伙经营协议书范本

根据《中华人民共和国合伙企业法》及国家有关法律、行政法规规定，全体合伙人在诚实守信、平等互利、自愿入伙的基础上，经共同协商一致，达成合伙经营协议如下：

一、合伙企业的名称和经营范围、经营场所。

第 1 条　合伙企业的名称为：______________________；

第 2 条　合伙企业的经营场所：____________________.

二、合伙企业的经营范围：________________________.

三、合伙人的姓名、住所。

1. 合伙人：___________，身份证号码：___________，

地址：___________；

2. 合伙人……

四、合伙人出资方式、数额和缴付出资的期限。

1. 合伙人________，出资________万元人民币，________出资（现金、实物、劳务或财产权利），本出资应在合伙协议签订之日时缴付。

2. ……

五、合伙人权利和义务

第 3 条　本合伙企业为普通合伙企业，由合伙人共同出资、共同经营（由……对合伙债务承担无限连带责任……对其出资额承担有限责任）。

第 4 条　合伙人在合伙正常经营范围内的一切行为，由全体合伙人承担民事责任。如某人超越权限的行为所产生的民事责任则由该合伙人个人承担。

第 5 条　在执行合伙业务过程中，因合伙人的过错致使他人遭受人身伤害或者财产损失的，由全体合伙人承担连带责任。

第 6 条　合伙人不能成为其他合伙企业的合伙人。

第 7 条　合伙存续期间，合伙企业积累的财产和权益为合伙财产，为合伙经营使用。

第 8 条　合伙财产在普通合伙清算前不得分割。

六、利润分配、亏损分担方式（未约定或约定不明，按实缴出资比例分配；比例不明，平均分配；不得约定全部利润归部分合伙人及亏损只由部分合伙人承担）。

第9条　本合伙企业税后利润提取10%公积金（用于扩大再生产和转为合伙人增加投资、弥补亏损），提取10%公益金（用于合伙人和职工的福利），余下按投资比例分取红利；(公积金或公益金不是法定提取项目)

第10条　企业亏损，按合伙人投资比例承担责任。

七、合伙企业事务的执行。

第11条　经全体合伙人一致同意，委托________为执行合伙企业事务的合伙人，对外代表合伙企业，其他合伙人不再执行合伙企业事务人；

第12条　执行事务的合伙人依照合伙章程或合伙人授权进行经营活动，对全体合伙人负责；

执行事务的合伙人应当向不参加执行事务的合伙人报告事务执行情况以及合伙企业的经营状况和财务状况，合伙人为了了解合伙企业的经营状况和财务状况有权查阅账簿；

第13条　不参加合伙企业执行事务的合伙人有权监督执行事务的合伙人，检查其执行合伙事务的情况；

第14条　合伙人对合伙企业有关事项作出决议时，实行一人一票的表决办法(可约定按出资比例等其他方式行使表决权，约定不明或无约定，一人一票，且经全体合伙人过半数通过；以合伙财产份额出质，法定必须全体合伙人同意，约定无效)；

第15条　被委托执行事务的合伙人不按照合伙协议或者全体合伙人的决定执行事务的，其他合伙人可以决定撤销该委托；

第16条　合伙人不得自营或者同他人合作经营与本合伙企业相竞争的业务，不得从事损害合伙企业利益活动；合伙人因前述行为所得利益，应当归合伙企业所有；

第17条　下列事项，应当经全体合伙人同意，作出决定（可约定）：

（1）改变合伙企业名称；

（2）改变合伙企业的经营范围、主要经营场所的地点；

（3）处分合伙企业的不动产；

（4）转让或者处分企业的知识产权和其他财产权利；

（5）向登记机关申请办理变更登记手续；

（6）以合伙企业名义为他人提供担保；

（7）聘任合伙人以外的人担任合伙企业的经营管理人员；

（8）合伙人与本合伙企业进行交易；

（9）合伙人向合伙人以外的人转让财产份额（其他合伙人的优先购买权；另，向其他合伙人转让，应书面通知其他合伙人，约定其他合伙人的购买权）。

八、入伙与退伙

第 18 条 新合伙人入伙时，应当经全体合伙人同意（可约定），并订立书面入伙协议。订立入伙协议时，原合伙人应当向新合伙人告知原合伙人企业的经营状况和财务状况。

第 19 条 入伙的新合伙人与原合伙人享有同等权（可约定），对入伙前合伙企业的债务承担连带责任。

第 20 条 下列情形之一，合伙人可以退伙（此项以约定合伙期限为前提；未约定合伙期限，以不妨碍合伙事务为前提，可提前三十日通知其他合伙人决定退伙）：

（1）合伙协议约定的退伙事由出现（可约定退伙事由，如约定出现以下第 25 条规定的情形，未取得全体合伙人一致同意，除名提议合伙人有权要求退伙以自我救济，第 35 条规定，选择退伙）；

（2）全体合伙人同意；

（3）发生合伙人难以继续参加合伙企业的事由；

（4）其他合伙人严重违反合伙协议约定的义务。

第 21 条下列情形之一，合伙人当然退伙：

（1）当合伙人死亡或者被依法宣告死亡（其他合伙人同意，继承人成为合伙人；或继承人不同意，或法定资格欠缺，或合伙人约定在先，退还继承人财产）；

（2）被依法宣告为无民事行为能力人或限制民事行为能力人（经其他合伙人同意，或转为有限合伙企业；不同意，该合伙人退伙，向其或其继承人退还财产份额）；

（3）个人丧失偿债能力；

（4）作为合伙人的法人或者其他组织依法被吊销营业执照、责令关闭、撤销，或者宣告破产；

（5）法律规定或者约定合伙人必须具有相关资格而丧失该资格；

（6）被人民法院强制执行在合伙企业中的全部财产分额。

第 22 条 合伙人违反本协议第 20 条、第 21 条第（1）、（2）项规定退伙的，应赔偿由此给合伙企业造成的损失。

第23条　退伙事由实际发生之日为退伙生效之日。

第24条　合伙人退伙时，合伙企业进行结算后，以货币（或约定以实物）退还退伙人财产；

退伙时有未了结的合伙企业事务的，待了结后进行结算；

退伙人对其退伙前以发生的合伙企业债务，与其他合伙人承担连带责任。

第25条　合伙人有下列情形之一的，经其他合伙人一致同意，可以决议将其除名：

（1）未履行出资义务；

（2）因故意或者重大过失给合伙企业造成损失；

（3）执行合伙企业事务时有不正当行为时；

（4）合伙协议约定（其他事由）。

第26条　除名决议应当书面通知被除名人；

被除名人接到除名通知，除名生效，被除名人退伙；

被除名人对除名决议有异议，自接到除名通知之日起30日内，可以向人民法院提起民事诉讼。

九、合伙企业的解散、清算

第27条　有下列情形之一，合伙企业解散：

（1）当合伙协议约定的经营期限届满，合伙人决定不再继续经营的；

（2）合伙协议约定的解散事由出现（具体约定）；

（3）全体合伙人决定解散；

（4）合伙人已不具备法定人数满30日；

（5）合伙协议约定的合伙上书经实现或无法实现；

（6）被依法吊销营业执照、责令关闭或被撤销；

（7）法律、行政法规规定的其他原因。

第28条　合伙企业解散后应进行清算，清算人由全体合伙人担任；

经全体合伙人过半数同意，可以自合伙企业解散事由出现后15日内指定一名或者数名合伙人，或者委托第三人，担任清算人；

据上款规定期限未确定清算人的，合伙人或其他利害关系人可以申请人民法院指定清算人。

第29条　清算人依法履行清算事务，依法定程序进行清算。

第30条　合伙企业财产在支付清算费用，依法定顺序进行债务清偿后，所余财产按本协议约定进行分配。

十、违约责任

第 31 条　合伙人违反本协议的应支付投资份额 100%的违约金，并赔偿因违约而造成的经济损失。

十一、其他规定

第 32 条　本合伙协议中，书面通知等文书送达，以送达本协议所记载各合伙人地址之日，视为送达。

第 33 条　当合伙人执行本协议发生纠纷时，可以通过协商或调解解决，合伙人不愿意通过协商、调解解决或者协商调解不成的，可以向人民法院起诉。

第 28 条　本合伙企业经营期限年，自合伙协议被批准之日起算

第 34 条　本合伙协议经全体合伙人签名、盖章后生效，各合伙人各执一份，登记备案机关一份，具同等法律效力；

第 35 条　经全体合伙人协商一致，可以修改或者补充合伙协议（可约定决议方式，不同意合伙人可选择退伙）。

合伙人签字盖章：

（企业名称）

年　　月　　日

第三编　准　合　同

第十七章　无因管理

● **学习目标：**

1. 了解无因管理的概念和特征；
2. 了解无因管理的分类
3. 掌握无因管理的构成要件；
4. 掌握无因管理的效力。

● **案例导读：**

2015年夏天，张家父子外出打工，房屋无人看管，一天，天气预报近期将有强台风，张家的邻居刘某见张家无人，房子又年久失修，于是花钱请人对张家的房屋进行了修缮，共花费了3500元。但台风过后，张家的房子还是倒塌了。

请问：

1. 该案是否构成无因管理？
2. 刘某所支付的修缮费用可否要求张某赔偿？

第一节　无因管理概述

一、无因管理的概念及性质

（一）无因管理的概念

无因管理，是指没有法定的或约定的义务，为避免他人利益受到损失，自愿管理他人事务或为他人提供服务的行为。所谓“无因”，即无法定或约定义务；管理他人事务的一方称管理人，其事务被管理的一方称本人或受益人。

无因管理制度起源于罗马法，被认为是一种准契约，德国普通法、《法国民法典》承袭罗马法体制，以准契约的形式确定了无因管理的效力。《德国民法典》摒弃准契约说，将无因管理作为“无委任之事务管理”规定在委任之后。日本法在此基础上将无因管理与合同、不当得利、侵权行为等并列，将无因管理作为债的发生原因之一。①《民法通则》将无因管理列为债的发生原因之一，《民法典》在总则部分亦予以明确。《民法典》第118条规定："民事主体依法享有债权。债权是因合同、侵权行为、无因管理、不当得利以及法律的其他规定，权利人请求特定义务人为或者不为一定行为的权利。"值得一提的是，《民法典》在合同编专门增加了一章"准合同"，将无因管理列为准合同之一。

（二）无因管理的性质及其制度功能

无因管理是一种事实行为，而非法律行为。法律行为是以意思表示为要素的，希望以自己的意思表示发生法律上的效果。无因管理之债的发生，则完全是由于法律的规定，而非当事人的约定，故非民事行为。在无因管理中，管理人有为他人谋利益的意思，但该意思不是以设立民事法律关系为目的的意思，不是发生法律上效果的意思，并且这种管理意思也无须对外表示。无因管理既然属于事实行为，民法上关于法律行为的规定，尤其是意思表示的规定，自不适用，管理人是否具有行为能力，亦在所不问。

一般而言，个人事务应该自主决定，他人没有权利也没有义务加以干涉，除非有法定或约定义务存在。否则，干涉他人事务，往往构成侵权行为。但是，在一些情况下，管理人为他人利益着想，以为他人管理事务的意思管理他人事务，符合社会道德要求，并产生社会经济效益，符合社会共同利益的要求。而无因管理作为一种道德行为本来应是不计得失的，但管理人在管理受益人事务的过程中往往支出一定的费用或者遭受一定的损失，甚至向第三人负担一定的债务。为鼓励这种道德行为，各国都在法律中规定受益人应返还管理人支出的实际费用，无因管理之债应运而生。《民法典》第121条规定："没有法定的或者约定的义务，为避免他人利益受损失而进行管理的人，有权请求受益人偿还由此支出的必要费用。"

二、无因管理与相关制度的区别

（一）无因管理与不当得利

作为法定之债的产生依据，无因管理和不当得利的法律后果都是由法律直接规定，当事人不能约定。但就前者而言，行为人的意志内容有决定意义，它是管理人在无义务的情况下实施的行为，管理人应当有为他人利益管理的意思（非意思表示，不要求表示出来）；对于后者，行为人的意志内容并不起决定作用，它是一种

① 张俊浩：《民法学原理》，中国政法大学出版社1997年版，第856页。

客观事件。无因管理的立法目的是为了减少损害的发生，鼓励人们互相关心、相互扶助、见义勇为，发扬助人为乐的精神；不当得利的立法目的则在于纠正社会经济生活中发生的不正常现象，在适用上二者不能等同。应注意的是，管理人实施管理所取得的利益本应归属于本人（受益人），本人（受益人）因此从管理人处取得的利益具有合法根据，不构成不当得利；如果管理人把本属于本人（受益人）的利益占为己有，则因其没有取得该利益的合法根据，可以构成不当得利。

（二）无因管理与侵权行为

一般来说，在没有法定或者约定义务的情况下管理他人的事务，是对他人事务的干预，但管理人为了公共利益或者本人的利益而管理本人的事务，是符合道德准则的助人为乐、见义勇为的利人行为，因而是应当受到认可和鼓励的合法行为。这是无因管理与侵权行为的根本区别，因为侵权行为不具有为他人谋取利益或者是为他人避免损失的意图，其行为后果是造成了他人损害，实属不正当，侵权行为是损人行为，是违法行为。

（三）无因管理与合同

《民法典》把无因管理作为准合同来处理，可以看出无因管理与合同是有一定联系的。但是无因管理与合同之间仍然存在诸多区别，除上述事实行为与法律行为的区别外，还有：①无因管理是单方行为，不以意思表示为要件。合同是双方或者多方法律行为，各方意思表示一致是合同成立的要件。②无因管理以没有当事人的管理约定为前提，而合同依据当事人的约定而成立，因此合同关系的存在原则上排除无因管理的成立。

（四）无因管理与代理

无因管理与代理有着较为明显的相似之处。在无因管理法律关系中，管理人是为本人的利益而管理本人事务的，在代理中，代理人也是为本人的利益而实施代理行为的。但是二者也有较为明显的区别，主要是：代理人基于本人的委托或者有关机构的依法指定，负有管理本人事务的义务。因而，代理人的代理行为是履行该管理义务的行为。无因管理的管理人本无法律上的义务，管理人管理本人事务的事实行为不以履行某种义务为目的。因此，代理关系的存在原则上也排除了无因管理的成立。

无因管理也不同于无权代理。尽管在无权代理时，无权代理人系未经授权而为本人管理事务，这与无因管理的管理人无法律上的义务而管理本人事务相似，但是两者的主要区别有：①无权代理中，无权代理人以本人的名义进行活动。无因管理中，管理人可以根据具体情况，以自己的名义或者以本人的名义实施管理行为；②无权代理行为是民事行为，行为人应当具有完全民事行为能力。无因管理是事实行为，不要求管理人具有完全民事行为能力；③无权代理需要本人的追认方成为有效代理，对本人发生法律效力，由本人承担代理行为的法律后果。未经本人追认的，对本人不发生法律效力，本人不承担无权代理行为的法律后果。无因管理只要符合构成要件，无需本人追认，即可成立，并对本人产生相应的法律效力。④无权代理行为的成立不以无权代理人实施行为的后果有利于本人为要件。无因管理中，原则上要求管理行为的后果要有利于本人。

三、无因管理的类型

（一）真正的无因管理

真正的无因管理，是管理人无法律上的义务，为他人管理事务的事实行为。真正的无因管理是民法上的无因管理，也是本章介绍的重点。真正的无因管理具备民法上无因管理的构成要件，即管理他人事务、管理人具有为他人利益管理事务的意思、无法律上的义务，详见下文。其中，具有为他人利益管理事务的意思是真正的无因管理与不真正的无因管理的根本区别。

根据管理事务的结果是否有利于本人，是否违反本人明示或者可以推知的意思，还可以将真正的无因管理分为正当的无因管理与不正当的无因管理。正当的无因管理又称适法的无因管理，是管理事务有利于本人，并不违反本人明示或者可以推知的意思的无因管理，具有一般性。不正当的无因管理又称为不适法的无因管理、不法无因管理，是管理事务不利于本人，违反本人明示或者可以推知的意思的无因管理，具有特殊性。我们将在下文做专门介绍。

（二）不真正的无因管理

不真正的无因管理，是管理人无法律上的义务，为自己而管理他人事务的事实行为。不真正的无因管理又可分为两种情形：①管理人明知是他人事务，仍然将其作为自己的事务进行管理的情形。②管理人误以为他人的事务是自己的事务而进行管理的情形，又称为误信管理。就行为表象来看，不真正无因管理的管理人与真正无因管理的管理人一样，均为管理他人事务。但是，两者的区别在于管理人管理事务时的意思是为自己还是为他人。如果为自己，则为不真正的无因管理。

基于这一区别，学者对于不真正的无因管理是否应当被视为无因管理尚有争议。有的学者认为不真正的无因管理不具有合法性，所以不是无因管理。①有的学者则将不真正的无因管理看作准无因管理，并认为明知为他人事务却进行管理的不

① 房绍坤、郭明瑞、唐广良：《民商法原理（三）债权法 侵权行为法 继承法》，中国人民大学出版社 1999 年版，第 313 页。

真正无因管理适用无因管理的有关规定，具有一定的积极意义。①

第二节　无因管理的构成要件与法律效力

一、无因管理的构成要件

《民法典》第 979 条第 1 款规定："管理人没有法定的或者约定的义务，为避免他人利益受损失而管理他人事务的，可以请求受益人偿还因管理事务而支出的必要费用；管理人因管理事务受到损失的，可以请求受益人给予适当补偿。"根据该条规定及学界通说，无因管理的构成要件如下：

（一）管理他人事务

管理人管理他人事务是成立无因管理的客观要件。一般地，"管理"应做广义理解，不仅包括对他人事务的管理行为，如对他人财物的保存、改良和利用等，也包括对提供劳务服务。

"事务"泛指满足人们生活、生产需要的事项，可以是经济性的（如代缴房租）或者非经济性的（如喂养小动物）事项；可以是法律行为（如代为购买书籍）或者事实行为（如修补邻居家倾斜的墙壁）；在实施法律行为时，可以以管理人自己的名义实施，也可以以本人的名义实施。但是，能够构成无因管理的事务应当符合以下几点要求：①必须是合法事务。非法事务不得成为无因管理上的事务，如包庇犯罪等。②必须为不专属于本人处理的事务。专属性的事务必须由本人亲自办理，他人不得代办，如结婚、离婚，被某公司聘任提供技术劳务等。③必须不属于经本人授权才能进行的事务。如未经授权，他人不得替本人从银行取款，因而从银行取款不能由他人无因管理。④必须是能够发生债的关系的事务。不能发生债权债务关系的事务，如纯粹的宗教、道德、风俗和公益性质的事务不能发生债权债务关系，因而不能由他人无因管理。

"他人"是指管理人以外的人，但并不要求在进行无因管理时，管理人确切地知道他人是谁。管理人管理的应是他人的事务，单纯属于管理人自己的事务不能成为无因管理的标的。

（二）有为他人管理事务的意思

管理人必须具有为他人谋利益而管理的心理状态，即管理意思，这是成立无因管理的主观要件，也是无因管理区别于侵权行为、代理与无权代理的重要方面。《中华人民共和国民法典》第 797 条中的"为避免他人利益受损失"也是此意。管

---

① 王泽鉴：《债法原理（一）·基本理论·债之发生》，中国政法大学出版社 2001 年版，第 356~357 页。

理人误以他人事务为自己事务而为的管理，为误信管理（不真正无因管理），由于欠缺为他人管理事务之意思，不成立无因管理。如误以他人债务为自己债务而为清偿，不构成无因管理，但管理人有权请求他人返还不当得利。管理人为自己的利益而管理他人事务，则属于不法管理，如出租他人之物、行使他人的知识产权等，原则上适用侵权行为或不当得利的规定。

管理他人事务应该是有利于本人，不得违反本人明示或可推知的意思。所谓有利于本人，是指对本人实质有利、客观有益；所谓明示的意思，是指本人事实上已经表示的意思，如登山遇险之人高呼救命；所谓本人可推知的意思，是指根据现实情况依一般人的认识能够客观推断出的本人意思，例如，本人全家煤气中毒，管理人破门而入进行救助，即符合本人可推知的意思。

管理意思是管理人的主观心态，判断管理人是否有为他人管理事务的意思，需要一定的判断标准。通说认为，应依据其管理的事务为客观上的他人事务或主观上的他人事务来判断。客观的他人事务，是指事务在性质上与他人具有当然的结合关系，事务的内容属于他人利益的范畴，如下雨时替他人收取晾晒衣物。主观上的他人事务，是指该事务在外表上属于中性，依其性质和内容，不当然与他人具有结合关系，但可依管理人的意思而成为他人事务，例如，购买一件商品，如果只为自己使用，系纯为自己的事务，而如本人曾表示希望购入该商品，而管理人以自己的名义为他人购入，并且尽到了通知义务和支付义务，可认为其有为他人管理的意思。当然，当管理人主张为管理他人的事务时，管理人应负举证责任。

管理的事务为客观的他人事务时，只要其未就该事务作为自己的事务来管理，即可认定其具有为他人管理的意思。管理的事务为主观的他人事务时，判断当事人是否具有管理的意思，应主要根据其外部的表现，管理人在管理事务时是否通知本人，管理事务结束后，是否将管理所获得的利益及时交付给本人；本人是否表示过希望他人管理某件事务，本人接到管理人的通知时是否做出表示等，均可用于判断管理人是否具有管理的意思。

（三）无法定或约定的义务

无因管理中的无因，即是指没有法定或者约定的义务，而这种义务只能是积极的义务，不包括消极义务。单纯履行法定义务的行为不能构成无因管理，例如，监护人对被监护人的监护、消防人员救火属于履行法定义务的行为。完全为了履行约定义务的行为也不能构成无因管理，例如，承运人根据运输合同将托运人托运的货物运至目的地，承揽人根据承揽合同对本人的物品进行加工等属于约定义务，不构成无因管理。

判断有无法定或者约定的义务，应以管理事务开始的时间为标准。管理事务开始时无义务，而后发生义务的，在义务发生前为无因管理；管理事务开始时有义务，而后义务消灭的，自义务消灭之时起，其后的管理为无因管理。此外，判断有无法定或者约定的义务，应当以客观上该管理人是否负有法定或者约定的义务为标准，与管理人的主观认为无关。

管理人与本人之间虽然有合同义务存在，但管理人完成管理行为后，发现合同不成立、无效或被撤销时，通说认为管理人与本人之间不成立无因管理，但管理人可以向本人主张不当得利返还请求权。

二、无因管理的法律效力

（一）管理人的权利和义务

管理人的权利，又称管理人的请求权，是指在无因管理之下，管理人请求本人偿付因管理事务所支出的必要费用，以及在该活动中受到的实际损失的权利。管理人的这些权利可以由其继承人继承。无因管理的管理人本无管理本人事务的义务，但因无因管理的成立，管理人也就承担了一定的义务，具体包括：

1. 适当管理义务

管理人不应违背本人的意思，应以本人明示或者可推知的意思进行管理。《民法典》第979条第2款规定："管理事务不符合受益人真实意思的，管理人不享有前款规定的权利；但是，受益人的真实意思违反法律或者违背公序良俗的除外。"这表明，为了本人的真正利益或者社会公共利益而进行管理的，即使与本人的意思不相一致，也认为是属于适当管理，例如抢救自杀者，虽违背本人的意思，却有利于本人的真实利益；本人将妻子遗弃，管理人为本人的妻子提供食物，虽然违背本人的意思，但实际上是为本人履行法定抚养义务。

《民法典》第981条规定："管理人管理他人事务，应当采取有利于受益人的方法。"有利于本人的管理方法，是指管理人对事务管理的方式和结果有利于本人，不损害本人的利益。管理人的管理方法是否适当，应视当时的客观情况而定，管理人应尽到善良管理人的注意义务。管理人主观上认为其管理方法有利于本人，但客观上不利于本人，甚至反而使本人利益受损的，该管理方法并不适当。如果管理人所管理的事务是本人应当履行的法定义务或者社会公益义务，尽管管理结果可能不利于本人的利益（如导致本人财产的减少），仍然是适当的管理。

2. 通知义务

《民法典》第982条规定："管理人管理他人事务，能够通知受益人的，应当及时通知受益人。管理的事务不需要紧急处理的，应当等待受益人的指示。"管理人在开始管理时，在能够通知本人的情况下，即刻通知本人，如果没有紧迫的情况，等候本人的指示。但是，管理人的通知义务，应当以能够通知和有必要通知为限，无法通知或者本人已经知道的，无需通知。

3. 报告义务和交付义务

《民法典》第983条规定："管理结束后，管理人应当向受益人报告管理事务的情况。管理人管理事务取得的财产，应当及时转交给受益人。”管理人开始管理后，应当将管理的有关情况及时报告给本人，该报告义务也应以管理人能够报告为限。事务管理完毕时，管理人应当及时向本人报告事务管理的始末，告知管理的结果。因管理事务所获财物、权利以及孳息，应在管理结束时移交给本人。

4. 停止管理或继续管理的义务

《民法典》第 981 条规定：“中断管理对受益人不利的，无正当理由不得中断。”一般情况下，在管理行为开始之后，管理人有权自主决定停止或者继续管理他人的事务。但是如果在管理行为开始之后，本人或者继承人、代理人可以进行管理的，管理人应当停止管理。如果管理人停止管理较之不开始管理对本人更为不利的，管理人应当计息管理，而不应停止。

（二）本人的权利和义务

本人在享有上述通知、报告、交付等权利的同时，负有向管理人偿还必要费用、清偿债务、损害赔偿等义务，这同时构成了管理人的权利。本人的义务具体包括：

1. 偿还必要费用的义务

管理人为管理本人事务而支出的必要费用，本人应当予以返还。该费用是否必要，应依客观情况来判断。对于不必要支出的费用，本人不负偿还义务。

2. 清偿必要债务的义务

管理人因管理事务而以自己的名义向第三人负担债务时，本人应当予以清偿。管理人在管理事务时以本人名义对第三人负担债务的情况下，如果本人追认的，本人直接向第三人承担债务；如果本人不予追认，由管理人向第三人承担债务，但是管理人在承担之后，有权依无因管理请求本人进行清偿，本人应当清偿。

3. 损害赔偿责任

管理人因管理事务而受有损害时，本人应当予以赔偿。损害与管理事务之间应当有因果关系。非因管理事务而受有的损害，本人不承担赔偿责任。如果管理人对其损害的发生存在过失，本人的赔偿责任应当适当减轻。

三、对无因管理的承认

《民法典》第 984 条规定：“管理人管理事务经受益人事后追认的，从管理事务开始时起，适用委托合同的有关规定，但是管理人另有意思表示的除外。”这意味着，管理人为本人管理事务之后，本人可以自由决定是否承认管理人的无因管理行为，本人承认该管理事务行为的，管理人与本人之间的关系可以准用委托合同的有关规定。

四、不法无因管理

不法无因管理，是指管理人没有法律上的原因，违反他人明知或者可以推知的意思而管理他人事务的行为，不法的无因管理与合法的无因管理相对应。就构成要件来说，不法无因管理与合法无因管理不同的是：不法无因管理中，管理人管理事务或者在管理事务中的行为违反本人明知或者可以推知的意思，并且该违反不以维护社会公共利益或者本人的真正利益为目的。

就性质而言，不法无因管理属于侵权行为。因此，如果该管理行为给本人造成损害的，管理人应当承担赔偿责任。在不法无因管理的情况下，本人可以对该管理行为予以承认。如果本人承认该管理行为，即可以准用委托合同的有关规定，产生本人委托管理人进行管理的有关权利和义务。本人不承认该管理行为的，其有权选择主张或者不主张享受因该管理所生的利益：

1. 本人主张享受不法无因管理所生之利益

本人主张享受不法无因管理所产生的利益的情况：①甲雇请乙看管甲的房屋，乙违反甲的意思将甲的房屋出租给丙，甲向乙主张享受出租该房屋所取得的租金；②甲将某物存放于乙处，乙知道甲有意出售该物，故以5000元售于丙，比市价低500元。甲向乙主张享受出售该物的5000元价款。这种情况下，本人有权享受该不法无因管理所产生的利益，同时也应当以该利益为限偿还管理人为管理事务所支出的必要费用及利息，清偿管理人所负担的债务，赔偿管理人所遭受的损失。这体现在《民法典》第980条上："管理人管理事务不属于前条规定的情形，但是受益人享有管理利益的，受益人应当在其获得的利益范围内向管理人承担前条第一款规定的义务。"但是，本人提出享受主张不能被视为对该管理行为的承认，也不能使不法无因管理转变为合法无因管理。

2. 本人不主张享受不法无因管理所生之利益

如果本人不主张享受不法无因管理所带来的利益，则不承担偿还管理人因此支出的必要费用及利息、清偿管理人因此所负的债务、赔偿管理人因此所受的损失的义务。如果本人虽然不主张享受该利益，但本人确实因该不法无因管理而受有利益的，同时管理人因不法无因管理而受有损害的，在管理人和本人之间构成不当得利。管理人可以向给本人请求返还不当得利，本人负有在其所受利益的范围内返还该不当得利的义。对于管理人的其他损害，本人不负任何责任。

☞ 案例导读评析

1. 该案构成无因管理。理由如下：(1) 刘某所管理的事务是替张家修缮房屋，属于管理他人事务。(2) 刘某花钱请人修缮张家的房屋，目的是防止其被强台风吹倒，属于为避免他人利益遭受损失。(3) 刘某的修缮行为未受张家委托，法律也没有要求他这样做，属于无法定义务或约定义务。张家的房屋虽经修缮仍然倒塌，修缮的目的没有达到，但无因管理重在管理事务本身，目的是否达到与无因管理的成立无关。因此在本案中，无因管理仍可成立。

2. 既然成立无因管理，刘某所支付的必要修缮费用，可以要求张某赔偿。

☞ 本章思考题

1. 什么是无因管理？它的性质是什么？
2. 无因管理的构成要件是什么？
3. 无因管理的法律效力有哪些？

☞ 案例分析习题

张某在一风景区旅游区爬到山顶后，见一女子孤身站在山顶悬崖边上，目光异样，即心生疑惑。该女子见有人来，便向悬崖下跳去，张某情急中拉住女子衣服，将女子救上来。张某救人过程中，随身携带的价值2000元的照相机被碰坏，手臂被擦伤；女子的头也被碰伤，衣服被撕破。张某将女子送到山下医院，为其支付各种费用500元，并为包扎自己的伤口用去20元。当晚，张某住在医院招待所，但已身无分文，只好向服务员借了100元，用以支付餐宿费。

请问：被张某救起的女子需要承担费用吗？应承担哪些费用？为什么？

第十八章 不当得利

● **学习目标：**

1. 理解不当得利的概念和性质；
2. 了解不当得利与相关法律制度的区别；
3. 掌握不当得利的构成要件、类型和法律效果。

● **案例导读：**

2020年5月10日，李某从某商厦购买24K金项链一条，重50克，价格是18110元人民币。同年7月5日，李某帮同村牛某从汽车上搬卸货物，回家后发现其金项链已丢失，返回原处寻找，但没有找到。两天后牛某告诉李某，听人讲本村男青年刘某拾得一条24K金项链，很像李某丢失的那条。李某即找到刘某询问拾到项链之事，刘某承认有拾得一条项链的事实，但项链是捡的，就是自己的了。

请问：

李某能要求刘某退还金项链吗？为什么？

第一节 不当得利概述

一、不当得利的概念与性质

（一）不当得利的概念

不当得利，是指没有合法根据，取得不当利益并造成他人损失的法律现象。《民法典》第118条规定："民事主体依法享有债权。债权是因合同、侵权行为、无因管理、不当得利以及法律的其他规定，权利人请求特定义务人为或者不为一定行为的权利。"即《民法典》认定不当得利是债的发生原因之一。同时，《民法典》第122条规定："因他人没有法律根据，取得不当利益，受损失的人有权请求其返还不当利益。"换言之，若某项利益的取得缺少法律或合同上的根据，且其取得是建立在他人受有损失的基础之上，利益的享有人应当将该项利益返还于因此受有损害的人。当事人之间产生以不当得利返还为内容的债权债务关系，即不当得利之债。在这一法律关系中，没有合法依据而取得利益的一方称为得利人，负有向对方返还不当得利的债务；受到损失的一方称为受损人或受害人，享有向得利人请求返还不当得利的债权。

社会经济生活中，一方受有利益，他方受有损失的情况时有发生。例如，不知他人已代为清偿债务而又自行清偿，误将邻居的饲料拿来饲养自家奶牛等。甚至纯粹的自然现象也可引起一方得利、他方受损的事实，例如树上果实落于邻地等。需要注意的是，并非所有一方受有利益，他方受有损失的情形都需要适用不当得利制度处理。法律规定有相关的制度时，有时会产生请求权的竞合，当事人可选择一种请求权而为请求；有时，该相关制度可能是处理该问题的唯一法律根据，从而排除不当得利制度的适用。①

（二）不当得利的性质

不当得利是债的发生原因之一，能够引起法律关系的发生，所以其性质应是一种民事法律事实。但是作为一种法律事实，是属于行为还是事件，有两种不同的观点。一种观点认为，不当得利事实属于行为。因为尽管不当得利的原因很多，但其本身与人的意志有关，它属于一种不公正行为。从法律上确认不当得利为主体的行为，确认不当得利人的债务人性质，有助于规范民事主体的行为。另一种观点认为，不当得利属于事件，因为不当得利本质上是一种利益，与当事人的意志无关。后一种观点为通说。② 如上文所述，不当得利可能是由于单纯的自然事件所致，也可能由人的行为引起，这里包括得利人的行为、受损人的行为乃至第三人的行为。但因上述事件或行为引起债的发生完全是基于法律的规定，而不是基于当事人的意思表示，行为人在行为时是否有行为能力或识别能力在所不问，其主观也并不影响不当得利事实的成立，所以不当得利作为债的发生根据之一只能是事件而不是民事法律行为。民法中设立不当得利制度的目的在于调整“不正当的获利”的事实，而非对行为人的非难。

二、不当得利与相关制度的关系

（一）不当得利与合同行为

合同行为是以意思表示为要素，是合法的民事行为。依据有效成立的合同而取得对方的财产，即使对方因此而受有一定的损失，也不能成立不当得利，如赠与合同。但在合同被宣告无效或者被撤销之前一方当事人已经取得了相对人的财产时，将会构成不当得利。例如，《建设工程施工合同司法解释（一）》第1条规定，建设工程施工合同无效，但建设工程经竣验收合格，承包人可以请求参照合同约定支付工程价款。即在建设工程竣工验收合格而合同又无效的情况下，发包方占有建设

① 张广兴：《债法总论》，法律出版社1997年版，第85~86页。

② 魏振瀛：《民法》，北京大学出版社、高等教育出版社2010年版，第567页。

工程无合法根据，承包方参照有效合同请求支付的所谓工程款，性质上应属于不当得利而非损害赔偿。

需要说明的是，我国在《民法典》第三编合同之第三分编准合同中规定了不当得利制度。准合同制度肇始于罗马法，这一概念最初被称为“类合同”，意思是“与合同很类似”，后来逐步演化为“准合同”。罗马法上的准合同概念对许多国家产生了深远影响。准合同不同于合同，不存在双方当事人的合意。《法国民法典》未规定债法总则，因而规定了准合同，其中包括无因管理、不当得利与非债清偿三种形式。英美法并没有在立法上采纳债法的概念，一直采纳准合同的概念。1760年，曼斯菲尔德法官在审理“摩西诉麦克佛兰案”时宣称“原告行使该请求权，其情形好比有一合同存在，即罗马法上所谓之准合同。”自此案之后，英国法通过“准合同”概念解释不当得利请求权。可见，准合同概念由来已久，但从两大法系的经验来看，如果没有设置独立的债法总则编，准合同制度就有其独立存在的基础，这也是有效调整各类债的关系的需要，有助于债法规则的体系化。我国《民法典》不设置债法总则，从维护《民法典》体系化的角度考虑，将不当得利此类债的关系作为准合同的具体类型规定在合同编，或许是一种较好的选择。①

（二）不当得利与无因管理

不当得利与无因管理的区别主要为不当得利是事件、无因管理属于合法的事实行为。从社会功能上看，无因管理制度体现的是法律对禁止干涉他人事务与鼓励互助行为两项基本原则的衡平，主要内容是阻却为他人谋利所实施的行为的违法性，在管理人与本人之间形成以管理事务和补偿费用等为内容的债权债务关系；不当得利制度的主旨是追求社会实质正义，若当事人之间的利益发生没有合法根据的变动，违背了社会公平正义，在得利人和受损人之间形成以返还不当利益为内容的债权债务关系，通过得利人返还不当利益使当事人之间利益恢复实质上的平衡。此外，二者的构成要件不同、当事人所负担的义务也不同，因此在这两种制度上发生的请求权各自独立，且不能同时成立。

（三）不当得利与侵权行为

侵权行为是指不法侵害他人的合法权益，给他人造成损害的行为。与不当得利一样，侵权行为也是社会生活中常见的一种不法现象。但不当得利制度和侵权行为制度的社会功能不同，不当得利制度在于对当事人之间利益的不当变动进行矫正，得利人若未取得利益，则无不当得利而言；而侵权行为制度在于对侵权人的行为给与法律上的否定性评价，不论行为人是否因侵权行为获有利益，均需向受有损害的被侵权人承担侵权责任。当然，就侵权行为人方面而言，其侵权行为在侵害他人民事权益造成损害结果的同时，也可能使自己获得利益（例如侵占他人财产），也可

---

① 王利明：《准合同与债法总则的设立》，载《法学家》2018年第1期。

能并未使自己获得利益（例如毁损他人的财产）。在后一种情形下，行为人虽然给他人造成了损失，但并没给自己带来利益的，不能适用不当得利制度，这也是区分不当得利和侵权行为的一个重要标准。而在前一种情形下，可发生侵权行为损害赔偿请求权与不当得利返还请求权的竞合，受害人可选择其一行使。

第二节 不当得利的构成要件、基本类型及法律效果

一、不当得利的构成要件

构成法律上的不当得利，必须同时具备以下四个条件。

（一）一方受有利益

一方受有利益，是指一方当事人因一定的事实结果而取得财产利益。这是不当得利成立的必要条件。没有一方的利益的取得，就不会发生不当得利的问题。一方受有的利益仅指财产利益，不以金钱或物质形态为前提，但因其要予以返还，所以应具有可以用金钱来衡量和估价的经济价值。得利人是否受有财产上的利益，应以其发生利益变动后的财产或利益与之前的财产或利益总额相比较而定。若现在的财产或利益较以前有增加的或财产或利益本应减少而未减少的，均属于有利益；在既有得利又有损失之时，若其损益抵销后有剩余利益的，也应认定为受有利益。

一般而言，一方受有利益包括财产或利益的积极增加也包括财产或利益的消极增加。前者是指财产权利的增强，如财产权利的取得，财产权利的扩张及其效力增强，财产权利负担的消灭等。后者是指得利人的财产本应减少而没有减少的情况，如本应支出的费用而没有支出、本应负担的债务消灭或缩小等。例如，甲在餐厅用餐，服务员误将他人点的一道“葱烧海参”上到甲的餐桌上，甲见状未声张并迅速将海参吃掉。甲的财产虽未积极增加，但应认定为财产消极增加，符合不当得利的构成要件，甲负有返还不当得利的债务。

（二）他方受有损失

虽一方受有利益，但未致使他方受有损失的，不构成不当得利。最为典型的如捡拾他人的废弃物。所谓损失，是指因一定的事实结果而使财产的减少或本可增加而未增加，包括积极的损失和消极的损失。这里的积极损失，又成为直接损失，是指现有利益的减少，例如乙的羊混入甲的羊群，甲将其当成自己的羊饲养了半年；消极损失，又称为间接损失，是指财产本应增加而未增加，例如甲因乙非法占用其房屋而丧失租金。需要注意的是，对于受损人的利益“本应增加”不以其“必然增加”为必要，只要在通常情况下受损人的利益可能增加的，就应认定属于“本应增加”的情形。例如，财物被他人占有，即使财物的所有权人并无将该财物出租以获取租金的意图，但该所有权人的使用权和收益权因此受到限制，此时，也应

认定为其受有损失。

（三）一方受有利益和他方受有损失之间有因果关系

一方受有利益和他方受有损失之间有因果关系，是指受损人的损失是得利人受益所造成的结果。换言之，一方得利正是基于他方的利益遭受损失；同样，一方之所以利益受损也正是因为他方获得了不当利益。如果在一方受益和另一方受损之间并不存在因果关系，该种受益就不能构成不当得利。得利人的获益和受损人的损失，范围不必一致，但一般情况下，受损人不当得利请求权的范围仅限于其所受损失的范围。另外，受损人所受的损失与得利人所得的利益的表现形态也不必相同，如误用他人的油漆粉刷自己的房屋，受损人损失的是财物（油漆），得利人的受益为其节省的金钱。最后，受损人的损失与得利人的受益在时间上也不必一致，受损时间与获益时间不一致的，并不影响受益与损失之间的因果关系。

对受益与损失之间的因果关系，有直接因果关系与非直接因果关系两种学说。直接因果关系说认为，一方受益和另一方受损，二者是基于同一法律事实所产生的相关权利义务，即一方得利正是基于他方的利益遭受损失；同样，若一方受损与他方获益是基于两个不同的原因事实，即使这两个事实之间有牵连关系，也不被认为具有因果关系。例如，乙盗窃甲的财物向丙为非债清偿，丙的受益虽然与甲的受损有关，但丙的受益与甲的受损并非基于同一事实，不构成因果关系，甲不得向丙请求不当得利之返还。非直接因果关系说认为，如果受益与损失之间具有牵连关系，即使受益与受损是由于两个事实，也应认为二者之间具有因果关系。如上例中，乙盗窃甲的财物向丙为非债清偿，甲可向丙主张不当得利返还。我国《民法典》第985条规定，得利人没有法律根据取得不当利益的，受损失的人可以请求得利人返还取得的利益。由此可见，只要他方的损失是由得利人取得不当利益造成的，就应当认定受益和受损之间有因果关系。

（四）无合法根据

没有法律上的根据是指没有法律上的原因，包括既无法律上的规定也无双方的约定，这是不当得利构成的实质性要件。若得利人获益具有合法根据，则应受到法律的肯定，对其不能称为不当得利。只有得利人没有法律根据取得不当利益的，而另一方为非法受损时，才能构成不当得利。另外，得利人取得利益时虽有法律根据，但之后又丧失保有该利益的合法根据的，该利益的取得也转化为没有合法根据，构成不当得利。

二、不当得利的基本类型

不当得利依据其内在依据即利益取得的原因不同，可将其分为给付不当得利与非给付不当得利。

（一）给付不当得利

给付不当得利，是指得利人受领他人基于给付行为而转移的利益，因欠缺给付目的而发生的不当得利。给付是指基于一定目的，一方将其财产利益转移给另一方。给付是债务人履行债务的行为，是以履行自己的义务为目的的。给付人所欲实现的目的是否达到，是确定给付有无法律原因的重要标准。若法律关系中一方当事人是为履行义务而向他方为给付行为的，则他方的得利是有法律根据的，不为不当得利。但若当事人一方为实现给付的法律目的而为给付行为，而其法律目的又欠缺时，他方当事人受领给付则为无法律上的原因，应构成不当得利。

1. 因给付而发生的不当得利的情形

（1）自始欠缺给付目的。自始欠缺给付目的，指当事人一方为给付行为之时就不具有给付的原因。自始欠缺给付目的的不当得利主要是包括两种情况：一是非债清偿的情况，如甲误以为自己欠乙借款而为清偿等。这是给付不当得利的典型形态。二是作为给付原因的行为未成立、无效或被撤销，例如，因买卖合同交付物品，而其后合同不成立、无效或被撤销等。

（2）给付目的嗣后不存在。给付目的嗣后不存在，指虽然当事人一方给付时有法律上的原因，但其后该原因消灭，因一方当事人的给付而发生的不当得利。此种不当得利的主要情形有：一是附解除条件或终期的法律行为，其条件成就或期限届至，例如甲赠送乙房屋并移转所有权，约定乙移民国外时，赠与合同失效，后乙移民国外，其受有给付的原因属嗣后不存在；二是依双务合同订立后，因不可归责于对方的事由而致不能实行对待给付，如甲出租房屋给乙并收取了乙半年的租金，后该房屋被烧毁，甲无法将房屋提供给乙租住；三是合同解除，其解除的效力仅向后发生，即没有溯及力的，例如甲乙订立买卖机器设备合同，甲向乙交付机器设备后，乙明确表示拒绝履行给付金钱的义务，甲解除该买卖合同后，乙受有机器设备的原因属嗣后不存在。

（3）给付目的不达。给付目的不达，指为当事人为将来实现某种目的而为给付，但日后因种种原因不能达到给付目的，因给付而取得的利益即为不当得利。例如当事人一方预期条件的成就而为附生效条件债务的履行，结果条件不成就，即属给付目的不达的状况。

2. 给付不当得利的除外情形

一般情形下，得利人受领他人基于给付行为而转移的利益，因欠缺给付目的而发生的不当得利。但是在有特殊情形之时，即使当事人一方没有给付义务而为给付行为，另一方也不构成不当得利。依据《民法典》第 985 条的规定，给付不当得利的除外情形主要有：

（1）为履行道德义务进行的给付。给付基于道德上的义务时，虽然受领人无合法原因而受领，给付人也不得请求返还。例如生子女被他人收养，此时，养子女对生父母没有法律上的赡养义务，但是养子女对生父母尽了两年的赡养义务，养子女对生父母的赡养行为属于为履行道德义务进行的给付，养子女对生父母的赡养不构成不当得利。再如他人结婚生子而给予礼金、同居男友为患病女友支付医疗费、为玉成其事的媒婆给付报酬等。此类行为符合社会一般道德观念，不构成不当得利，一旦给付会发生法律上的效力，行为人不得依不当得利请求返还。

（2）债务到期之前的清偿。债务到期之前的清偿，又称为期前清偿，是债务人在清偿期限届至前提前为清偿行为。清偿期到来之前，债务人本无为清偿的义务，但债务人主动清偿而债权人受领的，此时债权人的受领并非无合法原因，而且此时的清偿也发生债务消灭的效果，所以债务人于债务到期之前的清偿，不构成不当得利。

（3）明知无给付义务而进行的债务清偿。依上文所述，非债清偿本来构成不当得利，给付人可以请求得利人返还，但给付人明知无债务而为清偿，则不得请求得利人予以返还。此种情况下视为赠与，而不视为不当得利。

（二）非给付不当得利

基于给付以外的事实而发生不当得利的，主要有以下情形：

1. 基于得利人的行为发生的不当得利

基于得利人的行为发生的不当得利，实质上是侵害他人权益而发生的不当得利。例如无权处分他人电脑、擅自出租他人汽车、乘坐车船不购票等。由于该情形下的不当得利是得利人侵害他人合法权益而发生的，所以，此种情况得利人的行为也可能构成侵权行为，同时构成不当得利和侵权行为时，将发生两种请求权的竞合。

2. 基于受损人行为而发生的不当得利

基于受损人的行为发生不当得利，以受损人为他人之物支出费用最为常见。例如误将他人的牲畜为自己的牲畜而加以饲养、误以他人事务为自己的事务而为管理等。但要发生不当得利，须受损人的行为不构成无因管理。无因管理请求权与不当得利请求权不能同时成立。①

3. 基于第三人行为发生的不当得利

第三人以甲的饲料喂养乙的家畜、承运人误将托运人的货物送至他人之处等情形。

4. 基于事件发生的不当得利

如甲饲养的鱼因天降暴雨而被冲入乙的鱼塘；甲散养的家畜吃掉邻居乙的饲料等情形。

5. 基于法律规定而发生的不当得利

① 张广兴：《债法总论》，法律出版社 1997 年版，第 106 页。

《民法典》第322条规定："因加工、附合、混合而产生的物的归属，有约定的，按照约定；没有约定或者约定不明确的，依照法律规定；法律没有规定的，按照充分发挥物的效用以及保护无过错当事人的原则确定。因一方当事人的过错或者确定物的归属造成另一方当事人损害的，应当给予赔偿或者补偿。"即在因附合、混合、加工而获取被添附物所有权时，允许被添附物原所有人向得利人依据不当得利请求权请求返还被添附物价值相当的利益。如乙的糖被加入甲的咖啡，糖混合入咖啡成为咖啡的一部分，此时，乙可以要求甲返还相当于糖本身的价值的利益。

三、不当得利的法律效果

不当得利的法律效果是在得利人和受损人之间发生不当得利返还的债权债务关系。受损人享有向得利人请求返还利益的不当得利返还请求权，得利人负担不当得利返还义务。

（一）得利人的义务

得利人没有法律根据取得不当利益的，得利人应返还该利益，即应返还所受利益于受损人。这与损害赔偿是填补被害人所受损害是不同。

1. 返还的标的

得利为物的，原物存在时应返还原物，原物有孳息的应一并返还；若原物被丢失或损坏，则应折价补偿。例如，甲拾得乙的一只母鸡，母鸡产下两只条鸡蛋，得利人甲除返还原物母鸡外，该物的孳息（鸡蛋）也应一并返还。再如，依取得利益的性质（如使用他人劳力）或依其他情形（如物已灭失）不能返还原物之时，应折价补偿。

2. 返还的范围

（1）得利人为善意的。《民法典》第986条规定："得利人不知道且不应当知道取得的利益没有法律根据，取得的利益已经不存在的，不承担返还该利益的义务。"得利人为善意，是指得利人对所取得的不当利益不知情，即得利人虽然取得不当利益，但并不知道自已取得利益无合法的根据。在此情形下，得利人返还的范围以现有利益为限。若利益已经不复存在，不承担返还义务。例如，甲的父亲乙去世，留下一台电脑，甲继承了这台电脑，后家中失火导致该电脑灭失，此后才得知该电脑是乙从丙处借用的，则甲无需对丙承担返还义务。但得利人所取得利益的原形虽不存在，得利人却因受领的利益消灭而取得对价的，无论该对价是否低于原物的价值，都不能认为利益已不存在。例如上例中，甲家中失火是由于邻居丁的行为造成的，丁给付甲3000元赔偿金，则甲应将3000元返还给丙。

（2）得利人为恶意的。《民法典》第987条规定："得利人知道或者应当知道取得的利益没有法律根据的，受损失的人可以请求得利人返还其取得的利益并依法赔偿损失。"得利人为恶意，是指得利人对受有利益没有合法根据是知情的。得利人于受益时知到没有法律上之原因的，应将受益时所得的利益，附加利息，一并偿还。得利人所得利益灭失的，即使是基于不可抗力灭失的，仍要承担赔偿义务。

另外，需要特别说明的是，得利人取得利益时是善意的，而后为恶意时，受益人所返还的利益范围应以恶意开始时的利益范围为准。例如甲向乙收取货款时，乙因点钱失误多付给甲 100 元，甲未加以细数放入钱包。甲回家途中被盗，甲属于善意得利人，无需返还 100 元。但若甲回家后，发现乙多付了 100 元，此时，甲由善意得利人转化为恶意得利人，甲如果将这 100 元据为已有，放入家中抽屉，不欲返还给乙，此时，甲家被盗，100 元被盗走，甲则须返还乙 100 元以及同期银行存款利息。

（二）第三人的义务

《民法典》第 988 条规定："得利人已经将取得的利益无偿转让给第三人的，受损失的人可以请求第三人在相应范围内承担返还义务。"根据该条规定，在受损人和得利人之间的关系方面，利益不存在，受领人不再负不当得利返还的义务；但在无偿受让利益的第三人与受损人之间成立不当得利返还关系，受损人系债权人，该第三人是债务人。①

☞ 案例导读评析

本案中刘某拾得项链的行为构成不当得利，刘某应将项链返还给李某。理由如下：(1) 刘某因拾得项链的行为获得了利益。(2) 项链所有人李某受有损失。尽管失主李某因粗心大意造成其金项链丢失，但该丢失行为并非抛弃财产的行为，而金项链是具有一定财产价值的物品，金项链的遗失使李某受有损失。(3) 刘某拾得遗失的金项链这一事实使失主李某遭受了损失，而拾得人刘某获得了利益，两者之间存在因果关系。(4) 拾得人刘某占有遗失的金项链没有合法的根据。

☞ 本章思考题

1. 什么是不当得利？它的本质是什么？
2. 不当得利的构成要件有哪些？
3. 善意得利人和恶意得利人的返还义务有何不同？

① 崔建远：《不当得利规则的细化及其解释》，载《现代法学》2020 年第 3 期。

☞ 案例分析习题

1. 某县物资供应站（需方）于2019年6月28日与某市金属材料公司（供方）签订了一份165吨钢板的购销合同。合同签订后，被告填写汇款单，于同年7月22日将18万元钢板货款汇出。7月25日某市银行收到汇款，该银行经办人樊某，在编制补充报告单时由于疏忽大意，误将需方的18万元的货款写成180万元，转入给供方金属材料公司账户，物资供应站得知此事后，认为有机可乘，决定在该市银行察觉之前派人将这一笔货款全部索回，遂指派两人去某市办理退款事宜。这两人谎称本单位会计由于不懂业务，错把购买羊毛的货款一起汇向供方了，要求金属材料公司尽快把货款退给需方。金属材料公司因无钢板可供需方，同意退款，于2019年9月11日至10月11日先后5次将180万元货款汇入需方单位银行账户。

问：某县物资供应站有权利获得这180万元吗？为什么？

2. 某日，李某乘火车到广州出差，由于有朋友到火车站接车，因此，李某下车比较匆忙。被朋友接到旅店后，李某检查其行李时，发现自己拿到的黑色手提包只是式样与自己的相同，并不是自己的，而自己的手提包估计也被别人错拿走。他发现包里有现金8000元，还有一些资料和名片。而自己的提包里也有30000元钱的差旅费和资料。李某出差返回后将其中的5000元现金捐给了正在为本县一位患白血病的中学生募集医疗费的县教育局。一周后，提包的所有人张某通过李某提包中的一些零星信息，经过多方打听，终于找到了李某。但李某告诉张某，其中的5000元已捐出去了，要张某去找县教育局。县教育局却说，捐款已经交给了为患者治病的医院。张某于是以李某和县教育局为被告提起诉讼，要求两被告返还5000元人民币。

请问：

（1）李某的行为是否构成不当得利？为什么？

（2）这5000元人民币应当由谁返还？

附录　法律、行政法规、部门规章、司法解释索引

1.《中华人民共和国民法典》公布日期2020年5月28日，施行日期2021年1月1日。

2.《中华人民共和国电子签名法》公布日期2004年8月28日，2005年4月1日施行。

3.《最高人民法院关于适用〈中华人民共和国合同法〉若干问题的解释（一））》公布日期1999年12月1日，实行时间1999年12月29日施行。

4.《最高人民法院关于适用〈中华人民共和国合同法〉若干问题的解释（二））》公布日期2009年04月24日 实施时间2009年05月13日施行。

5.《最高人民法院〈关于审理买卖合同纠纷案件适用法律问题的解释〉》公布日期2012年3月31日，2012年7月1日起施行。

6.《最高人民法院〈关于审理商品房买卖合同纠纷案件适用法律若干问题的解释〉》公布日期2003年3月24日，2003年6月1日施行。

7.《贷款通则》中国人民银行，公布日期1996年6月28日，1996年8月1日起施行，2016年修订。

8.《最高人民法院修改〈关于审理民间借贷案件适用法律的若干问题的规定〉》公布日期2020年8月20日，2020年8月20日施行。

9.《最高人民法院关于关于适用〈中华人民共和国担保法〉若干问题的解释》公布日期2000年9月29日，2000年12月13日施行。

10.《最高人民法院〈关于审理融资租赁合同纠纷案件适用法律问题的解释〉》公布日期2014年2月24日，2014年3月1日施行。

11.《最高人民法院〈关于审理城镇房屋租赁合同纠纷案件具体应用法律若干问题的解释〉》公布日期2009年6月22日，2009年9月1日施行。

12.《最高人民法院〈关于审理建设工程施工合同纠纷案件适用法律问题的解释〉》公布日期2004年9月29日，2005年1月1日施行。

13.《最高人民法院〈关于审理建设工程施工合同纠纷案件适用法律问题的解

释〉》（二）公布日期2018年10月29日通过，2019年2月1日起施行。

14.《最高人民法院〈关于审理技术合同纠纷案件适用法律若干问题的解释〉》公布日期2004年11月30日，2005年1月1日施行 。

参考书目

1. 崔建远：《债法总论》，法律出版社 2013 年版。

2. 张民安、铁木尔高力套：《债权法》（第五版），中山大学出版社 2017 年版。

3. 王卫国：《合同法》，北京师范大学出版社 2010 年版。

4. 彭隋生：《合同法要义》（第五版），中国人民大学出版社 2018 年版。

5. 朱广新：《合同法总则》，中国人民大学出版社 2008 年版。

6. 王泽鉴：《债法原理》（第二版），北京大学出版社 2013 年版。

7. 王军、张梅、薛源：《美国合同法》，对外经济贸易大学出版社 2004 年版。

8. 崔建远：《合同法》（第五版），法律出版社 2016 年版。

9. 王家福：《中国民法学·民法债权》，法律出版社 1991 年版。

10. 韩世远：《合同法总论》（第四版），法律出版社 20011 年版。

11. 苏号朋：《格式合同条款研究》，中国人民大学出版社 2004 年版。

12. 史尚宽：《债法总论》，中国政法大学出版社 2000 年版。

13. 李少伟：《合同法》，法律出版社 2015 年版。

14. 王利明、房绍坤、王轶等著：《合同法》，中国人民大学出版社 2013 年版。

15. 郑玉波：《民法债编总论》中国政法大学出版社 2004 年版。

16. [德] 迪特尔·梅迪库斯：《德国民法总论》，邵建东译，法律出版社 2001 年版。

17. 王泽鉴：《民法总则》，中国政法大学出版社 2001 年版。

18. 王泽鉴：《民法概要》，中国政法大学出版社 2003 年版。

19. [德] 迪特尔·施瓦布：《民法导论》，郑冲译，法律出版社 2006 年版。

20. 陈小君：《合同法学》，高等教育出版社 2010 年版。

21. 苏号朋：《合同法教程》，中国人民大学出版社 2015 年版。

22. 王利明：《合同法研究 第一卷》（第三版），中国人民大学出版社 2015 年版。

23. 王利明：《合同法研究 第二卷》（第三版），中国人民大学出版社 2015 年版。

24. 丘志乔：《合同法学》，武汉大学出版社 2016 年版。

后　　记

本教材是应全国高校电子商务及法律专业联盟教材编写计划，作为系列教材之一从2017年5月开始组织编写，于2018年5月交稿。然由于种种客观原因未能按时出版。本欲出版之际，恰逢《中华人民共和国民法典》（以下简称《民法典》）通过、颁布。作为一本教材总不能刚出版就是过时的，赶在这个时间节点，我们只能依据《民法典》对教材进行大幅度改写，体现《民法典》所确立的最新制度与规则。出版宁可晚些，也要好些。

本教材具有以下特点：

第一，本教材是在《民法典》颁布后编写的，在体例与内容上力图与《民法典》合同编保持一致，阐述时兼顾《民法典》总则编相关规定，有利于帮助学生学习理解《民法典》所确立的最新制度与规则。出于简化章节设计考虑，在典型合同中对属于同类或近似的合同并为一章编写；考虑到最高法院的司法解释操作性强，对实务指导意义大，且目前没有废止，故只要不与《民法典》的相关规定相抵触，则尽可能采用。待日后最高人民法院对《民法典》做出统一司法解释后再做修改。

第二，本教材突出应用型法治人才培养特点，努力将我国合同法律制度与司法实践紧密结合，行文力求做到通俗易懂、言简意赅。本教材作用主要在于指导学生在法律实务中准确掌握合同法律制度，以求精准适用合同法律规则，教材不做学术研究和理论层面探讨。

第三，本教材编写体例：每章正文前设学习目标、案例导读；每章正文后附案例导读评析、本章思考题、案例分析习题；此外，在第二编典型合同各章后，附相关合同文本（示范文本），其中由于建设施工合同文本篇幅过多，没有载入；全书后附法律、行政法规、规章、司法解释索引和参考书目。

第四，本教材为“全国电子商务及法律系列规划教材”之一，2017年组织编写时初衷是考虑提供给电子商务及法律专业的学生使用，但提供给应用型大学法学专业的学生使用也无任何问题。

本教材作者都是既具有多年教学经验又具有丰富诉讼经验的双师型教师，此为编写好应用型教材的基础。在全国高校电子商务及法律联盟协会的倡议与组织下，武汉大学出版社领导给予了大力支持并作出了精心的安排。在确定任务后，本教材的全体作者高度负责、精益求精，齐心合力，特别是在今年修改教材时不厌其烦，作出了自己最大的努力，终于使本教材得以完稿、付梓。

最后需要说明的是，尽管作者们尽了自己最大的努力，然由于自身认识能力和学术水平有限，特别是由于《民法典》刚刚颁布，恐对其学习、认识还较为肤浅，理解或有偏颇，本教材不可避免地会存在这样或那样的问题，不当之处恳请广大读者批评、指正，以期得到改正与进一步完善。

该教材亦为广州商学院校级立项教材，对学校的资助予以感谢。广州商学院法学院毕业生郑浩铭、张珊两位同学对本教材作了认真校对并提出了意见。在此，一并致谢。

《民法典》已于本月1日生效施行，期望这本教材能对大学生学习《民法典》合同编有较好的帮助。

赵家琪

于中新广州知识城

2021年1月28日